ヨーロッパ世界の誕生

マホメットとシャルルマーニュ

アンリ・ピレンヌ
増田四郎　監修
中村　宏・佐々木克巳 訳

講談社学術文庫

監修者序文

ベルギーの史家アンリ・ピレンヌ（一八六二―一九三五年）は、その温厚な人柄、そのゆたかに広い学識、そのユニークな構想力、その学界にあたえた強い影響などからみて、二十世紀前半における最も偉大な歴史家の一人といっても、決して過言ではなかろう。

しかし、何がその偉大さの原因であろうかという段になると、答えは必ずしも簡単ではない。というわけは、ピレンヌは決して世界史の見なおしを要請するほどの斬新な体系やするどい理論をうちたてたのでもなければ、また論争を通じて古典的な諸学説を反駁するほどの派手な論陣をしいたのでもなかったからである。彼はいわば静かな歴史家であった。彼の視野はヨーロッパを越えてはいたが、関心の中心はあくまでもヨーロッパ世界であり、そのヨーロッパ史の独創的な構造的把握の主張も、すくなくとも表面上は、きわめて控え目なものであった。それにもかかわらず、彼はその平易にして淡々たる叙述のあいだに、いつのまにか読者を魅了し説得し、ヨーロッパの真に構造的な発展の姿を理解せしめる特殊な力をそなえていた。

その力の秘密は、あえていえば、ナショナルなものとヨーロッパ的なものとの美しい調和であり、生硬な歴史理論ではなくて、豊富な史実の理解にもとづく確信であり、そして何よりも明快そのもののような円熟した叙述の巧みさであったといえよう。

そうした資質をみがいて、ピレンヌは結局、正統な歴史研究の操作を通じ、「ヨーロッパ」という壮大なシンフォニーを書きあげることに、その全生涯をささげたのである。今日、彼の著作の多くが各国語に翻訳せられ、現にヨーロッパ学界で最もひろく愛読される学術書の一つとなっているのも、決していわれのないことではない。このたび中村宏・佐々木克巳両君の努力により、そのピレンヌの遺著ともいうべき珠玉の名篇『マホメットとシャルルマーニュ』が、『ヨーロッパ世界の誕生』なる題名のもとに、「名著翻訳叢書」の一冊として邦訳刊行されるにあたり、私はいま一度ピレンヌの業績をかえりみつつ、その学問的生涯のあらましを述べてみたい。

アンリ・ピレンヌは一八六二年、アーヘンとリエージュ（リュッティッヒ）のちょうど中間に位するベルギー東部国境の小都市ヴェルヴィエでうまれた。そしてその学問的活動の大半をガン（ゲント）大学の教授および名誉教授としてすごし、世界各国十六の大学から名誉博士の学位を贈られ、十指にあまるヨーロッパ諸国アカデミーの会員に推されて、一九三五年、首都ブリュッセル近郊ウックルの私邸で静かに七十二年余の生涯を閉じた生粋のベルギー人であった。小国での歴史研究の成果は、ややもすれば世界の学界からネグレクトされがちであるが、ピレンヌの輝やかしい業績によって、ベルギー史学界は逆に世界の注目をあつめ、みのがすことのできぬ重さを加えたと伝えられる。祖国ベルギーの土に深い根をおろしつつ、しかも全ヨーロッパ的スケールでの「歴史家」（Historiker）となったピレンヌは、一体どのような途をあゆんだ学者であったろうか。

マース河畔の古い町リエージュの大学にはいったピレンヌは、中世史専門のクルト（G. Kurth）教授のゼミナールに参加し、いわば迷うところなく歴史研究のスタートをきった。そして日常みうけられる民衆の行為の由来や、語られている方言の語源などがわかればわかるほど、言語・風俗・慣習をはじめ、政治・経済・文化のあらゆる生活領域で、ドイツ的なものとフランス的なもの、ゲルマン的なものとローマン的なものの複雑に錯綜・融合しているベルギーという国の歴史的特性に、特殊の興味をそそられたものと思われる。

大学を了えた彼は、まず一八八三年から四年にかけてパリに遊学し、ひきつづき一八八四年から五年にかけてドイツの諸大学、なかんずくライプチッヒとベルリンに留学した。ライプチッヒでは古文書学のアルント（W. Arndt）の講義にひきつけられ、ベルリンでは経済学のシュモラー（G. Schmoller）および古文書学のブレッスラウ（H. Bresslau）に特に深い感銘をおぼえたらしい。アルントはカール・ランプレヒト（K. Lamprecht）の恩師であるが、ちょうど一八八四、五年のころは、ランプレヒトがその若々しいエネルギーを傾注して、モーゼル・ライン地方を中心とするドイツ中世経済史の徹底的な個別研究と、文献および史料の蒐集・紹介に熱中している時代であった。ランプレヒトのあの有名な大著『ドイツ中世の経済生活』全四巻が出たのが一八八五年から翌六年にかけてであるから、著者二十九歳の著作であり、まったく驚歎のほかはない。それはとにかく、ピレンヌもこの六年先輩のランプレヒトから数多くの刺戟と影響をうけ、先輩として、また同学としての交友をつづけることとなった。畢生の大著『ベルギー史』を、ランプレヒトの監修にかかる“Allgemeine Staatengeschichte”叢書の一部として執筆することをひきうけたのも、このようないきさつによるものである。

留学から帰った翌年、すなわち一八八六年には、わずか二十四歳の若さでガン大学の教職についたが、それ以来一九三〇年名誉教授として退職するにいたるまで、生涯彼はこの大学からはなれなかった。ただその間、第一次大戦の後半、ドイツ軍による不法な抑留生活（一九一六―一八年）が、一時教職を中断せしめただけである。それゆえ、こと中世史に関する限り、ドイツ学界とフランス学界との橋渡しが、この碩学の半世紀近い活動によって、ガン大学を中心になしとげられたわけである。

さて、この長い学究生活のあいだになされたピレンヌの業績は、便宜上テーマを中心に大きくわけて、つぎの三つの部門に分類することが妥当である。すなわちその第一は、民族的、文化的諸要素の錯綜する真只中にあって、ベルギーという一個の国家および民族の歴史的形成が、いかにして可能であったかを究明し、言葉の厳格な意味での国民史を、その起源から現代まで一貫してとらえてみるという大きな仕事である。つぎに第二の部門は、全ヨーロッパ的視野における中世史の綜括、とりわけ都市および商工業の在り方に重点を置く独自の社会経済史をめざす諸研究である。そして第三の部門は、時期的には彼の晩年の関心の焦点をなしたものであるが、それは一口にいえば、古代末期と中世初期との関係をあきらかにすることによって、「ヨーロッパ社会」というものの誕生とその意味とを、独特の観点から位置づけようとする一連の研究である。しかし、いうまでもなくこの三者は、ピレンヌの思想発展の内奥においては相互に不可分にからみあっており、一部門の行論の内部には、他の部門への関連の伏線が秘められている事例もすくなくない。しかしまた全体として眺めた場合、やはり第一次世界大戦による物心両面のショックと反省が史心転換の最大の契機となっており、その限りでは第三部門の研究が、切実な緊張にささえられたすばらしい円熟をしめしている。以下、この三つの研究部門とその相互関係のあらましを略述してみよう。

教職について二年の後、一八八八年にはディナン市の法制史に関する特殊研究を公刊した。これは当時一種の最盛期をつくり出しつつあったドイツ学界における中世都市の法制史的・社会経済史的研究の風潮に応ずるものであり、ピレンヌの歴史研究が中世都市から出発したものとして一応注目されるが、しかしそれは実は、大著『ベルギー史』の執筆準備中にうまれた副産物たる性格をもふくんでいた。このことはドイツ留学から帰国して直ちに着手した文献および史料蒐集の努力、一八九八年の十一月にはすでに推敲に推敲をかさねたフランス語原稿からの『ベルギー史』第一巻のドイツ語訳が完成し、翌年それが叢書の一冊として公刊されたこと、並びにあの著名な文献目録“Bibliographie de l'histoire de Belgique”の初版が、それにさきだつ六年、すなわち一八九三年に出版されていることなどからも推測することができる。ちなみに『ベルギー史』第一巻のフランス語版は、ドイツ語版の出た翌年、一九〇〇年にブリュッセルで刊行されている。

社会経済史的諸事象に重点を置きつつも、政治・法制・民族・文化の全般にわたるベルギー史の完成という遠大な目標を一方にもち、他方、中世都市および商工業の在り方を、個別研究にもとづきつつ全ヨーロッパ的規模で綜括しようとする意欲をいだいたピレンヌは、歴史研究の最も基本的な常道をえらんで、まず自分の研究の裏づけとなる史料の蒐集・編纂を企てることとなった。上掲の『ベルギー史文献目録』もその一つのあらわれであるが、それよりもエスピナ（G. Espinas）との共編にかかるフランドル毛織物工業史史料集、すなわちRecueil de documents relatifs à l'histoire de l'industrie drapière en Flandre, 4 vols. Bruxelles 1906-1924を完成したことは、この方面での画期的業績であった。この地味な仕事を通じて彼は、フランドルにおける中世都市成立の具体的経過、毛織物工業の都市集中という現象と中世末期の農村工業が意味するもの、いわゆる「資本家」擡頭の具体例、あくまでも市民的なベルギーという地域がヨーロッパ経済史上に占める地位の特殊性等々といった重要なテーマへの解答を、絶大な自信とともに準備することができたらしい。ベルギー史からヨーロッパ中世経済史への移行の関心とゆとりとは、すでにこのころからめばえていたのである。

すなわち一九〇〇年ころから第一次大戦が勃発する一九一四年までに、『ベルギー史』のドイツ語版全四巻（上代から説きおこし、一七九八年までを取扱っている）を書きあげたピレンヌは、その間『都市および都市制度』全二巻の著述を発表し、さらに中世経済史一般についての数多くの短篇を公けにした。そのいちいちについて関説するいとまはないが、それらの中で特にわれわれの注目をひくのは、ドイツの「社会経済史四季刊誌」第七巻（一九〇九年）に出た『フリースラントの毛織物かフランドルの毛織物か？』という論文と、「アメリカ歴史雑誌」第十九巻（一九一四年）に掲載された『資本主義発達の諸段階』なる概観の二篇である。そのわけは、前者は私がピレンヌの研究の第三の部門として分類した初期中世、すなわちカロリング王朝期の経済史につながる問題をふくんでおり、後者は当時経済学者と歴史家によってやかましく論議された資本主義起源論に対するピレンヌの徹底した立場を代表するものだからである。とりわけ後者は、一九一三年ロンドンで開かれた国際歴史家会議の席上でのピレンヌの講演と密接な関連があり、その論旨はゾンバルト（W. Sombart）らによってこっぴどく酷評されたものであるが、理論よりも史実を重んずるピレンヌとしては、一向に痛痒を感ぜず、「資本家」の出現という現象を、「成り上り者」(nouveaux riches, parvenü) なる概念を駆使することによって、あくまでもトレーガー交替の律動下に浮彫りにしたことは、きわめて示唆的である。

それはとにかく、第一次大戦以前には、中世史家または中世経済史家としてのピレンヌの業績はまだまとまっておらず、『ベルギー史』の著者としての立場から、いわば断片的に諸雑誌に発言する段階であった。ところが一九一四年、大戦が勃発して全ヨーロッパは戦禍にまきこまれ、ピレンヌもまた大きな悲しみと苦難の体験に遭遇することとなるや、そのことへの内省をきっかけとして、彼の史観も急速に新しい次元において円熟・展開をしめすこととなった。世界大戦というものを、自己の学問研究に即してうけとめた学者は決して稀れではないが、ピレンヌもそうした省察と展開を最も真摯になしとげた碩学の一人であった。

一九一四年八月四日の深夜、ドイツ軍のベルギー侵入によって、ピレンヌの祖国は西部戦線最初の激戦場と化した。そしてその年の十一月にはイーゼル河畔の激戦で、愛息ピエルの戦死が報ぜられた。悲歎のうちにもピレンヌはなおガンの私邸にふみとどまり、戦争のなりゆきを案じていたが、一九一六年三月十八日、突如ドイツ占領軍の兵士にとらえられ、単身クレフェルトのキャンプに収容された。彼の苦しい、だがその思索の発展上きわめて重要な抑留生活は、この時からはじまった。同じキャンプには多数のロシア人捕虜がいた。ここでピレンヌはまずロシア語の習得に志したが、まもなく五月には身柄はホルツミンデンにうつされた。抑留中の多くの体験は、一九二一年に公刊された小冊子『ドイツにおける抑留生活の思い出』の中に、一種のユーモアとともに詳しく記されている。捕虜収容所というものは、その所長の人柄のいかんによって、捕虜の待遇に非常な差があるものらしい。比較的ものわかりのよい所長のもとでは、捕虜たちは最大限の自治的運営をまかされ、バラックや道路にいちいち大げさなユーモラスな名称をつけ、にわかづくりの「大学」をつくって、いくつかの「講義」を開くことも、大目にみられるほどであった。軍籍に直接関係のないピレンヌは、早速この「大学」の「教授」となり、二つの講義をうけもった。参考書一冊ない講義であるが、彼は丹念にノートをつくり、身についた知識のエッセンスを整理した。その態度には、とらわれの身であることから来る思考の乱れや焦躁、思いつきや独善は片鱗さえみられなかった。そして含蓄ある五十二歳の大家の通論は、かえって異常な人気をよんだ。ピレンヌは後日、自分の教壇生活の中で、この時ほど熱心な学生の態度をみたことがないと述懐している。戦乱のさなかにおける淡々たる歴史の講義、それに聴きいる青年たちの眼のかがやき、われわれはそこに一種の尊い何ものかを感ぜずにはおられない。ピレンヌはリエージュの戦闘で捕虜となった二、三百名のロシアの青年たちに対しては、ヨーロッパ経済史の通論を、祖国ベルギーの捕虜たちにはベルギー史の通史を講じた。その間彼は捕虜からロシア語を学び、東ヨーロッパ史全体の構造的な変遷に大きな興味をいだきはじめた。ヨーロッパ史を「ヨーロッパならざるもの」(ピレンヌの場合には特にイスラム教徒)との関係で大観しようとする構想は、実にこの抑留生活のあいだにはぐくまれたものである。

温厚な歴史家ピレンヌの不法な抑留は、ただに本国ばかりでなくアメリカ、スエーデン、デンマークなどの学界にも異常な同情をよび、中立諸国のアカデミーをはじめ、アメリカ大統領ウィルソンやローマ教皇ベネディクトゥス十五世さえ、その釈放に努力したほどであったが、ドイツ当局はこれを許容せず、結局身柄をイェナに、ついでチューリンゲンの小都市クロイツブルグに、そして最後に再びホルツミンデンに軟禁する処置をとったに過ぎない。しかしこの軟禁中はかなり自由に読書もでき、また特にロシア史の学習にいそしむことができた。政治史はもちろん、経済・宗教・文化のあらゆる叙述をふくむ最も包括的な名著『ヨーロッパ史』は、このような不自由な環境の中でできあがったものである。この書の初版序文には、「ウェッラ河畔のホルツミンデンにて、一九一七年一月三十一日」と書かれ、書物は「いまは亡き愛息ピエルと、愛する妻ならびに息子たちへの記念」にささげられている。

抑留生活の体験がピレンヌにあたえた影響は、測り知れぬものがあるが、考え方にあらわれた主たる変化をみると、その第一は、ドイツ人、特にプロイセン流の生活感情やものの考え方に批判的となり、ドイツ史学界の問題のたてかたにもある種の疑念をさしはさむに至った点である。第二は、ロシア人とロシア史を知ったピレンヌが、まったく新しい視野と視角から「ヨーロッパ」の全貌を考えることとなり、あたかもそうしたヨーロッパの中における祖国ベルギーの位置づけを念願するにいたった点である。充分の参考書もなしに、ローマ帝国の没落期から宗教改革までの全史をまとめ、東欧諸国の政治史をも充分に考慮しながら、古くはイスラムの西進、近くはトルコの勃興を契機に、キリスト教世界としてのヨーロッパがどう発展したかを叙述した上掲の『ヨーロッパ史』、並びにイギリス学界の依頼により「エコノミック・ヒストリー・リヴュウ」第二巻（一九二九年）に寄稿した論文『中世ヨーロッパ経済史上における低地地方の地位』は、この事情を如実に立証している。その第三は、これと関連して、国民史ではなく、ヨーロッパというものが、いついかにして成立したかという問題への着眼である。これについては、ピレンヌの内心にはおそらくつぎのような気持がはたらいていたと想像される。すなわち（一）抑留生活中、各国の捕虜が相寄って共同生活をしているあいだに、おのずからできあがる最も純粋な人的結合としてのコンミュニティーの体験から、国境や民族をこえたヨーロッパ文化、ヨーロッパ社会の共通性に対する確信が得られたこと、（二）ヨーロッパを外側から規定する最大の要素として、異教徒（イスラム）の宗教的・軍事的侵略が決定的意義をもっているとさとったこと、（三）ヨーロッパ内部の社会発展においては、ベルギー史の史実が雄弁に物語るように、古い諸規制・諸制約をつき破って勃興する商工業（市民）の国際的交易活動が絶対に必要であると考えたこと、などがそれである。

こうした気持をいだいて、「ヨーロッパ」とは何か、その社会の体制と構造はどのように変化し、発達して近世にはいったか、その中でベルギー地方はどんな役割をはたしたか、これが大戦後におけるピレンヌのテーマであり、彼の名を不朽にした数々の名著も、いずれもこのテーマから発した果実であったのである。では後半期の著作活動はいかなるものであったろうか。一九一八年の休戦とともに、再びガン大学の教壇にもどった後のピレンヌを考えてみよう。

このころ以降のピレンヌは、もっぱら古代末期・中世初期の社会経済史的な個別研究に熱中するかたわら、他の部門では中世全体に対する「大胆かつ包括的なジンテーゼ」をねらう著作に専念した。この二つの傾向の、前者のさきがけをなすのが、一九二二年「ベルギー文献学および歴史学雑誌」第一巻にのせた短篇『マホメットとシャルルマーニュ』であり、後者のそれは、一九二二年十二月、アメリカに旅行して諸大学でおこなった講演をもとにできあがった『中世都市――その起源と商業の復活』（一九二五年刊・フランス語版一九二七年刊）なる著作である。前者はいうまでもなく、われわれのこの邦訳書と同名の論文であり、その構想のあらましが、すでにこのころからできていたことは興味深い。後者は都市を中心としたヨーロッパ中世史の概観であり、明快な叙述のもとに、イタリア北部とベルギーをふくむ低地地帯とを、商業復活の二大基地としてとらえ、商人定住説を根幹とする中世都市起源論がそこにはっきりとうち出されている。

一九二三年、アメリカから帰ったピレンヌは、ひきつづきメロヴィング王朝およびカロリング王朝期についての実証的個別研究にうちこみ、『メロヴィング王朝期とカロリング王朝期との経済的コントラスト』(一九二三年)をはじめ、多数の小論文を発表した。そしてこのテーマに対する関心の深さは、今日では彼の歿後に刊行された論文集『西洋中世経済史』(一九五一年)においても、結局彼の死にいたるまでかわらなかった。これら貴重な諸論文は、今日では彼の歿後に刊行された論文集『西洋中世経済史』(一九五一年)におおむね収録されているが、それらのすべてが、このすばらしい遺著『マホメットとシャルルマーニュ』の素材ないし着実なスケッチたる意味をもっていたことは、いまさらいうまでもない。

またその間彼は、ベルギー経済史、ハンザ史、中世工業史、都市法制史等々に関する多くの個別研究および概説的論稿を発表した。中でも特に注目しなければならないのは、G. Glotz の編纂にかかる『一般史』"Histoire Générale" 叢書中の第二部第八巻に収められた『十一世紀より十五世紀にいたる中世社会経済史』(一九三三年刊)なる長篇である。なぜなら、本書はさきに掲げた一般史における『ヨーロッパ史』とともに、中世全体に関する彼の経済史的研究の到達点を明示するものだからである。それゆえ刊行後ほどなく『中世社会経済史』の名のもとに単行本として英訳せられ、さらに独訳されて、今日では本書はヨーロッパ経済史研究上必読の名著とうたわれている。

以上が抑留生活から教壇にかえって以降、一九三五年の死にいたるまでの十六、七年間にピレンヌが世に問うた主要著作のあらましである。その間、学会、講演旅行などでの活躍はめざましく、国内の諸大学をはじめ、アメリカ、フランス、イギリスから、ローマやカイロ大学にまでも講演に出向いている。また海外の学者との交渉もしげく、記念論文集や雑誌寄稿のかたちで、外国で刊行された論稿もすくなくない。門弟の養成にも力をつくし、今日のベルギー史学界の基礎を築いた。

そうした多忙な日常生活の中で、死の直前、すなわち一九三五年五月四日まで、ペンをおかなかった大部の原稿が、ほとんど完成したかたちで、書斎の机の上にのこされていた。それが彼の後半生の学問的精進のほどを知る遺著となった『マホメットとシャルルマーニュ』、すなわち本書である。本書の原稿は、愛息ジャック・ピレンヌと高弟フェルコートランの校訂を経て、一九三七年に公刊された。ジャックがその序文に述べているように、これこそピレンヌの長年の研究のクライマックスであり、彼のいだいていたすべてのアイディアをふくむ名著となったものである。ゲルマン民族侵入の意義に関しては、くしくもウィーンの巨匠ドプシュ（A. Dopsch）教授と類似した文化や社会の連続を主張し、地中海的統一の断絶、古代的国際交易の破壊をイスラムの侵入によるものと断じ、そのことによって農耕中心の封建体制に変質せざるをえなかったヨーロッパ世界の全貌を、メロヴィング王朝期とカロリング王朝期との経済的コントラストによってとらえるというあの独特の「ヨーロッパ」成立史観は、この遺著によってあざやかになしとげられたわけである。

いうまでもなく本書は、「歴史的世界としてのヨーロッパ」を、いかにもピレンヌらしい視角と方法で、はっきりと描き出した達意の文章であるが、全体としてみれば、それは同時に十一、二世紀における「商業の復活」ないし「中世都市」の成立という前著の構想に対する学問的裏づけのやむにやまれぬ仕事でもあった。その意味において、大著『ベルギー史』を書きあげ、『ヨーロッパ史』と『中世社会経済史』とを総観したピレンヌは、『マホメットとシャルルマーニュ』によって、まことに画竜点睛の遺著をのこしたものといわなければならない。ヨーロッパとは何かを実証的に知ろうとするものにとっても、あるいはまたピレンヌのゆたかな歴史観に接しようとするものにとっても、本書のもつ意義はきわめて大きい。

以上をもって私は、著作を中心としてみたピレンヌの業績をほぼあとづけえたと思う。最初私は、ピレンヌの研究領野を便宜上三つに分類したが、それに応じて彼が学界にのこした主著を挙げてみると、私は躊躇するところなくつぎのようにいうことができる。すなわち、第一部門の代表作はいうまでもなく『ベルギー史』であり、第二部門については『ヨーロッパ史』と『中世社会経済史』の二著であり、最後に第三部門の代表的傑作は、これまた文句なしに本書『マホメットとシャルルマーニュ』であると。

ひとたびこの遺著が公刊されるや、学界はその明快にしてフレッシュな構想に瞠目し、専門史家は甲論乙駁の論争を展開することとなった。というわけは、本書の叙述には、古代末期論並びにゲルマン民族移動の位置づけの問題がふくまれており、またフランク王国の社会構成を前後の二期に分けて対照的に考察する新見解が強調されており、さらには、いままでほとんど顧みられなかったイスラムの影響が決定的に重視されていたからである。そのため本書の考え方全体が、いわゆる「ピレンヌ・テーゼ」として問題視され、世界各国の歴史家がこの問題をめぐってあらゆる角度から発言をおこない、今日にいたるもなおその帰着するところを知らぬ有様である。直接・間接ピレンヌ・テーゼにかかわりをもつ著書・論文の数はおびただしく、おそらく数百に達するであろう。この一事に照してみても、本書の所論は、将来においても中世史研究者のみのがすことのできぬ一見識たる価値をうしなわない。

*

最後に、私事にわたることながら、私が本書をはじめて入手したのは、一九四〇年一月末のことであった。すでにヨーロッパは戦乱のちまたと化し、太平洋戦争に突入する直前の日本にも、いい知れぬ暗雲がただよっていた。そんな時、本書のような学術書がどうして舶載されたかは知る由もないが、とにかく私はこの名著を手にして、むさぼるように読みふけり、異常な感激と昂奮をおぼえたことを思い出す。その後、奥多摩の寒村に疎開した際にも、もう一度本書を味読して、その考え方を学びとることを楽しんだ。終戦後しばらくたって、研究室がようやく常態にもどるにつれ、私は早速本書をゼミナールのテキストに使おうとしたが、外国書の輸入が容易でなかったため、ついに業をにやして本書全部をガリ版とし、学生諸君といっしょに輪読しながら、片言隻句の意味を議論しあったものである。

その思い出多い書物が中村・佐々木両君の並々ならぬ努力によって邦訳されたのである。両君は叙上の研究室の雰囲気を体して、数年前、この翻訳を思いたたれたわけであるが、私としても、戦時の研究室生活を想い、まことに感慨深いものがある。監修者として、私なりにみたピレンヌの略伝を書きそえ、両君の努力に敬意を表して、序文にかえる次第である。

増田四郎

昭和三十五年七月十八日

序文

一九三五年五月二十八日――それはちょうど、父にとっては長男であったアンリ＝エドゥアールがこの世を去ったその日のことであるが――父が病いの床についたとき、その机上には、五月四日に脱稿したばかりの三百頁にのぼる『マホメットとシャルルマーニュ』の原稿が残されていた。

この書物は、父の晩年の仕事の最後を飾る作品であった。

古代の終焉と中世の誕生という問題は、父の脳裡を片ときも離れたことのない問題であった。〔第一次〕大戦が始まるまえから、父は中世史の講義のなかで、ローマ帝国末期の諸制度がフランク時代の諸制度に深々と残した痕跡に注意をうながしていた。しかし父が、この重要な問題の解決の糸口をつかみとったように思われるのは、ホルツミンデンの捕虜収容所で、俘虜の一人として同じ運命のもとにおかれた多数のロシア人学生のために、ヨーロッパ経済史に関する一連の講義を行なったあのドイツにおける捕虜生活の期間であった。そして、チューリンゲンのクロイツブルグという村に軟禁されて、『ヨーロッパ史』の筆を執っていたときに、父は初めてイスラムの征服とヨーロッパ中世の形成との間に存在する密接な関連を指摘したのである。

未完の著述『ヨーロッパ史』は父の在世中には刊行されなかった(1)。今ここに出版される書物の中でその一層の展開が示されている命題については、当時、知る人はなかったのである。

それにも拘らず父は、繰り返し史料の直接研究にたち帰り、晩年二十年の間の大きな学問的情熱の対象であったこの問題の吟味をやめることがなかった。

一九二二年に父は《Revue belge de Philologie et d'Histoire》誌に「マホメットとシャルルマーニュ」と題する小論文を発表したが、この論文には父の主張がはっきりした形で述べられている。次いで父は、一九二三年にブリュッセルで、また一九二八年にオスロでそれぞれ開かれた国際歴史学会でその主張を発表した。さらに、一九三一—一九三二年にブリュッセル大学でおこなった一連の公開講演のテーマにもこの問題をとりあげており、次の諸大学で試みた講演のテーマにも同じ問題を択んでいる。すなわち、リール大学（一九二一年）、ニューヨークのコロンビア大学《カレッジ》（一九二二年）、ケンブリッジ大学（一九二四年）、モンペリエ大学（一九二九年）、アルジェー大学（一九三一年）、カイロ大学（一九三四年）である。その他、ローマのベルギー史研究所（一九三三年）でも同じテーマで講演をしている。

その上、本書を執筆する準備作業として、父は次に挙げる一連の個別研究を行なったのである。すなわち、「経済的コントラスト——メロヴィング王朝とカロリング王朝」(Revue belge de Philologie et d'Histoire, II, 1923)、「メロヴィング王朝時代ガリアにおけるパピルス交易」(Comptes rendus des séances de l'Académie des Inscriptions et Belles-Lettres, Paris, 1928)、「中世における商人の教養」(Annales d'Histoire économique et sociale, I, 1929)、「メロヴィング王室の財庫」(Festschrift til Halvdan Koht, Oslo, 1933)、「メロヴィング王朝時代の俗人の教養の状態について」(Revue Bénédictine, 1934)である。また、『中世都市』(一九二七年)の初めの三章ほどのなかでも、ローマの没落に続く幾世紀かの経済的・社会的推移を説き進める形で自説の展開を試みている。

それ故、一九三五年五月四日に完成されていたこの書物は、多年にわたる父の研究の総決算だったのである。しかしながら、この書物には著者の考えのすべてが盛りこまれているとはいうものの、もし著者にして今なお健在であるならば、こうしてここに私達が公刊しようとしている形のままでは本書が世に出ることはなかったであろう。

書物を書くときには必ず二度かくというのが父の習慣であった。初稿では文体には全くお構いなしにとにかく書物にしてしまうので、言ってみれば、それは建物の土台と屋根に当るものであった。初稿の単なる改訂ではなく、全く新しい書き下しである第二稿で、書物の文体は客観的で、意識して控えめなものになり、父はその文体の背後に著者自身の人となりと感情をかくしてしまおうとするのであったが、にも拘らずそういったものは父の作品では非常に大きな意味をもつものであった〔訳註一〕。

ここに刊行される初稿は父が自分自身のために書いたものである。考えていることを急いで表現に移そうとするもどかしさから、文章を完結させず、そのために文章が略式的になってしまったり、或は乱れた筆跡で文章を結んだりしているところが非常に多くなっている。このことは、話をしている時でも、話す言葉よりも先に進んでしまう考えを追いかける気持にせきたてられて、往々にして一つのセンテンスの最後の方はとばしてしまう癖が父にあったことを、親しく経験されたことのある方ならばおわかり頂けることであろう。

参考文献の挙示は簡単であり、時によっては、父は自分のもっているカードの中の一枚を提示するだけで満足している場合さえある。

そのため、この書物を公刊するには、文体についての若干の――可能な限り僅少の――修正を加えること、参考文献の挙示を完全なものにすること、引用史料を校合することが必要であった。

原文が完結したセンテンスをなしている場合には、いつでもその原文を絶対に尊重した。敢えて修正の筆を加えたのは文章が完結していないと思われる個所だけであり、その場合にも、父自身の覚え書を参照しながら、その個所を理解するのに必要な僅かの字句をつけ加えるにとどめた。

引用文献の校訂は更に多くの注意を必要とする仕事であった。この仕事を成功させるために、母と私は、父の高弟の一人で、国立科学院準会員、アントワープ拓植大学教授であられるF・フェルコートラン氏にこれを依頼した。氏はこれまで研究に没頭してこられた中世初期の史料と研究文献について現在もっとも博識な権威者の一人であられる。氏は私達の依頼を快諾され、数ヵ月を費して、本書に引用されているすべての史料の校合と引用文献の校訂ならびに完成の仕事に当られたのである。この機会をかりて私達の心からの感謝の気持を申し述べたい。

最初に書き下された下書きのまま、こうしてここに刊行される運びとなった父の最後の著作は、死ぬ間際まで父の脳裡をかけめぐっていたかれの最も生命力に充ちた、最も大胆な、そして最も新しい考えを含むものである。私達がここにその父の考えを公けに発表し、かれを愛して下さったすべての人々、そして今や既にかれはこの世を去ったのであるから本書の刊行を以てその幕を閉じることになるかれの業績に対してのみならず、人間としてのかれにもこれまで挙って惜しみのない敬意を寄せて下さったすべての人々に捧げようとするのは、私達に自信があってのことなのである。それらの人々は、絶筆となったこの書物の一頁一頁に父の姿が彷彿としてよみがえってくるのをきっと感じて下さることであろう。

ジャック・ピレンヌ

校訂者緒言

一九三七年一月のこと、私はアンリ・ピレンヌ夫人ならびにジャック・ピレンヌ氏から、今は亡き私の恩師が死後に遺された著作の草稿に眼を通し、且つ出版できるようそれを完成して欲しい旨の依頼をうけた。

私の手許に渡された原稿は既にできあがったものであったが、しかしそれは最初に書き下されたままの草稿であった。ただ、文体に関する限りは、既にジャック・ピレンヌ氏が極めて僅かばかりの手を加えておられた。

なにはともあれ、アンリ・ピレンヌの考え方を忠実に尊重することが第一に肝要なことであった。それ故、たとえ私には議論の余地があると思われる個所が散見されたにしても、叙述の変更、削除、増補は一切これをさし控えることにした。それをすれば、この卓越した歴史家の展開した論旨に変容を加えかねないからである。従って、読者は完全にアンリ・ピレンヌ個人の著作として本書を手にされるわけである。

しかしながら、『マホメットとシャルルマーニュ』の中に現われる事実、日附、引用の相当数にわたって、私はその史実的正確さを確認しなければならなかった。また、この種の性格の著作には欠くことのできない脚註と参考文献の挙示が極めて屢々不完全なままで放置されてあったが、こうしたことならば、今日の研究段階から見て必要と思われる範囲で、私が執筆したり加筆したりして差支えないものと考えた。一つ或はそれ以上の史料を添え加えることによって、卓越した恩師の見解を裏づけることが望ましいと考えた場合さえ一再ならずあった。

アンリ・ピレンヌの指導の下に、その助力を仰ぎながら研鑽を積み得るというこの上ない特権を、十二年以上にもわたって私は享受してきた。だから、本書で展開されているテーマ――それはまた予備的な考察の役割を果した様々な研究のテーマでもあった――に関してかれが主張していた考え方なり学説なりは、私の熟知するところであると言ってもよかろうと思う。

不幸なことに、「極めて厳密な意味での」《ad unguem》一冊の書物を世におくることを、運命はかれに許さなかった。この書物に画竜点睛の仕上げをするなどという大それた野心を私が毛頭いだかなかったことは申すまでもないことである。それはかれのみのよくなし得るところであり、そして恐らくかれはその仕事に、最初の原稿の執筆に注いだ情熱と感激を客観的な注意と学者的な良心の姿にかえて従事したことであろう。

この仕事に従事する何程かの資格が私にあると好意的に考えて下さる人がもしあるとするならば、その資格は何にもまして先ずアンリ・ピレンヌその人、かれの導きと、かれが身を以て示した模範の賜であることを私は何よりも肝に銘じて忘れぬつもりである。幽明の境を越えてまでも、恩師の思想がその深い学殖と綜合的な洞察力と絶妙な才腕の慰めと力づけをわれわれにもたらす途を開くことは、一つの敬虔なる義務の遂行であると私考した次第である。

F・フェルコートラン

目次

ヨーロッパ世界の誕生

凡例

一、本書はHenri Pirenne, Mahomet et Charlemagne, Paris et Bruxelles, 1937の邦訳である。翻訳にあたっては、同年に出版された第四版を底本とし、併せて英語版Mohammed and Charlemagne, tr. by Bernard Miall, London and New York, 1939を利用した。

一、本書の書名としては、独訳版（Geburt des Abendlandes, übers. von P. E. Hübinger, o. O. 1939）に倣って、『ヨーロッパ世界の誕生』を択び、副表題として原著表題をとどめた。

一、原文でイタリック体活字が用いられている部分は、訳出したうえで原語または原文を併記した。但し、脚註でイタリック体活字が用いられている場合は、それが英語あるいはドイツ語のときには、原語または原文の併記をしなかった。また、註に引用されたラテン語およびラテン語史料は、原則として邦訳しない方針を採った。

一、原文で《 》の個所には「 」を、( )の個所には（ ）を用いたほか、書物の表題は『 』でつつんだ。〔 〕の中は訳者が適宜挿入したものである。

一、原著では、目次がフランス式に巻末に収められているが、本書では、わが国の慣例に倣って巻頭にまわした。

一、原著では頁毎に示されている脚註は、本書では巻末に記し、章毎の通し番号をうった。

一、訳註は一切つけない方針を採った。ただ、原著および英訳版で誤植と思われる個所を、気のついた限り、各章の注末にまとめて指摘しておいた。

一、註に引用されている史料集および文献の名前は一切邦訳せず、且つ本書での註記法は、原則として、その史料集あるいは文献が刊行された国のそれになおした。その中には、現在、訳者が直接確め得ないものが含まれているため、こまかい点にわたっては、他日の補正が必要となる場合があるかもしれない。

一、人名は、ローマ系のものはなるべくラテン語式の読み方に従い、ゲルマン系の人名と部族名はドイツ語式の読み方を採ることを原則としたが、地名とともに、現在わが国で慣用されている呼称に従った場合も多い。

一、カトリック教会用語は、できるだけ定訳に従うことを旨としたが、慣用語を使用した場合が少くない。

一、巻末に付録されている著作目録、索引、地図は、いずれも訳者の用意したものである。

一、邦訳の態度としては、著者の言おうとしていることを、正確に、平明な日本語で表現することに、目標をおいた。

一、翻訳は、中村、佐々木が分担して当った。分担の範囲は、第一部が中村、序文、緒言、第二部が佐々木である。

ヨーロッパ世界の誕生

マホメットとシャルルマーニュ

第一部　イスラム侵入以前の西ヨーロッパ

第一章　ゲルマン民族侵入後の西方世界における地中海文明の存続

一　ゲルマン民族侵入以前の「ローマ世界」

ローマ帝国(1)という、人間が作り上げたあの驚嘆すべき建造物のあらゆる特徴の中で、最も顕著なまた最も本質的な特徴は、その地中海的性格であった。もとより東方はギリシャ風であり西方はラテン風であったが、にもかかわらず属州全体を打って一丸とする統一性を帝国にあたえていたものが、この地中海的性格だったのである。言葉のあらゆる意味においてわれらの海 Mare nostrum であるこの海は、思想の、宗教の、また商品の、交流の媒介役を演じていた。(2)北方の諸属州すなわちベルギカ、ブリタニア、ゲルマニア、ラエティア、ノリクム、パンノニアは、単に蛮族の侵入を防ぐための外壁の役割を担ったにすぎない。帝国内の一切の活動がこの広大な湖のほとりに集中していた。地中海がなければ、ローマはアフリカから小麦の供給をうけることもできなかったであろう。海賊が姿を没してすでに久しく、航海が全く安全に行なわれていただけに、その便益は尚更であった。全属州の交通が、街道を通じて地中海へ寄り集った。逆に海から遠ざかるにつれて、文明はより稀薄となって行った。そして最後に辿りつく北方の大都市と言えば、せいぜいリヨンであった。トリールが名高い都市であったとは言っても、それはこの都市が一時的に首都であったというだけの理由によるものである。その他一切の重要な都市、たとえばカルタゴ、アレクサンドリア、ナポリおよびアンティオキアは、いずれも海に臨むか、さもなければ海に近かった。

「ローマ世界」のもっていたこの地中海的性格は四世紀以後いっそう顕著になった。それは、新しい首都コンスタンティノープルが何よりもまず海洋都市だったからである。この都市は、それ自体巨大な商品集散地であり、工業都市であり、また同時に重要な海上交通の根拠地であったという点で、単なる消費都市であったローマとは対蹠的であった。オリエントが活潑になればなるほど、この新興都市の指導権はより強大になった。シリアは帝国がインドや中国と交通する径路の発着地であったし、また黒海を経て帝国は北方とも交渉をもちつづけていたのである。

奢侈品についても手工業製品についても、西方世界はその供給を全くコンスタンティノープルに仰いでいた。

帝国はアジア、アフリカ、ヨーロッパの区別を問題としなかった。たとえそこにさまざまの文明が存在したにせよ、その基礎をなすものはどこにおいても同一であった。かつてはエジプト文明、フェニキア文明、カルタゴ文明といった多彩な文明が栄えたこの海岸には、今や全く同一の風俗、同一の慣習、同一の宗教が見出されたのである。

地中海の海上交通の中心はその東部にあった。(3) シリア人あるいはシリア人とみなされているものたちが水先案内人であり貿易商人であった。パピルス、香辛料、象牙、上質の葡萄酒を遠くブリタニアまでもたらしたのはかれらの船であった。またエジプトからは高価な織物が積み出され、苦行者のためには薬草が積み出された。(4) シリア人の植民地は至るところに存在した。マルセイユは半ばギリシャ人たちの港であった。

これらのシリア人たちと並んで、ユダヤ人たちもあらゆる都市に居住し、そこで小社会を作っていた。かれらは船乗りであり、仲買人であり、金融業者であったが、かれらが当時の経済生活におよぼした影響は、この時代の美術や宗教思想に見られるオリエントの影響と同様にきわめて重要なものであった。ミトラの崇拝やキリスト教の信仰と同じように、今また禁欲主義《アセティズム》が東方世界から海を越えて西方世界に伝来した。

オスティア港なしには都市ローマは考えられない。同じように、ラヴェンナが西帝国における (in partibus occidentis) 諸皇帝の居住地となったのも、まさしくコンスタンティノープルのもつ魅力の故に他ならなかった。

このように地中海を母胎として、帝国はきわめて明瞭な形で経済的統一体を形成していたのである。それは、通行税があっても税関の存在しない一個の巨大な領域であった。その上この領域は、貨幣の統一によってもたらされるはかり知れない利便に浴していたのである。純金四・五五グラムを含むコンスタンティヌス帝のソリドゥス金貨がどこでも流通していた。(5)

ディオクレティアヌス帝の治世以後全般的な経済の衰退が生じたことは一般に知られてい

るが、しかし四世紀にはむしろ恢復が認められるようになり、以前にもまして活潑な貨幣流通が見られたようである。

蛮族によって取り囲まれたこの帝国の安全を維持してゆくには、サハラの辺境からユウフラテス河、ドナウ河、ライン河に至るまでの各地に配置された国境守備軍団の警備で、久しい間事たりていた。けれどもこの堤防のかなたでは水嵩が増しつつあった。三世紀には、国内的混乱も加わって堤防に亀裂が生じ、そして間もなく決壊をみた。至るところからフランク族、アレマン族、ゴート族が侵入し、ガリア、ラエティア、パンノニア、トラキアを劫掠してイスパニアにまで達したのである。

この侵入はイリリア出身諸皇帝の手で追い返され、国境は修復された。しかしゲルマン民族に対する帝国の防備はもはやリーメス〔長城〕だけでは不充分であった。領内深く防禦戦線を敷くことが必要となった。内部諸地方の都市は城砦化され、帝国の中枢都市たるローマおよびコンスタンティノープルは何れも模範的城砦となった。

それでも、蛮族に対して帝国の門戸をとざしてしまうというようなことは、もはや全く問題外だったのである。人口は減少しつつあったし、軍隊は傭兵化していた。農業労働者や兵士として、蛮族どもが必要だったのである。蛮族の側でも、ローマに奉仕するようになることと以上のことは何も求めなかった。このようにして帝国は、国境地方では人種的に見たかぎりたしかにゲルマン化した。しかしそれ以上のことはなかった。(6) というのは他方で、帝国領内に入ったすべてのゲルマン人たちがローマ化したからである。これらのゲルマン人たちは、帝国に奉仕し同時に帝国から利益を享受しようとして入って来たのであった。かれらは文明に対して蛮族一般が抱く尊敬のすべてをこの帝国に対して捧げたのである。帝国領内に入るとすぐにかれらは帝国の言語および宗教、すなわち四世紀以後にはキリスト教、を受け入れた。そして民族固有の神々を捨ててキリスト教徒となり、ローマ人たちと同じ教会へ通って行くうちに、漸次帝国の住民の中に溶け込んで行ったのである。

やがて帝国軍隊のほとんど全部が蛮族によって構成されるようになり、しかもその中から多くのものが、ヴァンダル人スティリコやゴート人ガイナスやスエヴ人リキメルのように、帝国の武将として名声を博することになって行った(7)。

二　ゲルマン民族の侵入

ゲルマン蛮族のためにローマ帝国がその西方諸州を失ったのは、周知の通り、五世紀のことである。

しかし帝国がかれらの攻撃をうけたのは、これがはじめてではない。その脅威はすでにそれ以前からながらく続いていたのであって、ライン―リーメス―ドナウの軍事国境線が築かれたのも、もともとかれらに対する防衛のために他ならなかった。そしてこれは、三世紀までは、帝国の防衛に充分な役割を果していたのである。けれども蛮族どもの最初の大侵寇があってから後は、古い安易な信頼感を捨て去って積極的な防備態勢を整えることが必要となり、軍備改革を行なって、部隊の機動性を増すためにその単位の規模を縮小すると同時に、ついには軍隊をほとんどもっぱら蛮族傭兵によって編成することになったのであった。(8)

これらの方策によって、帝国はその後二世紀間命脈を保ち得た。

では何故に、最後の没落を招いたのであったか。

帝国には、蛮族が手を下し得ぬ城砦、そして戦略道路、さらにきわめて古い伝統をもつ戦術があったし、また帝国は、敵を分裂させたり買収したりするための駈け引きに精通した老巧な外交術——これが帝国の自己防衛の基本的特色の一つであった——を心得ていた。その上、帝国にとって有利なことに、攻撃者たちは相互に協調することを知らなかったのである。とりわけ帝国は地中海を有していたが、後にカルタゴにヴァンダル族の建国を見るに至るまで、この海が帝国に対してどれほど利益をあたえていたかは、後程触れるところからも明らかであろう。

帝国の軍備と蛮族のそれとの相違は、むろん今日の水準から見ればそれほど逕庭のあるものではなかったが、やはり当時としては、兵站部を持たず正規の訓練を経ていない異民族に対するローマ軍の優勢は見紛うべくもなかったのである。蛮族どもはたしかにその数において優勢であったが、後方から兵糧を補給する術を知らなかった。たとえばアキタニアに定着したのち飢餓に瀕した西ゴート族、あるいはイタリアで倒れたアラリッヒ王を想っても見よ。

こういった優越性の反面において、帝国が、ヨーロッパにおいて敵を向うにまわしている間でも、アフリカやアジアの国境に軍隊を駐屯させておかなければならなかったことを想起しなければならない。その点を別としても、帝国は国内的紛糾にも対処しなければならなかった。躊躇することなく蛮族と結託する謀叛者の数は多かった。宮廷内の確執があって、たえずスティリコとかルフィヌスとかの党派が立っては抗争を続けていた。他方帝国の住民たちは消極的で何等の抵抗も示し得なかった。市民的精神は消え失せて、かれらは蛮族を蔑視しながら、却って実際には唯唯としてその桎梏下に服する有様であった。このような状況のもとでは、兵士たちの間からも一般住民の間からも帝国防衛のための道徳的奮起を期待することは不可能であった。尤も幸いなことに、攻撃者の側でも道徳的な力は持ち合わせていなかった。ゲルマン人たちには帝国に対して憤満を抱く原因が何もなかったのである。宗教的な動機もなければ、民族的な憎悪もない、いわんや政治的な理由のごときは片鱗も認められない。帝国を憎むどころか、これを讃えていたのである。かれらが望んだことと言えば、ただ帝国領内に定着してその利益を享受することであった。かれらの王たちはひたすらローマの位階に就くことを熱望した。後の時代の回教徒とキリスト教徒との対立に比較され得るような状景は、ここでは全く認められないのである。蛮族の異教は、かれらにローマの神々への憎悪の念を植えつけることも、またキリスト教の唯一神に対する敵愾心を焚きつけることも、しなかった。四世紀の半ば頃、すでにビザンツにおいてアリウス派キリスト教に改宗していたゴート人ウルフィラが、この新しい宗教をドニエープル河流域にいるかれの同胞たちに伝え、さらにかれらがこの信仰を他のゲルマン民族、すなわちヴァンダル族やブルグンド族へと拡めて行ったのであるが[9]、しかしながら、自分ではこれが邪教であることを知る由もなかったかれらは、むしろ単純にキリスト教徒であるという意識から、よりいっそうローマ人たちに接近して行ったのである。

他方で、これらの東ゲルマン諸族は徐々に文明の手ほどきを受けつつあった。黒海沿岸まで南下したゴート族は、クリミア半島附近のギリシャ人やサルマティア人が持っていたギリシャ・オリエント的古代文化と接触をもつようになった。そしてそこでかれらは、後に蛮族風美術 Ars barbarica としてヨーロッパに知られるに至った華美な金銀細工の装飾美術を作り出すことを学んだのである。

かれらは海路を経てボスフォルス海峡周辺と交渉をもっていたが、ちょうど三三〇年にはここに新都コンスタンティノープルが、ギリシャのビザンチウムの跡に、建設されたところであった（三三〇年五月十一日[10]）。キリスト教がウルフィラの手を経てゲルマン人たちに伝わったのは、このコンスタンティノープルからであったが、帝国のこの輝かしい首都に魅了されたのがウルフィラ一人でなかったことは確実である。ものごとの自然として、かれらはあたかも後の時代のヴァレーグ人たちの場合と同様、黒海を隔ててこの偉大なる都の影響を受けないわけにはいかなかったのである。

蛮族どもは自発的に帝国領内に突入したのではなかった。かれらはフン族襲来の波に押されて前進したのであって、そうしたフン族の動きが蛮族の侵入全体を惹き起すに至ったのである。ヨーロッパはここにはじめて、サルマティアの広大な平原を隔てて、アジアのはての人々の間で起った衝突の反響を感じとることになった。

フン族の到着はゴート族を帝国領内に押し込む結果となった。かれらの戦闘方法や、おそらくはその外貌、そしてまた定着的住民にとってははなはだ恐るべきものに見えたその遊牧民的性格などが、フン族を無敵のものたらしめたのだと考えられる(11)。

打ち破られた東ゴート族はパンノニアに向って逃走し、他方西ゴート族はドナウ河を越えて帝国領内に逃れ来った。三七六年秋のことである。ローマ人たちはかれらに道を開けてやらなければならなかった。かれら西ゴート族の人数はどの位であっただろうか(12)。確定することは不可能であるが、L・シュミットの推定によれば総勢四万、うち兵員八千であった(13)。かれらは皇帝の同意を得て、首長たちの指揮下に、一個の部族的なまとまりをもって国境を越えた。皇帝はかれらを盟約者として認め、逆にかれらはローマ軍隊への兵力提供の義務を負うたのである。

これは全く新しい事態であり、また同時にきわめて重要な出来事であった。かれらの定着によって(訳註一)、今や帝国内には異民族の一隊が存在することになった。かれらは独立部族としての権限を保持しつづけた。かれらは分割されたわけでなく、団結の固い集団としての存在を続けたのである。このような措置は慌ただしく行なわれた。かれらに特定の領域があてがわれたわけでもなかった。そこで、自らの居留地が不毛な山岳地域であることに気付いたかれらは、翌年早々叛旗を翻した(三七七年)。かれらが切望したのは地中海への接近だったのである。かれらは海へ向って進軍を始めた。

三七八年八月九日、アドリアノープルの会戦で、皇帝ヴァレンスは敗死した。蛮族が占領し得なかった若干の都市を除いて、トラキア州の全域が掠奪を受けた。蛮族はさらにコンスタンティノープルまで押し寄せたが、後のアラビア人侵寇の場合と同様、頑強な抵抗によって追い払われた。

コンスタンティノープルの占領を逸したゲルマン人たちは、それでもなお海岸地方に定着することができ、それによって帝国の生命線を掌握する結果となったのである。しかしテオドシウス帝によってそこからも追い払われた。三八二年に、帝は蛮族を打ち破ってこれをモエシアの地に移住せしめたのである。この場合もなおかれらはそこで一個の部族を構成し続けた。のみならず戦争の間に、明らかに軍事的理由によって、かれらはその首長たちを一人の王、すなわちアラリッヒ王、に置きかえたのであった。アラリッヒが、自己の領土を拡張しようとし、かれを魅了したコンスタンティノープルを占領しようと試みるに至ったことは、きわめて当然の成り行きであった。しかしながら、L・シュミットがセヴィラのイシドルス（！）を典拠にして推論したように(14)、この努力が、東方世界にゲルマン民族国家を建設しようとしたものである、などと考えてはならない。ドナウの彼方からの新たな到着によってかれらの人数はかなり増加したけれども、反面、新たに加わって来た奴隷や冒険者たちの合流によってゴート族のゲルマン的性格はすでにいちじるしく減じていたのである。

三七〇年ないし三七五年に、ローマ人と蛮族との結婚を死刑を以て禁じたヴァレンティニアヌス帝およびヴァレンス帝の勅令が発布されたことを除けば、帝国がとりわけかれらに対して警戒策をとった形跡は見当らない。しかしこの勅令は、かれらがローマ住民の中に同化する道を絶つものであり、その結果帝国内における異質的存在としてのかれらの境遇を恒久化するものであった。おそらくそれが、繰り返しかれらを新たな冒険に走らせる一因となっていたのである。

道が開かれているのを見てとったゴート族は、ギリシャに攻め入り、アテネやペロポネソス半島を劫略した。〔西帝国の総督〕スティリコは海路東に急行してこれを打ち破り、エピルスへ退けた。それでもなおかれらは帝国から立ち去ろうとはしなかったので、〔東皇帝〕アルカディウスはかれらを、再び盟約者として、イリリアに定住せしめると同時に、明らかに皇帝の権威の下に帰順せしめようとする意図から、アラリッヒをイリリア地方軍司令官Magister militum per Illyricum に任じたのである。(15)この措置によってともかくも無事にゴート族はコンスタンティノープルから遠ざかった。しかしそれは同時に、かれらが、未だ劫掠をうけたことのないイタリアに接近するという結果を招いた。四〇一年にかれらはその攻撃に着手したのである。しかし翌四〇二年に、かれらはポレンツァおよびヴェロナの戦でスティリコに打ち負かされ、撃退された。L・シュミットによれば、アラリッヒは自分の「世界支配計画」を実現するためにイタリアへ侵入したのである。つまり、シュミットの推定では十万に達したと考えられるかれの軍勢をもって、アラリッヒは、ローマ帝国をそっくり新しいゲルマン帝国に置きかえようという野望を抱いていたというのである。

実際、アラリッヒという男は慾に駆られた傭兵隊長であった。かれにはおよそ誠実さというものが欠けており、金貨四、〇〇〇リブラでスティリコに買収されて、自分が盟約を結んでいたアルカディウス帝と戦うことを引き受けたほどである。

折も折、そのスティリコが暗殺されたことは、アラリッヒにとってまことに好都合であった。スティリコの軍勢の大多数を吸収したアラリッヒの大軍は、再び四〇八年イタリアに向って進撃を開始した。(16) かつて蛮人であったアラリッヒという男の魂は、今や陰険なローマ軍人になり変ってしまった。四〇九年、〔西皇帝〕ホノリウスと協約を結ぼうとして拒否されたかれは、元老院貴族プリスクス・アタルスを皇帝に擁立し、(17) それと引き換えに自分を軍事長官 Magister utriusque militiae praesentialis の高位につけて貰った。ところが再び、ホノリウス帝と和解しようとして、アラリッヒは自ら擁立したこの皇帝を裏切った。しかしホノリウス帝は第二のアタルスにはなろうとしなかった。そこでアラリッヒは不意打ちをかけてローマを占領、市内で掠奪を働き、その上、帝妹ガラ・プラキディアを伴って立ち去ったのである。そこからかれは踵をかえしてラヴェンナに攻め入ろうとしたであろうか。事実は逆で、かれは、当時未だ劫略を受けていなかった南イタリアに向って進軍し、そこから、ローマの穀倉であり西方諸州の中ではもっともゆたかであったアフリカに渡ろうとしたのである。この進軍は、糧食を得るための掠奪に終始した。しかしアラリッヒはアフリカに到達する運命をもたなかった。(18) 四一〇年の末にかれは死んだ。ブセントの河床への埋葬はまさしく史詩的英雄のそれであった。

かれ亡き跡をついだ義弟のアタウルフは北方へ転進した。数ヵ月にわたる掠奪行軍の後、かれはガリアに攻め入ったが、ここではちょうど叛逆者ヨヴィヌスが権力を手中に収めたところであった。是が非でもローマの位階に就きたいと願っていたアタウルフは、ヨヴィヌスと争って四一三年にこれを倒したが[19]、頑強なホノリウス帝によって依然希望を斥けられたので、四一四年かれはナルボンヌにおいて美わしき帝妹プラキディアと結婚し、皇帝の義弟たるの地位を手に入れた。オロシウスによって今に伝えられている左の有名な一節をかれが宣したといわれるのはこの時のことである[20]。「余は最初、ローマの名をこの世から抹殺し、ローマ帝国をゴート帝国に置きかえんことを熱望した。俗に呼称されるローマ世界Romaniaがゴート世界Gothiaとなり、アタウルフがカエサル・アウグストゥスにとって代るのだと。しかしながら長年の経験が余に教うるところでは、ゴート族どもの放縦なる野蛮さは、およそ法律なるものとは相容れない。ところで法律なくして国家（respublica）は存立し得ない。それゆえ現在余はむしろ、ローマの名声をその完全な形において復興し、さらにこれをゴート人の武力によって高めるという光栄を担いたいと考えている。帝国にとって代ることが不可能である以上、余はむしろローマの復興者として後の世に讃えられたい[21]」。

このようにして再びかれはホノリウス帝に接近しようとした。けれどもなお依然頑強な態度をとりつづけたこの皇帝は、ナルボンヌを拠点として地中海の支配を企てないとも限らないこのゲルマン人とは、協約を結ぶことを拒絶した。

そこで、帝国の高位に就くことができなかったアタウルフは、再びアタルスを皇帝に擁立し、かれと共に帝国を再建しようとした。

しかしこの不運なゴート人は、その間も繰り返し掠奪行軍を続けることを余儀なくされた。かれの部族が飢餓に瀕しつつあったからである。海岸線がホノリウス帝によって封鎖されていたので、かれはイスパニアへ兵を進め、おそらくそこからアフリカへの途を拓こうとしたのであったが、四一五年部下の一人に弑せられ、弟ヴァリアにローマへの忠誠を勧めつつ、世を去ったのであった。

港湾封鎖のためイスパニアにおいても同様に飢餓に瀕したので、ヴァリアはアフリカへ渡ろうと企てたが、嵐のために引き返さざるを得なかった。この当時、西方世界は絶望的な状況に置かれていた。四〇六年には、依然前進を続けていたフン族に押し出されて、ヴァンダル族、アラン族、スエヴ族およびブルグンド族が、今度はライン河を越え、フランク族やアレマン族と押し合いながら、ガリアを横切って地中海岸まで南下し、さらにはイスパニアにまで移動していったのである。これら諸部族に対処するために、皇帝はヴァリアを呼び寄せた。必要にせまられていたかれは、皇帝のもとめに応じた。ローマから六〇〇、〇〇〇梱の穀物を受けとって[22]、かれは、今やかれの率いる西ゴートと同じくアフリカへの途を進もうと押し寄せて来たこれら蛮族どもの洪水を阻止すべく、ガリアに引き返したのである。

四一八年に皇帝は、かつてアラリッヒに対して与えたと同様、盟約者の称号をヴァリアに与え、西ゴート族がアキタニア・セクンダの地域に定住することを承認した。

ロワール河とガロンヌ河の間の大西洋岸に定着したかれらは、地中海からは遮断されてしまって、もはやこれを脅かすことはなかったが、とにかくここにゴート族は、永らく求めてやまなかった土地を遂に手に入れたわけである。(23)ローマ軍の駐屯規則の適用を受けることになった。(24)今やかれらはローマ軍隊と同等に扱われ、ローマ軍の駐屯規則の適用を受けることになった。しかもこの措置は恒久的なものであった。そのためゴート族民たちは土地に固着することになり、ローマ住民の真只中に分散して生活することになったのである。かれらの王はローマ住民を統治したわけではない。王はあくまでも族民の統帥であり、かれらゴート人たちの王 rex Gothorum であって、アキタニアの王 rex Aquitaniae ではなかった。ゴート族民はローマ住民の間に宿営しながら、王によって統轄されていたのである。王の上には皇帝が君臨しており、ローマ住民から見れば、このゲルマン人の王は単に帝国に奉仕する傭兵隊の指揮官であったにすぎない。のみならずこれら住民にとっては、ゴート人の定着はむしろローマ帝国の権勢の証拠としか考えられなかったのである。

四一七年においてもなお、ルティリウス・ナマティアヌスはローマの永遠性を誇らかに謳歌している。(25)

しかしながら、「ローマの盟約者」としての西ゴート族の再承認も、またかれらのアキタニアへの合法的定着も、かれらを穏順ならしめたわけではなかった。二十年後、ガイゼリッヒ王がアフリカの征服に成功し、他方またスティリコが〔訳註二〕イタリア本土防衛のためガリアから軍団を呼び戻さねばならなかった間に、西ゴート族はナルボンヌを陥れ（四三七年）、トゥールーズでローマ軍を打ち破り（四三九年）、そしてこの機会に、おそらくかれらをもはや単なる盟約者としてではなく独立の国家として承認したと思われる協約を結ぶことに成功し

たのである。(26)

ガリアにおける帝国支配権のこの瓦解を決定づけた基本的事実は、ヴァンダル族がガイゼリッヒ王の指揮下にアフリカに渡ったことである。

四二七年、ガイゼリッヒはカルタゴの船隊の援けを得てジブラルタルの海峡を越え、五万の族民とともにアフリカに上陸、ゴート族の果し得なかったことを成し遂げた。帝国にとって、これは致命的な打撃であった。サルヴィアヌスの言葉をかりれば、まさしく国家の心臓部が破られたのである。四三九年、ガイゼリッヒが西方世界最大の海上根拠地カルタゴを占拠し、ついで間もなくサルジニア、コルシカおよびバレアル諸島を占領するに至って、西方世界における帝国の地位は根底から動揺を来たした。帝国はそれまで防衛上の最大の拠りどころとしていた地中海を今や失ったのである。

〔都市〕ローマへの食糧輸送は危機に瀕した。軍隊の糧食についても同様であって、この問題が後のオドワカールの簒奪といわれる事件の発端をなすことになる。海上の支配権は蛮族の手に渡った。四四一年に皇帝はかれらに対して遠征軍を差し向けたが、今度は失敗に終った。それは、相対する勢力が全く伯仲していたからである。ビザンツの艦隊に対して、ヴァンダル族もカルタゴの船隊を以て対抗したことは全く疑いのないところである。〔西皇帝〕ヴァレンティニアヌス〔三世〕は止むなく、かれらがアフリカの最も豊饒な地域、即ちカルタゴ、およびビザケナ、ヌミディア両州、に定着することを承認しなければならなかった（四四二年）。(27)

ガイゼリッヒはこれまで天才的人物と見做されている。しかしかれが歴史上演じた大きな役割を説明するものは、疑いもなくかれが占めていた位置である。かれはアラリッヒやウァリアが果し得なかったことに成功した。帝国内の最も豊かな属州がかれの手中にあった。かれの生活は豊饒にとりかこまれていた。今や掌中に収めた巨大な海港から、かれは海上掠奪という有利な活動に乗り出すことができた。この活動は西方世界に劣らず東方世界をも脅威に陥れた。その結果かれは、帝国に挑戦するに充分な力をもっていると自任していたから、帝国の位階を得ることにも無関心だったのである。

四四二年の休戦後数年間、帝国がかれに対して積極的な態度に出ようとしなかった理由を説明するものは、フン族の問題である。

四四七年、タイスの平野から進撃を始めたアッティラは、モエシアを経てトラキアおよびテルモピラの地方まで劫略した。ついでガリアに向って転進し、四五一年春ライン河を越え、ロワール河に至るまでの各地を荒廃させた。〔総督〕アエティウスは、フランク族、ブルグンド族、西ゴート族といった、忠実な盟約者として行動したゲルマン諸部族の支持を得て[28]、これをトロワ近郊において阻止した。ローマ人の戦術とゲルマン民族の勇気の協同の成果があがったのである。帝国再建者たるの栄を一手に担おうとしたウァリア〔訳註三〕の野望を、今一度実現しようとたくらんだ西ゴートの王テオデリッヒ一世は、空しく殺害された。四五三年のアッティラの死によって、そのかりそめの大事業は一挙に灰燼に帰し、西方世界は蒙古人の脅威から救われた。そこで、帝国は鋒先をガイゼリッヒに転じた。危険を悟ったかれは先手を打った。四五五年、ヴァレンティニアヌス〔三世〕帝が暗殺された機会をとらえて、かれはマクシムスを皇帝として認めることに反対し、同年六月二日、ローマ市に攻めこんで掠奪を働いた。[29]

同じ口実で西ゴート王テオデリッヒ二世（四五三—四六六年）も帝国と絶交し、ガリア貴族出身のアヴィトゥス帝の選出を支持した。そしてこの新帝からイスパニアのスエヴ族を征討するよう命令されたかれは、直ちに地中海に向って進軍を開始した。アヴィトゥスはまもなく〔総督〕リキメルに敗れて捕われの身となり後に司教となったが、[30]西ゴート族は依然として征討を続行した。他方でブルグンド族は、アエティウスによって打ち負かされた後、四四三年に盟約者としてサヴォイに建国したのであったが、[31]今やリヨンのまちを占拠するに至った（四五七年）。

折から即位した〔西皇帝〕マヨリアヌスは、この新しい危機と取り組み、四五八年にリヨンを奪回し、ついで直ちに鋒先をガイゼリッヒに向けた。ジブラルタルを経由してアフリカに進軍しようと企てたかれは、四六〇年にピレネー山脈を越えたが、翌年イスパニアにおいて暗殺者の手に斃れた。ただちにリヨンは再びブルグンド族の手に落ち、プロヴァンスの境界に接するまでのローヌ河流域一帯がその勢力下に置かれるに至った。

他方、テオデリッヒ二世は遠征を続けた。アルルでは頑強な抵抗にあって同市の占領に失敗し、プロヴァンス地方を侵すことができなかったが、しかしナルボンヌはかれの手に落ちた（四六二年）。かれの死後、エウリッヒ王（四六六―四八四年）がイスパニアのスエヴ族を討伐してこれをガラエキアに斥け、半島を征圧した。しかし偽りの休戦と火船の兵略によって、ボン岬沖合で完敗を喫する結果となった。万事が水泡に帰した。〔訳註四〕

蛮族勢力の増大を阻止するために、帝国はどうしても海上の支配権を奪回することが必要であった。〔東皇帝〕レオは、四六八年に、大規模なアフリカ遠征を準備した。かれはそのために九、〇〇〇、〇〇〇ソリドゥスの経費を投じ、一、一〇〇隻にのぼる艦船の装備を整えたと言われる。

ラヴェンナでは、将軍リキメルの手によって、皇帝アンテミウスはもはや単なる傀儡と化していた。かれがなし得たことと言えば、わずかに、エウリッヒ王によって脅かされていたプロヴァンス地方の占領を、外交交渉によって（というのはかれはもはや艦隊をもっていなかったからである）遅らせたことだけである。エウリッヒはすでにイスパニアおよびガリアの支配者となって、ロワール河に至る地域を征服していたのである（四六九年）。〔西皇帝〕ロムルス・アウグストゥルスの失脚によって、プロヴァンス地方は西ゴート族の手に渡る結果となった（四七六年）。そしてこの瞬間から、西地中海の全域が帝国の手から失われてしまったのである。

諸般の事情を考えあわせてみると、われわれはむしろ帝国がこのように永い間存続することのできた理由は何であったかを自問してみたい程であり、帝国がその運命に抗して来た執拗さに対してはただただ感嘆の言葉あるのみである。とりわけ、ブルグンド族からリヨンを奪回し、さらにイスパニアを経てガイゼリッヒ討伐の軍を進めようとしたマヨリアヌス帝の努力は、まことに敬服に価するものである。帝国はその防衛を盟約者に期待する他なかったのであるが、その盟約者というのが、西ゴート族やブルグンド族のように、たえず裏切りを重ねる有様であった。また傭兵隊の忠誠などというものもおよそ帝国の不運に抗し得るものではなかった。さらにアフリカや〔地中海上の〕諸島がヴァンダル族の手に渡ってしまうと、もはや帝国の動脈は、麻痺状態におちいってしまったのである。

東帝国は東帝国でドナウ河沿いに脅威を受けており、全く無力であった。東帝国の示した唯一の努力といえば、ガイゼリッヒ王に対して企てた遠征位のものであろう。それ故、もしかりに蛮族どもが帝国の滅亡を望んでいたのだとすれば、かれらはただ自分たち同志で協調しさえすればよかったのであるし、そうすれば成功は間違いなかった筈である。[32]けれどもかれらは帝国の滅亡を望んでいなかった。

マヨリアヌス帝（四六一年歿）以後、ラヴェンナには世にも滑稽な皇帝しかいなかった。かれらはスエヴ族傭兵隊とその隊長リキメル（四七二年歿）によって、あるいはさらにブルグンド人グンドバードのお蔭で、辛うじて命脈を繋いでいたのである。そしてこの後者がやがてかれの族民の王となるべくガリアに帰った後には、そのあとを受けてフン族出身のオレステスが登場し、この男がユリウス・ネポス帝を廃して自分の息子ロムルス・アウグストゥルスを帝位に就けたのである。

しかしそのオレステスも兵士たちに土地を与えることを拒んだ[33]ので弑され、その兵士たちによって、隊長オドワカールが王に擁立された[34]。この王はオレステスの息子ロムルス・アウグストゥルスが眼の上の唯一の瘤だったので、この幼帝をミセヌム岬のルクルスの荘に遷した（四七六年）。

東の皇帝ゼノンは止むを得ずオドワカールを総督《パトリキウス》として承認した。実際の話が、何事も変らなかったのである。オドワカールは帝国の一官僚であった。

四八八年ゼノン帝は、帝国を脅かしつつあった東ゴート族をパンノニアから退けるた[35]めに、その王テオデリッヒに総督《パトリキウス》の称号をあたえ、ゲルマン族に対してゲルマン族を以て戦わせるという例の寸法で、かれらをイタリア奪回の遠征に赴かしめた。四八九年のヴェロナの戦闘、四九〇年のアッダの戦いを経て、四九三年にオドワカールはラヴェンナに捕えられ、殺害された。テオデリッヒ王はゼノン帝から正当な承認を受けてイタリアの統治を引継ぎ、また他方では従来通り部族の王として、軍駐屯制 tercia の原理に従って定着したゴート族民に君臨したのである。

ことここに至って、もはや西方世界では（六世紀に見られた一時的な例外を除いて）カール大帝〔シャルルマーニュ〕の出現をみるまで皇帝が存在しないことになる。実際のところ、西方世界全体は蛮族諸王国のモザイクであった。すなわち、東ゴート族がイタリアに、ヴァンダル族がアフリカに、スエヴ族がガラエキアに、西ゴート族がイスパニアおよびロワール河以南のガリアに、ブルグンド族がローヌ河流域に、それぞれ建国した。ローマ人シャグリウスの勢力下に残った北ガリア地方の一部も、四八六年には〔フランク王〕クロドヴェッヒによって征服された。クロドヴェッヒは次いでアレマン族をライン河流域に粉砕し、西ゴート族をイスパニアへ追い払った。最後に、アンゲルン・ザクセン両部族がブリタニアに定着した。かくて六世紀初頭には、西方世界の中で直接皇帝に属する土地は、一片も無くなっていたのである。一見したところでは、途方もない破局《カタストロフ》に見舞われたかのような印象をうける。そのため、ロムルスの失脚が世界史劇の第二幕の開始を告げるものであるかのようにこれまで見做されて来たほどである。しかし仔細に観察すれば、それはさほど重大な事件ではなかったのである。

何故なら、皇帝はなお法理的には消滅しなかったし、かれはその主権をいささかも譲渡しなかったからである。盟約という在来の仮構《フィクション》がそのまま維持され、新しい成上り者たちといえども依然として皇帝の宗主権を認めていたのである。

ただアングロ・サクソン族だけは、皇帝を意に介さなかった。しかし他のすべての部族にとっては、かれは依然として超越的な主権者であった。テオデリッヒ王は皇帝の名において統治を行なった。ブルグンド王シギスムントは、五一六―五一八年の間に、皇帝に宛てて、「わが族民は何人《なんぴと》たりともすべて貴下のものなり Vester quidem est populus meus(36)」と書き送っている。クロドヴェッヒ王は執政官《コンスル》の称号を受けたことを誇りとしている(37)。敢て皇帝の名を僭称しようとするものは一人も無かった(38)。西方世界に皇帝の名が再び出現するには、カール大帝の登場を待たねばならなかった。それまでは、コンスタンティノープルが依然としてこの巨大な混合世界の首都であり、西ゴート、東ゴート、ヴァンダルの諸王が、相互の抗争の審判者として仰ぎ見たのもこの都であった。ローマ帝国は、いわば一種の神秘的な存在として、法理的に存続したのである。そして、それよりも遥かに重要なことは、ローマ世界 Romania が事実として生き残ったことである。

三 「ローマ世界」におけるゲルマン民族

実際のところ、ローマ世界 Romania が蒙った損失はほんの僅かであった。その損失というのは北部の国境地帯とブリタニアであったが、後者では多少ともローマ化していたブリトン人たちに代ってアングロ・サクソン族が入り込み、その結果ブリトン人[39]の一部はブルターニュ〔当時のアルモリカ〕の地に移った。また北部辺疆地域で失われた部分は、かつてのライン—リーメス—ドナウの国境線と、今日のゲルマン系言語、ラテン系言語の境界線とを比較することによって見つもることができる。この方面では、旧帝国領の一部がゲルマンの領域に編入されたわけである。ケルン、マインツ、トリール、レーゲンスブルグおよびウィーンは今日ではドイツ都市となっており、〔当時の〕文化の果て extremi hominum は〔今日の〕フランドル地方にあたる[40]。むろんローマ化していた住民たちが一挙に姿を消したわけではない。トングルやトゥールネーやアラスでは完全に姿を消したようであるが、ケルンやトリールではキリスト教徒たちが、すなわちローマ人たちが残存していた。しかしこれらの地域に住み続けていたローマ人も、徐々にゲルマン化して行ったのである。サリカ法典に見える「ローマ人たち Romani」の語はこれら生き残った住民の存在を証明しているし、また聖セヴェリヌス伝 Vita Sancti Severini は、ノリクム地方について、この過渡的状態の一斑を示してくれる。[41] さらにまた、チロルやバイエルンの山岳地方においても、長い間ローマ人として踏みとどまった住民のあったことが知られている。[42] それゆえ、ここでもまた移住が行なわれ、一住民から他の住民への交替が、すなわちゲルマン化が、見られたのであった。ゴート族がドニエープル河流域からイタリアおよびイスパニアへ、またブルグンド族がエルベ河流域からライン河流域へ、そしてヴァンダル族がタイス河〔流域の盆地〕からアフリカへと驚異的な大移動を行なったことに比べると、西ゲルマン諸部族がかれらの古来の境界の近くに密集して建国したことは、思えば不思議な対照である。西ゲルマン諸部族は、かつてカエサルがかれらをそのかなたに押しとどめておこうとした〔ライン〕河を渡っただけであった。では、その相違は人種的な差異から説明されるのであろうか。そうとは思われない。フランク族も、三世紀には、ピレネー山脈地方まで進出したし、ザクセン族もブリタニアに侵入しているからである。

それはむしろ地理的位置によって説明さるべきだと思われる。帝国辺疆に建国した西ゲルマン諸部族は、帝国の心臓部たるコンスタンティノープルやラヴェンナやアフリカに直接脅威を加えることがなかった。それゆえにこそかれらは定着した土地に建国することを許されたのであって、それは、西ゴート族のアキタニア定着に至るまで、諸皇帝が東ゲルマン諸部族に対しても与えることを拒否し続けていた特権だったのである。もっとも、ユリアヌス帝は、かれらを辺疆にとどめておくために、フランク族やアレマン族に対して遠征を試みた。しかしこのフランク族やアレマン族は、ローマ住民を後退させながら進出し、しかも傭兵部隊のように軍駐屯制 tercia に基いて定着することなく、あたかも根の生えた部族のように土地に固着したまま、徐々に征服地域に移住したのである。このことは、ローマ軍団がすでに撤退してしまっていた四〇六年において、何故にかれらが依然として、バヴェ—クールトレー—ブーロニュを結ぶ線およびバヴェ—トングルを結ぶ線に沿った、ローマ国境地帯の小さな軍事拠点や城砦 castella によって阻まれたままとどまっていたのであるかを証明してくれる。(43) かれらの南進はきわめて徐々にしか行なわれず、四四六年に至って漸くトゥールネーを占領したにすぎない。かれらは征服的軍隊ではなく、利用できる肥沃な土地を求めて次から次へと定着を重ねて行く移住民部族だったのである。そしてこのことはかれらが、漸次かれらの前進のまえに後退して行ったガロ・ローマ系先住民と混合しなかったことを意味するのであり、さらにそのことは、かれらが、ゲルマン的精神と呼び得るもの、かれらの風俗や史詩的伝統を持ちつづけたことの理由を説明するのである。かれらは、かれら自身の宗教や言語を持ち来り、各地に新しい地名を導入した。ze(e)le や inghem に終るゲルマン的名称は、最初の移住者たちの家族名に由来すると考えられる。

これら完全にゲルマン化した地域のさらに南方においても、かれらは徐々に〔ローマ住民の間に〕浸透して行き、その結果ベルギーのヴァロン地方、北フランスおよびロレーヌにほぼ一致する地域に両民族の混合地帯を作り出したのである。後にローマ化されるに至るゲルマン系住民がかつてこの地帯の各地に存在したことは、その地名から証明される[44]。このような浸透はほぼセーヌ河まで達することができた[45]。

しかし総体的に言って、いちじるしいゲルマン化を見たのは、ゲルマン言語が存続した地方だけであった。ローマ世界 Romania は、ローマが最後に獲得した地域、すなわち地中海を遠く保護している外壁に沿った、ゲルマニア二州、ベルギカの一部、ラエティア、ノリクム、パンノニアの諸州を失ったにすぎない。

この地域を別とすれば、ローマ世界 Romania は全く無瑕のまま存続したのであり、またそれ以外になりようがなかったのである。ローマ帝国は依然ローマ的なものとして残ったのであり、それはあたかもアメリカ合衆国が、〔その後のあいつぐ〕移住にもかかわらずなお依然アングロ・サクソン的であるのと同様である。

実際、新来者たちは全くの少数であった。幾分なりとも科学的厳密さをもって語るためには数字を提示し得ることが必要であるが、われわれは、そのような証拠を示してくれる記録を何一つ持っていない。それにしても、一体帝国の人口はどの位であっただろうか[46]。七、〇〇〇万を算えたであろうか。C・ジュリアンはガリアの人口を四、〇〇〇万ないし二、〇〇〇万と評価しているが[47]、この数字はそのまま受け入れることは出来ないように思われる。といって、正確な算定はもとより不可能である。ただ明らかなことは、ゲルマン人たちが大量のローマ系住民の中に姿を没して行ったことである。

ダーンの推定によれば、[48]ヴァレンス帝によって帝国内に入ることを許された西ゴート族民の総数は一〇〇万を数えたという。これに対してL・シュミットは、エウトロピウスの記述に拠り、またアドリアノープルの会戦に関して検討した数字にもとづいて、全族民数四万、うち兵員八千と算定したのである。[49]その後これがさらにゲルマン人や奴隷や傭兵等の合流によって増加したことは確実である。従ってシュミットも、ヴァリア王がイスパニアへ侵入した時（四一六年）[50]には、西ゴート族の族民数は一〇万であったと推定している。

ゴーティエは、ヴァンダル人とアラン人の聯合部族がジブラルタルの海峡を渡った時、その族民数が老幼男女に奴隷をも含めて総数八万であったと推定している。この数字はヴィタのヴィクトリウスの「大挙して残らず渡り来たりつ Transiens quantitas universa」の記述[51]を根拠としている。かれは、[52]船隊の輸送能力を算定することが容易であったという理由から、これを正確な数字と考えている。[53]他方でかれは、[54]充分あり得ることだが、ローマ領アフリカが今日とほぼ同数の人口、すなわち七〇〇万ないし八〇〇万の住民を擁していたと述べているが、もしそうだとすると、ローマ側の人口が侵入ヴァンダル族民数の百倍も多かったことになる。

西ゴート族の場合も、ロワール河からジブラルタルに及ぶ広大な領土に特に多数の族民を擁していたとは考えられないから、シュミットの推定した一〇万という数字が妥当なものと思われる。

ブルグンド族も、[55]総数二万五千、うち兵員五千という数字を越えなかったと思われる。

五世紀におけるイタリアの総人口は、一般にはドーレンに従って、[56] 五〇〇万ないし六〇〇万と推定されている。むろん厳密な数字は知るべくもない。他方東ゴート族については、シュミットが、[57] 総数一〇万、うち兵員二万と推定している。[58]

以上はすべて、およその推測である。しかしもしわれわれが、リーメス limes 以西の諸州について、全住民の五％がゲルマン的要素によって占められていたのだという見積りを立てたとすれば、それは疑いなく過大評価というべきであろう。

実際問題として、少数勢力が多数の先住民を一変させることができるのは、かれらがこの住民たちを効果的に支配しようとする場合か、さもなければこれを蔑視して単に搾取の対象と考える場合においてのみであって、それはたとえばノルマン民族がイングランドにおいて、また回教徒がその出現した地方において、さらに当のローマ人たちがその征服諸州において、支配権を握った場合に見られたことである。ところがゲルマン民族は帝国を滅ぼそうとも搾取しようともしなかった。蔑視するどころか、かれらは帝国を讃美したのであった。かれらは帝国に対抗するための道徳的な力も持たなかった。かれらの英雄時代はその定着とともに終りを告げた。ニーベルンゲン物語のような現存する偉大な詩的記念物[59]は、漸く後の時代に、しかもドイツにおいて成立したものである。そのため、勝ち誇った侵入者たちも、ローマ州民に対しては、どこにおいても、かれらと同等の法的地位を許したのであった。実際あらゆる面にわたって、かれらが帝国から学び取るべきことは多かった。どうしてかれらがこうした環境に抵抗することなど出来ただろうか。

かれらはまた結束した一団を形成していたわけでもなかった！　ヴァンダル族を別として、一般にかれらは「寄寓者（＝駐屯兵）処遇《オスピタリテ》」の規則に従ってローマ住民の真只中に分散したのである。所領の分配は、否応なしにかれらをローマ風の農業様式に従わせる結果となった。

さらに、ローマ人婦女との関係、あるいは結婚についてはどうであったか。六世紀、〔西ゴート王〕レカレッドの治世まで、〔ローマ人との〕通婚 connubium が認められなかったことは事実である。しかしそれは法律上の障害ではあっても、社会的な障害にはなり得なかった。ゲルマン族民とローマ人婦女との結婚はかなり不断に行なわれたに相違なく、またその子供は、むろん母方の言語を話したのであった[60]。明らかにこれらのゲルマン人たちは、驚くべき速さでローマ化したにちがいない。西ゴート族がその固有の言語をもちつづけたと見る向きもあるが、それはそのように主張せんがための主張である[61]。そのようなことを裏付ける史料は何もない。東ゴート族に関しては、プロコピウスが、トティラ王指揮下の軍勢の中にゴート語を話すものがあったと伝えているが、これは北部の少数の孤立的族民であったに相違ない。

言語が存続するためには、ちょうどアングロ・サクソン族の文化と肩を並べられるような文化の存在が必要条件であった。ところがかれらにはそのようなものは欠けていたのである。ウルフィラはその後継者をもたなかった。ゲルマン語で書かれた一片の文書も特許状も、われわれに残されてはいないのである。古い時代の教会においては礼拝式がゲルマン語によって行なわれたとは言うものの、その形跡は何一つ残っていない。ただおそらくは唯一の例外として、フランク族がメロヴィング王朝時代以前にサリカ法典を卑俗語で編纂したことが考えられ、マルベルク註釈《グロッセ》がその痕跡を示していると思われる。しかし、今日われわれにたとえ一部分とはいえその原文が伝えられているかぎりでゲルマン最古の立法者であった〔西ゴート王〕エウリッヒの法典は、ラテン語で書かれており、他のすべてのゲルマン王の場合にも同様であった。

ゲルマン固有の装飾様式に関しては、もはや五八九年のカトリック教への改宗後の西ゴート族においては、何ら痕跡が認められないのであり、ツァイス(62)も、それが存在したのは一般民衆の間だけであったことを認めている。

たしかに、アリウス派の信仰は、ある期間、ローマ人とゲルマン人の親密な接触を妨げたかも知れない。しかしこの問題のもつ意味を過大評価してはならない。実際にアリウス派を庇護していたのはヴァンダル族の諸王くらいのものであり、それも軍事的動機に由るものであった。〔ブルグンド王〕グンドバードはカトリック教を信じていたのではなかったかと思われる。〔グンドバードの後継者〕シギスムントは五一六年以後はカトリック信者であった。もっとも五二四年にはなおアリウス派信徒も残っていた。しかしほどなくフランク族による征服が正統カトリック教の勝利をもたらしたのである。結局のところ、アリウス派の信仰というものはブルグンド族においてもさほどの影響力をもち得なかった(63)。やがてそれはあらゆる地方から急速に姿を消して行った。ヴァンダル族は五三三年のユスティニアヌス帝による征服の結果これを放棄したし、西ゴートでもレカレッド王（五八六―六〇一年）によって廃止された。(64) なおまたこのアリウス派信仰はもともと皮相なものであった。その証拠に、これが駆逐された時にも混乱はどこにも起らなかった。ダーンによれば、(65) レカレッド王によるカトリック教への改宗の頃にはすでにゴート語も消滅しており、かりに残っていたにせよ、わずかに下層民の間においてであった。

このようにみてくると、ゲルマン的要素はどのようにして存続し得たであろうかというごとき設問に対しては、解答のすべもないのである。それが存続し得るためには、少くともゲルマニアの故土からたえず新しい後続部隊が到着することが必要だったであろう。ところがそのようなものは何もなかった。ヴァンダル族はもはや後続部隊を迎えることがなかったし、ゲルマニアとの一切の接触を失った西ゴート族も同様であった。まだしも東ゴート族は、アルプスを越えて僅かながら〔故土の〕ゲルマン人たちとのつながりを持ちつづけた部族ではなかったであろうか。しかし〔より故土に近い〕フランク族についてみても、ガリアの征覇がなし遂げられた後は、後続蛮族部隊はもはや到着することがなかった。その事情は、トゥールのグレゴリウスの記述を一読すれば明瞭である。

もう一つ動かすことのできない論拠がある。もしゲルマン語が存続したのだとすれば、その痕跡がロマン系言語の中に遺されてしかるべきであろう。ところが、若干の借用語を別とすれば、(66) そのような痕跡は何一つ認められない。発音も、構文も、ゲルマン的影響を微塵もとどめていないのである。

同じことは身体つきについても当てはまる。一体、アフリカのどこへ行ったらヴァンダル人型に出あうであろうか。(67) イタリアのどこへ行ったら西ゴート人型〔訳註五〕の人間がいるであろうか。アフリカにはブロンドの髪をした人間も見出されるが、ブロンド髪の人間がすでに蛮族到着以前からいたことは、ゴーティエが指摘している通りである。(68) ただ、ローマ人にはローマの、ゲルマン人にはゲルマンの、それぞれ属人的な法律があったことは、一般に言われていることであり、また事実でもある。けれどもこのゲルマン法なるものは、エウリッヒの立法においてすでに完全にローマ法の影響をうけており、さらにこの影響はかれの死後なおいっそう顕著になって行ったのである。

東ゴート族においては、ゴート族民のための特別の法典というものは存在しなかった。族民もローマの属地的な法律に従っていたのである。しかし兵士としては、かれらは純粋にゴート的な性格をもつ軍事裁判官にのみ服従していたのであって、(69) これは本質的に重要な点である。ゲルマン人たちは兵士であり同時にアリウス派信徒であったから、王がアリウス派の信仰を庇護したのもおそらくはかれらを兵士としてとどめておくためだったのである。

ブルグンド族やヴァンダル族においても、ローマ法がゲルマン法の上にあたえた影響は、西ゴート族の場合に劣らず顕著であった。(70) そもそも法秩序の基本単位たる氏族、すなわちジッペ Sippe が消滅してしまったところに、どうして純粋なゲルマン法の存続を認めることができようか。

実際のところ、婚姻 connubium に関する法があったように、法の個人主義も存在したに相違ない。アングロ・サクソン族、サリ・リプアリア両フランク族、アレマン族、バイエルン族の移住を見た諸地方を別とすれば、[71] ゲルマン法は生き残らなかったのである。

サリカ法典がクロドヴェッヒ王以後のガリアの法律であったと考えることは全くの誤謬である。ベルギカ州以外の地方では、王側近の有力者を除いては、ほとんどどこにもサリ・フランク人はいなかった。トゥールのグレゴリウスの記述のどこにも、この法典の存在や、その訴訟手続に関して何らかの推測を可能ならしめるような言句は片鱗も見出せない。その適用範囲はきわめて北部の地域に限られていたと考えざるを得ないのである。

事実セーヌ河以南の地方では、〔サリカ法典にみえる〕ラヒムブルギ rachimburgii に関する記述はどこにも見当らない。〔同じく〕スクルテティ sculteti について、あるいはグラフィオーネス grafiones について、何らかの記述がこの地方で見出されるであろうか。さらにまたマルベルクの註釈《グロッセ》も、いま問題としている法典がゲルマン語で行なわれる訴訟手続のために作られたものであることを証明している。大部分がローマ人であったところの伯たちの中で、これを理解し得るものが果して何人いたであろうか。農業様式について、あるいは家宅の排列について、この註釈に述べられているすべての事がらは、ゲルマン人の移住をみた北部の地域だけに妥当するものである。サリカ法典のごとき未成熟な法律がロワール河以南の地域にまで適用されたと想定することは偏見という他はない。

ところでわれわれは、ゲルマン人たちが若々しい民族の、すなわち忠誠という人格的結合関係が国家への服従よりも優先しているような社会の、道徳的観念を持ち来ったのだと考えるべきであろうか。実際には、これは御都合主義の学説なのである。同時にそれは浪漫的な学説であり、一部のゲルマン主義的歴史家のドグマなのである。かれらは好んでサルヴィアヌスを引き合いに出し、かれが行なったローマ人の道徳的頽廃と蛮族の徳性との対比を引用する。しかしこの徳性なるものも、ゲルマン族民がローマ住民の真只中に定着した後にはもはや死に絶えたのである。「世は老い朽ちたり Mundus senescit」という言葉が、七世紀の初頭、偽作フレデガリウス年代記に見出される。[72]そしてトゥールのグレゴリウスの記述を一読しただけでも、至るところで極度の道徳的頽廃のあとにぶつかるのである。曰く、酔っぱらい、放蕩、貪慾、姦通、人殺し、言語道断な残虐行為、そして社会の上層から下層までひろまっていた不信裏切。ゲルマン諸王の宮廷もラヴェンナの宮廷に劣らず多くの犯罪を眼のあたりに見たのである。ハルトマンも、「ゲルマン的忠誠 Germanische Treue」なるものが単に便宜的な作り話にすぎないと見ている。[73]〔東ゴート王〕テオデリッヒは、オドワカールに一命を許すことを誓った後、かれを暗殺したのである。〔フランク分国王〕グントラムは、自ら族民たちに余命を乞い願っている。西ゴートの諸王は、ほとんど例外なく、暗殺者の短刀にたおれたのであった。

ブルグンドでは、五〇〇年に、ゴディギゼルがクロドヴェッヒ王と通じて、自分の兄グンドバード王を裏切った。[74]クロドヴェッヒ王の息子クロドメールは、とらわれたブルグンド王シギスムントを井戸の中に抛り込んだ。[75]西ゴート王テオデリッヒ一世はローマ人たちを裏切った。そしてまたガイゼリッヒが、息子の嫁となった西ゴート王女に対してどんな仕打ちに出たかを想ってもみよ。

メロヴィング家の宮廷はいわば娼家同然であり、〔王妃〕フレデグンダは怖るべき悍婦であった。〔東ゴート王〕テオダハッドは自分の妻を暗殺させた。人々は常に敵を待ち伏せており、ほとんど信じ難いほどの道義の頽廃が世をおおっていたのである。グンドバード王の生涯などはその点で典型的である。酔態がすべての人間の常態であるかのようだった。女たちは愛人を手に入れては自分の夫を殺させた。誰でも、金によって買収された。そしてこれらすべては人種の区別なく、ローマ人と同様にゲルマン人の間でも行なわれたのである。せめて聖職者階層を唯一の避難所として道徳が守り続けられるべき筈であったにもかかわらず、その聖職者自身——修道士さえも(76)——が腐敗していた。まして、一般民衆の間では宗教心というものは俗悪な魔術以上のものとしてはうけ取られていなかったのである。道化者や娼婦といった都会的な悪徳は部分的には姿を消しつつあったが、それとても若干の地方にかぎられてのことであった。西ゴートにおいて、またとりわけ、南方に定着した蛮族の中で最もゲルマン的であったヴァンダル族の定着したアフリカにおいて、却ってそれらの悪徳が根づよく残ったのである。ヴァンダル族民は今や贅沢な別荘に住み、湯浴みに時を過す懦弱者になっていた。フネリッヒ王やトラサムント王の治世に書かれた詩は卑猥な表現で飾り立てられている。

以上のような次第で、これらの蛮族は、帝国領内への定着後、ローマ文化を吸収すると同時に、その性格に固有な英雄的側面を一切失って行ったのだと結論することが出来よう。ローマ世界 Romania の土壌が、蛮族の生命力を吸い取ってしまったのである。しかし、その上に立つ者が先に立って手本を示すようでは、どうしてこれ以外の途を辿り得たであろうか。もちろん最初は、蛮族諸王がローマ化した度合は僅かであった。エウリッヒ王もガイゼヒッリ王も、ほとんどラテン語を知らなかった。しかしかれらすべてのうちで最も傑出していた〔東ゴートの〕テオデリッヒ大王についてはどうであろうか。アルプスのかなたまで、かれはベルネのディエトリーヒの名前で知られているが、そのかれ自身の内部で支配的な位置を占めていたものはビザンツの影響だったのである。

かれは、七歳の時、父の人質として皇帝の許に送られ[77]、十八歳になるまでコンスタンティノープルで教育を受けた。やがてゼノン帝はかれを軍事長官 magister militum 兼総督 patricius に任じ、さらに四七四年にはかれを養子としたのである。かれは皇女の一人と結婚した[78]。四八四年には皇帝によって執政官《コンスル》に任ぜられた。次いで、小アジアで戦争に従事した後には、コンスタンティノープルにかれの彫像が建てられた。またかれの妹は皇妃の女官であった。

五三六年に、かれの女婿エヴェルムッドは、同胞蛮族の利益をまもることよりもむしろコンスタンティノープルにおいてパトリキウスとして暮すことを望んで、即座に〔ビザンツ軍将〕ベリサリウスに降伏している[79]。大王の娘アマラスンタは全くローマ人同様であり[80]、またかれの女婿テオダハットはプラトン学徒たることを誇りとしていた[81]。

さらにブルグンドにおいてさえも、四七二年にリキメルの死後そのあとをうけて〔西皇帝〕オリブリウスのもとで総督《パトリキウス》となり、この皇帝の歿後はさらにグリケリウス(82)を皇帝に指名し、次いで四八〇年に兄チルペリッヒの跡を継いでブルグンドの王となったグンドバード王（四八〇―五一六年）は、こうした民族的国王のまことに見事な典型ではないか！シュミットによれば、かれは高度の教養を身につけ、雄弁かつ博識であって、神学上の問題に興味をもち、聖アヴィトゥスとかわらぬ友誼を結んでいたという(83)。

同じことはヴァンダルの諸王についても当てはまる。

西ゴートにおいても同様の経過が認められる。シドニウスは、テオデリッヒ二世の教養を賞め讃え、その廷臣たちの中には、歴史家であり法律家であり同時に詩人でもあった大臣レオや、また修辞学の教授でありかつ詩人であったラムプリディウスがいたことを述べている(84)。四五五年にアヴィトゥスを皇帝に擁立したのもこのテオデリッヒ二世であった。これらの諸王は族民の記憶に残っている古い伝統から完全に解放されていたのであって、そうした伝統を再び蘇えらせる仕事をするのはカール大帝である。

またフランクには、王侯詩人チルペリッヒがいた(85)！

時が経つにつれて、ローマ化の過程は加速度的になっていった。ゴーティエによれば、ガイゼリッヒの死後、ヴァンダルの諸王はふたたび帝国の傘下に入るようになった(86)。西ゴートにおいても、ローマ化は不断の進展をみせた。アリウス派の信仰も、六世紀末までにはあらゆる地方から姿を消した。

重ねて言えば、ゲルマン的伝統が存続したのは北方だけの話であり、そこでは同時にこれと結びついていた異教が七世紀まで消滅しないで残っていた。アウストラシアの軍勢が東ゴート族救援のためイタリアに駆けつけたとき、このアウストラシアの軍勢はゴート族に嫌悪の情を起させた。[87] おそらく東ゴート族は、フランクに忠誠を誓うよりはビザンツに忠誠を誓う方を選んだであろう。

これを要するに、ローマ世界 Romania は、北方において若干の縮小を見せたにしても、全体としては依然存続していたのである。[88] もちろんそれは大きな打撃を蒙った。芸術、文学、科学といったあらゆる領域において、その後退は明瞭である。「美わしき文学教養のならわし絶えたり Pereunte……liberalium cultura litterarum」と、トゥールのグレゴリウスが述べているの[89]はまことに真実である。ローマ世界 Romania は惰性的に生き延びたのである。しかし、これに取って代るものはなかったし、これに反抗するものも現れなかった。教会も世俗一般も、これに代る他の文明の形態が有り得ようとは思いも及ばなかった。頽廃の只中にあってそれに抵抗する唯一の道徳的な力は教会であったが、まさにその教会のために、帝国はなお存在を続けたのである。グレゴリウス大教皇は皇帝に宛てて、皇帝は人間の上に君臨しているのであり、蛮族〔諸王〕は奴隷に君臨しているのだ、と書き送っている。[90] 教会は時にビザンツの皇帝と確執を生ずることもあったが、しかし皇帝に対する忠誠な態度は変らなかった。教会は、その教父たちによって、ローマ帝国は神の摂理によるものであり、またキリスト教にとっては不可欠のものであると教えられていたではないか。またその組織も帝国のそれを範としていたではないか。帝国の言語を用いていたではないか。帝国の法律や文化をそのまま伝えていたではないか。そしてまた教会の高位高職者のすべては旧い元老院貴族の家柄によって占められていたではないか。

四　西方世界におけるゲルマン諸国家

帝国の領内に、しかもローマ住民の真只中に建設されたこれら新しい諸王国において、ゲルマン民族の部族的制度がもはや維持され得なかったことは、(91)余りにも明白であるから、ここで繰り返して強調するにも及ぶまい。部族的諸制度が維持され得たのは僅かに、たとえばアングロ・サクソン族の場合のように、ゲルマン住民によって構成された若干の小王国においてだけであった。

もちろん、帝国内に定着したゲルマン民族の王たちは、その族民に対しては民族的な王、すなわちグレゴリウス大教皇の言葉をかりれば諸部族の王者たち reges gentium だったのである。(92)それゆえかれらはみずからゴート族の王 rex Gothorum、ヴァンダル族の王 rex Vandalorum、ブルグンド族の王 rex Burgundionum、フランク族の王 rex Francorum と名乗ったわけであった。けれども、ローマ人たちにとっては、かれらは皇帝から一般住民の行政をも委任された単なるローマ帝国の軍指揮官にすぎなかったのである。かれらがローマ住民に臨む時はつねにこの立場においてであったし、(93)しかもかれらはこの称号を以てローマ住民に臨むことに誇りを感じていたのである。その事情は、クロドヴェッヒが名誉執政官職《コンスル》に叙せられた時の、あの盛大な騎馬行列を想起すれば充分であろう。

テオデリッヒ大王のもとでは、事態は最も単純であった。かれは、実際、ローマ皇帝の代官であった。かれが公布したものは告示《エディ》であって、法令《ロワ》ではなかった。ゴート族民は軍隊を構成するだけであった。(94) 文官はすべてローマ人であり、ローマの行政組織の全体が可能なかぎり残された。元老院も依然として存在した。尤も一切の権力は王とその宮廷に、すなわち神聖なる宮殿に、集中していたけれども。テオデリッヒは、あたかも自分が蛮族出身であることが世に忘れられるよう望んだかのごとく、単に王 rex という単純な称号しか用いなかった。かつての諸皇帝〔訳註六〕と同じく、かれもラヴェンナに居を構えた。〔ローマ帝政期の〕公 dux や州知事 rector, praesides のもとに立つ領州の区分が、また市参事会員 curiales や都市護民官 defensores をもつ都市自治制度が、さらに〔国家の〕財政組織が、すべてそのまま残された。テオデリッヒは貨幣を鋳造したが、しかしそれは皇帝の名においてであった。かれは、ローマ人たるの資格を得たしるしとして、フラヴィウスの名を名乗った。(95) 碑文では、かれはとこしえなる皇帝、ローマの名の宣揚者 semper Augustus, propagator Romani nominis と呼ばれている。近衛兵の組織はビザンツに範をとっており、宮廷の儀式全般もまたビザンツに倣うものであった。裁判制度も全くローマ風であり、それがゴート族民に対してさえ同等に適用されたのである。テオデリッヒの告示なるものも、もちろん全くローマ的であった。ゴート族民のための特別の法律というものはなかった。実際テオデリッヒは族民間の私闘やそのゲルマン的野蛮さをなくそうとたたかった。王はかれの部族の固有の法慣習を保護しなかった。[96] ゴート族民は諸都市の警備隊を編成し、給料を受領しつつ、各自の土地の収益によって暮しを立てていた。[97] かれらは軍務以外の職業に就くことができなかった。ローマ人と共に王の側近に侍していたものを除けば、族民は政治に対して全く何らの発言力をも認められなかった。自分たちの王が統治するこの王国内で、かれらは事実上異邦人であったが、しかし、充分な年金を与えられた異邦人でもあった。つまりかれらはその職業によって何不自由なく暮すことができる世襲的封鎖的軍人階級を構成していたわけである。かれらを結束せしめたもの、そして〔後のゴート戦役において見られる〕ユスティニアヌス帝に対するかれらの抵抗の根強さを説明するものは、いわゆるかれらの民族的性格ではなくて、ほかならぬこの事実であった。L・シュミットは、[98] ゴート族固有の王権の観念が、イタリアへの定着以来、消滅したことを認めている。[99] テオデリッヒはもはやゼノン帝の一官僚に過ぎなかった。かれがイタリアに到着するや否や、教会も一般住民もかれを合法的秩序の代表者として承認したのである。王の私的権力は検察官 sajones を通じて行使されたが、これはそのゴート的名称にもかかわらず、現実にはローマの行政査察官 agentes in rebus の単なる模倣にすぎなかった。[100] 要するに、王権の軍事的基礎がゴート族民であったというだけで、その点を別とすれば、東ゴートの王権はローマ的だったのである。

もちろん、このように強烈なローマの影響は、他の蛮族王国には見出されない。むろんヴァンダル王国においても、帝国との絶縁にもかかわらず、国家組織には一切のゲルマン的性格が欠けていた。しかしながらヴァンダルの場合には、条約という仮構があるにはあったけれども、帝国との間には完全な絶縁があったのであり、ガイゼリッヒ王を単なる〔ローマ帝国の〕一官僚と見做すことは不合理であろう。かれの立場はテオデリッヒの立場とはよい対照をなしている。テオデリッヒのようにローマ住民を鄭重に扱ったり、これに追従したりすることの代りに、ガイゼリッヒは住民に苛酷な態度で臨み、その宗教を迫害したのである。ここでは軍駐屯制 tercia のごときは問題外であった。ヴァンダル族はゼウギタニア州（チュニジア北部地方）に密集して定着し、そこでローマ人地主から所領を横奪し没収した。かれらは〔それら所領に〕所属するコロヌスから年貢を徴収して暮しを立てていた。かれらは租税を免除された。プロコピウスがキリアルコス〔χιλιάρχους〕と呼んでいるかれらの千人組 Tausendschaft の組織は、全く軍事的な性格のものであった。(101)

けれども、一切のゲルマン的法律、いなむしろ一切のゲルマン的制度は、四四二年、ガイゼリッヒ王が、古い部族的組織の名残りを維持することによって自分たちの利益を確保しようと努めていた貴族たちの反乱を掃滅して、専制君主政治を築き上げた時に、消滅したのである。(102)かれの統治はローマ風のものであった。かれはホノリウス帝の肖像を刻印した貨幣を鋳造した。その銘刻もローマ式のものであった。テオデリッヒがラヴェンナに居を構えたように、ガイゼリッヒもカルタゴを本拠とした。そこには〔ローマ風の〕宮廷 palatium が営まれた。宮廷は一般の経済活動からも日常生活の現実からも遊離していた。ヴァンダル王は、ローマおよびコンスタンティノープルへの油の供給さえも継続したらしい。(103)ガイゼリッヒが王位継承の規定を設けた時にも、ローマの立法規定に従って作成され

た遺言附属書の形を用いたのである。(104)

ローマ化したバーバル人たちは、ヴァンダル族のもとにおいても、以前の時代におけると同様の生活をつづけた。(105) 宮廷官房もローマ風であり、(106) その長にはレフェレンダリウス referendarius がいて、たとえば今日に残るいくつかの詩で知られているペトルスのような人物が、その任に当っていた。ガイゼリッヒの治世に、チュニスの大浴場が建設された。文学も依然さかんであった。(107) トンネナのヴィクトリウスはなお帝国の不滅性を信じていた。(108) あたかも王政復古がボナパルトによって拓かれた道を歩んだのと同様に、これら諸王もローマによって作られた道を辿って行ったのである。たとえば、四八四年、カトリック信徒に対して発せられたフネリッヒ王の告示は、既に四一二年に、ドナティスト派に対してホノリウス帝の発した勅令を逐一模写したものである。(109) しかもこの告示からは、住民の階層分化の状況が全く同一のまま連続していたことが知られるのである。要するに、ヴァンダル王国においては、ゲルマニズムの名残りは東ゴートにおけるよりもなお一層稀薄であった。実際、かれらが定着した当時のアフリカは西方世界の中では最も活気のある領州だったのであり、かれらは急速にその影響に屈してしまったのである。

イスパニアやガリアも、侵入によってさほど深刻な打撃を受けなかった。一方ではまた、もともとイタリアやアフリカほどにはローマ化した地方ではなかった。にもかかわらずここでも、イタリアやアフリカの場合と同様に、侵入者たちのゲルマン的性格はローマの習俗や制度に地位を譲って行ったのである。西ゴート諸王は、クロドヴェッヒの征服〔によってガリアを追われる」以前は、トゥールーズを首都としてローマ風の生活を送っていたのであり、その後はトレドに都を遷した。寄寓者の資格で定着した西ゴート族は、法的にローマ人より優越したものとは見做されなかった。王はかれの臣下を全体としてわが人民 populus noster と呼んだ。しかしその人民はおのおの自己の属する法律をまもり続けたのであり、ローマ人とゲルマン人の間には通婚 connubium は存在しなかった。おそらく西ゴート族がアリウス派信徒であるという信仰上の相違が、古いローマ市民と侵入者との法的統一を妨げる一因だったのである。しかし通婚の禁令はレオヴィギルド王（五八六年歿）の治世に、アリウス派の信仰はレカレッド王の治世に、いずれも姿を消した。レケスヴィントの治世には、ローマ人とゴート人の法的統合が完了したのであった。

ゴート族民の所領持分 sortes については租税が免除された。各領州は、それぞれの州知事 rectores, judices provinciarum, consulares, praesides と共に存続し、州はさらに諸都市 civitates に区分されていた。農業制度に関しても、シュミットによれば、ゲルマン的なものは何一つ見当らないのである。

王は、われらが最も光栄ある主にして王 dominus noster gloriossimus rex なる称号にたがわず、専制的であった。王は世襲制であり、族民は政権には参与しなかった。シュミットは正真の部族集会の証拠を見出すことができないので、止むなく軍事集会の形跡に注目しているが、これはローマ末期にしばしば見出されるのと同類の雑多な事例にすぎない。

国王の下に立つ役人はすべて王自身から任命された。宮廷にはゲルマン人高官もローマ人高官もいたが、後者の方がはるかに多数であった。エウリッヒ王およびアラリッヒ二世の宰相であったナルボンヌのレオの役柄は、宮廷の書記官長 quaestor sacri palatii と総務長官 magister officiorum を兼ねたものであった。王は「従士」たちをもたず、その代りにローマ風の親衛兵 domestici を従えていた。各州の公、各都市の伯 comites は主としてローマ人によって占められた。

都市には、王によって承認された護民官 defensor と共に、市参事会 curia が存続した。西ゴート族民は千人組 Tausendschaften、五百人組 Fünfhundertschaften、百人組 Hundertschaften、十人組 Zehnschaften に分れていたが、その軍事指導者の権限についてはほとんど何も知ることができない。トゥールーズの王国が続いていた間ずっと、ローマ人が軍役に服した様子はないから、その事情は東ゴートの場合と同様であったと思われる。一時的には、東ゴート同様、西ゴートにも千人組 millenarius の中に特別の長がいたらしい。しかしすでにエウリッヒ王の治世には、かれらは、ローマ風に、assessores つまり法律顧問官と共同で裁判を執行していた伯 comes の管轄下に服していたのである。裁判制度においても、ゲルマン的性格の痕跡は全く残っていない[110]。

ローマ人に対するゴート族民の関係を規定するために四七五年に公布されたエウリッヒの法典は、ローマ人法律家によって編纂されたものである。従ってこの文書は完全にローマ風である。ローマ人のために書かれたアラリッヒ〔二世〕の法規範例《ブレヴィアリウム》（五〇七年）について言えば、これはほとんど純粋なローマ法であった。ここでもまたローマの租税制度の連続が認められ、貨幣制度も同様にローマ風であった。

王の役人たちには俸給が支払われていた。教会について言えば、これもまた王権に服属しており、司教の任命には王の承認が必要であった。若干の例外を除けば、カトリック教徒に対する字義通りの迫害というものはなかった。時が経つにつれて、ローマ化はいっそう進展した。レオヴィギルド王（五六八―五八六年）はゴート族民のために存在した特殊な裁判制度の名残りを廃して、両人種間の結婚を合法と認め、ローマの家族法を西ゴート族に導入した。

王は、最初、ゲルマン固有の紋章をもっていたが、やがて後にはこれをローマの紋章と取り代えた。(111) 王の権能は公的権力であって、単なる恣意的な私的権力ではなかった。蛮族の古い戦士的性格もまた消滅した。西ゴート族民の数があまりに減少したために、六八一年、エルヴィッヒ王は地主たちに命じて、かれらの所有する武装奴隷の十分の一を軍隊に供出せしめたほどであった。

レカレッド王（五八六―六〇一年）の治世に至って、裁判制度の融合が完了した。六三四年レケスヴィント王によって発布せられた〔西ゴート〕法典 Liber judiciorum はこのことを明瞭に示している。そこに読み取られる精神はローマ的であると同時に宗教的であった。それというのも、レカレッド王の改宗以来、教会が重要な役割を演ずることになったからである。五八九年から七〇一年までに十八回を数えた宗教会議は、いずれも王によって召集されたものである。王は、司教たちと並んで宮廷の世俗高官をも出席させた。そしてこれらの会議では、単に宗教上の問題にかぎらず、世俗一般の諸問題も討議に附されたのである。[112]教会は、その要職者が王によって任命されていたから、アリウス派諸王に対してすら、忠誠をささげた。

アタナギルドがレオヴィギルド王に対して叛旗を翻した時も、教会は後者への忠誠を守りつづけた。教会は、教会および貴族による王の選任権を要求し（六三三年）、塗油式の制度をとり入れた。[113]

もとよりこれは、教会の支持を背景とする王の専制主義をいささかも変化せしめるものではなかった。神が至高の審判によって委任し給うたと広く認められている権力者を、疑惑に貶しめることは許さるべきではない Nefas est in dubium deducere ejus potestatem cui omnium gubernatio superno constat delegata judicio のであった。[114]

六四二年五月に選出されたキンダスヴィント王は、かれの専制的振舞に対して反抗を企てた七〇〇〇人にのぼる貴族を、あるいは死刑に処し、あるいは奴隷の身分に貶しめたのであった。[115]

王は、貴族勢力に対して自己の地位をまもるためにのみ、教会の力に依存したのであった。[116]その教会は、王によって司教が任命されていたから、至って従順であった。神権政治の如きは存在しなかった。王権はビザンツ的体制の方向に進展しつつあった。[117]王も皇帝と同様に、宗教上の問題に関しても法令を制定した。ローが真剣に問題としている王の選挙というものは、ツィーグラーによれば単なる幻影にすぎなかった。実際ここでも、ビザンツにお

ける と同様、過去の遺制と、混乱と、突然の暴力行為との混淆状態が存在したのである。レオヴィギルドはビザンツの皇女と結婚したが、そのことはかれがビザンツに叛旗を翻すことを妨げなかった。またこれら西ゴート諸王は、皇帝と全く同様に、太刀持役 spatharii を従えていたのである。(118)

ブルグンドの諸王は、五三四年フランク王によって併合されるまでの束の間の王国において、リヨンの占領に成功してからは、帝国と親密な関係を保っていた。ブルグンド族も、東ゴートや西ゴートと同じく、寄寓者処遇の規則 hospitalitas に従って定着したのであった。(119)(120) シドニウスが描いているところでは、定着当時のかれらは素朴で粗野な蛮族であった。しかしかれらの王は完全にローマ化していった。グンドバード王は〔帝国の〕軍事長官 magister militum praesentiales であった。その宮廷には詩人たちや修辞家たちが群がっていた。シギスムント王は、みずから帝国軍人たることを誇りとし、自分の国は帝国の一部分であると語っている。(121) これらの諸王はいずれも宮廷書記官長 quaestor Palatii や親衛兵 domestici を従えていた。シギスムントはビザンツの一属官だったのであり、皇帝アナスタシウスからパトリキウスの称号を受けていた。ブルグンド族民は皇帝の軍兵として西ゴート族と戦っている。

このように、かれらは、自分たちは、帝国の一部分を構成するものだと考えていたのである。かれらは執政官の登職年号を基準として、すなわち皇帝の暦に従って、日附を数えた。王は皇帝の名における軍司令官 magister militum であった。

その他の諸点では、王権は絶対的であり唯一無二であった。それは分割されることなく、王が多数の息子をもつ場合は、これを副王としたのである。[122] 宮廷は専らローマ人たちによって構成されていた。戦士団の名残りは何一つ見出されず、パーグス pagus やキーヴィタース civitas の長としては、常に伯 comes が見出されるのである。この伯と並んで、裁判を司るものとして委任裁判官 judex deputatus があったが、これも同じく王によって任命され、ローマ的慣例に従って裁判を執行した。

原始時代の氏族 Sippe は消滅し、わずかにファラマンニ Faramanni（自由人たち）の名にその名残りをとどめているのみである。他方ローマの都市制度はヴィエンヌでもリヨンでも存続していた。租税制度や貨幣制度も同様に全くローマ的であった。

西ゴート王と同じくブルグンド王も役人たちに俸給を支払った。このいちじるしくローマ化した王国では、ブルグンド人もローマ人も「同一の地位を占めていた una conditione teneantur」のである。[123] さらにここでは、他のいわゆる盟約ゲルマン諸国家とは異って、ローマ人も軍務に服し、またブルグンド人との通婚が行なわれていたようである。

このようにして、東ゴート王国でも、西ゴート王国でも、ヴァンダル王国でも、ブルグンド王国でも、すべて一様にローマ風の政治が行なわれていたのである。そこには「ゲルマン的原理」というものは、ほとんど、あるいは全く、その痕跡をとどめていない。これらの新しい〔蛮族〕諸王の下においても、〔ローマの〕旧制度が、たしかに若干の損傷を伴ってではあるが、なお存続していたのである。ただ一つ新しいことと言えば、軍隊が、土地の分配のおかげで、無報酬だったことである。このことによって国家は、住民を圧し潰そうとしていた莫大な軍事出費の必要から免れたのであった。

行政機構もまた簡素になって、同様に経費が減少した。それ以外のことはすべて教会が引受けた。しかし繰返して言えば、このようにして存続しかつ活動を続けていたものはすべてローマ的なものだったのである。ゲルマン的制度あるいは自由民の集会のごときは何一つ存続していなかった。せいぜい法典の処々に、たとえば贖罪金 Wehrgeld のような、ゲルマン的要素の浸潤を認めることができる位のものである。しかしこれとても、民事訴訟、契約、遺言その他一切の法律上のローマ化の潮流の中では見失われてしまうほどの一細流にすぎなかった。西方世界は、今や下宿屋にかわって、その不遇に屈せず、なお古い建築を保持しているイタリアの宮殿の姿を想い起させるものがある。たしかにそこには没落が認められるが、それはローマ自体の没落であって、これに代る新しい文明の萌芽がそこに現れていたわけではなかった。唯一のゲルマン的特色として考えられるアリウス派の信仰も、それ自体古くからある異端の一つであって、ゲルマン民族に固有なものではない。またこれは差し当っては、ヴァンダル族以外の部族ではさほどの普及をみなかったものである。

ところで、一般に、フランク族については事情が異っていたと信じられている[124]。カロリング王朝時代にヨーロッパの編成替えを成し遂げたという事実を根拠として、侵入開始以降の時期についてすら人々はこの部族に特別の重要性を認めてきたのである。しかし果して六世紀以降にそのような特殊性が認められるであろうか。私はこれに対してきっぱりと否定的な回答をしなければならないと思う。

たしかにフランク族の国家は、その北方領域に、純粋にゲルマン的な住民をもち続けていた唯一の国家である。しかしそれらの住民は、メロヴィング王朝時代においては、何ら重要な役割を演じていなかった。征服に着手するや否や、王たちは南方のローマ領域に、すなわちパリ、ソワソン、メッツ、ランス、オルレアンおよびそれら諸都市の近郊に居を構えた。[125] そしてかれらがそれ以上南下しなかったのは、疑いもなくかれらがゲルマン世界に対してよりよく対抗し得んがためだったのであり、このゲルマン世界に対してかれらはローマ諸皇帝の防衛的態度を踏襲したのである。[126]

　五三一年、〔フランク王〕テウデリッヒ〔一世〕はザクセン族の援けをかりてチューリンゲン族を撃滅した。[127] 五五五年にはクロタール〔一世〕が、チューリンゲンおよびザクセンに向って遠征を試み、またバイエルン族を降した。[128] 五五六年[129]および六〇五年[130]には、ザクセン族に対する新しい戦いが行なわれた。六三〇―六三一年にはダゴベルト〔一世〕がサモに対して遠征を試みた。[131] 六四〇年にはチューリンゲン族が離叛して再び独立的存在となった。[132] 六八九年にはピピン〔二世〕がフリーセン族と戦った。[133]

　これらのゲルマニア諸地方は、メロヴィング王朝時代には、〔フランク王国に対して〕何らの影響力をも持たなかったのである。カロリング王家に統轄されるまでのフランク国家は、本質的に、ノイストリアの地域、および、セーヌ河流域からピレネー山脈および地中海に至るまでのローマ的領域に作られた国家であった。しかもさらに、これらの地域に定着したフランク族民の数は、〔この地域の広大さに比較すれば〕きわめて僅かだったのである。
メロヴィング王朝時代の諸制度についての参考資料としてわれわれが持ち合わせているものは、すべて〔フランク族が〕西ゴートおよびブルグンド地域を征服した時期以降のものに限られている。この両地域およびシャグリウスの支配下にあった地域に見出される状況が、フランクの諸制度に影響をあたえたであろうことは確実である。[134] しかしただ一つ重要な点で、フランク族は西ゴート族やブルグンド族と異っている。かれらは寄寓者処遇の規則 hospitalitas 従ってまたローマ人との通婚 connubium の禁止については無縁であった。またその上、フランク族はカトリック教徒であった。それゆえガロ・ローマ住民との融合は、最も容易に進展した。

それにもかかわらず、かれらのローマ化がさほど効果的でなかったことは事実である。それはフランク族の諸王が、ラヴェンナ、トゥールーズ、リヨン、カルタゴ等の諸都市に比べると、ローマ化の度合の低い環境にあったパリに住んでいたからである。他方また北部ガリア地方が、間断のない侵入と戦闘の時期を経てきたばかりで、度重なる劫掠に荒廃していたからでもあった。

しかし在来のローマ的諸制度は、可能なかぎりかれらによって保存された。実際かれらには、新しいものに進んでぶつかろうとする気持が欠けていたわけではなかったのである。かれらの国家はより野蛮ではあったが、しかしよりゲルマン的であったわけではない。[135] フランクでもまた租税制度[136]や貨幣制度が存続した。フランクでもまた、〔ローマの〕領州は消滅したにせよ、各都市には伯がいたのである。

グラフィオ grafio、トゥンギーヌス thunginus、ラヒムブルギ rachimburgi が存在したのは北部だけであった(137)。ヴァイツがゲルマン的なものと考えた臣従の宣誓 leudesamio の仕来りは、ブルンナーによればローマ起源のものである(138)。託身 commendatio も同様にローマ起源であった(139)。

王の下に立つ役人たちは、すべてではないにせよ、ほとんど、ローマ人の中から選ばれた。この時代の最もすぐれた軍将マムモルスでさえ、ガロ・ローマ人であったらしい(140)。王側近の幹部にさえ、ガロ・ローマ人の官房長 referendarii がいた(141)。

民会の形跡も残っていない(142)。王自身は、確かに、他の蛮族たちの場合よりもゲルマン的であったらしい。が、しからば特にゲルマン的なものとして何があったのか。長い頭髪であろうか(143)。このような点については偏見が根強く、一部の論者は、フランク王のゲルマン的性格を証拠づけるために、メロヴィング家末期の諸王に関するアインハルトの諷刺文にさえ援けをかりようとしたほどであった。メロヴィング家のすべての王の中で、クロドヴェッヒ（五一一年歿）の長子テウデリッヒただ一人が、疑いもなくその怖るべきチューリンゲン征討のゆえに、ゲルマン詩の中にその名前をとどめている。かれは、かのフグディエトリッヒとして史詩の中にあらわれている(144)。その他の諸王は、その部族民の記憶の中に、民族的英雄としての思い出を残さなかった。

王の権力は、多分に皇帝権力に似通ったものであった。他のゲルマン部族王と同様、フランク王もまた一切の権力を自己の手中に収めた[145]。かれは絶対的な専制君主であった。王はかれの指令書 praeceptiones の中で、「もし誰かわが指令を無視するものあらば、抜眼の刑に処せらるべし Si quis praecepta nostra contempserit oculorum evulsione multetur」と述べて[146]、大逆罪 crimen laesae majestatis という、何にもましてローマ的な観念を肯定しているのである[147]。

王がみずからをその王国の所有者と観じていたことは事実であるが、しかしその王権の性格は、一部の論者が主張するほど私的なものではなかった。王は私有の財産と公共の金庫を区別した[148]。たしかに王権の観念は西ゴート族の場合よりいっそう素朴であった。王が死歿するとその息子たちの間で諸国が分割されたが、しかしこれは征服の結果に基くものであって、もちろんゲルマン的なものであったわけではない[149]。たしかにフランク族の諸王は、クロドヴェッヒの場合を例外として、ローマの称号をまた、帯びなかった。しかし、かれらはビザンツの諸皇帝とは接触を維持しようと努めていたのである[150]。

このように、フランク族においてさえ、伝統的なロマニズムが連続していたのである。さて、以上に見た蛮族諸王国を全体として考えるとき、およそそこには三つの共通した特色が見出される。すなわちこれらの諸王国がいずれも専制的であり、世俗的であり、その支配の手段が国庫および財宝であったことである。

しかもこの三つの特徴は、ローマ的、あるいは強いて言えば、ビザンツ的なものであった。もちろん、専制主義は自生的なものであった。定着期にはすでに王が軍事指導者として強大な権勢を握っていたのである。そしてその後は、この権力は、〔ローマ〕州民との関係で、否応なしに専制主義の形態をとらざるを得なかったのである。[151] 実際、王がアングロ・サクソンの君主のような立場になかったかぎり、これ以外の途を辿ることはできなかった。そしてこれらの軍事指導者たちの王権ほど非ゲルマン的なものはなかったのである。それは個人の権力だったのであり、まさに帝国において見出されるものであった。

これらすべての王国において、王の専制主義を説明する鍵はその財力である。いずれの部族においても、王は皇帝の後継者として租税および国庫を自由に処理した。その国庫の富たるや莫大であった。すなわち皇帝所領、森林、荒蕪地、鉱山、港湾、道路がそれであった。また租税や貨幣もそうであった。かくて王は巨大な土地所有者となり、また同時に巨万の鋳造金貨の財宝を自分のものにしたのである。十三世紀以前の西方世界の君侯の中で、これらの諸王ほどゆたかな貨幣を擁していたものはなかった筈である。かれらの財宝に関する記事は、黄金の川の幻想を思い起させる。何よりもこれらの富によって、王はその役人たちに俸給を支払うことができた。[152] またメロヴィング家の諸王は、かれらの財庫から、かなりの下賜金を支出した。六九五年以前、サン・ドニの大修道院長は財庫から金貨二〇〇ソリドゥスの年金を、また王領財庫（cellarium fisci）から同じく一〇〇ソリドゥスの年金を下賜された。[153] メロヴィング家の諸王はまたこれを諸都市に貸与し、[154] あるいは宣教師に支給し、あるいはまたこれで思うままに人を籠絡し、買収したのである。ローマの租税や関税の存続が、これら諸王の権力の基本的源泉をなしていた。メロヴィング家の諸王を、これまでしばしばなされてきたように、単に大土地所有者とのみ見做すことは、明白な誤謬であり、そのような誤謬が生じた原因は、かれらを、その後に出現した国王たちを見るのと同じ眼で見てきたこと以外には求められないのである。事実はそうではない。かれらは、手持貨幣の豊かさという点で、カール大帝よりはむしろはるかにビザンツの帝王に似通っていたのである。[155]
しかもなおかれらは、自己の権力を支えているこの財庫をよりいっそう豊かならしめるために、あらゆる手をつくした。数限りない没収が、そのためにおこなわれた。チルペリッヒは王国全土に新しい重い租税 discriptiones novas et graves を課した。[156] また王国内には、帳簿や検閲官その他を含む複雑な一大財政組織が存在した。王たちが互いに虐殺を重ねたのも、相互の財宝を奪い合うためであった。[157]
さらにまたかれらはビザンツから巨額にのぼる同盟国援助金を手に入れた。皇帝マウリキウスは、ランゴバルド族に対抗させるための盟約者を得ようとして、〔フランク王〕チルデベルト〔二世〕に金貨五万ソリドゥスを送った。[158] 五八四年に〔王女〕リグンティスに与えられた持参金、[159] チルデベルト王によってサン・ジェルマン大修道院に贈られた六千ソリドゥスの貧民救済金、[160] サン・ドニ大修道院の奥陣を銀で張りかえたダゴベルト一世の篤信ぶり[161] などから、フランク王の富についてある程度の想像が可能である。他方また、ビザンツ諸帝と同様、かれらも政治目的のためにこれらの財宝を大量に利用したのであった。たとえば、五九六年にブルンヒルドがアヴァール族のチューリンゲン地方への侵攻を、金《かね》 pecunia によって阻止したごときである。[162]

このような次第で、王たちが自分のためにだけ富を蓄積したのだとは言えないのである。ところで東ゴートの君主はメロヴィング王家よりも一層富裕であった。それは、テオデリッヒ王によって建立された豪華な建造物を想起するだけでわかることである。西ゴートもその点では同様であった。六三一年に王位要求者シセナントは、スヴィンティラ王に対抗するためにダゴベルトの支援を得ようとして、かれに金貨二〇万ソリドゥスを贈った。[163]またレオヴィギルド王は、皇帝軍の副官に三万ソリドゥスを与える約束でかれらを自分の味方に引き入れ、自分の息子と戦おうとしたのである。[164]

西ゴート王国における関税収入の重要性は、徴税請負人の汚職が、ローマ法におけると同様、死刑を以て罰せられたという事実からも推察される。[165]租税台帳は常に王の手許に置かれ、[166]王はその役人たちに給料を支払っていた。[167]ガルスヴィンタによって持ち運ばれて来た財宝に関するヴェナンティウス・フォルトゥナトゥスの叙述は、かれら王たちの栄華を偲ばせるに充分である。[168]

これを要するに、ビザンツにおけると同様に、かれらの政治においても金貨は依然大きな役割を演じ続けたのであり、王たちも相互に買収を繰返していたのである。

ところで、蛮族諸国家が古代の伝統を担い続けて行ったもう一つ別の側面がある。すなわちそれらの諸国家の世俗的性格である。統治の全体が根底から世俗的であった。王は一般に司教たちと親密な関係にあったけれども、司教が官職に就けられたためしはついに一度もなかったのであり、その点に、中世に見られた状況との相違が存するのである。むしろ逆に司教たちの中には、その前身が王の官房長だった者が多かった[169]。ここにも、司教たちが必ずその半数を占めていた巡察使 missi の基礎の上に立つカール大帝の政治や、あるいは政治の実権を帝国司教たちに委ねていたオットー〔大帝〕の政策との、顕著な対照が認められるのである。こうしたことが可能であったのも、侵入直後の状況では、後程述べるように、俗人がなお教養を身につけていたからである[170]。

それゆえメロヴィング朝の世俗的国家は、カロリング朝の宗教的国家に対してきわめて明白な相違を示している。しかもメロヴィング朝フランク王国に認められた状況は、東ゴート、西ゴート、ヴァンダル、ブルグンドといった他の諸王国すべてにひとしく共通した状況であった。この点で、しかもこの根本的な一点で、古い秩序が存続したと言わなければならないのである。王はかれ自身純粋に俗人であって、その権力は何ら宗教的権威に裏付けられたものではなかった。

教会は王に服従していた。理論上は、司教は聖職者によって任命されるものであったけれども、現実には王によって直接任命されることが極めてしばしばであった。ここでもまた国家教会の古い伝統が残っていたのである。東方世界におけると同様、フランクの司教たちもかれらの君主と手をたずさえて歩んで行った[171]。宗教会議は王によって召集された。しかも、メロヴィング朝諸王はこれを主宰することは差し控えたのであるが、西ゴート王国ではそれとは逆に、レケスヴィント王以後、宗教会議が政治と合体化してしまった。それでも教会は、きわめて従順に王に服従していった[172]。

しかしながら王たちは、自分が支配していた教会に対して最も深い尊敬を寄せていたのである。王たるものの理想は、トゥールのグレゴリウスによれば、教会と貧民を庇護することであった[173]。かれらは教会に好意と援助を惜しまず、またかれら〔及びかれらの一族〕のうち少数の婦人たちを除いては修道院に入るものはなかったけれども、あらゆる尊敬のしるしを教会に捧げたのである。王たちが個人として信仰心が厚かったとは思われない。が、かれらは司教たちを、教会の、すなわち神聖にして偉大なる勢力の、代表者と見做していたのである。さらにまたこれらの司教たちは、族民の間でも広く声望をあつめていた。その点でかれらは、実際にたとえば西ゴート王国においてそうであったように、世俗貴族の勢力に対する有効な平衡錘として役立ち得たのである。

五　ユスティニアヌス（五二七―五六五年）

蛮族によって西方世界の諸州が寸断された後には帝国の理念もこれに伴ってまもなく消滅したのだと考えることほど大きな誤りはない。コンスタンティノープルに君臨していた皇帝βασιλεύςが依然その理論上の宗主権を帝国全体に及ぼしていたことは、何人たりとも疑うわけにはいかない。かれはもはや統治はしなかったが、しかし依然君臨していたのであり、万人の注意が向けられたのもこの皇帝に対してであった。

とりわけ帝国を神の摂理による創造物と考えていた教会は、皇帝をどうしても必要としていた。ローマにいる教会の主長も、またローマの都市も、かれをキリスト教世界の合法的支配者として認めていたのである。(174)

ヴァンダル族の王を別にすれば、蛮族諸王はみな皇帝を自分たちの主人と考え、貨幣には皇帝の肖像を刻印し、皇帝に懇願しては称号と寵遇とを得た。ユスティニアヌス帝がテウデベルト王を厚遇した(175)ように、後にマウリキウス帝もチルデベルト王を重用した。王たちが相互の紛争について訴え出たのも、またこれに対する策謀を練るための本拠としたのも、コンスタンティノープルであった。皇帝自身はかれらに対して何らの譲歩も行なわなかった。皇帝が、機会さえ到来すれば本来の版図を奪回しようと期していたことは、それゆえ全く当然である。殊にユスティニアヌス帝の場合、この〔帝国版図回復の〕意欲は、正統派宗教再興の願望と相俟って、一段と強烈であった。地中海周辺のほとんど全域を失ったにもかかわらず、ビザンツはなお帝国再建の大事業を企てる力をもっていた。

艦隊を所有していたビザンツは、制海権を掌握していた。ビザンツはまた、ちょうどテオデリッヒ大王と仲違いを生じていた教会から支援を受けた。イタリアでは、ビザンツはローマ人貴族階層の支持をあてにすることができたし、またアフリカでは、王の迫害を逃れて皇帝のもとに庇護を求めて来たヴァンダル人逃亡貴族たちの支持をあてにすることができた。さらにおそらくは〔旧ローマ〕州民たちの〔蛮族支配に対する〕蜂起をも計算に入れていたであろう。

成功の度合を最大限確実なものにするために、ユスティニアヌス帝は、遠征の軍を起すに先立ってペルシャ帝国と和を結び（五三二年）、また同時に、援助金の支給によって、国境周辺に蠢動していたすべての蛮族を釘づけにしてしまった。

ビザンツは統一戦線に対決しなければならぬわけではなかった。ゲルマン側には〔統一的〕政策というものは存在しなかった。たしかにテオデリッヒ大王は、自分のヘゲモニーの下に、他の〔ゲルマン〕諸国家の大同団結を図ろうとした。が、かれの目的はイタリアの安全を図ることに尽きていたのである。それゆえにこそかれはフランク族に対抗して西ゴート族を支援し、この部族がヴーエの戦の後壊滅の非運に陥ることから救ったのであった。また五〇九年にはプロヴァンス地方をクロドヴェッヒの手から譲渡せしめ、さらに五二三年にはフランク族の侵攻によるブルグンド地方の壊滅を阻止するために出兵したのである(176)。フランクの王たちと協調するどころか、かれの政策は、メロヴィング家を不倶戴天の敵としてしまったのである。

イタリアにおいてテオデリッヒ大王が築きつつあったまことに強固な勢力に対して、ビザンツがこれを阻止するために干渉しようとしなかったのは、それを遂行するだけの強みがあると、ビザンツが感じなかったからである。ビザンツはテオデリッヒのイタリア占領に対して寛容な態度で臨み、これと平和な関係を維持してはいたが、既成事実を承認していたわけではなかった。

この東ゴートに対決するために、ビザンツはおのずからフランク族を味方と見做すようになった。

五二六年にテオデリッヒが世を去った。あたかもローマ皇帝と同様に[177]、つまりゲルマン的慣習に全く反して、かれはその死に臨んで自分の後継者を指名した。わずか十歳の孫アタラリッヒが、その母アマラスンタの後見のもとに、統治を引き継ぐことになった。

アマラスンタはユスティニアヌス帝の同意を得た上で権力を握ったのであり、しかもその際皇帝にきわめて恭順な態度を示したから、おそらく皇帝は、武力に訴えることなしにイタリアを奪回することが可能だと考えたのかもしれない。

それゆえ、ユスティニアヌス帝が攻撃の手を差し向けたのはヴァンダル族に対してであった。五三三年、たった一度戦を交えただけで、〔ビザンツ軍将〕ベリサリウスは、当時王座にあった簒奪者ゲリメルを撃砕し、ケウタ〔＝ティンギス〕に至るまでのアフリカ海岸全域を奪回した。

ユスティニアヌス帝は早速その地にリーメスを再建し、また直ちに、ローマの統治制度の全体が〔ヴァンダル支配期を通じて〕存続していたこの地域の統治を手中に取り戻した。ヴァンダル族は再び反撃に出ることもなかった。かれらはまもなく多数のローマ住民の中に溶け込んで行き、もはや永久に問題を起すことがなかった。

帝国の最もゆたかな属州アフリカは、今や再び帝国に所属するようになった。ただマウル族だけが、五四八年に最後的に鎮圧されるまで抵抗を続けた[178]。

ユスティニアヌス帝がアフリカを奪回した直後、東ゴートの青年国王アタラリッヒが死んだ（五三四年）。その母アマラスンタは、権力を保持するため、従兄テオダハッドと結婚したが、翌年（五三五年）かれによって殺された。

直ちにユスティニアヌス帝はこれに干渉した。時あたかもベリサリウスはシチリアを占領し、これによってアフリカ全州の征服を完了したところであった。今やベリサリウスは、住民の歓呼を受けつつ北方へ進軍し、ナポリを占領し、五三六年にはローマへ入城したのである。

ローマ化した東ゴートの王家は何ら抵抗策を講じようとしなかった。テオダハッドはプラトン学徒であることを誇りにして軍職を軽蔑していたし、その弟エヴェルムッドも、蛮族同胞の利益のために防戦に立つよりもむしろパトリキウスの称号を得てローマで暮すことを望み、即刻ベリサリウスに降伏したのである(179)。

にもかかわらず、突然、ベリサリウスは激烈な抵抗に遭遇した。自分たちに割当てられた土地の所有が今や脅威にさらされていると感じた東ゴートの兵士たちは、かれらの武将の一人ヴィティギスを楯に載せ、これを王と定めて歓呼の声をあげたのである。

ヴィティギスは直ちに、ベリサリウスが立て籠っているローマへ向って進軍したが（五三七年）、この都市を陥れることができず、間もなく退却を余儀なくされて、ラヴェンナに勢力をかためた。

北方からフランク族に攻撃されることを怖れて、かれはプロヴァンスをフランクに譲渡し

ツ軍将〕リベリウスに命じて、イスパニアに上陸せしめた。セヴィラで敗れたアギラは自分の部下たちに殺され、兵士たちは、五五四年、皇帝の忠実なる従僕アタナギルドを王に推戴した。

プロヴァンスを除いて、ティリア海沿岸全域[186]が今やローマ人の手に帰した。西ゴート王の勢力は皇帝の宗主権に服していたわけであるが、海からは遮断されてしまった。

地中海は今や再びローマの湖となった。

帝国は莫大な努力を傾注したのであった。勝利を収めるためには、帝国は同時にその国境の至るところで敵に立ち向っていなければならなかったのである[187]。イタリアで戦闘が行なわれている間に、ペルシャが、東ゴートに唆かされて、帝国に対して戦端を開いたからである。しかもバルカン半島では国境を攻撃していたスラヴ族を撃退しなければならなかった。

こうした絶え間のない戦争を勝利のうちに続行しながら、他方では、帝国はその社会と風俗の変貌をおし進めていた深刻な進化の過程に適応していった。ユスティニアヌス帝の名前を冠した法典は、あらゆる時代を通じての偉大な法律集大成の一つである。

ローマ文明は今ひとたびその輝かしい光彩を放った。そしてこの驚異的な帝国の再興を記念するために、首都の中央に聖ソフィア寺院が建立されたが、それはあたかも神とビザンツの栄光のための巨大な戦勝の紀念物のようであった。

ユスティニアヌスが世を去った時には、帝国はその再建を完了し、城砦を周囲に張りめぐらしてあったが、しかし反面では、もっている力の大半を出し尽してしまっていた。そしてまもなく、再び新たなしかも怖るべき抗争に直面しなければならなかったのである。

ユスティニアヌス帝の治世に続く時代、すなわち五六五年から六一〇年に至る時期は、ビザンツ史の中でも最も暗雲たれこめる時代の一つである。(188) 国境地帯の到る処で、戦争の嵐が吹きやまなかった。ペルシャをはじめスラヴ族、アヴァール族が帝国内に侵入し、五六八年にはランゴバルド族が北方からイタリアへ侵入したのである。

にも拘わらず、同時代人たちの眼には、ビザンツがその勢威を失墜しつつあろうとは夢想だにされないことであった。誰も破局《カタストロフ》を予見するものはなかった。何といっても、帝国は西方世界全体に足場を取り戻していたし、自由に駆使できる手段は強力であった。ラヴェンナ、アフリカ、イスパニアとの連絡を可能にしていたところのその艦隊、その財庫、そしてその外交術。さらに帝国に有利な点がもう一つあった。それは帝国の敵たちが互いに協力しあうことができなかったという事情である。

それでも帝国は、やがてどの戦争でも敗退していった。この時期の最も重要な出来事は、言うまでもなくランゴバルド族の侵入であった。

ランゴバルド族はイタリアへ侵入し、五七五年にはスポレトおよびベネヴェントにまで到達したが、にもかかわらずローマもラヴェンナもそしてナポリも占領することができなかった。

他方では西ゴート族がイスパニアを再征服し、六一四年には帝国はわずかにバレアル諸島を領有するのみであった。(189)

しかしなお地中海が帝国の手を離れたわけではなかった。アフリカもシチリアもイタリア南部も依然帝国の手中にあった。

イタリアに侵入してきたランゴバルド族は、ブリタニアに定着したアングロ・サクソン族と同様に全くゲルマン的な部族であった。ここにはじめて大陸は、〔訳註七〕ローマ軍や盟約者たち foederati とは一点の類似性も持たない純粋な異邦人たちの侵入を受けたのである。かれらは住民を蹴散らし、その土地を強奪し、これら住民たちを完全な敗者の境遇に陥れた。かれらの〔イタリア〕占領は、テオデリッヒ指揮下のゴート族のそれとは顕著な対照を示している。兵士たちによって選出されるかれらの首長や王は純粋にゲルマン的であった。族民はなおファラ fara の制度のもとで、すなわち氏族 Sippe を単位として、生活を続けた。その慣習や法律はいかなる点でもローマの影響によって着色されてはいなかった。

すべてがランゴバルド族にとって好都合であった。ビザンツが、ペルシャに対する戦争やスラヴ族の侵入によって疲弊していたからである。けれどもランゴバルド族は掠奪者の集団で構成されていたにすぎず、ローマ〔軍〕の要塞を占拠し得ないでいた間に、その掠奪と、拙策とによって教会とフランクとの双方の反感を買ってしまった。

ランゴバルド族のイタリア到着はローマ教皇をビザンツの保護に頼らしめる結果をもたらした。支援をたのみ得るものとしては皇帝を措いて他になかったからである。疑いもなくこの瞬間から、教皇自身が、その荒廃せる都市ローマにおける現実の支配者となったわけであるが、しかもかれはこの都市を帝国のために守りつづけたのである。教皇は、かの厭うべきフォカス帝の選出に対してすら、喝采を送った。グレゴリウス大教皇は皇帝への献身を約束することを惜しまなかった。教皇と皇帝とのこのような接近は、アカキウス派の宗派分裂（四八九—五一九年）以来、とりわけユスティニアヌス帝のおかげで、もはや宗教上の確執対立がなかった折だけに、いっそう容易に実を結んだのである。そしてそのような紛争はキリスト単性論をめぐる危機（六四〇—六八一年）に至るまで発生しなかった。教皇の選出は太守によって承認をうけたが、このことは教皇が帝国に従属していたことを如実に示している。教皇は帝国の枠内に生きつづけたのであり、しかもみずからその臣下と心得ていたのである。

ランゴバルド族の侵入はまた、ユスティニアヌスの治世にはきわめて敵対的な態度を示していたフランク族と、皇帝とを接近させる結果をもたらした。五六九年から五七一年にかけて行なわれ不成功に終ったランゴバルド族のガリア遠征を契機として、フランク族はビザンツと協調することになった。五七六年にローマの元老院が皇帝に救援方を訴えた時、皇帝の派遣し得る軍隊が不充分であったところから、皇帝は、フランクに救援を求めることとランゴバルド諸侯を金で買収することを指示した。

五七四年に、ガリアに対するランゴバルドの新たな攻撃が行なわれたが、[190]これも完全な失敗に終った。そしてその結果ランゴバルド族は、ブルグンドの王グントラムおよびその同盟者たるアウストラシアの王チルデベルト二世との間に、平和条約を締結するに至った。これは帝国にとっては重大な危機であった。

帝国の外交策——それは金《かね》に糸目をつけぬものであった——は今や、フランク族とランゴバルド族との間の敵対関係を持続させることに向けられた。この関係の存続のみが、よくイタリアをビザンツの手中にとどめておくことができたからである。教皇の支持を得て、皇帝はノイストリア王チルペリッヒと通じ、五八一年チルデベルトをグントラムから離反させることに成功した。同時にコンスタンティノープルにいた王位要求者グンドヴァルトが、多額の金《かね》をたずさえて、グントラムに対し王位を主張すべくガリアに遣わされた。

さらにまた他方では、〔ランゴバルドの〕フリオウル公グラスルフは、金《かね》で買収されて、チルデベルト王と提携し、また皇帝から五八三年に金貨五万ソリドゥスを受け取った王の母ブルンヒルドとも近づきになったのである。(191)

このようにして皇帝は、イタリアでランゴバルド族征討の軍を起すようチルデベルトに決意させる段階まで漕ぎつけたのである。ところがチルデベルトは、金《かね》と交換にランゴバルド族と和を講じ、イタリアから軍を帰した。

ランゴバルド諸侯の多くは、当時、ビザンツに買収されてしまっていた。誘惑に対して自主性を保ちつづけていた諸侯は、疑いもなく帝国とフランクとの同盟がかれらに及ぼす危険を考えて、五八四年、アウタリを擁立して王政を再建した。アウタリ王は直ちに攻勢に出で、帝国艦隊の介入さえなかったならば、おそらくラヴェンナを占領していたことであろう。

アウタリ王はまた、皇帝に対してのみならずフランクに対しても脅威を加えた。そこで五八八—五八九年に、チルデベルトとその母ブルンヒルドはコンスタンティノープルへ使節を派遣して、ランゴバルド族に対する戦争準備について皇帝と協議した(192)。

そして五九〇年には、二二人の公に率いられたフランクの大軍が、ロムバルディアに向って南下したのである。

他方ラヴェンナの太守もアウタリ王に向って進撃したが、アウタリはパヴィアに逃れた。まさしく滅亡寸前に置かれたランゴバルド王国は、わずかにその敵軍相互の連絡の欠如によって救われた。しかし時あたかもペルシャとの戦が終結し、太守は再び攻勢に転じて、アルティヌム、モデナ、マントゥアといった諸都市を占領した(193)。

今やその軍勢を自由に動員し得るようになった帝国は、イタリアを完全に奪回する可能性が開けたと考えたので(194)、フランクとの連繋を絶ってしまった。これは不手際な処置であった。

ビザンツとフランクとの間の親密な同盟関係の終焉は、ランゴバルドにとっては非常な成功の時期の開始を告げるものであった。そのうえ帝国は、再び新たにペルシャと戦端を開くの止むなきに至ったほか、アヴァール族の侵入にも対処しなければならなくなり、ランゴバルド族に対してはその好むがままの行動にまかせた。

フランクはフランクでイタリアへの介入をやめてしまった。かれらが六六二—六六三年に企てた遠征は失敗に終った。そしてこれが、カール大帝以前の遠征としては最後のものになった。

一連の休戦状態が講和条約への道を準備し、やがて六八〇年に皇帝とランゴバルド族の間で調印が行なわれて、両者によるイタリアの分割が定められた。

帝国はこのようにイタリアで一頓挫を来したにもかかわらず、依然としてその恐るべき威光を保持していた。六二九年にヘラクリウス帝はペルシャに大捷し、〔フランク王〕ダゴベルトは皇帝に使節を派遣してその勝利を祝した。(195) グレゴリウス大教皇は、カトリック教〔改宗後の〕西ゴート王国のために、皇帝との仲介者の役割を演じた。(196) 〔ノイストリアの宮宰〕エブロイン（六八〇―六八三年歿）は、アングロ・サクソン族の巡礼者たちに、かれらが王国査察の皇帝使節 legatio imperatorum contra regnum でないことを確認した上で、〔自由に〕ガリアを通過する許可を与えた。(197)

コンスタンティノープルは、政治上の、また教会の、策謀家のすべてが群れ集まるところであった。(198) と同時に、国際的文化的一大中心地でもあった。(199)

これを要するに、コンスタンティノープルが最大の文明都市であったのと同様に、帝国もまた、様々なものを失ったにもかかわらず、依然として唯一の世界的勢力だったのである。(200) その政策はあらゆる人民の上におよび、ゲルマン諸国家の政治を完全に左右していた。八世紀に至るまでの歴史においては、(201) 帝国の影響を除いては他のいかなる積極的要因も見出されない。しかもこの帝国がオリエント化して行ったことも事実である。

ディオクレティアヌス帝以来中絶することなく表面化しつつあったオリエント化の傾向は、時の経過に伴って益々顕著になった。この傾向は教会においてさえ認められ、ここでもまた危険な軋轢を生ぜしめたのである。

　尤もこの傾向を誇張してはならない。一時的な不和対立を別とすれば、ローマは教会の中心地としての地位を保ち続けたし、皇帝が〔東方の〕異端の肩をもつことをやめると同時に、教皇も以前の忠誠な態度に立ち帰ったのである。

　コンスタンティノープルから、ビザンツ文化が漸次西方世界へ伝わっていった。西方世界にはこれに抵抗すべき何ものもなかったからである。ビザンツ風の風俗や美術が、海上交通によって、各地に普及して行った。多数のギリシャ人修道士のいたローマや、イタリア南部全体が、その拠点となった。ビザンツの影響はイスパニアにもみられたし、勿論アフリカ全土にもみられた。ガリアについても、王領財庫 cellarium fisci は直ちにビザンツ商人の活躍を暗示している。ヴェネツィアもビザンツの軌道に惹き寄せられていった。西方世界の宗教思想を理解するためにはギリシャ人教父たちが不可欠のものである。もちろん、八世紀に、皇帝がローマ人たちの皇帝 βασιλεὺς τῶν Ρωμαίων となったとき、ギリシャ教会とラテン教会の分裂は決定的となった。キリスト単性論（六四〇―六八一年）および特に聖画像破壊《イコノクラスティ》主義（七二六―八四三年）の運動を、この重大な危機の出発点と見做すこともできる。しかしとにかく、その完全な分離に至るまでに、いかに多くの躊躇が見られたことであろう！

　シリア人たちの影響も、とりわけ多数のシリア人が居住していた〔都市〕ローマにおいて、顕著であった。教皇自身さえもシリア出身者のことが多かった。明らかに西方世界のビザンツ化が、多少ともアイルランドおよびアングロ・サクソン文化の影響力によって緩和されつつも、その後の歴史の方向を規定していこうとしていた。言語の相違は障害ではなかった。一方の文化の他方の文化に対する優越性が余りにも大きかったのである。地中海が東方世界と西方世界とを結ぶ大動脈として残った以上、西方世界に対する東方世界の影響は避けがたいところであった。ビザンツ人たちが支配権を握っていたこの海は、あらゆる地方にビザンツの影響を弘めて行った。そして東方世界においても、また西方世界においても、この当時の一切の文明が生きつづけていたのは、この海の沿岸地帯だったのである。ゲルマン文化それ自体からは、未だ何も期待すべきものはなかった。七世紀には、ランゴバルド族が完全なローマ化の過程を辿る順序となった。もっとも、新しい文化の火がアングロ・サクソン族の間に点ぜられたところであったが、しかしこれとても地中海から直接かれらのもとに伝えられたものだったのである。

第二章　ゲルマン民族侵入後の経済的社会的状況と地中海交通

一　住民と土地

住民および土地に対する支配関係からみても、侵入の結果ローマ世界 Romania に変化が生じたわけではなかった。むろん或る程度の掠奪や暴行は行なわれた。アタウルフの率いる西ゴート族が登場した当時ガリア南部で書かれた聖なる摂理への讃歌 Carmen de providentia divina の中では、西ゴート族の侵攻が津波の襲来に譬えられている[(1)]。けれども嵐のあとには再び平静が立ち帰ってきた。侵入による災禍をおそれて逃亡し、そのために零落したペラのパウリヌスが語っているところによると、かれは、依然かれの所領として手を触れずに残されていた、マルセイユ近郊の小さな所領を買い取ってくれた一ゴート人のおかげで救われたということである[(2)]。掠奪のあとに再び安定が訪れてきた事実をこれほど明瞭に示してくれるものは他にないであろう。つまり、見棄てられた所領があっても、侵入者たちはそれを横取りしたわけではなかったのである。「寄寓者処遇」の規則にもとづいてゲルマン人たちが定着するとすぐに、社会は再び安定を取り戻した。ところで、定着はどのような形で行なわれたのであろうか。むろんゲルマン人たちが有利な立場を占めたことは容易に推測できる。しかしそれによって根本的な変化が惹き起されたわけではなかった。土地の再分配が行なわれたわけでもなければ、新しい農法が導入されたわけでもなかった。ローマ人コロヌスたちは租税〔の賦課〕によって縛りつけられていた土地に緊縛されたままであった。かれらは、ローマ人地主に納める代りにゲルマン人地主に納めるようになった。奴隷は征服者たちの間で分配された。一般の農民について考えてみても、大きな変化を感じたとはとても思われない。イギリスに見られるような、一つの農業制度から別の農業制度への交替という事態は、ローマ世界 Romania のいかなる地方にも認められないことである。

皇帝所領は何らの変化も伴うことなくそのまま王室財庫に移管された。[3] ガリアにおいても、イスパニアにおいても或はイタリアにおいても、それぞれ土着のローマ人たちの大所領はそのまま存続した。広大な大所領が依然として存在していたのであり、そのうちのあるものは一、二〇〇人の奴隷を擁するものであったことが知られている。大土地所有者たちはめいめいそのヴィラ villae あるいは城砦を変らずに持っていた。すでにローマ時代からかなりの規模に達していた教会所領も、何ら変化を受けることなく存続した。アリウス派勢力がこの点について以前の状況を変更させた様子はみられない。

ヴァンダル族の場合でさえ、旧地主と新来者との入れ替えが行なわれただけであった。ヴァンダル人たちは、以前ローマ人地主たちが暮していた通りに、ローマ風のヴィラで生活を営んだ。

ヴァンダル族占領下のアフリカにおいて、土地制度も、また〔オリーヴ〕油を国庫に納める現物貢租も、変化なく存続したことは、アルベルティニ氏が指摘している通りである。(4)制度上の変革が起ったとしても、ローマ人の知らない共同体的な慣習が移植されたとしても、それは帝国最北端の〔ゲルマン民族〕移住地域に限られたことであった。

このように、すべてのものが歩調を揃えて存続したのである。殊に地租の存続は、深刻な変化が何も生じなかったことを証明するものである。

大所領の組織についてみても、これまた以前と何ら変るところはなかった。大所領は、委託された所領管理人たちconductoresがこれを経営し、かれらがコロヌスたちから年貢を徴収したのである。

他方では、また、プレカリアや恩貸地《ベネフィキウム》の形で、ローマの土地保有制度の全体が存続した。当時の法律文例集は永代小作の存在を示しているし、制度全体がローマ時代の土地保有方式と、全く、あるいはほとんど、同一のものであったことを示している。

大所領は依然その繁栄を保ち続けていた。トゥールのグレゴリウスは、クロディヌスなる男がヴィラvillaeをつくり、葡萄を植え、農舎を建て、耕地を整備して、これを司教たちに寄進したという話を伝えている。(5)

グレゴリウス大教皇は、ローマ教会所領の秩序を再建するにあたって、以前の組織をそっくりそのまま採用した。

教会の大所領は、所領管理人たちconductoresによって管理され、しかも管理人たちは

借地料を教会に納めたから、修道士たちはもっぱら魂の問題に de sola anima うちこむことができた。(6)

これらの所領管理人たち conductores は、たとえばポアトゥーのアルダン(7)にあったマン司教領の従僕たち juniores のように、俗人であった。かれらは年貢について責任を負い、その総額を前もって領主に納めた。記録をつけているところからみて、文字を書くことができたわけである。

貢租はほとんどいつでも貨幣で支払われたが、このことは、当時なお商品が流通し、市場で売買が行なわれていたことを示している。中世の荘園 curtes に特有な自給的経済はまだ出現していない。

プロヴァンス地方では、メロヴィング王朝時代を通じて、土地保有制度は全くローマ的であった。(8)この地方ではコロヌスの耕作する小規模な所領しか存在しなかったようである。これに反して北方では、直営地《カルチュレール》 terra indominicata が重要な役割を演じていた。マーコンの聖ヴィンケンティウスの証書記録簿には、グントラム王の治世（五六一―五九二年）におけるこの所領の奉公人たち servientes の一覧表が記載されているが、それによるとこの所領は奴隷たちと小作人たちの賦役労働とによって耕作されていた。(9)

大規模な穀物の輸送もなお行なわれていた。五一〇年にテオデリッヒは戦禍を蒙ったプロヴァンス地方へ多量の小麦を送っているし、(10)また、グレゴリウス大教皇が教会所領の生産物を中央に集めた事実も知られている。

大所領がこの時期においてなおかなりの貨幣収益をもたらすものであったことは確実である。五九三年にディナミウスはプロヴァンスからグレゴリウス大教皇に宛てて四〇〇ソリドゥスを送金している。(11)二年後にはこの同じ教皇が、かれの所領の収益を以てプロヴァンスで買い入れさせたアングロ・サクソン人奴隷たちと衣裳の到着を待っていた。(12)同じ様に、五五七年には教皇ペラギウスが、都市ローマの住民たちの窮乏を軽減するためにプロヴァンスから送られて来る救援金品を待ち設けていた。(13)

また穀物も通常一般の取引の対象となっていた。自分で尨大な所領をもっていたにも拘わらず、グレゴリウス大教皇が穀物の買付けを行なっている。(14)

五三七—五三八年に、一人の異邦の買受人 peregrinus acceptor がイストゥリアで大量の買付けを行なったことが知られているが、この男はどう考えても穀物商人である。(15)

アフリカはヴァンダル族支配期を通じてオリーヴと穀物の栽培によって繁栄を享受し続けたに相違ない。その証拠に、アフリカがビザンツ領へ復帰した後にも依然としてこの繁栄は続いている。

ガリア地方がより未開な状況に逆戻りしたという形跡もない。葡萄の栽培は、それがローマ時代から存在していたところではどこでも引続いて行なわれたようである。トゥールのグレゴリウスを読んで、荒廃した田園という印象を受けることは全くないであろう。田園の豊饒を抜きにしては、地主層の富裕を理解することはできないであろう。

またローマ時代の〔貨幣単位〕リブラの存続も経済状態の安定を示す直接的な証拠であ

る。

住民の社会構成はどうであったかというと、これまた以前と同一であった。上層階級は自由民（ingenui）[16]から構成されていたが、その中にはとりわけ大土地所有者たる元老院貴族階級（senatores）が含まれている。[17]

他方いわゆる本来の自由民は少数に過ぎなかったようである。次に下層階級としては、とりわけ西ゴート王国に多かったコロヌスや、半自由民や解放奴隷がいた。[18]

奴隷は依然として多数存在した。後に触れるように、奴隷はほとんど大部分がアングロ・サクソンその他の異部族蛮人であり、戦争の捕虜であった。

なおその他に都市住民がいたが、これに関しては後に述べるであろう。大所領の中には仕事場があって、そこでは女たちが糸を紡いだり、その他の職人たち、即ち領内の奴隷や農奴がさまざまな手仕事にたずさわっていた。しかしこの仕事場も、すでに帝国末期の数世紀を通じて存在していたものなのである。[19]

住民は依然として在来の財政制度の下におかれていた。もっとも国家財政は軍事費および行政費のほとんど完全な削減によって著しくその規模を縮小したのであり、この点でゲルマン民族の征服は恐らく住民にとって利益をもたらすものであったろう。要するに、この時代の経済的および社会的生活の基本的要素であったものは依然として大所領だったのである。この大所領によって、封建制度の経済的基盤はこの時すでにできあがっていたわけである。

しかし大多数の住民が大土地所有者に対してとり結んでいた従属関係は、当時は未だ私法の領域にあらわれているに過ぎなかった。封主 senior は未だ国王と臣民の中間に入り込んでいなかった。さらに、社会の構造が著しく農業的であったとは言え、完全に農業的であったわけではない。商業や都市が、この時代の経済的、社会的、精神的生活全般の中で、なお重要な役割を演じていたのである。

二 東方世界との通航。シリア人とユダヤ人

帝国の東西両部分のうち、ギリシャ語世界が常にラテン語世界を文明の点で凌駕していたことは紛う方ない事実であって、こと新しくこれを主張する必要はあるまい。このギリシャ語世界は、海路によって西方世界ならびにヴェネツィアと交渉を結んでいた。中国やインドやアラビアからやってくる隊商の到着地であるシリアは、ギリシャ語世界の中でも特に活潑なところであった。

当時シリア人たちは、丁度十七世紀にオランダ人たちがそうであったように、海上の運送業者であった。香辛料や、アンティオキア、ダマスクス、アレクサンドリアその他のオリエントの大都市の工業製品を輸出するのに用いられたのはかれらの船であった。かれらはどこの港でも見ることができたばかりではなく、さらに内陸へも入り込んでいた。帝国の統治下に、かれらはアレクサンドリアにも、ローマにも、またイスパニアやガリア

やブリタニアの各地にも、さらにはドナウ河流域のカルヌントゥムにも、居留地を有っていた。[20]

ゲルマン民族の侵入はこういった状況を何ら変化させるものではなかった。恐らくガイゼリッヒ王指揮下の海賊船が少しは海上交通を攪乱したかもしれないが、しかしいずれにせよかれの歿後は、再び極めて活潑な海上交通が復活したのである。サルヴィアヌス（四八四年頃歿）は、明らかにマルセイユにおける自分の見聞を一般化してではあるが、ほとんどあらゆる都市において重要な部分を占めていたすべての商人やシリア人たちの群衆 negociatorum et Syricorum omnium turbas quae majorem ferme civitatum universarum partem occupant について語っている。[21]

シリア人たちがこのように各地に進出したことは考古学の側から確証されているが、記述史料もこの点についてなお一層示唆することが多い。[22]六世紀に南ガリアではオリエントからの来住者が夥しい数に達していた。アルルの司教聖カエサリウス（五四二年歿）の伝記には、この聖人が住民たちのために讃美歌をギリシャ語とラテン語の両方で作った事が語られている。[23]トゥールのグレゴリウスが、歌を唱いながら国王の面前に進み出たオルレアンのギリシャ商人たちについて語っているところから見ると、北方にも同様に多数の東方人種がいたに相違ない。[24]聖ゲヌウエイファ（五一二年歿）の伝記に拠れば、柱頭行者聖シメオン（四六〇年歿）は往き来する商人たち negociatores euntes ac redeuntes に会うたびにこの聖女の安否について問うていたとのことである。[25]

これらの遍歴商人たちの他に、なお多数の定着的な商人がいた[26]。かれらのこともまた数多くの碑文に記録がある。その一つとして、たとえばセーヌ河口にほど近いウール県の聖エルワの礼拝堂から発見された碑文[27]が挙げられるが、そこに伝えられているシリア人はブリタニアとの交易にたずさわっていたことが明瞭である。

こうした商人たちの中には極めて富裕な連中がいたが、かれらは財産を築き上げた後は田舎に居を構えた。トゥールのグレゴリウスはボルドーの或る商人 negociator の物語を伝えているが[28]、それによるとこの商人は聖遺物を蔵する礼拝堂の附いた豪華な邸宅を有っており、しかもそれらの遺物が没収されることのないよう金貨一〇〇ソリドゥスを、次いでさらに二〇〇ソリドゥスを提供している。このような商人の例としては、さらにパリに住むシリア生れの商人 negotiator, genere Syrus エウセビウスが挙げられよう[29]。この男は財力で司教の地位を買い取った後、前任者の一派 scola を非難し、シリア人たちばかりでできているかれ自身の一派をつくった。このようにシリア人たちはガリアにも多勢いた。しかし当然のことながら、かれらはわけてもその南部に多く集っていた。五八九年におけるナルボンヌの住民はゴート人、ローマ人、ユダヤ人、ギリシャ人およびシリア人で構成されていた[30]。

たまたま、イタリア、アフリカ、イスパニアに関しては同様の記録に接することができないのであるが、ガリアについて言えたことがこれらの諸地方については言えないと考えることはできない。テオデリッヒ大王の告示や西ゴート部族法典に述べられている海上貿易商人たち transmarini negociatores の中には、シリア人たちやギリシャ人たちがいたに相違ない。ギリシャの商人たちがオリエントから海路イスパニアに到着したこと（negociatores graecos in navibus de Orientibus advenisse）も、メリダの教父の伝記 Vita Patrum Emeritensium から知られている（五七〇年頃）[31]。

プロコピウスは、ベリサリウスのナポリ進駐当時この都市にいた親ローマ派の指導者アンチオクスなる人物について語っているが、これはシリア生れの大商人であった[32]。他方またパリ周辺にこれらシリア人が多数存在したことも知られている[33]。デュシェヌによって関説せられている[34]、キリスト単性論を奉ずる或るシリア人司祭は、五六〇年頃ガリアを遍歴してリヨンの司教聖ニケティウス（五七三年歿）と交誼を結び、やがてこの司教に、皇帝がネストリウス主義者である旨を説き伏せた。

ガリアにはエジプト人の影響も認められる。二、三のエジプト人聖者がこの地方で人望を集めていたこと[35]、またガリアの教会がエジプトの教会の場合と同様に広汎なアジールの権利を享受していたことはこの事実から説明されるし、さらにはイヴワに柱頭行者がいたことも[36]、この事実を考えると、さてこそと思われるのである。

しかし、西方世界におけるオリエントからの来住者はシリア人とギリシャ人だけではなかった。それと並んで、西方世界にはユダヤ人もいたのであるが、その数は前二者にほぼ匹敵するものであった。かれらもまたゲルマン民族の侵入以前から到るところに散在しており、侵入後もそこにとどまっていた。

ベリサリウスの軍勢によって包囲されていた当時のナポリにおいて、商業人口の大半を占めていたのはかれらユダヤ人たちであった。(37) しかし既にテオデリッヒ大王の治世においても、ユダヤ人の数は多かったのである。ローマ及びラヴェンナで、民衆がユダヤ人の教会堂を破壊するという事件が生じたので、大王はユダヤ人たちのために仲裁に立ち、事件を惹き起したカトリック教徒たちに損害の賠償を命じている。(38) さらに後になると、ユダヤ人たちはパレルモにも（五九八年）(39)、テラキナにも（五九一年）(40)、サルジニア島のカグリアリにも（五九八年）、見出されるのであり、しかもそれらのいずれの都市にも教会堂がある点から見て、その数も少くなかったと思われる。

イスパニアにおいても同様であって、メリダにユダヤ人のいたことが立証されている。しかもこの場合、司教はかれらをキリスト教徒と同等に迎え入れている。(41) 西ゴート部族法典 Lex Wisigothorum にもかれらに関する条項がある。(42) 尤もこれは、かれらの布教活動を禁止したものに過ぎない。この法典は、ユダヤ人たちは、ローマ法の下で生活すると規定しているのであるから(43)、かれらの法的境遇はローマ帝政期におけると同じだったわけである。その後においてもユダヤ人が多数存在したことは、迫害に関する幾多の法令がこれを示している。イタリアにおいても事情は同じであった。(44) しかしトゥールのグレゴリウスのおかげで、われわれが最も多くのことを知り得るのは、むろんガリアに関してである。ユダヤ人たちはクレルモンにも、パリにも、オルレアンにも、トゥールにも、ブールジュにも、ボルドーにも、またアルルにもいたが(45)、その中心地はマルセイユであった。迫害が起るといつもかれらはこの都市へ逃れ集って来た。[46] クレルモンで五〇〇人のユダヤ人たちが改宗したことを考えれば、[47] かれらの数について或る程度の推測が可能であろう。六世紀以降も状況は同じであった。七世紀の中葉、ブールジュにユダヤ人のいたことを『聖スルピキウス伝』Vita Sancti Sulpicii が言及している。[48]

民衆がかれらに嫌悪の念を抱くことがあったにしても、[49] 少くとも最初のうちは、為政者から圧迫をうけるということはなかった。むろんそうは言うものの、五八二年にはガリアで、国王がかれらを強制的に改宗せしめているし、[50] ヘラクリウスもダゴベルト王にかれらの受洗を要請したといわれる。[51] 一部のものは改宗に応じたが、[52] 他のものは迫害の及ばないマルセイユへ逃れた。ユダヤ人たちは瀆聖罪のかどで咎め立てを受けることも間々あった。[53] 七世紀前半にブールジュにおいて聖スルピキウスは多数のユダヤ人たちに洗礼を施した。[54] クレルモンでも司教アヴィトゥスが多数のものに洗礼を施したが、しかしこれは強制的にやったことではなかった。[55] チルペリッヒもまたユダヤ人たちに洗礼をうけさせており、[56] そのうちの一人は拒否したために獄に投ぜられた。しかし、五九一年に、グレゴリウス大教皇は、ユダヤ人たちに洗礼を強制したアルルおよびマルセイユの世俗住民たちを叱責し、[57] また同様に、ユダヤ人たちをその教会堂から追い払ったテラキナの司教を譴責している。ユダヤ人を導くには親切を以てしなければならないとかれは説いた。[58] 大教皇は、祭日にユダヤ人たちが働くことを禁じたナポリの司教をさえも許そうとしなかった。[59] かれがユダヤ人に強制した唯一の禁令は、キリスト教徒奴隷の所有に関するものであった。[60] かれはブルンヒルドに要請して、この旨の禁令を発布せしめている。[61]

幾つかの宗教会議、たとえば五三五年のクレルモンにおける宗教会議では、ユダヤ人が裁判官になることを禁止する旨の決議がなされた。[62] メロヴィング王朝時代の宗教会議議事録には、ユダヤ人とキリスト教徒との結婚、ユダヤ人たちの饗宴へのキリスト教徒の出席、ユダヤ人によるキリスト教徒奴隷 mancipia Christiana の所有を禁止する条項が多数含まれている。六一四年の一告示は、キリスト教徒に対して公式の訴訟を提起することをユダヤ人たちに禁じている。[63]

イスパニアにおいても、レカレッド王の〔アリウス派からカトリックへの〕改宗後、ユダヤ人たちに対する法規は厳しくなった。[64] シセブート王（六一二—六二一年）は幾人かのユダヤ人たちに対してキリスト教への改宗を強制したが、そのためイシドルスの非難を招いている。キンディラ王（六三六—六四〇年）は、以後王国内にカトリック教徒以外は存在すべからずという布告を発した。レケスヴィント王（六四九—六七二年）は、割礼や安息日やユダヤ教の祝祭典を禁止した。エルヴィッヒ王（六八〇—六八七年）はユダヤ人たちに、その年のうちにユダヤ教を捨てることを命令し、捨てない場合には財産没収、追放の刑罰を以て臨むと宣言した。エギカ王（六八七—七〇二年）は、かれらが異国人やキリスト教徒と交易を行なうことを禁じた。やがてユダヤ人たちに対する民衆の騒動が勃発し、その結果すべてのユダヤ人がキリスト教徒の奴隷であると宣言されるに至ったのである（六九六年）。セヴィラのイシドルスはユダヤ人たちに対して『ユダヤ人に反対するの書』contra Judaeos を著した。[65] かれらはレカレッドに金銭を上納しようとしたが、王はこれを拒絶した。[66] シセブートの迫害に際して、多数のユダヤ人たちがガリアへ難を遁れた。[67]

ユダヤ人たちの中には、船乗りあるいは少くとも船舶の所有主がいたし、[68] またコロヌスや地附奴隷 originarii に耕作させている土地所有者もいたし、[69] さらにはまた医師もいた。[70] けれどもかれらのうちの大多数は商業そして特に高利貸業を営んでいた。また、たとえばナルボンヌにおいて、多数のものが奴隷取引商人であった。[71]

海上貿易にたずさわっているものもいた。[72] トゥールにおいて司教と結託し、不当な高価で香辛料を売っていた多数のユダヤ人のことが、トゥールのグレゴリウスによって伝えられている。[73] パリでは、チルペリッヒの家内奴隷 familiaris であったユダヤ人のプリスクスが、国王の香辛料調達係をつとめていた。但しこれは、この男が国王の御用金融商人でなければの話である。[74] というのは、トゥールのグレゴリウスが使っている香辛料 species なる言葉は、若干の個所においては、貨幣を意味しているように思われるからである。[75] ダゴベルト王事績録 Gesta Dagoberti にはサロモンというユダヤ人商人のことが語られている。[76] しかし多数の——疑いもなく大部分の——ユダヤ人たちは金融業を営んでいたのであり、しかもそれらのうちかなりのものが極めて富裕であったと思われる。

カッシオドルス並びに西ゴート部族法典の中で言及されている海上貿易商人たち transmarini negociatores の中には、シリア人とユダヤ人の他にアフリカ人も含まれていたことは間違いのないところである。カルタゴは大都市であり、東方世界へ通航する船舶の中継港であった。ガリアにおいて運搬用役畜として使用されていた駱駝も、おそらくカタルゴからもたらされたものであろう。[77]

海上交通はとりわけ地中海において活潑であったけれども、ボルドーとナントの両港でもそれに劣らず重要な意味をもっていた。この両港から出る船は大西洋を渡ってブリタニアの諸島――この諸島とザクセン人奴隷の取引が行なわれた――に向い、またガラエキアに赴いたのである。[78]ローマ時代に極めて活潑であったベルギー地方の航海活動は、[79]アングロ・サクソン族のイングランド侵入によって著しい打撃を蒙ったに相違ない。しかし依然として存続してはいた。ティール、ドゥウルステッド、クェントヴィックの諸港は、おそらくフランドル地方の毛織物業の恩恵によってであるが、[80]依然海上交通の中心であった。しかしここでは、商業活動はその地方土着の住民たちの手で営まれたようである。[81]その他地中海岸に面して、ガリアにはなお幾多の港があった。マルセイユの他に、フォス、[82]ナルボンヌ、アグド、ニースなどがあった。

そこではローマ時代の組織が存続していたようである。波止場 cataplus に沿って、一種の取引所が設けられていたらしい。[83]たとえばフォスには船着場に王領財庫があった。イタリアでは、テオデリッヒの治世に、商業活動の正常な運営に当る様々の種類の役人がいたことが知られている。[84]同様にイスパニアにおいても、特に海上貿易商人 transmarini negociatores のために設置された関税徴収吏たち thelonearii が存在した。再征服後カルタゴに進出したビザンツの商人たちは、[85]ティリア海域全体に何らかの形で影響を及ぼしたに相違ない。

以上に述べた一切の事を考えると、この商業が、単に奢侈品だけを対象とするものであったと考えようとするのは誤っていることが明らかであろう。むろん考古学上われわれに遺されているものと言えばそれら奢侈品に限られているし、また西ゴートの法典 Liber Judiciorum も、金、銀、衣裳その他さまざまな種類の奢侈品をたずさえて来る海上貿易商人 transmarinus negociator について触れている。(86) その他にも数多くのものを列挙することができる。すなわち、今日わが国〔ベルギー〕の博物館に陳列されているエジプト産の象牙とか、(87)サクサラの装飾附きの典礼用祭服(88)とか、グレゴリウスによれば商人たちの間で広く用いられていたといわれるフェニキア産の財布(89)とか、あるいはまた祭壇を飾るオリエント風の祭壇布(90)といったものである。最高級の奢侈品と言えばすべてオリエント産ものであったことは間違いないところであり、コンスタンティノープルの流行が、今日のパリのそれと同様に、当時の流行を支配していたのである。メロヴィング王家の贅沢三昧は周知のところである。(91)女性だけではなく男性の間でも絹が着用されていたことは、多くの史料がこれを物語っている。(92) そしてこの絹は、オリエントを除いて一体どこから入手し得たであろうか。絹はユスティニアヌスが帝国内にその工場を建設するまでは中国から運ばれてきたのである。

食卓を飾る嗜好品もまた同様に東方から供給されたものであった。〔トゥールの〕グレゴリウスは(93)ガザの港から輸出されて来たシリア産の葡萄酒について述べている。(94) この葡萄酒はどこへ行ってもふんだんにあった。トゥールのグレゴリウスはまた、リヨンの或る寡婦がその亡夫の墓へ毎日一スティエのシリア産葡萄酒を供えていた話を伝えており、[95] 他方またかれ自身、トゥールにおいて、客人をもてなすために酒屋へ使いを走らせてシリア産葡萄酒を求めたことを述べている。[96] それゆえ、これは極く日常的な商品だったのである。カオールのデシデリウスがヴェルダンの司教パウルスに宛てて一〇樽のファレルノ葡萄酒を送る旨の手紙を書き送っているが、ここで語られているのも恐らくこの葡萄酒であったと思われる。[97] 因みに、右の事実はかなりの程度に内陸交通が行なわれていたことを示すものである。[98]

なおその他の嗜好飲料についても記録がある。五九七年にグレゴリウス大教皇はコグニディウム Cognidium と呼ばれる或る飲料に関してアレクサンドリアの司教宛てに書き送っている。[99] この手紙の行先から当然推測されるように、この飲料はアレクサンドリアに根拠地をもつ商人たちの手で輸出されていたに相違ない。

同様に、東方から輸入されていた食糧品もあったことは疑いがない。いずれにしても苦行者たちは四旬節の間はエジプトから輸入された薬草を食べる習慣であった。トゥールのグレゴリウスも、ニース近郊に住む行者で、アレクサンドリアから自分宛てにもたらされる根菜類の他は何も食べない男のことを伝えている。[100]

このことだけからも、単なる宝石や衣裳の輸入を超えた商業活動が存在していたことが窺われる。しかしオリエント貿易のうちで最も大きな比重を占め、かつ日常生活に真に直結していたものと言えば、それは香辛料の輸入であった。[101] この交易の重要性は幾ら強調しても強調しすぎることはない。ローマ帝国はインド、アラビア、中国から、あらゆる種類の香料を入れていた。パルミラやアパメアの繁栄をもたらしたものは香辛料貿易であった。大プリニウスの推定によると、帝国がインド、アラビア、中国から香辛料を入手するために毎年支払っていた金額は、今日のフランに換算して少くとも一億フランにのぼったという。ローマ帝国内全域への香辛料の流入は、ゲルマン民族の侵入によっても中断されなかった。香辛料は、侵入の後にも、それまでと変りなく日常の食膳を必ず飾るものであった[102]。

四七八年ビザンツから追放されたギリシャ人の医者で、テオデリッヒがアウストラシア王テウデリッヒ一世（五一一―五三四年）のもとに使者として遣わしたアンティムスの記述を読んだだけでも、この貿易についての理解が得られる[103]。

チルペリッヒ二世がコルビー修道院にあたえた七一六年四月二十九日附の特許状は、当時の香辛料商業の姿を写し出す貴重な光を投げかけている[104]。この文書はまた、クロタール三世（六五七―六七三年）およびチルデリッヒ二世（六七三―六七五年）によって同じコルビー修道院に与えられた同様な性格の文書の証言を裏づけている。国王は、この修道院がフォスの王領財庫 cellarium fisci から商品を受取る権利をあたえているのであるが、この文書に列挙されている商品は次のようなものである。

油	一〇、〇〇〇ポンド	巴旦杏	一〇〇ポンド
魚汁 garum（調味料の一種）[105]	三〇大樽	ピスタチオの実	三〇ポンド
		オリーヴ	一〇〇ポンド

胡椒	三〇ポンド	ヒドゥリオ hidrio	五〇ポンド
クミン	一五〇ポンド	（芳香料の一種）(107)	
丁子の蕾の乾したもの	二ポンド	エジプト豆	一五〇ポンド
肉桂	一ポンド	米	二〇ポンド
甘松香	二ポンド	赤唐辛子 auro pimento	一〇ポンド
ミルラ costum	三〇ポンド	セオダ seoda	一〇枚
（橄欖科の芳香植物）(106)		（油を塗った皮革？）(108)	
海棗の実	五〇ポンド	コルドバ革	一〇枚
無花果	一〇〇ポンド	パピルス	五〇巻

むろんこれらの商品のすべてが東方から運ばれて来た香辛料だったわけではない。たとえば油である。しかし大部分はそうであった。そしてこの文書から、われわれはさまざまな結論を引き出すことができる。先ず第一に、王領財庫が常に豊富な香辛料で充たされていたということである。何故なら、修道士たちにあたえられた勅許には何ら特定の期日が指定されていたわけではなく、かれらは望む時に自由に倉庫へ出掛けることができたからである。第二に、この文書が単にコルビー修道院のみにあたえられた特別の恩典を示すに過ぎないものであったとは到底信じられないということである。仮りにそうであったとしても、そのことからわれわれは、修道院の庖厨ですら欠かすことのできないほどに、香辛料が広く一般に消

費されていたという事実をこの文書からひき出さなくてはならない。

事実、香辛料の使用は、国王が、フォスを訪れる修道院からの使者たち missi の消費分として魚汁 garum 一ポンド、胡椒一オンス、クミン二オンスを用意していたほど日常的なことであった。このように、貧しい連中にとってさえも胡椒は塩に劣らぬ位の必需品だったのである。公用使臣たち missi に対するこれらの給与物は往き還りのすべての宿営地において、或いはもっと言えば、すべての宿駅において、用意しなければならないものであった。ということは、どこへ行っても香辛料があったということを意味するわけである。

マルクルフがわれわれに遺してくれた記録 tractoria を一読しても、同じことが証明される(109)。ここでもまた、コルビー修道院宛ての文書に見られたのとほとんど同様の香辛料類が見出される。マルクルフの法律文例(110)はコルビー宛ての特許状をそのまま引き写したものに過ぎないとクルシュが主張していることを私は承知している。かれは冗談まじりに、国王の役人たちでさえこれらの香辛料をすべて食べたわけではないのだとも言っている。無論、それはそれで正しい(111)。しかし他方で、もしこれらの香辛料が珍貴品であったとしたならば、マルクルフがかれの法律文例にこれらの香辛料のすべてを包括する一覧表を収録し得たとはどうしても考えられないことである。マルクルフにとってこれらの香辛料の一切は極く日常のものであったに相違なく、しかもこのことはかれが北方において文筆を執っていただけにいっそう意味深いのである。さらに、マルクルフは単にコルビー修道院文書を引き写したに過ぎないというのは事実であろうか(112)。コルビー修道院文書に列記された商品の他に、かれが食用肉類を挙げている点が注意をひくであろうし、逆にまた、もしかれが単に一切を複写しただけならば、何故かれはパピルスに関する言及をおとしたのであろうか[113]。

いずれにせよ、コルビー修道院の特許状とそこから引き出すことのできる結論は、メロヴィング王朝時代における香辛料貿易の本質的重要性を強調するのに充分である。そして、ガリアについて言えることが、そのままティリア海周辺の他の諸地域についてもあてはまることは、疑問の余地のないところである。

東方から運ばれて来た、消費量の大きいもう一つの商品はパピルスであった[114]。当時未だ羊皮紙は高級品として特別の目的に使用されるに過ぎなかったから、この日常一般の筆記用紙を、帝国全域に向けてエジプトが独占的に供給していたのである。ところでゲルマン民族侵入の後にも、侵入前と同様に、文字を書くことは西方世界全体で行なわれていた。それは社会生活に欠くことのできない要素であった。国家の司法活動、行政活動、いな敢て言えば国家の運営そのものが文字を不可欠の前提としていたのであり、それはまた社会的諸関係についても妥当することであった。商人たちはそれぞれ書記 mercenarii litterati をもっていた。国庫の出納記録のためにも、裁判所の書記にとっても、私人の文通のためにも、修道院にとっても、多量のパピルスが必要であった。コルビー修道院は、前述の通り、毎年フォスの王領財庫 cellarium fisci から受け取ったパピルス五〇巻 tomi を消費している。明らかに、この商品はすべて船荷として海港の船着場に積み下されたものである。

グレゴリウスはナントの同僚たちに対して、かれらの侮辱行為の数々はマルセイユの港に荷揚げされるパピルスのすべてを以てしても書きつくせないと非難しているが、これもまた大量のパピルスが[115]荷揚げされていたことを示す明白な証拠である。その他、パピルスは蠟燭の芯の製造に用いられ、さらに油を塗って提灯の内壁に貼りつけるためにも用いられたようである。[116]カンブレイの町の商店でパピルスを買い求めることができたという事実は、それがあらゆる地方に行き渡っていたことを証明している。[117]それゆえパピルスは大量に消費された日常商品だったのであり、従ってまた当然そこにはアレクサンドリアから地中海周辺全域に八方にひろがるパピルスの卸売商業が存在したわけであった。また、周知のように、パリの国立古文書館所蔵の見事な国王特許状[118]や、私文書のいくつかの断片や、さらにまた、都市がその発布した条令を都市記録簿 gesta municipalia に収録して保存しておいたように個人がその業務書類や通信文を保存するために用いた無数の手文庫 scrinia の残存遺物は、この商業に関する物的証拠となるものである。

現存するパピルスが少いのは、北方の気候に対するその脆さによって説明されることであって、かつてそれが消費された量の尨大さに関してこのような表面上の現象に欺かれてはならない。さらにトゥールのグレゴリウスのおかげでわれわれがガリアに関して持ち合わせている知識の豊かさにまどわされて、イタリア及びイスパニアにおいてより多くのパピルスが消費されたに相違ないという事実、従ってまたその消費が要請した予想外に活潑な輸入貿易が存在したに相違ないという事実を忘れてはならない。

この時代の商業の中でパピルスと同様にきわめて大きな比重を占めていたもう一つの商品

があった。それは油である。油は何よりも先ず食用として日常的な需要に応ずるものであった。そう判断できる理由は、ガリア南部においても、イタリアやイスパニアにおけると同様に、殆ど何でも油で料理されたらしいということである。国内産のオリーヴだけでは需要を賄い切れず、海外からの輸入に依存せざるを得なかった。この時代の教会は、その後の時代とは違って、その灯明に蠟燭ではなく油を要求した——その理由は他でもない、油が豊富に入って来たことだと考えて間違いない——から、油の輸入は益々不可欠のことであった。ところでアフリカは帝国最大の油生産地であったが、その状況はイスラムの侵入まで続いていった。樽 orca 入りの油がアフリカから次々と積み出された。五〇九年ないし五一一年にテオデリッヒは、ヨハネスなる商人のために、サロナの司教に宛てて勧告状を書き送っているが[119]、この商人というのはその司教に灯明用油六〇樽 sexaginta orcas olei ad implenda luminaria を供給した男であり、その代金の支払方を請求していたのである。しかもその書簡の文面から読みとれるかぎりでは、これとても些少な額 parvitas に過ぎないものであった[120]。かつトゥールのグレゴリウスも、マルセイユにおける油の交易について書き残している。それはまた、船積場で七〇樽の油を盗まれた或る商人のことを記している[121]。六九二年クロドヴェッヒ三世によって発布され七一六年に再発布されたが、実はダゴベルト一世（六三九年歿）にまで遡る或る特許状によれば、サン・ドニ修道院は毎年一〇〇ソリドゥスの年金を与えられていた。この年金は波止場条令 ordo cataboli に従って国王からの差し向け人 actores regii が王領財庫 cellarium fisci から油を買い入れる場合にその代金に宛てられることになっていた。[122]マルクルフの或る法律文例には、灯明用の油 luminaria を仕入れるために人々がいつも出掛けてゆく港としてマルセイユが挙げられている。[123]それ故、この油の使用は北方にまで滲透していたわけである。七一六年のコルビー文書には一〇、〇〇〇ポンドの油に関する記述があることも、この事情をいっそう明白に裏書きしている。ところで、この油がプロヴァンス産のものであったと想定することは、それが王領財庫 cellarium fisci に貯蔵されていた事実からして許されないことである。[124]ボルドーにおける油の輸出について伝えている或る史料は、その油がマルセイユから発送されてきたものであると信じてもよいことを教えている。[125]

以上のことすべては、アフリカとの間に活潑な貿易関係が存在した証拠となるものである。しかし、イスパニアでもガリアでも輸送用の駄獣として駱駝が使われていたという極めて興味をそそる事実もまた、この貿易関係に生き生きとした光を投ずるものである。何故ならこれらの駱駝は、二世紀にローマによって駱駝が入れられたアフリカ以外の地からは輸入し得るものではなかったからである。ゲルマン民族の侵入が始まる頃には、駱駝が地中海の南岸一帯に普及していたことは明らかな事実である。トゥールのグレゴリウスは、莫大な金銀を積んだ cum ingenti pondere auri atque argenti 駱駝と馬匹が、グンドヴァルトの軍勢によってその退却の際に放棄されたことを記述している。[126]さらにブルンヒルドは処刑される直前に駱駝の背中に乗せられて軍隊の前を引き廻されている。[127]そしてこのことは、先のグレゴリウスの記述とつきあわせてみると、軍隊は通常その荷物を輸送するのに駱駝の背中を利用していたことを証明しているようである。『聖エリギウス伝』Vita Sancti Eligii には、司教が旅行に連れて行った駱駝のことが語られている[128]。イスパニアでは国王ワムバが、鬚を剃り落され裸足のままうす汚れた衣を身にまとい、駱駝の背中に乗せられた abrasis barbis pedibusque nudatis, subsqualentibus veste vel habitu induti, camelorum vehiculis imponuntur 謀叛人パウルスをトレドへ連行せしめている[129]。

以上述べてきたすべてのことは、ティリア海を舞台として、オリエントおよびアフリカ海岸との間に極めて活潑な航海活動が存在したことを明白に証明するものである。カルタゴはオリエントへ向う船の寄港地だったようである。またイタリア、プロヴァンス、イスパニアの海岸に沿って、沿岸航海も行なわれていた。ローマへ赴こうとする北方からの旅人たちは、マルセイユから乗船してティベル河口のポルトへ向った[130]。コンスタンティノープルに赴く旅行者たちも海路を利用した。ドナウ河経由の陸路は、蛮族の妨害があったので滅多に利用されなかった[131]。ラヴェンナおよびバリを経由して行く第三のルートもあった。おそらくマルセイユとイスパニアの間には今日の貨物船のそれに似通った一種の定期航路があったであろう。トゥールのグレゴリウスによって使われている恒常的通商 negotio solito という表現からも、そのような推論が可能である[132]。少くともローマ帝政時代と同じ程度に活潑な海上交通が存続していたと断言してもよいと思う。ガイゼリッヒの歿後には、海賊行為に言及した史料はもはや見当らないし、またそこで営まれていた商業交易は明らかに大規模な卸売商業であった。輸入商品の性格や輸入の定期性、さらには商人たちの築き上げた財産の大きさに想いを致すならば、もはやこの点に関しては疑念を差し挟むことは不可能である。かなり詳細にその事情を知ることのできる唯一の港であるマルセイユをとってみても、巨大な海港であったという印象を禁じ得ないのである。マルセイユは国際都市であった。この都市の重要性は、王国の分割に際して王たちが示した、この都市を所有したいというあの熱意からも推察することができる。(133) マルセイユにはギリシャ人は言うに及ばず、多数のユダヤ人、シリア人、さらにまたゴート人も住んでいた。『ペタヴィアヌス編年誌』Annales Petaviani はボトという名前の或るアングロ・サクソン商人 negociator のことを伝えている。この商人は七九〇年に息子が死んでいるところから見て、八世紀初頭すなわち経済的衰頽が始まった時期にこの都市に住んでいたに相違ない。(134) この町の住民は極めて多数であったに違いなく、またそこには、オスティアにその廃墟が残っているような数階建ての大きな邸宅が依然として建ち並んでいたであろうと思われる。トゥールのグレゴリウスは、(135) 或る一軒の家で八人の人が死んだことを伝えているが、この事実からその家が一種の賃貸住宅であったと推論することができる。さらに司教テオドルスの在任期（五六六―五九一年頃）にこの海洋都市に流行病が頻発した事実に着目しても、同一の結論に達するであろう。イスパニアから到着した船がこの都市に流行病を持ち込んで、それが二ヵ月も続いたことがあった。(136) この流行病はさらにその後背地に蔓延してリヨン近郊にまでおよんだ。(137) プロヴァンス地方やナルボンヌに流行した他の疫病についても多くの記録が残っている。(138) フレデガリウスは、五九八―五九九年に起った、〔中世末期の〕黒死病を想い起させる或る流行病について書き記し

ている。(139)

三　内陸の商業

ユダヤ人その他のオリエント商人たちがもっぱらその活動をティリア海域一帯への輸入だけに限定して、そこからの輸出を何も行なわなかったなどと考えることは当然できない相談である。無論、かれらの船は返り荷を積んだわけである。その積荷の筆頭は奴隷であったに相違ない。家内奴隷および農業奴隷の使用は五世紀以後にもなお極めて広汎に普及していたといわれる。私の気持としては、ゲルマン民族の侵入が却って奴隷取引の活況を復活させる結果になったとさえ考えたいと思っている。ゲルマン人たちもローマ人たちと同様に奴隷制度を知っていたのであり、移動に際して多数の奴隷を引き連れて来たことが考えられるし、またライン河の彼方の蛮族あるいはランゴバルド族に対するかれらの戦闘も奴隷の増加に与って力あったと考えられるからである。

他方、教会は、奴隷が秘蹟に参加することを許し、また奴隷が結婚する権利、というよりはむしろその義務を認めることによって、その地位の向上を図ったけれども、しかし原則として奴隷制度そのものを非難攻撃の対象とはしなかった。(140) 従ってマンキピア mancipia は到る処にその姿が見られたのであり、単に大所領において使役されたのみではなく、多少とも資産をもつすべての私人のもとで家内奴隷として使われていたのである。奴隷の解放が行なわれても依然として事情は変らなかったし、その数は絶えず新しく供給される奴隷によって増加していった[141]。

奴隷の一大供給源をなしていたのは蛮族であった。六二三—六二四年に冒険商人の一団を率いてヴェンド族のもとに乗り込んでいったとフレデガリウスが伝えている[142]あのサモという男は、まさしく奴隷取引商人であったに相違ない。こういった商人たちは、丁度九世紀にロシアに侵入したヴァレーグ人たちと同様、奴隷を奪い、またそれと並行して毛皮を持ち帰る——ことも明白な目的であった——ために、ヴェンド族の国へ出掛けて行ったのである。ヴェンド人たちは異教徒であったから、良心に咎められることなくこれを売買することができた。何故なら宗教会議はキリスト教徒奴隷を国外に売り渡すことを禁じているに過ぎなかったからである。この事実は奴隷が異邦人の手に売り渡されていたことを物語るものに他ならない[143]。

しかしサモが唯一の奴隷取引商人だったわけではない。その証拠に、ヴェンド族の王となったかれは、早速にフランク人商人たちの虐殺を命じている。この事件が原因となってサモとダゴベルト王の間に戦端が開かれた。かれが王位に即いたことは、ヴァレーグ人たちの場合との著しい類似点である。他方サモは蛮人たちに武器を売っていたと思われるふしがある。その点かれは諸多禁令の対象となっていた密貿易者たちと同じであった。さらにまた、フレデガリウスがサモを商人 negucians と呼び、その仲間を商人たち negutiantes と呼んでいるにもかかわらず、かれを職業商人と考えるわけにはいかないのであって、かれはまさしく冒険家だったのである。

またガリアではマウル人奴隷が売買されていた。その他にもチューリンゲン生れの奴隷たちや、あるいはまたイングランドから送られてきた奴隷どももあった。[144] マルセイユの市場には多数のイギリス人奴隷が売りに出されており、グレゴリウス大教皇は五九五年にそこで奴隷たちを買い求めて、これを改宗させるためにローマへ送っている。[145] おそらくこの奴隷たちというのは、ブレトン人とザクセン人との戦いの最中に捕虜となり、海を越えてガリアに送られてきたものであろう。ことによると、聖アマンドゥス（六七四―六七五年歿）[146] がガン地方で身代金を払って解放してやった奴隷も、これと同類のものであったかもしれない。或る商人がカンブレイ近郊に連れて来たものであると『ガウゲリクス伝』Vita Gaugerrici に見えている奴隷たちも、北方から来たものであったことは明らかである。[147] 奴隷はどこでも買い入れることができた。トゥールのグレゴリウスは、オルレアンの或る商人が所有しているザクセン人奴隷たちについても言葉を費している。[148]

フレデガリウスの叙述に従えば、後にテウデベルト王の妃になったビリチルディスも、もとをただせば、ブルンヒルドの手によって明らかにその美貌の故に商人たち negociatores から買いとられた奴隷だったのである。[149]

アラスやトゥールネーの関税表もまた奴隷の通過を物語る証拠となっている。商人たちは自分たちの運送する奴隷たちに課せられる関税を支払わなければならなかったのである。[150]

サモと同類の商人たちの奴隷狩りにかかった奴隷たち、[151] あるいはまたブリタニアで奴隷にされたものたちは、すべて地中海沿岸の諸港に送られた。[152] ナルボンヌでそうした奴隷たちが売りに出されていた事実が伝えられている。[153] ナポリにそうした奴隷たちがいたという記録もあるが、[154] かれらが当時の一大奴隷市場であったマルセイユからこの地に送り込まれたものであったことは疑いがない。[155]

奴隷取引にたずさわる商人たちの数も多かった。[156] そういった商人は主としてユダヤ人だったようである。五八三年のマーコンの宗教会議は、自由身分にしてやるためにせよ、自分で使役するためにせよ、キリスト教徒がユダヤ人から一二ソリドゥスで奴隷を身受けすることを許可している。ナルボンヌについても、[157] ナポリについても、[158] ユダヤ人の奴隷商人に関する記録が存在する。

以上に述べたすべてのことから、ティリア海沿岸一帯に大規模な奴隷取引商業が存在していたと結論することができるであろう。そして、香辛料や絹やパピルスを船載する船が、返りの積荷として奴隷をオリエントへ積み出したことも疑いのないところであろう。

見返り商品のことについて言うと、奴隷の他に、衣類、織物、建築用木材、それにおそらく茜草が、ガリアからオリエントへ送り出されていたようである。グレゴリウス大教皇もマルセイユとアルルで衣裳を買い入れているし、またガリアで買い入れた木材をアレクサンドリアへ送らせている。[159]

ともあれ、大量にのぼる金貨の流通は大規模な輸出貿易の存在を承認せしめずにはおかないのである。

全部とは言えないまでも大部分が異邦人の掌中に握られていたこの国際商業と並んで、内陸商業が当時の西方世界の経済生活の中では重要な役割を果していた。内陸商業の展り開げる絵は国際商業のそれとは異なっている。無論、すでに見たように、この商業でもユダヤ人たちが際立った活躍を示していたし、また既に関説するところのあった、内陸各地に定着したシリア人たちについても全く同じ事が言えるであろう。しかしこの二つの異邦人に加えて、土着の商人たちもめざましい活躍を示していた。これらの土着商人たちの中には、小売商人だけではなく、職業的商人たちもいたことは明白な事実である[160]。

トゥールのグレゴリウスがヴェルダンの商人たちについて語り伝えている挿話は[161]、この点をよく示している。すなわちこの都市は司教デシデラトゥスの在任期間中（六世紀前半）に貧窮に陥ったため、司教はテウデベルト王から七、〇〇〇枚の金貨 aurei を借り受けてこれを市民たち cives に分け与えたが、「かれらはこれによって、ゆたかに商業を営んで資産を築き、今日では大をなすに至った。at illi negotia exercentes divites per hoc effecti sunt et usque hodie magni habentur.」というのである。このことは極めて活潑な商業の存在をはっきりと証明している[162]。しかもこの場合、司教が国王に向って、自分の都市の商業を他の諸都市と同じ程度まで sicut reliquae habent 再興したいと語っていることは注目すべき事実であって、このことから、商業活動がすべての都市にとって固有のものであったと結論しなければならないのである[163]。

トゥールのグレゴリウスは、この時代の商業生活にとりわけ生き生きとした光を投げかける次のような事実を語り伝えている[164]。すなわち「或るとき葡萄酒が欠乏していた時に、トゥールの商人クリストフォルスは、大量の貯蔵葡萄酒がオルレアンに到着したことを知った。直ちにかれは、おそらくかれ自身と同様に商人であったに違いない義父から多額の資金を借りうけて出発し、その葡萄酒を仕入れてこれを数隻の船に積み込ませた。やがてかれは馬で帰路についたが、その途中、供をしていた二人のサクソン人奴隷によって殺害された」という話である。ここに描かれているのは中世的なところの全くない商業投機の実例である。このクリストフォルスという男は明らかに大商人であった。敢て言えば、市場にある葡萄酒を全部買い占めて、ひとやま当てようと企む卸売商人であった。かれが単独で行動している点に注意しなければならない。この商業活動にはギルドや取引所を想起させるものは何もないのである。それはあくまでもローマ的な型の個人主義的商業であった[165]。トゥールのグレゴリウスは、そうした投機的活動を行なう商人が他にもあったことを伝えている[166]。

詐欺のたぐいもまた多かった。同じくトゥールのグレゴリウスが、葡萄酒に混ぜものをして一トゥリアンス trians〔三分の一ソリドゥスのこと〕で一〇〇ソリドゥス儲けた或る商人の物語を伝えている[167]。これは疑いもなく小売商人であった。

イタリアにも同じ様に職業商人が存在したことは疑問の余地がない。そのことを証明するには、軍隊の御用を勤めていたランゴバルド人商人についての記録を以てすれば充分である。かれらはそれゆえ、ものの売買によって生活する独自の社会的階級を構成していたわけである。かれらの数が極めて多かったことは、かれらの軍隊御用に関する特別法規が存在したことからも証明される[168]。

商業が極めて利益の多いものであったことは確実である。ワドの息子たちがポアトゥーで一群の商人たちから奪い取った金品は極めて莫大なものであったようである[169]。

しかしそれより確実な証拠がある。リヨンの或る商人の墓碑銘には、この商人が「悩める者たちの慰めであり、貧しき者たちの救い」であったと書かれている。それゆえ、この商人は極めて裕福であったに相違ない[170]。

六二六年にヨハネスなる商人が、サン・ドニ修道院およびパリ司教区の数多くの教会に所領を遺贈した[171]。この寄進が国王の認可をうけているところから見て、この商人の所領はかなり尨大なものであったと思われる。フォルトゥナトゥスは、巨額の喜捨を以てその名を知られた商人ユリアヌスのために、墓碑銘を書いている[172]。六五一年、オルレアンの聖アニアヌス修道院長レオデボドは、フルーリュ・シュル・ロワールなるサン・ピエール修道院に、かつてかれが或る商人から買い入れた都市内の所領を遺贈した。それゆえ、この商人は都市内に邸宅を所有していたわけである[173]。

或るローマ式の帳簿にその名が記載されている商人ロドゥルフス Rodulfus negotiens は間違いなくメロヴィング王朝時代の商人である[174]。トゥールのグレゴリウスは、その他コマンジュの或る商人のことに触れているが、私にはこの商人は幾つかの店舗の所有者であったと思われてならない[175]。

それからまた、ポワティエの或る商人がトリール及びメッツに赴き、そこで、モーゼル河を船で往来して塩の売買に従事していた別の或る商人に出逢ったという話も、われわれは知っている。[176]

七世紀の末に至るまで、ユダヤ人およびオリエント商人と並んで多数の土着の商人たちが存在していたことを、疑問の余地のない事実として断言し得るにはおよそ以上の立証で充分であろう。しかもかれらのうちには極めて富裕な商人たちが確実に存在したのである。そして、そのような富裕な商人たちが再び史上に出現するまでには、長い時間を要することになるのである。

ゲルマン民族の侵入以前に帝国内に存在したような形の商業は、それゆえ、侵入後においても疑う余地なく存続したのである。

その商業は何処で営まれたのであろうか。明らかに都市においてである。商人たち negociatores の居住地が都市にかぎられていたことは現存するあらゆる史料に照らして明言できるところである。かれらは城壁の内部に、すなわち都市の城壁 oppidum civitatis の内部に、定着していたのである。[177]

都市は司教所在地としての一面を有すると同時に商業中心地としての性格を兼ね備えていた。モーのような北方の都市においてさえ、時として城外までも続くアーケード付きの街路が見出される。[178] こういったアーケード式の店舗は、北方においてさえ都市にイタリア風の外貌をあたえていたに相違ない。アーケードが店舗を保護する役目をしていたことは言うまでもないが、一般に商店は密集していた。トゥールのグレゴリウスの言によれば、特にパリの場合がそうであったという[179]。

これらの諸都市には商人たちと並んで手工業者たちが住んでいたが、かれらに関する史料は極めて乏しい。聖カエサリウスは六世紀に手工業者がアルルにいたことを伝えている[180]。ガラス工業が盛んであったらしく、メロヴィング王朝時代の墳墓には多数のガラス製品が副葬されている。

都市監督官 curator civitatis および都市護民官 defensor civitatis が市場および商品の監督に当った[181]。ラヴェンナでは、古代の手工業者《コレギア》仲間組合の遺制がなお若干残存していたようである。

ゲルマン民族侵入後における都市の規模を見つもることができるであろうか。この問題に関してわれわれの持ち合わせている史料は点在的なものにすぎない。ガリアでは、城壁で囲まれた市域は決して広いものとは言えなかった。フェルコートランは、ガリアの都市の人口は「一般に」六、〇〇〇人であり、それよりも遥かに少ない数であることも屢々であったと推定している[182]。

しかしながら、住民はかなり稠密に都市内に蝟集していたに違いないのであって、マルセイユに見られたような高層家屋も恐らく稀な存在ではなかったであろう[183]。パリでは橋の上に建てられた家もあった[184]。

南方の諸都市はそれより規模が大きかった。フレジュについて見れば、遺跡から判断する限り、この都市は古代においては今日の市域の五倍の広さを有するものであったに相違ない。ニームは約三二〇ヘクタールの面積を占めていた。[185] ローマ時代のトゥールーズの市壁は周囲三キロメートルに及ぶものであったと言われる。[186] またハルトマンは、テオデリッヒの時代にミラノが三〇、〇〇〇の人口を擁していたことを認めている。[187]

都市がゲルマン民族の侵入によって損害を蒙ったことはたしかである。橋梁は破壊され、小舟をつないだ橋が代用された。しかし都市そのものは依然としてすべて存続した。更に司教たちがその再建に力をつくした。そしてこれらの諸都市が聖俗両面にわたる統治の中枢であったと同時にまた常設の商業中心地であったことは疑う余地の無いところである。この点においても古代の経済は存続したわけである。シャンパーニュの大市のような中世の大規模な定期市に類似したものは何も見出すことができない。

とはいっても、定期市そのものはこの時代にもあった。しかし、それは間違いなく地方的なものに過ぎなかった。[188] 北方では新しい定期市が設けられた。サン・ドニのそれは七〇九年にはじめて史料にあらわれてくる。[189] しかしこれらの定期市が演じた役割はあくまでも副次的なものに過ぎなかった。L・ドゥ・ヴァルデアヴェラノに従えば、イスパニアには定期市がなかったという。[190] いずれにしても、カロリング王朝時代に至って夥しく見出されることになるあの小規模な市《いち》を、この時代には未だどこにも発見することができないのである。しかしこの事実を以て商業活動の衰微した証拠であると考えてはならない。事実はその逆なのである。職業商人たちが居住し商業活動の常設的な舞台となっていた都市においては、市《いち》は不可欠の要素ではなかったのである。そのような補充のための小規模な経済中心が組織されて局地的な機能を果し、当座の商人だけがそこを訪れるようになったのは、この商業が消滅してしまってからのことである。ところが、トゥールのグレゴリウスの記述を読んで得られる印象は、その時代が未だ全く都市商業の時代だったということである。商人たちの集会 conventus は都市において開催された(191)。田舎で行なわれたという例をきかない。メロヴィング王朝時代の貨幣の表面に、貨幣鋳造業者 monetarii によって刻印されているあの夥しい地名を市《いち》の所在地であると考えることは、既にヴァイツが指摘している通り(192)、全くの誤りである。古代におけると同じ様に、メロヴィング王朝時代に見出されるものはポルトゥス portus すなわち商品集散地ないしは荷揚場であって、市《いち》ではなかった。国王は都市およびポルトゥスにおいて関税を徴収したが(193)、これは同一の場所で納められていたローマ時代の関税が存続したものであった(194)。むろん一部では既に関税徴収権の濫用が認められる。伯たちの中には自分の利益のために新たな関税を設けようと試みる者があった。これを抑えるために、六一四年クロタール二世は、先王たちの治世における関税の在り方を変えてはならないという告示を発している(195)。

テオデリッヒもまた、不正な関税を課して海上貿易商人 transmarini に損失を与えることのないように、イスパニアにいる代官たちに宛てて同様の趣旨を書き送っている(196)。

関税には、市門税 portaticum、車輪税 rotaticum、塵埃税 pulveraticum その他さまざまな種類の税が含まれていた。関税の性格は純粋に財政的なものであって、経済的なものではなかった。そしてもっぱら貨幣で徴収されたもののようである(197)。修道院に対しては国王がこれを免除することも有り得たが、混乱衰微の時代を別とすれば、徴税権の譲渡を行なうことはなかった。関税は、あくまでも国王の利益のために設けられた租税であった。しかもその収益は莫大なものであった。そのことは、国王が特に一部の修道院のために、王領財庫cellarium fisci から受領することを許した年金の額の大きさからも証明されるところである。

こういった租税の徴収は、国王が読み書きの出来る関税徴収吏すなわちthelonearii を自由に使用することができたから、当時はまだ可能だったのである。関税徴収吏がこの租税の徴収を請負っていたことは明らかであり、ユダヤ人たちが、宗教会議の非難にもかかわらず、その徴収権を認められたのも、おそらくはこのためであったと考えられる[198]。目ぼしい海港には、テオデリッヒ大王の告示からもわかる通り、倉庫が設けられ[199]、港湾駐在の役人が配属されていた。

駅逓について一言すると、これもまたティリア海周辺のすべての地方で引き続き存在していた。

交通はローマ時代の街道によって行なわれ、小船をつないだ橋が破壊された古いローマ時代の橋の代りをした。当局は、荷船の曳航ができるように、川筋の両岸からそれぞれ少くとも一法定ペルティカ pertica legalis だけの水域はいつでも空けておくよう監視していた。

四　貨幣および貨幣流通

コンスタンティヌスによって改革されたローマのソリドゥス金貨がゲルマン民族侵入当時における帝国全土を通じての共通の貨幣単位であった。(200)帝国が蛮族につぎ込んだ援助金のおかげで蛮族たちの間にもすでに久しく知れ渡っていたこの貨幣制度は、かれらによっていささかの変化をも加えられることなく、侵入後も受け継がれていった。かれらによって占拠されたどの地方でも、初めのうちは貨幣流通の上には全く変化が起らなかった。(201)いやそれだけではない、ゲルマン諸王の鋳造した貨幣は皇帝の肖像を刻んだものであった。

帝国の経済的統一の存続をこれほど明確に証明するものは他にはない。帝国から貨幣上の統一がもたらす恩恵を奪い去ることは不可能なことであった。カロリング王朝時代に入ってあの大変動が起るまでというものは、ゲルマン民族によって征服された西方世界も、ギリシャ的東方世界も、ともに帝国の貨幣制度であった金単本位制の存続という点において共通していたのである。シリア人の航海者たちがティリア海の諸港に上陸してそこに見出した貨幣は、すでにかれらがエーゲ海域において使い慣れていたのと同一の貨幣であった。のみならず、新しい蛮族諸王国の通貨はビザンツの通貨にあらわれる諸変化に敏感に従っていたのである。(202)

無論、その他にも銀貨や青銅貨が存在したが、しかしその事実を以て直ちに複本位制登場の証拠であると考えるドプシュの見解に賛同することはできない。(203) 金貨のみが法定の通貨だったのである。蛮族諸王国の貨幣制度はローマのそれであり、他方、銀単本位制をとることになるカロリング王朝の貨幣制度は中世のそれだったわけである。

ただアングロサクソン族だけは例外であり、そこでは銀が主導的な役割を果していた。僅かしかしこの島国の南部地方では、すなわちガリアとの商業関係の続いていた地方では、ながら金貨が鋳造されていたのであり、おそらくこの金貨はこの地方に移住したメロヴィング王国の鋳造業者の手で作られていたものに相違ないと思われる。(204)

他方たとえばガリアから遠く隔っているメルキアの王国では、銀貨だけが発掘されており、そのうちの若干にはルーネ文字の銘記が刻まれている。(205)

メロヴィング朝諸王は皇帝のそれを模倣した貨幣を鋳造したわけであるが、そうした貨幣の鋳造は、アラビア人と敵対関係に入った最初の皇帝であるヘラクリウス（六一〇―六四一年）の治世を以て終りを告げている。(206)

通例それらの貨幣は一見して皇帝の鋳貨とは区別することができる。しかし他方それら相互間には著しい類似が認められるのであって、西ゴート、ブルグンド、フランクのいずれにおいて鋳造されたものであるかを判別し得ないことが屢々である。(207) このように蛮族どもをしてローマの貨幣を受け継がせたところのものは経済的な必要であった。(208) このことを証明するものは、ローマ貨幣の模倣がマルセイユおよびその近隣諸地方において他のいかなる地方よ

りも長期間にわたって続いたという事実である。(209)

フランク国王の名が刻まれていた貨幣はほとんど見当らない。プロコピウスの報告を大いに賞う結果になったのであ[illegible]それが最初にあらわれてくるのは、テウデベルト一世[illegible]ユスティニアヌスの軍[illegible]してイタリアに軍を進めた五三〇—五四〇年のことである。この貨幣には、[illegible]では例外的なこととして認められている「勝利 Victor」の語が刻まれ[illegible]他のすべてのフランク貨幣に比べてはるかに良質である。[illegible]れをイタリア遠征中に鋳造させたか、或はむしろこの遠征後[illegible]で鋳造させたものであろう、とプルーは想定している。(211) [illegible]エ、ヴァレンス、アルルおよびユゼの貨幣鋳造所で鋳造される。[illegible]前に代って国王の名前が刻まれるようになったのは、漸くクロタール二世（六一三—六二九ないし六三〇年）以後のことであった。アウグストゥスの勝利 Victoria Augustorum という定まり言葉に代って、クロタリウスの勝利 Victoria Chlotarii という定まり言葉[illegible]したのである。(212)

ユスティヌス二世（五六五—五七八年）の治世に、ガリアでは二四シリクアの代りに二一シリクアの重[illegible]ソリドゥス金貨が最初プロヴァンスの鋳造業者たちによって採用されるように[illegible]おそらく、これがガリアのソリドゥス金貨 solidi Gallicani と呼ばれるものであろうが、グレゴリウス大教皇の或る書簡によれば、これはイタリアでは流通していなかったようである。(213)

蛮族諸王国の中で金貨鋳造が盛んであったのは、とりわけフランク及び西ゴートであった。ヴァンダル王国では金貨は鋳造されなかったし、東ゴート王国でもテオデリッヒ大王の時代のものを除いてはほとんど知られていない。疑いもなくこのことは、これらの諸王国にはローマ時代の金貨が間違いなく存在しており、それが大量に流通していたためであると考えなければならない事柄である。何故ならば、少くともヴァンダル王国の場合、この国が極めて富裕であったことは周知の事実だからである。

貨幣の鋳造は当然のことながら国王の権限に属するものとして集権的な性格を持ち続けたが、貨幣鋳造所の配置はいわば分権化されていた。西ゴートの諸王はさまざまの都市に貨幣鋳造所を設置した(214)。

フランク王国では、貨幣鋳造所は宮廷に一つと、あとはさまざまの都市にあった。しかし教会および非常な数にのぼる鋳造業者たち monetarii によって鋳造される貨幣も存在した。このような貨幣の多様性は明らかに租税徴収の仕組みから生じたものであった。「納入者の都合に応じて、現物、異邦の貨幣あるいは古代の貨幣、秤量貨幣等で租税および小作料を受けとる権限、それと併行して、租税および小作料収入の総額をその場で貨幣に鋳造し、純分ならびに価値の保証を与える署名と鋳造場所を知らせる地名とを刻印する権限を、特定租税の徴収人、製塩所の徴税請負人、王領地の管理人、修道院の財務管理人などに対して与えておくことが好都合だった(215)」のである。

ルーシンは、租税徴収によって供給(216)された金をもとにして行なわれるこの貨幣鋳造の中にローマ的慣習が認められると考えている。かれによれば、貨幣鋳造業者というのは単なる小規模な職人ではなく、徴税請負人だったのである。

このような鋳貨の多様性が、中世にみられるような封建的貨幣の混乱にまで至らなかったことから考えて、これらの貨幣の鋳造には何らかの統制が加えられていたのだ、というルーシンの推定に賛同しなければならない。

プルーによれば、貨幣鋳造業者たちはかつての帝国鋳造所から逃亡した職人たちであり、その後、公共のために働いていたのであった。(217)

鋳造業者たちによって鋳造された貨幣のうち若干には国庫の認定 ratio fisci または国王の認定 ratio domini という語が読み取られるが、このことは貨幣の鋳造が国庫の統制のもとにおかれていたことを示していると考えられる。他方また、貨幣が多数の都市で鋳造されただけではなく、商品集散地 vici、城砦 castra、ヴィラ villae においても鋳造されたという事実は、これらの貨幣が租税を徴収する際に鋳造されるものであったという推定により確実な根拠をあたえるように思われる。(218)しかしこうした場所のすべてに、それと同じ数だけの貨幣鋳造所があったのだとするプルーの考えには同意することができない。(219)鋳造業者たちが国家役人でなかったことはかれ自身が認めている通りである。(220)これらの鋳造業者の数はピピン以後は極めて少なくなり、七八一年には最終的に姿を消してしまうのであるが、(221)それは恰かもローマ風の租税制度が消滅する時期に符合している。

メロヴィング王朝時代には貨幣鋳造権の譲与は行なわれなかった。(222)レーヌ卿によれば、教会が貨幣を鋳造した目的はあくまでもその所領の産物を動産化することだけであった。「教会の貨幣鋳造は、国王大権の行使というよりは、むしろ貯えた資産を交換価値および現金の形にかえるという、聖職者ならびに修道士に与えられた権利の行使であったと思われる」[223]とかれは述べている。

　このような恒常的な金貨の鋳造、また他方においてわれわれが知っている国王[224]、教会、一般私人[225]の所有する金の量の豊かさは、当時の西方世界に尨大な金《きん》の蓄積があったことを証明するものである。それでいて金坑が存在したわけでもなく、かなりの砂金が採取できたとも考えられない。とすれば、このように莫大な、しかも流動性のある金《きん》を前にして、どうして「実物経済」などを語ることができるであろうか。

　この点に関して、何と多くの特徴的な史料が現存していることであろうか！[226] トゥールの司教バウディヌスは金貨二〇、〇〇〇ソリドゥスを貧者たちにわかち与えた。衣裳には惜しみなく金の装飾が施され、また私人の間に金《きん》が広く行き渡っていたことは、王による絶えざる金《きん》の没収がこれを証明している[227]。

　これに加えて租税収入を財源としていた王室財庫は、その他〔ビザンツ〕皇帝からの巨額の同盟国援助金によっていっそうの充実をみせていた。皇帝が金貨五〇、〇〇〇ソリドゥスにのぼる援助金をかれらに送ったことも一再ではなかった。王室財庫はいわば恐るべき吸上げポンプであった。しかし同時にそれはまた押上げポンプでもあった。というのは、こういった国王の手もとに集った金貨は金庫の中に死蔵されていたわけではなかったからである。ふんだんな年金、自分の娘たちの持参金、忠臣たちへの贈与、貧民たちへの物惜しみしない施し物、これらに要する費用はすべてそうした金貨によって賄われた。ヴェルダンの司教に対して利息付きで金《かね》を貸し与えたように国王が利息付きの金貸しを行なうことができたのも王室財庫のおかげであり、窮乏している聖職者たちのために、丁度われわれが当座勘定の小切手で支払うように、年金をあてがうことができたのも、フランク族に対する布教に赴いた聖アマンドゥスに資金を与えることができたのも、ブルンヒルドのやったように蛮族から金《かね》で講和をかちとることができたのも、(228) あるいはまたダゴベルトがやったようにサン・ドニ修道院の後陣を銀ずくめにできたのも、コンスタンティノープルにおいて黄金盤 missoria を買入れたり、宮廷官房や学校 scola やその他の経費を支弁することができたのも、すべては王室財庫の金によってであった。この尨大な資金の一部が、征服した〔他の〕ゲルマン諸部族およびスラヴ族から獲得した戦利品、ビザンツからの援助金、テオデリッヒ大王歿後の東ゴートおよび後にはランゴバルドからの貢物(229)によって調達されたと考えることに私は賛成である。しかし、これらのすべてを以てしても財源の豊かさを説明するにはなお不充分である。私の考えでは、西方世界にこのように多量の金《きん》を永続的にもたらし得たものは商業を措いて他にはないのである。それゆえ、〔この時代の〕商業はこれまで一般に考えられてきたよりも遥かに遥かに重要な意味をもつものであったと考えなければならない。何よりも先ず、この商業が単に現金流出を伴うだけの一方的輸入商業に過ぎなかったとする考えを斥けなければならない。

一部の論者は、王室財庫の金《きん》の豊富さを説明するのに、国内の金のすべてが国王の手中に蓄積された結果であると考えようとしてきた。プルー[230]もこの推論を裏付けるために、蛮族に対して金貨で支払いをすることを禁じた皇帝グラティアヌス、ヴァレンティニアヌスおよびテオドシウスの或る勅令を引用している。しかし、この勅令が、皇帝の権力が及ばない独立的諸蛮族の場合には適用できなかったことは明らかである。ルーシンによれば、蛮族諸王の手許に蓄積された金《きん》はローマの貨幣および金細工品から成っていたという。もしそうであったとすれば、ガリア全土の金の保有量が、クロドヴェッヒの時代からカール・マルテルの時代まで、すなわち二世紀半の永きにわたって、その豊富さを保持し続けることはできなかったに相違ない[231]。何処からか金の流入がなければならなかった。何がそれをもたらしたのであろうか。商業である。

その上、蛮族諸王は金の輸入を行なっていた。西ゴート部族法がそれを証明している[232]。トゥールのグレゴリウスは、国王がコンスタンティノープルで金を買入れたことを伝えている[233]し、またアグドの沖合で難破した或る船に関するかれの記述は、金が海路で輸送されていたことを確証している。その他、穀物の売却によっても金が国内に流入したに相違ない[234]。関税表にも、奴隷の通過と並んで金の通過のことが記載されている[235]。

グレゴリウス大教皇がカンディドゥスなる司祭に、ガリア金貨を用いて、衣裳とアングロ・サクソン人奴隷をプロヴァンスで購入するよう命令した史料を先に引用しておいたが、このガリア金貨はローマでは流通していなかったものであり、教皇が司祭に送ったものであった。

確かにわれわれが持ち合わせている史料は極めて数が乏しい。しかしそれでも、もし歴史家たちが中世の文学的史料《スルス・リテレール》だけに頼らなければならなかったとしたならば、この時代の商業の非常な発展を知る手がかりは得られなかったことであろう。もともとそれは古文書類《スルス・ダルシーヴ》によってしか明らかにされないものなのである。ところがその古文書類であるが、若干の国王特許状と極く少数の私文書を除いては、メロヴィング王朝時代に関するものはすべて散佚してしまっている。それゆえ類推によって議論を進めざるを得ないのである。

あの大量の金のストックの存在を何とかして説明しなければならない。もしそれが外国貿易によって流出していったものとすれば、時とともにその貯蔵量は減少していった筈である。ところがそのような現象は何ら見出されないのである。

確実なことは、活潑な貨幣流通が存在したということである。メロヴィング王朝時代の民衆は実物経済体制のもとで生活していたなどという考えははっきり捨てなければならない。この誤った見解の裏づけをするために、ローは、クレルモン市では穀物や葡萄酒で租税が納められていた事例を引用している。[236] しかし他ならぬこの現物租税こそ、司教の要請に基いて貨幣租税に切り換えられているのである。さらに、トゥールのグレゴリウスによって伝えられているこの話が、実は四世紀すなわちローマ帝政時代に関するものであることを附け加えておこう。グレゴリウスは、司教のこの要請が仁慈の心からでたものであることを強調しながら、昔話をしているに過ぎないのである。そしてこのことは、グレゴリウス自身の時代になってもなお租税は貨幣で納めるのが正式であったことを傍証するものである。事実、トゥールのグレゴリウスの叙述の中で、租税が貨幣以外のもので納められたという記載は他にどこにも見出されない。また国王に対する租税がすべて金貨で納められたことは既にわれわれが述べた通りである。

その上、大量の通貨が流通過程にあり、人々が金融によって利益をあげようとしていたことも疑い得ぬところである。そうした背景を抜きにしては、司教に任命して貰おうという目論見から多数の野心家たちが巨額の金を国王に上納した事情も理解できないであろう。租税徴収を請負人に託するという慣習も同じ状況を証明するものである。[237] トゥールのグレゴリウスによって伝えられている或る挿話は[238]、貨幣取引の重要性を明瞭に物語っている。すなわちアルメンタリウスなるユダヤ人が、他のユダヤ人一人およびキリスト教徒二人と一緒に、かつてかれらが明らかに徴税請負人として（公租に関して propter tributa publica）地方管区長 vicarius インユリオススおよび伯エオノミウスに対して貸した金《かね》の担保を要求するために、トゥールへやって来たという話である。後者両人はかれらに対して、その金《かね》を利息つきで（cum usuris）返済することを約束していたのである。この同じ徴税請負人たちはその他にも郡司 tribunus メダルドにも金を貸付けており、この人物に対しても同様に負債の返済方を要求している。こういった有力な債務者たちは、債権者たちを酒宴に招いて、その席上かれらを暗殺させる以外にうまい決済方法を思い付かなかった。

これらの高級官僚の債権者であったユダヤ教徒およびキリスト教徒の仲間たちは、どうみても、商業を通じてその資本を蓄積した者たちだと思われる。しかもかれらがその金《かね》を利息つきで cum usuris 貸したことに注意しなければならない。このことは、メロヴィング王朝時代には利息が合法的なものとみなされていたことの証拠、しかも極めて重要な証拠である。誰もが利息つきで金《かね》を貸したのであり、国王でさえも、ヴェルダン市に対する利息つき貸付けに同意をあたえている[239]。

マルクルフの或る法律文例によれば、利息は一ソリドゥスにつき一トゥリエンス triens であった。すなわち三三・五%ということになる[240]。アラリッヒの法規範例《ブレヴィアリウム》によれば、かつては一二・五%にすぎなかった[241]。あるいは、この二つの史料の日附けの間に資金量の減少が起ったのだと推論すべきなのかも知れない。しかし、この二つの利子率は果して確実に市場利子率だったのであろうか。

教会が、聖職者のみならず俗人に対してさえも、高利貸を行なうことを繰返して禁止していたことは事実であるが、このこと自体が、利子率が増加する傾向にあったことを物語っていると思われる[242]。

この貨幣取引に従事していた者の大半はユダヤ人たちであった[243]。関税の徴収人たちの間にユダヤ人がいたことは既に述べた通りであるが、宗教会議がこの問題について抗議を発しているところを見ると[244]、その数もかなりの数にのぼったに相違ないと思われる。ユダヤ人はまた貨幣鋳造業者たちの中にもいたのであり、ユダヤ人鋳造業者の名前が貨幣に刻まれている事例がある[245]。かれらの顧客は、一般の金貸し業者のそれと同様、かなり多数であったに違いない。何故なら、かれらの顧客層は租税徴収人の他に教会所領の収入取立てを請負っていた業者たちlocatoresをも含んでいたに相違ないからである。信用は商業活動の中にも広く滲透していたに違いない。マルセイユに赴いて、代金借り受けの形でその地の輸入商から大量の買つけを行なったクレルモンの或る読師（lector）の物語をシドニウスが伝えている。この読師は仕入れた商品をクレルモンで小売りし、その売上げから借入代金を返済してなお且つ相当の利益をあげている。(246)

明らかにこれは教会が聖職者に禁止していたあの不正利得turpe lucrumの実例である。(247)

如上すべての事柄から、ローマ時代の経済生活が、ティリア海周辺の全域にわたり、メロヴィング王朝時代に連続していたということが明瞭になった。ティリア海周辺の全域と言ったわけは、以上ガリアについて検証して来た事実がまたアフリカについても、イスパニアについても、そのまま妥当することが疑いないからである。

ローマ帝国の経済生活のあらゆる特徴がそこには見られる。曰く、東方海運の〔西方海運に対する〕優勢、曰く、東方物産の輸入、曰く、港湾、関税および租税の制度、貨幣の流通と鋳造、利息付き貸借の存続、曰く、小規模な市《いち》の欠如、曰く、諸都市において職業商人が営む恒常的商業活動の連続。むろん生活の他の諸領域におけると同様、商業の分野でも生活状態の「蛮族化」に伴う一種の後退があったことは疑い得ないが、しかしローマ帝国の経済生活の本質をなしていたものとの断絶は起らなかったのである。地中海を舞台とする商業活動は異常な程の根強さをもって存続した。事態は農業についても同様である。農業が依然として当時の経済生活の基盤をなしていたことは言うまでもないことであるが、しかし農業と並んで商業が、日常生活においても――香辛料、衣裳その他の売買を通じて――また国家生活においても――関税が国家の財源を確保する点で――あるいはまた社会生活においても――商人の実在や信用の存在によって――不可欠の役割を演じ続けていたのである。(248)

第三章　ゲルマン民族侵入後の精神生活

一　古代の伝統[1]

三世紀以後、精神秩序および古代の文化が衰頽のみちを辿ったことは、ここにあらためて強調するまでもないことである。衰頽は学問、芸術、文学、あらゆる面に認められる。人間の心そのものに傷がついたとも言うことができた。厭世的気分と意気沮喪が世を支配した。ユリアヌスの企てが失敗に終ると、それ以後は古代の精神はもはやキリスト教の思想統制から脱却しようとするあがきをやめてしまった。

しかし教会の新しい生活は、なお長期間にわたって、もともと自分の寸法に合わせて作られたものではない異教的生活の衣を身にまとい続けていた。教会は依然として古代の文学的伝統に従っており、その輝かしさに敬意を払っていた。教会はヴェルギリウス風の詩や修辞家たちの散文を守り続けた。中味が変っても、容器は依然として同じものであった。キリスト教文学の出現は、キリスト教的心情の誕生よりもはるかに後のことであった。

コンスタンティヌスの治世におけるキリスト教の公的かつ最終的な勝利もまた、既にそれ以前に達成されていた実際の勝利とは別個のものであった。キリスト教に反対しようとする者が最早いなくなっただけである。新しい信仰への参加は全国的な現象であった。しかしその信仰が本当に完全な信仰であったのは、僅かに少数の苦行者や知識人に限られていた。多くの者は現実の利益めあてで教会に加入したのである。すなわちシドニウス・アポリナリスの如き有力者にとっては、聖界は自分の社会的地位を温存するための場であったし、他方貧民たちにとっては教会は避難の場所だったのである。

大多数の人々にとって、精神生活はもはや古代的なものではなかったが、さりとて未だキリスト教的なものでもなかった。とすれば、こうした人々のすべてにとって伝統的文学以外にいかなる文学も存在しなかったことは、見やすいことであろう(2)。こういった生半可なキリスト教徒全体の精神的態度を依然として規定していたものは、旧来の文法と修辞の学校であった。

西方世界へのゲルマン民族の侵入は、このような状況を変化させる力を、何らもつものではなかったし、また事実何ら変化させなかった(3)。どうしてそのようなことが、かれらにできたであろうか。周知のようにゲルマン諸部族は、なに一つ新しい思想をもたらさなかったばかりではなく、定着したすべての地方において――アングロ・サクソン族を除いては――唯一の表現手段としてラテン語を存続させたのである。言語生活でも、他のあらゆる領域に見られたのと同様、かれらは新しい環境に同化して行ったのである。かれらの態度は、精神生活の領域においても、政治および経済生活に見られたのと同一であった。ゲルマン諸部族の王たちは、新住地に腰を据えるや否や、修辞家や法律家や詩人たちを身辺に招き寄せた。王たちが、法典を起草し、書信をしたため、帝国の範例に従って宮廷官房の文書類を作成することを命じたのはこうした連中に対してであった。要するに、かれらは既存の状況に一切手を加えることなく、これを温存したのである。かれら新来者を迎えて後もなお、西方世界の精神生活の沈滞は引続き支配的であった。敢て侵入後に生じた変化を指摘すれば、その衰頽の傾向がいっそう促進されたことである。蓋し、容易にみてとれるように、野蛮化のもたらした不幸は物質文化に対してよりもはるかに精神文化に対して大きかったからである。西地中海を取り囲む新諸国家の王朝のもとで起ったことは、衰頽の一層の深刻化であった。

この点に関して東ゴート王国の場合を考えてみよう。ここではあらゆることがローマ帝政時代におけると変らなかった。テオデリッヒの二人の重臣、すなわちカッシオドルスとボエティウスの名前を想起するだけで、その事情は充分に理解できる。しかもそのような人物はなお他にもいたのである。『恵み深きイエス・キリストへの讃歌』Carmen de Christi Jesu Beneficii の作者として知られる詩人ルスティクス・エルピディウスは、テオデリッヒの寵愛を受けた侍医であった(4)。さらにまた、四七三年に多分アルルに生れた男で、五一一年にはパヴィアの司教となったにもかかわらず、パシファエの愛を讃美するほど完全に世俗的であったエンノディウスを挙げることができる(5)。いわばかれは、神聖な雄弁術の教師になりかわった修辞家であった。かれの叙述から知られるところでは、ローマでは依然として修辞学の学校が大繁昌をしていた。かれは五〇四年ないし五〇八年にテオデリッヒ大王に対する頌詞《パネギュリクス》を編んでいるが、そこに見られるものは、同じくかれが書いたレランの修道士アントニウスの伝記を特徴づけているのと同一の、誇張した、気取った文体である(6)。かれはなおその他に、文法について、「天下を風靡せる」修辞学について、あるいはまたキリスト教徒の教育の基礎についても筆を執った。かれは、教養を積もうとする青年たちに、ローマの幾人かのすぐれた修辞家に師事することを推奨し、また「敬虔と才気を等しく兼ね具えた」或る貴婦人の邸を勧めている(7)。それゆえ、この文学を支えていたものは概ね文章であったことがわかる。しかしまさにこの事実が、テオデリッヒの時代のイタリアの上層社会には、なおかなりの教養人士が存在したことを証明している。

ボエティウスは、四八〇年、名門アニキウス家の一員としてローマに生れた。五一〇年に執政官《コンスル》となったかれは、やがてテオデリッヒの大臣として貨幣制度再建の仕事を委せられたが、五二五年、かれはビザンツと通じて陰謀を企てたかどで処刑された。ボエティウスはアリストテレスの著作を翻訳し、その註釈は中世を通じて大きな影響を及ぼした。かれはまたポルヒュリオスの『アリストテレス範疇論序説』や、ギリシャの音楽家や数学者の著述を翻訳した。それからまた獄中では、かれは『哲学の慰め』de consolatione philosophiae を著したが、この書物にはキリスト教とストア的ローマ的倫理との融合がみられる。かれは卓越した精神の持主であり、思想家であった。

カッシオドルスもまた四七七年頃大貴族の家柄に生れた。かれはテオデリッヒの首席大臣であったが、大王を讃美する頌詞を書いてその寵愛を得た。二十歳で書記官長兼テオデリッヒの秘書官となり、のち執政官《コンスル》の地位に進んだ。大王の歿後もヴィティギスの治世まで宮廷においてその地位を保ち続けたが、しかしその勢力は、摂政アマラスンタの歿後（五三五年）にはもはや衰えていた。五四〇年かれは俗界から身を退き、ヴィヴァリウムの修道院に籠って信仰の生活に精進することになった。この修道院は、かつて、かれの曾祖父がガイゼリッヒの攻撃の手から守り抜いたブルティウムの所領に、かれが建立したものである。修道士たちの手によって古典古代の文学作品のすべてが修道院に蒐集されることがかれの望みであった。文化を修道院に避難させようとするこの考えをかれが抱くに至ったのは、おそらく、以前からかれがその建設を心に描いていた神学校の設立が、ユスティニアヌスの戦役によって挫折せしめられる結果になったことに由るものと思われる。

更に、ここでアラトールについても触れておかなくてはなるまい。かれはアタラリッヒの治世に、親衛隊指揮官 comes domesticorum 兼王室財務官 comes rerum privatarum として国務に参与したが、ヴィティギスによって都市ローマの攻囲が行なわれていた頃と思われるが、避難所を求めて教会に入った。五四四年にかれは、リヤンのサン・ピエトロ教会において、「使徒たちの行ないについて」de actibus apostolorum という自作の詩を公衆の面前で朗読した。

五三〇年から五四〇年までの間に生れたヴェナンティウス・フォルトゥナトゥスは、ラヴェンナで文法、修辞学および法律学を修めた。五六〇年にかれはガリアへ赴き、そこでアウストラシアのシギベルトを初め有力者たちの寵愛を得た。ポワティエにおいてかれは、ちょうどそこに聖十字《サン・クルワ》の修道院を創設したばかりの聖ラデグンデの知遇を得、やがて司祭となり、ポワティエの司教として世を去った。

かれの遺した詩は主として頌詞《パネギュリクス》であった。中でも著名なものは、チルペリッヒの才能を讃美したもの、および王妃フレデグンダに捧げられたものである。かれはカリベルト王のローマ風の雄弁をも賞讃している(8)。またかれはルプス公をほめたたえているが、このローマ人〔ルプス公〕は、アンダルキウスのようなすぐれた教養を身につけたかれの同国人たちを、主君の宮廷に招き寄せるのを楽しみにしていた人物であった(9)。フォルトゥナトゥスはまたゴゴの雄弁をたたえた。シギベルト王とブルンヒルドの結婚に際しては、祝婚歌を作ってその中にキューピッドとヴィーナスを登場させた。また、ヴィリトゥータという、蛮人でありながら教養を積みローマ人のようになっていた婦人が、年歯十七歳の若さで、お産がもとで世を去ったのを悼んだ墓碑銘をも草している。かれはその他、讃美歌も書き遺している。

パルテニウスは、ローマで学問を修めた後、テウデベルト王のもとで宮廷総務長官 magister officiorum をつとめた。トゥールのグレゴリウスは、かれが、過重な租税負担に不満を抱く住民たちによって投石された顚末を伝えている(10)。かれはアラトールと親戚関係にあった(11)。

ローマ人の修辞家たちが演じた役割は、ヴァンダル王国においても同じ様に著しいものであった。ドラコンティウスは、グンタムント王（四八四―四九六年）に「謝罪」Satisfactio と題する詩を捧げている。かれは文法家フェリキアヌスの弟子であった。そしてかれの作品からは、ヴァンダル人たち自身がローマ人たちと一緒に文法家の講義に耳を傾けていたことが知られるのである。その上、かれの一族が依然その所領を所有し続けていたことも知られる。文法および修辞学を学んだ後、かれは法律家として身を立て、その途に専念した。しかしその後、或る詩の一節で王を無視して皇帝を讃美したという嫌疑から、かれはグンタムント王によって迫害され、投獄され、所領を没収されていたのであった[12]。

トラサムント王（四九六—五二三年）およびヒルデリッヒ王（五二三—五三〇年）の治世においてもなお、詞華集の詩人たちが輩出した。即ち、フロレンティヌス、フラヴィウス・フェリックス、ルクソリウス、マヴォルティウス、コロナトゥス、カルブルスがそれであるが、かれらはいずれもみな、キリスト教徒であったにもかかわらず、異教的古代的な作品を残している[13]。かれらはトラサムントが建設した壮大な大浴場を祝い、あるいはアリアナに建築された紀念建造物を讃え[14]、あるいはまたルクソリウスの友人であった文法家ファウストゥスについて述べている。これらの詩篇の中では、キリスト教思想と淫猥とが雑然と入り混じっている有様であった[15]。

詩人パルテニウスの庇護者であったヴァンダル人の伯シギステウスは、自分もまた詩人であった[16]。その他、五世紀最後の二十年間にカルタゴで文筆を執っていた職業的文法家フルゲンティウスを見逃すことはできない。誇張の多い不正確な文章ではあったが、かれは寓喩的な神話をものした。このような神話が、文法家たちによってなお愛好されていた華美な文体を、衰滅から救う唯一の手段だったのである。

同じ状況が、他のすべてのゲルマン諸王国においても認められた。シドニウスはブルグンド王国の有力者であった⑰。西ゴート王国ではすでにエウリッヒ王が修辞家たちを身辺に集めていた。ワムバ王、シセブート王、キンダスヴィント王、キンディラ王などはいずれもみな文筆家であった。トレドのエウゲニウス、ビクラロのヨハネス、セヴィラのイシドルスのような著述家たちは、ラテン語、それもきわめて美しいラテン語を用いて、文章を書いている⑱。

フランク王国では、何よりもチルペリッヒ王自身がラテン詩の作者であったことを想起しなくてはならない⑲。

最後に、知識人と学生たちの憧憬の的であったコンスタンティノープルの影響を見逃してはならない。この都市には就中有名な医学校があったらしく、トゥールのグレゴリウスの著作の多くの個所からそれを立証することができる。

これを要するに、ゲルマン民族の侵入は、西地中海周辺の精神生活の性格にいささかの変更をも加えるものではなかったのである。アングロ・サクソン文化の影響が伝わってくるようになるまでは、いかなる新しい要素も登場することなく、ローマにおいて、ラヴェンナにおいて、カルタゴにおいて、トレドにおいて、またガリアにおいて、古い文学が、よしんば繁栄し続けたとは言えないにしても少くともその遺産を「徒食し」続けたのであった。文運の衰頽は明白であったが、伝統そのものは存続した。依然として文筆家たちが存在した以上、これを読む読者層が、しかもかなり教養のある読者層が、存在したわけである。詩人たちは、かつて皇帝に阿ったように今度はゲルマン諸王に秋波を送る詩をつくった。以前よりも無味乾燥になった点を除くならば、詩人たちは同じテーマを繰返していたのである。

古代の伝統を踏襲したこの精神生活は七世紀においてもなお続いていた。その証拠に、グレゴリウス大教皇は、文法だけに没頭していたヴィエンヌの司教デシデリウスに対して叱責を加えているし、またイスパニアには、アラビア人の侵入を迎えるまでは、なおかなりのすぐれた歴史家たちが存在していた。

この精神生活のすべての面において、ゲルマン民族の貢献は皆無であった。[20]

二　教会

西方世界において皇帝が没落した後も教会が以前と同一の線に沿って発展し続けたことは、明白な事実である。実際、教会はロマニズムの連続性を最もよく代表するものであった。教会にとって帝国は神の摂理にかなった社会秩序であっただけに、教会が帝国に寄せる信頼は絶大なものであった。聖職者たちはすべてローマ人であり、しかも残存する文明を身に体していた、あの貴族階級の出身の者であった。[21] 聖職者の中に若干の蛮人たちが見受けられるようになるのは、なおかなり後のことであった。

社会的な観点から見れば、教会の影響力は絶大であった。都市ローマにおいては教皇が、また他の諸都市においては司教が、その主導的な人物であった。立身出世を願う者も、また時代の騒乱から身をひそめようと思う者も、恃みとするのは教会であった。シドニウス或いはアヴィトゥスのような大貴族の場合であれ、ペラのパウリヌスのような零落した者の場合であれ、そうであった。上来述べ来った文筆家たちのほとんどすべてが、教会の胸に抱かれて生涯を閉じたのである。

しかしまた他方では、確信をもって、止むに止まれぬ信仰から、教会に入った人たちもいた。そしてこの場合にも、明らかにオリエントの禁欲主義の大きな影響を認めなければならない。この影響はかなり以前から西方世界に弘まっており、しかもこの時代の基本的特色の一つを形作っていたものなのである。(22)

トゥールの司教(三七二―三九七年)になったハンガリア生れの聖マルティヌスは、三六〇年頃、ポワティエの近傍にリグジェ修道院を建立した。修道士としてベツレヘム、エジプトおよびコンスタンティノープルにおいて修行を積んだ聖ヨハネス・カッシアヌスは、四一三年頃マルセイユに聖ヴィクトリウス修道院を創設した。後にアルルの司教となったホノラトゥスも、四一〇年頃、グラッス司教区にレランの修道院を設立したが、(23)この修道院には、この時代にガリア一帯に弘まっていたあのエジプト風の禁欲主義の影響が、オリエント風の修道制のそれとならんで、濃厚に認められた。

蛮族たちはこの修道制に対して何らの攻撃をも加えなかった。むしろかれらが惹起した混乱が、当時のすぐれた精神の持主を数多く、この耐え難くなった俗世界から修道院に送り込むことによって、修道制の発達に著しい寄与をする結果になったとさえ考えられるのである。カッシオドルスは自分の所領にヴィヴァリウム修道院を建設したし、また聖ベネディクトゥス（四八〇―五四三年）は有名なモンテ・カッシーノ修道院の基礎を築いて、後にグレゴリウス大教皇が弘めることになった有名な「ベネディクト派」の規律を、そこで施行した。

このような動きは南方から北方へと拡がって行った。聖ラデグンデは、アルルへ赴いて聖カエサリウスの規律を学び取り、ポワティエに建設した彼女自身の修道院にこれを移植した。

このカエサリウスというのは当時の代表的な人物であった(24)。シャロン・シュル・ソーヌの或る名門に生れながら、四九〇年、二十歳のとき遁世してレランの修道院に入った。かれの全生涯は熱烈なキリスト教信仰の現われであった。五〇二年から五四三年まで、かれはアウソニウスによって「ガリアのローマ」と呼ばれた古代都市アルルの司教であった。かれは西ゴート王アラリッヒ二世によってボルドーに追放されたが、後には、テオデリッヒ大王と交渉があったことが知られている。自分の眼の前で展開していく様々な政治的社会的変化のさなかにあって、かれは教皇を今は消滅した帝国の象徴と見做し、これを仰ぎ見ていた。かれにとって宗教生活の理想は、慈善と宣教と讃美歌を歌うことと教育とにすべてが捧げられた修道士の生活に他ならなかった。かれは教会の改革を図るために何度も教会会議を開催した。かれがいたために、地中海岸の都市アルルがフランク全国の教会のかなめ石となった。メロヴィング王朝時代フランスのほとんどすべての教会法は、六世紀のアルルから出たものであったし、[25] またアルルの宗教会議議事録はその後のすべての会議議事録の範例となった。[26] 五一三年、教皇シムマクスはかれに肩衣 pallium 着用の特権をあたえ、かれをガリアにおける教皇の代理役に任じた。すでに五〇〇年にかれは、アルル近傍のローヌ河上の或る島に在る紊乱した修道院の監督をひきうけ、これに厳格な規律を課した。[27] さらに五一二年にはアルルに女性のための修道院を建設したが、この女子修道院は、五二三年に、すでに二〇〇人〔訳註一〕にのぼる修道女を収容していた。かれはこの修道院にも規律を適用したが、あまり苛酷にわたらぬよう配慮を加え、読書、裁縫仕事、讃美歌の合唱、筆写を日課の内容として定めておいた。かれはこの修道院をローマの保護下に置いた。かれの説教は簡潔で、民衆に親しみやすいものであった。かれはその手書本を各地に送ったが、それはガリアでもイスパニアでもイタリアでも大きな反響を呼んだ。

六世紀のイタリアにおいては、聖ベネディクトゥスが、あたかもガリアの聖カエサリウスに比肩さるべき宗教界の大立物であった。おそらくスポレトの近郊で生れたかれは、ローマにおいて修学の後、人里離れたスビアコに隠遁した。かれの周囲には苦行者たちが集った。五二九年にかれはそれらの苦行者たちを引連れてカッシーノの山に籠った。かれの規律は、カッシアヌス、ルフィヌスおよび聖アウグスティヌスの規律の流れを汲んでいる。四旬節に読むべき書物が挙げられていることを別とすれば、この規律では特に勉学が義務づけられていたわけではなかった。そこには過度の厳格さはみられず、むしろ実践的性格の強いものであった。後にこの規律が世界的な意味をもつようになったのは、何よりもこの修道院がローマに近接していたという事情によるものであった。

この時代における修道制の普及には目ざましいものがあった。[28] 国王[29]や貴族や司教たち[30]が競って修道院を建設した。

修道制の普及に貢献した人物としてはなお、イパニアにおいてはブラガの司教聖フルクトゥオスス（六六五年歿）が、またローマにおいてはグレゴリウス大教皇が、挙げられよう。

修道制の影響はとりわけ地中海沿岸地方において著しく認められる。これらの地方においては修道制が異教徒への教化活動と結びついて発展したであろうことは、福音伝道者でもあり、同時に修道士でもあった二人の偉大なアキタニア人、すなわち聖アマンドゥス（六七五―六七六年歿）および聖レマクルス（六五〇―六七〇年頃）の伝記から知られる通りである。

アングロ・サクソン族に伝道するため赴いたのも修道士たちであった。アウグスティヌスに率いられた四〇人の修道士たちからなる布教団は、五九七年の復活祭の頃、ケントの王国に入った。[31] 六二七年には、キリスト教はケントからノースアムブリア地方まで拡まっていた。ブリタニアのキリスト教化は六八六年に完了した。[32]

このようにして、のちに極めて重大な諸結果を生むことになる、この北方への教会の発展の起点となったのは地中海であった。そしてまたこの発展は、アウグスティヌスやその同僚たちのように、完全にローマ化され、深い教養を身につけた人たちの活動の成果だったのである。

六六八年、教皇ヴィタリアヌスは、アテネで研鑽を積んだタルススのテオドルスを、カンタベリーの大司教として派遣した。かれに随行したその友人ハドリアヌスは、ギリシャ語にもラテン語にも通じたアフリカ人であった。幾人かのアイルランド人と並んで、アングロ・サクソン人たちの間に古典古代の文化を弘めたのは、まさしくこの人物であった。[33]

以上のようにして、地中海は生きているキリスト教の中心であった。トリールの司教ニケティウスはリモージュの出身であった。そのような例は無数に挙げられる。テウデリッヒ一世はクレルモンから神学生たちをトリールへ派遣した。[34]

この時代の人物の中で後世に最も大きな影響を遺したのは、グレゴリウス大教皇であった。かれはカッシオドルスと同じ様に貴族であった。説教師としてその経歴の第一歩を踏み出したのであるが、禁欲主義思想に共鳴したかれは、自分の所領を売払い、その代金で七つの修道院を建設した。一介の修道士であったにもかかわらず、やがて五八〇年に、かれは教皇から教皇大使としてコンスタンティノープルに派遣された。五九〇年にはかれ自身が教皇の位についた。かれは六〇四年に世を去った。文筆家としてのかれは簡潔を旨とした。かれは世俗的修辞学の華美な文体を不毛な冗長と考え、これを軽蔑した。[35]無論かれは教養のある人物だったのであるが、しかしかれにとっては形式よりも内容が重要だったのである。そしてこの点においてかれの著作は、古代の修辞学の伝統との明確な訣別を示すものであった。この訣別はまさに起るべくして起ったものであるが、その原因となった事情は、単に古代の修辞学が明らかに不毛のものであったということばかりではなく、禁欲主義が教会にその本来の使命を改めて意識させ、教会を民衆に接近させたことであった。

すでにエウギッピウスは、その著『聖セヴェリヌス伝』において、民衆が理解に困難を感ずるような文体を用いることを拒否している(36)。またアルルの聖カエサリウスは、無学の者たちにもわかるよう書くことに大いに気を配っている旨を明言している(37)。

このように教会は新しい状況に適応していった。教会は文学を以て民衆のための教養の道具、換言すれば教化の手段としたのである。

ロジェの言をかりれば、グレゴリウス大教皇は古代の文芸と縁を絶ったのである(38)。教皇は、ヴィエンヌの司教デシデリウスが文法の教授に没頭し、キリスト教徒の身であるにも拘わらず、ジュピターの讃歌を唱っていることを非難している(39)。

このようにして教会は、その使命を自覚し、卑俗なラテン語、もっと正確に言えば、修辞を抜きにした、民衆に親しみ易いラテン語、を用いるようになったのである(40)。教会は自発的に、生きた言葉であり、時代の言葉である民衆のラテン語、不正確さを気にしないラテン語、を用いてものを書いた。教会は民衆のために聖者の伝記を編んだが、その目的とするところは、奇蹟の物語を通じて民衆を教化することに尽きた。言語のこの簡潔さは、セヴィラのイシドルス（六四六年歿）によっても採用されたのであり、学問をその除外例とするものではなかった。イシドルスはその編纂事業を通じて、古代の学術を自分と同時代の人たちに理解できるものにしようと努めた。かれの書いたものの中には古典古代の精神はもはやその影すら生き残ってはいない。むしろかれの著述は事実を物語り、実用的な処方を教えるものであった。かれはいわば中世の百科全書であった。そのかれとてもまた、地中海岸育ちの人物だったのである。

このようにして、キリスト教精神が文学にあたえたこの新しい方向づけが先ず認められるに至ったのも、やはり南方のローマ世界 Romania においてであった。この新しい文学は、恐らくその形式においては蛮族的なものであったであろうが、にも拘わらずそれは生命力に充ち、影響力の大きいものであった。この文学に用いられたラテン語は、話し言葉としての、俗人たちの言葉としてのラテン語が、なお文章に書かれた最後の形態であった。何故なら、聖職者たちすべての著述の目的は俗人たちに読ませることであり、古典の伝統を離れてもなお俗人たちに理解させようとしたからである。イングランドの場合は事情が異っていた。そこでは、ラテン語は教会の必要に基いて学者語として輸入され、民衆の間にそれを拡めようとする努力が何らなされなかったために、民衆の使う言葉は依然として純粋なゲルマン語であった。

聖職者たちがもう一度古典ラテン語を使うようになる時代がやってくる。しかしその時には、このラテン語はもはや教会関係者たちのためにだけ書かれる学者語になっているであろう。

三　美術

ゲルマン民族の侵入があった後にも、地中海地域における美術の発展にはいささかの中断も認められない。ペルシャ、シリアおよびエジプトの影響のもとに帝国においてますます顕著になりつつあったあのオリエント化の過程の存続が、侵入後の美術にも依然として認められる。

このオリエント化の過程には、古典派に対する浪漫派の反動にも比べることのできるヘレニズム美術に対する一種の反動が認められるが、この傾向は形体の様式化や動物模様、あるいは意匠と装飾と色彩の愛好に現われている。

西方世界は、進展して行くこのオリエント化の傾向の少しでも外にたっていたわけではなかった。シリアやエジプトやコンスタンティノープルとの商業関係が活潑になればなる程、この傾向はよりいっそう顕著になった。奢侈品供給業者であったシリア商人たちが、三世紀以降、オリエント産の金銀細工品や象牙を、各地に、遠くブリタニアに至るまで、流布した。

教会の影響も、修道制の影響と同様に、同じ方向に向って働いた。西方世界は、常にそうであったように、東方の先例に倣った。ゲルマン民族の侵入は、この点に関して、いかなる変化をも生ぜしめなかった。(41)

むしろ逆に、ゲルマン民族の侵入はこの動きに拍車をかけるものであったとさえ言うことができる。何故ならゲルマン民族、就中ゴート族は、ロシアの平原に滞留していた間に、黒海を経て伝わってくるオリエント文化の影響を深く受けていたからである。かれらの用いた襟止め、頸飾り、指輪、七宝模様の金銀細工品などは何れもサルマティアおよびペルシャの装飾美術の影響を受けたものであり、疑いもなくその様式がかれら自身の青銅器時代の道具類の固有の諸特徴と混合したものであった。このようにしてかれらは、ローマ人たちによって蛮族風美術 ars barbarica と呼ばれていた一様式を持ち合わせていたのであり、しかもそれがゲルマン民族侵入以前から帝国内に伝わっていたことは、小アジアのコマゲネ生れの或る職人がリヨンでこの様式を用いていたことからも知られる通りである。(42) またすでに四世紀には、七宝模様のガラス細工品が帝国軍隊において広く使用されていた。(43)

各地方の職人たちも異国調の工芸品を製作した。しかしながら、この美術がゲルマン人たち自身の間でどの程度まで普及していたかは問題となるところであろう。ブルグンド法典から知られるところでは、ブルグンド族は、戦士たちや婦人たちの装身具を製作する義務をもった金銀細工奴隷を所有していた。それらの奴隷が最初はギリシャ人奴隷であり、後にはローマ人奴隷であったことは疑いのないところである。ゲルマン民族侵入期に帝国内にこの美術を普及せしめたのはこれらの奴隷たちであった。この美術は、ヴァンダル王国やブルグンド王国におけると同様、西ゴート王国でも栄えた。(44)

しかし、古典古代的伝統との接触が深まるにつれて、ゲルマン人たちのこの「蛮族風」美術は徐々に姿を消し、民衆だけのものになっていった。国王や貴族たちはもっとよいものを求めた。そうするとかれらの念頭に浮ぶものは帝国の美術のほかにはなかったのである。チルペリッヒ王はトゥールのグレゴリウスに、皇帝が自分に送ってきた美しい黄金数片を見せて、かれが「フランク族の名誉のために」コンスタンティノープルにおいて黄金の大皿を作らせたこと、また今後他のものを作らせるであろうことを語っている。[45] ツァイスによれば、動物模様 Tierornamentik は急速に姿を消し、すでに六世紀には西ゴート美術におけるゲルマン固有の伝統は涸渇してしまったという。[46]

ローマ世界 Romania の内部に建国したゲルマン諸部族は、アイルランドやアングロ・サクソンに見られるような独自の美術様式を産み出さなかった。ローマ的影響から離れていた後二者にあっては、法律や制度に見られるのと全く同じ様に、美術様式においてもその民族的性格を保ち続けた。しかしその影響がガリアに認められるようになったのは、なおかなり後のことであり、アイルランド美術の伝承は七世紀、またアングロ・サクソンのそれは八世紀のことであった。[47]

この当時の蛮族風美術は、それが最初そこから刺戟をうけて発達してきたサルマティア美術に比べるならば遥かに劣るものであったが、それでもなお若干のすぐれた作品が残されている。たとえばテオデリッヒ大王の鎧、モンザの大聖堂にあるテオデリンデの福音書抄録、グァラザールで発見された数点の王冠といったものである。しかしながらこれらの作品が蛮族自身の手になる作品であったと考えることは困難である。リーグルおよびツァイスは、とりわけ王冠について、それらがローマ人職人の作風を示すものであることを認めている。さまざまの美術工芸品を製作した聖エリギウスも、[48] ガロ・ローマ人であった。それゆえこれらの作品についてゲルマン固有の美術を語ることはできないのであり、むしろ語ることができるのはオリエント風美術である。

ビザンツ、シリアおよびエジプトからの金銀細工や象牙の大量の輸入が及ぼした影響を正しく理解することが大切である。ドーソンによれば、[49]蛮族たちが持ち来ったイラン的・ゴート的な美術は、地中海一帯にひろがりつつあったシリアおよびビザンツの美術に、フランスにおいては六世紀中葉以降、それゆえフランス南部ではさらにその以前から、道を譲ったという。[50]或るスカンディナヴィアの論者は、アングロ・サクソンのゲルマン的美術に見られるオリエント的要素の重要性を指摘している。[51]

ペルシャの影響も、その絨毯の輸入を通じて、ガリア中部にまで及んでいた。[52]エジプトのコプト風美術の影響は、とりわけアレクサンドリアの象牙および織物を通じて伝えられた。その他、すでに四一〇年に聖ホノラトゥスがレランの修道院を建設した時に、多数のエジプト人修道士がそこへ移って来たことをも想起しなければならない。

これを要するに、地中海を経て到来した完全にオリエント的な美術が、これまたオリエント的色彩の強い蛮族たちの美術と遭遇して、そこに一種の相互浸透が生じたわけであり、その場合明らかに、南側の経路をとって来た流れが優勢な立場を占めることになったが、それはその流れが技術的により発達していたからである。[53]

このようなオリエント的影響の浸透は、ガリアにもイタリアにもアフリカにもイスパニアにも、到るところに認められる。この影響は、西方世界の全体にビザンツ風様式の刻印を押しつける結果となった。

チルペリッヒ王の墳墓は、バブロンの説に従えば、ガリアに住んでいたビザンツの工芸家たちの作品である。[54] 最も完璧な作品はかれらの手に成ったものであり、最も不体裁なものを作り出したのは未熟な蛮族の徒弟たちであった。この時代の蛮族風美術というものが、ゲルマン的趣向に従って、すなわち〔実際には〕オリエント風の趣向に従って、製作されたガロ・ローマ人奴隷の作品であったことを、シュミットも認めている。[55] 同様のオリエント化の傾向は、金銀細工以外の他のすべての装飾美術においても認められる。ダゴベルトがサン・ドニ修道院に奉納した豪華な織物は、オリエント風の織物であった。教皇ハドリアヌス（七七二―七九五年）は、その在位中に九〇三反の多数にのぼる高価な織物をローマの大聖堂《バジリカ》に献納したが、[56] これはコンスタンティノープルもしくは他の場所でペルシャ産のものを真似て織られた絹織物であった。[57]

　手書本の装飾にも同様のオリエント風の様式が認められる。西ゴートで作られたジェロンの典礼書は、素晴らしい羽毛をもった鸚鵡、孔雀、兀鷹、獅子、蛇の模様で装飾されており、それらがこの様式の発祥地を申し分なく示している。またこれにはアルメニアの影響も見出される。[58]

　これに反して、七世紀にアイルランド人たちの手を通じて普及を見た手書本は、より民族的な、より蛮族風の性格を持つものであった。そこには、先史時代に起源をもつアイルランド固有のモチーフとガリア諸地方の美術からくみとられたに相違ないと思われるオリエント的諸要素との混合が見られる。[59]

　モザイクもまた同じ途を辿って発展した。ガロ・ローマ時代に用いられていた神話的およびキリスト教的題材は消滅して唐草形装飾および教訓的動物寓話に道を譲ったが、この後二者については五世紀のシリアおよびアフリカのモザイクに数多くの例を見ることができる。[60]ローマにあるトラステヴェーレの聖クリソゴノス聖堂には、七三一年にグレゴリウス三世によるその修復が記録されているモザイクの石畳があるが、[61]それは飾紐の模様と薔薇で取り囲まれた中に円形浮彫の鷲と竜とを交互に描いたものである。同様に、五七五年にクレルモンの司教聖アヴィトゥスによって建立されたティールの聖ジュネー教会のモザイクの断片には、ペルシャ織物の模倣が認められる。「長さにして一メートルにも満たぬこの小さな紀念物ほど雄弁に、メロヴィング王朝時代のガリアにおけるオリエント風織物の流行を物語るものは他にない[62]」のである。

　装飾絵画の面でもおそらく事情は同一であったに相違ない。トゥールのグレゴリウスが述べているところによれば、グンドバードは、邸宅の装飾を得意とするひとかどの画工 pictor であると自称していたという。[63]この史料からわれわれは、私人の住家が明るい多彩色で、しかもおそらくはオリエント産織物と同じ趣向で、飾られていたと想定することができるのである。

　教会もまた多彩色で飾られており、そこでは、ラヴェンナの聖ヴィタール教会のモザイクに見られる通り、疑いもなく人物画が大きな役割を演じていたに相違ない。グレゴリウス大教皇は、マルセイユの司教セレヌスがかれの教会にある絵画を破壊したことを非難しているが、教会ではこれらの絵画は、教皇の述べている通り、民衆の宗教的教化に役立つものだったのである。[64]

六世紀および七世紀を美術活動の空白期であると考えてはならない。建築も至るところで行なわれていた。[65] ここではラヴェンナの聖ヴィタール教会のごとき第一級の紀念建造物を想起するだけで充分である。ビザンツ風の豪奢な装飾が、この時代のすべての建築物に見受けられる。クレルモンでは、司教が、大理石の外壁で蔽われた、四二の窓と七〇本の柱をもつ教会を建立した。[66]

フォルトゥナトゥスは、五三七年に建てられたサン・ジェルマンの教会を、大理石の柱とガラス張りの窓のついた建物として描いているし、また『ドロクトウェウス伝』Vita Droctovei も、この同じ教会のモザイク、絵画、および屋根の金色の板金について語っている。[67]

ボルドーのレオンティヌス（五五〇年頃）は九つの教会を建立した。[68] 五世紀の末葉、すなわちゲルマン民族侵入のさなかにあって、シドニウスは、古い教会の維持を図ろうとするものがいないと嘆いている。[69] しかし混乱が過ぎ去ると、人々は失われた時を取り戻した。あらゆる地方で修復と建設が行なわれたが、このことは或る程度の繁栄をはっきりと示すものである。トリールのニケティウス、メッツのヴィリクス、ケルンのカレンティヌスは、いずれも教会を修復してこれを美しく飾った。[70]

マインツの司教はクサンテンに聖ゲオルグ教会および受洗礼拝堂を建設した。カオールのデシデリウス（六三〇―六五五年）はカオールの市内および近郊に多数の教会を建立し、また修道院も一つつくっている。さらに、アグリコーラがシャロンに、[71]またダルマティウスがロデに建てた教会[72]もつけ加えておこう。多数の建築師たち（artifices）がイタリアから招かれた。司教ニケティウスが建築師たちartificesをイタリアからトリールへ呼び寄せたことが知られている。[73]しかし、それと並んで蛮族の建築師たちも存在した。[74]ポワティエの受洗礼拝堂から、われわれはそれらの建造物の構造について或る程度の観念を得ることができるが、これらの建築物もまたオリエントの影響を免れるものではなかった。[75]

これを要するに、われわれがこれらすべての美術について、しかもあらゆる面にわたって、考察した結果知られることは、ブレイエの言うように、「西方世界の美術が一切の古典古代的影響から解放された」ということである。[76]しかし、もしもカロリング王朝ルネッサンスがなかったならば、この美術はアラビア美術と同一の方向へ発展したことであろうと主張している点では、かれは誤っている。そうではないのであって、紛う方ない事実は、それがビザンツ美術の方向へ発展しつつあったということである。地中海地域の全体が、コンスタンティノープルを模範としてこれに倣っていたのである。

四　社会の世俗的性格

従来ほとんど注意を惹くことがなかったにも拘わらず、ゲルマン民族侵入後の社会がそれ以前の社会と全く異らないものであったことを証明しているもう一つの事実を最後に強調しておかなければならない。それは侵入後の社会の世俗的性格ということである。教会に対する民衆の尊敬がいかに深いものであったにしても、また教会の及ぼす影響力がいかに大きなものであったにしても、教会は国家にとって欠くことのできない構成部分ではなかった。国王の政治権力は、皇帝のそれと同様、純粋に世俗的なものであった。七世紀末以降の西ゴート王国の場合を別とすれば、国王の即位に際していかなる宗教的儀式も行なわれなかった。国王の与える特許状の中に、神の恩寵によりて gratia Dei という帰信者の慣用句が記されたわけでもなかった。国王の宮廷で官職を担当している一人の聖職者もいなかった。大臣も役人もすべてが俗人であった。国王は教会の首長であり、司教を任命し、宗教会議を召集し、時にはそれに出席することさえあった。この点で、これらの国王の統治と八世紀以降の統治との間には完全な対照が見られるのである。(77) かれらがその宮廷に設けていた学校 scola は、カール大帝の宮廷学校とはおよそ似ていないものであった。かれらは教会が自発的に数多くの公共奉仕に従事することは認めたが、そうした奉仕の仕事のうちの何であれ、その権限を譲渡したわけではなかった。かれらが承認した教会の裁判権は紀律に関することに限られていた。かれらは教会に課税もした。かれらは教会に保護を加えたが、自分が教会に従属しようとはしなかった。そして教会が、保護をうける代りに、国王たちにはっきりと忠誠の態度を示したことに注意しなければならない。アリウス派の諸国王のもとでさえ、教会が国王に反抗したという例は見出すことができない[78]。

こういった事情にあったことは、社会自体が未だ社会生活の面で教会に依存するに至っていなかったために他ならない。当時の社会には、依然として俗人の役人を国家に供給することができたのである。

文法および修辞学を授ける学校で教養を積んだ元老院貴族の階級が、高級役人の供給源であった。カッシオドルスのごとき、またボエティウスのごとき人物の名前を想起するだけで充分である。そしてこうした人物の死後も、文運の衰頽にもかかわらず、同様の状態が続いたのである。宮廷は、メロヴィング王家のもとでも、多数の教養ある俗人たちを擁していた。王子たちが細心の注意を以て文学的教養の手ほどきを受けたことはトゥールのグレゴリウスの記述から知られるところであるが、それは東ゴートや西ゴートの王室の場合にも一層よく当嵌る事柄であった。メロヴィング王朝の官房で書かれていた皇帝宛ての書翰の華麗な文体は、ブルンヒルドの時代においても国家の諸機関には教養ゆたかな文書係がいたことを立証している[79]。しかもこの宮廷官房が、帝国の先例に倣って、もっぱら俗人のみで構成されていたことを考えるならば、これらの文書係たちが俗人であったことは疑いを容れないところである[80]。

そのほか多数の例を引くことができる。テウデベルト一世の寵臣であったアステリオルスおよびセクンディヌスは、いずれも修辞学に通暁した rethoricis inbutus litteris 人物であった[81]。また同じく一世の時代に宮廷総務長官兼総督 magister officiorum et patricius であったパルテニウスは、ローマにおいて文学的教養を積んだ人物であった。[82]しかしこれらの役人が身につけていた教養は必ずしも単に文学的なものばかりとは限らなかった。[83]

クロタール二世（六一三―六二九または六三〇年）の王室財務官をつとめたカオールのデシデリウスは、ガリア風の雄弁術 gallicana eloquentia とローマ法 Leges Romanae に通じていた。七世紀の宮廷にはなお、一般に考えられているよりもはるかに高い教養を身につけた人物が、多数存在していたのである。

西ゴート王国に関しても、贅言と修辞に溢れているが同時にまた社会生活に関する規定の綿密さにおいても一際すぐれているかれらの部族法典を一読すれば、これらの役人の文学的教養が行政事務の実際と表裏の関係でつながっていたことが容易に理解できる。

このようにして、国王たちはローマの文学的および政治的伝統を保持し続けていた人々の助力を得て統治を行なっていたのである。しかし恐らくそれ以上に注意をひく事実は、国王たちが読み書きのできる役人を用いて統治を行なったということである。実際問題としてそれ以外に方策はあり得なかった。国王たちが維持しようと努めていた帝国の行政組織は、否応なしに学識ある役人たちの協働を必要としたのである。租税帳簿を作成し記帳するにも、また土地台帳を管理し記帳するにも、また国王裁判所や宮廷官房から各地へ発送されるあらゆる書類を起草するにも、かれらの手を借りずに済ませることがどうしてできただろうか。また下級役人の場合ですら、もしかれらが読み書きを知らなかったとすれば、どうやって関税の出納を記録することができたであろうか。都市で、都市記録簿 gesta municipalia が記録されていた事実からも同一の結論を引き出さざるを得ない。

しかし、国中いたるところで、多数の書記 notarii に働き口を提供したのは、とりわけ、ローマ法あるいはローマ化した法とその成文の訴訟手続、裁判記録、契約証書、遺言書の作成であった。マルクルフが筆を執ったのは、これらの連中のためにであった。ブールジュおよびアンジェの法律文例集の中に助祭 diaconus という語が見出されるにもかかわらず、これらの書記はそのほとんど大半が俗人であった(84)。

こういったすべての役人たちのために学校があったことは明らかである。それについては、すでに他の論稿において述べておいた(85)。ランゴバルド王国においてさえ、学校が存続していた(86)。

西ゴート王国では、文字を書く能力がきわめて広く普及していたから、国王は法典の写本の代価を公定したほどであった。このように読み書きの能力は、行政に関与するすべての人々の間ではごく日常的な事柄だったのである。

商人たちの世界でも、経済活動の現実の必要から、同じ状況が認められた。遠隔地商業に従事していた職業商人たちの階級にとっては、最小限の教養はその業務を遂行する上で不可欠のものであった。また商人たちが、読み書きのできる秘書を使っていたこともアルルのカエサリウスから知ることができる。

それゆえ、メロヴィング王朝時代には文字を書くということは社会生活に欠くべからざることであった。そしてこのことは、西方世界に建設されたすべての王国において、何故にローマの草書体が、五世紀に普及を見るに至った小文字草書体の形で存続したのであるかを説明する鍵である。この書体は一種の走り書きの書体であり実務的な書体であって、芸術的な書体ではなかった。メロヴィング風の書体、西ゴート風の書体、ランゴバルド風の書体(87)が派生したのはこの書体からであった。従来人々はこの三書体を民族的書体であると言っていたが、それは誤っている。何故なら、厳密に言えば、それらは、行政権の代行者や役人や商人たちの使用によって死滅を免れたローマ風草書体の存続物に他ならないからである。

この草書体は、この時代の活語ではあるが、しかし頽廃していた言葉に全く相応したものであった。ラテン語は、文学におけるよりも日常生活においていっそう俗悪化していた。それは不正確と語法上の誤りだらけの、文法に不忠実な言葉となってしまったが、しかしなお且つそれは真正のラテン語であった。それは学者たちが野鄙なラテン語と呼んだものであった。しかしかれら学者たちも、このラテン語が民衆の言葉であり万人に通用するものであったため、とりわけガリアにおいては、これを承認し、そして使用した。統治者もこの先例に倣った。小規模な学校で教えられていたのも明らかにこのラテン語であった。教会において民衆がもはや司祭の言葉を理解し得ないというような、九世紀の史料に伝えられている情景(訳註二)は、この時代の史料からは未だ全く見出されないのである。この時代には、いわば、言語の野蛮化が行なわれた。が、それは何らゲルマン的なものを含まぬところの野蛮化であった。ラテン語は生き残った。そしてローマ世界 Romania の統一を八世紀に入ってまでも支えていたものは、この言葉だったのである(88)。

結論

それゆえ、どのような視角から考察しても、蛮族たちの帝国領内への定着に始まった時代は、歴史上完全な新時代の開幕を告げるものではなかった[1]。ゲルマン民族が破壊したのは帝国そのものではなく、帝国の西半分における in partibus occidentis 皇帝の統治に過ぎなかった。かれら自身盟約者 foederati としての立場で建国したのであり、この関係を重々承知していたのである。帝国を何か新しいもので置き換えようとするどころか、かれらはその中に定着したのであり、またかれらの定着が深刻な退化を惹起したにしても、これに代る新しい建設計画を、かれらが持ち合わせていたわけではなかった。いわば、昔日の大宮殿 palazzo が今や賃貸住宅《アパルトマン》に分割されながらも建物自体としては存続していたようなものであった。要するに、この時代においてなおローマ世界 Romania の本質的特徴を形作っていたのは依然その地中海的性格だったのである。ゲルマン的性格をとどめていた辺疆諸地方およびイングランドは、未だいかなる役割をも演ずるに至っていなかった。それらの地方がこの時期を出発点として新しい方向への動きを見せ始めたと考えることは誤りである。事実に即して考察するならば、この時代の重要な新真実は政治の面に認められる。つまりローマの統一国家に代って、西方世界に複数の諸国家が出現したという事実である。たしかにこれは重要な事実であった。ヨーロッパの外貌が変化したのである。しかしその中で営まれる生活の実際は、基本的に以前と同じものであった。従来民族国家と呼ばれてきたこれらの諸国家は、その実、決して民族国家であったわけではなく、これら諸国家に地位を譲ったかつての偉大なる統一体の幾つかの破片にすぎなかった。ブリタニアを除けば、深刻な変化はどこにも見当らなかった。

ブリタニアでは、皇帝も帝国の文明も消え去った。古代の伝統は何も残らなかった。新しい世界が出現した。法律も言語も諸制度もゲルマン民族のそれに取って代られた。北方文明あるいはゲルマン文明と名付け得るような新しい文明が登場した。それは、帝国末期に混成された地中海文明、すなわちかの古代の最後の形態、に完全に対立するものであった。そこではもはや、立法上の理想、市民的な住民、キリスト教の信仰などを伴ったローマ風の国家は跡かたもなくなってしまい、代ってそこには、成員相互の間に血縁的紐帯が保たれている社会、法律や道徳や経済の領域にそのあらゆる影響が持ち込まれている家族的な共同体、英雄詩に結びついた異教的精神が存在したのであった。つまりそこには、古い世界をはねのけ、それに取って代ろうとしたこれら蛮族たちの独創性を示す幾多の特色が認められるのである。ブリタニアでは、もはや南方の引力に引きつけられることのない新しい時代が開幕した。ローマ世界Romaniaの一辺疆にすぎなかったこの島を征服し、自己の手中に収めた北方の人間は、ローマ世界については一片の記憶も持たず、またその威光に服することなく、またそれに対して何ものをも負うていなかったのである。言葉のあらゆる意味において、かれはそれに取って代り、それに取って代ることによって、それを破砕し去ったのである。

侵入したアングロ・サクソン族は、ローマの影響に服するという経験を経ることなしに、全くゲルマン的な環境から直接帝国領内に入ったのであった。加えてかれらが定着したブリタニア州は、ローマ化の度合の最も少い地域であった。それゆえ、かれらはそこでかれら自身の独自性を守り続けることになったのである。ゲルマン魂、北方人魂、蛮族魂、あるいは敢て言えばホメロス時代程度の文化を持ち合わせた部族民たちの魂が、この国の歴史を規定してゆく本質的要素となっていたのである。

しかし、アングロ・サクソン化したブリタニアが呈示するこの情景は、あくまで特殊なものであった。同じ情景を大陸に見出そうとしても無益である。僅かに、ライン河沿岸からデクマート地方を経てドナウ河沿岸に至る国境地帯、換言すれば、帝国の領域内に向って溢れ出しこれを後退せしめたところのゲルマン民族の領域に近接している、ゲルマニア、ラエティア、ノリクム、パンノニアの諸州を例外として、大陸ではローマ世界 Romania の存続が認められたのである。しかもこれら辺疆諸州とても、ローマ世界 Romania の中心部に建国した東ゴートやフランクなどの諸国家とつながりを持ち続けていたが故に、何ら独特の役割を演じたわけではなかったのである。ところで、ローマ世界 Romania において、旧来の状況が存続したことは全く明白なことである。数的にきわめて劣勢であり、かつまたすでに長期にわたって帝国と接触をつづけていた侵入者たちがその中へ吸い込まれてしまうのは不可避的なことであったし、かれらはそれ以上のことを求めもしなかったのである。驚くべきことに、ゲルマン系の王朝の支配下に置かれた新しい諸国家のすべてにおいて、ゲルマン的性格はきわめて稀薄だったのである。言語、宗教、諸制度および美術のいずれにおいても、それは全く、あるいはほとんど全く、欠けていた。セーヌ河およびアルプスより北の諸地方の法律に、若干のゲルマン的影響が見出されるが、しかし総じてランゴバルド族のイタリア侵入を見るまでは、それはほとんど問題とするに足らぬものであった。この考えに対して反論を唱えた人があったとすれば、それはその論者がゲルマン主義的学派に追従して、サリ族、リプアリア族、バイエルン族の部族法 Leges Barbarorum に認められる事情を、不当にもガリア、イタリア、イスパニアにまで拡大して適用したからである。あるいはまたカロリング王朝時代のみに妥当する事実をそれ以前の時代にまで溯って適用したからである。それらの論者はまた、当時はまだそうなっていなかったが、後になると確かにそうなった事実が頭にこびりついて離れないばかりに、メロヴィング王朝時代のガリアの役割を過大視したのである。

テオデリッヒと較べるならば、クロドヴェッヒが何ほどの存在であったろうか。そして、クロドヴェッヒ以後の歴代フランク諸王が、あらゆる努力を傾注したにもかかわらず、イタリアの征覇にも、また西ゴートからのナルボンヌ地方の奪回にも、成功しなかった事実に注目しなければならない。しかしながら明らかに、かれらが眼を向けていたのは地中海の方向であった。ライン河の彼方に対するかれらの遠征は、蛮族たちから自分たちの王国を防衛しようとする意図に発するものであって、王国のゲルマン化などという結果を招来したりするどころではなかった。しかも、西ゴート、ブルグンド、東ゴート、ヴァンダル、フランクの諸部族が帝国内に建国した際の諸条件を考量し、かれらが率いて行った族民数の僅少さを勘案するならば、かれらが帝国のゲルマン化を企て得た筈であると承認することは、不可能なことを承認するに等しい。これは全く自明の事実 stat mole sua なのである。

さらにまた教会の演じた役割を見逃してはならない。教会はローマ文化の避難所となったのであり、自己の影響を蛮族に押しつけると同時に、ローマ文化を蛮族に押しつける役割をも果したのであった。

西方世界において、すなわち国家としての秩序をすっかり失ってしまったローマ世界において、ゲルマン諸王は、いわば、政治的結晶化の核であった。しかしかれらの周囲には、避け難い損失を蒙ったとはいえ、古くからの、あるいはより正確に言えば古典古代の、社会的均衡が存続していたのである。

言いかえれば、古典古代世界の根本を形作っていた地中海的統一が、あらゆる面にわたって明確に維持されていたということである。深まっていく東方世界のギリシャ化も、その商業や美術を通じて、またその宗教生活の波及によって、西方世界に東方世界の影響をあたえ続ける妨げとはならなかった。すでに見たように、ある程度まで、西方世界はビザンツ化しつつあったのである。

この事実こそユスティニアヌスの再征服の衝動を説明するものであり、この再征服によってもう一度、地中海はほぼローマの湖になった。むろん今日のわれわれの眼から見れば、この一大勢力圏が永続性を持ち得なかったことは明々白々としている。しかし同時代の人々はそうは考えなかった。かれらにとってランゴバルド族の侵入は、われわれが考えるほど重要な意味をもつものではなかった。この部族に関して人々の注意を惹いたことと言えば、それは単に、その到着が遅かったということである。

ユスティニアヌスの地中海政策――それは、この皇帝がペルシャやスラヴ諸族との戦いを犠牲にしてまでも力をつくしたものであったが故に、まさに地中海政策であった――は、五世紀から七世紀に至るヨーロッパ文明の全体に見られるあの地中海的性格に呼応するものであった。この時代の生活に特有な現象が見出されるのは、すべてこのわれらの海 mare nostrum の沿岸においてであった。ローマ帝政時代におけると同じく、商業活動が引き寄せられていたのもこの海に向ってであった。ボエティウスやカッシオドルスのような古典古代文学の最後の代表者たちが文筆を執ったのも、新しい教会文学がアルルのカエサリウスやグレゴリウス大教皇のような人物と共に誕生し成育したのも、また中世が古典古代についての知識を得る橋渡しとなった一種の文明財産目録が、セヴィラのイシドルスのような学者の手で作成されたのも、この沿岸地方においてであった。オリエントからやってきた修道制が西方世界の風土に移植されたのも、レランやモンテ・カッシーノのごとき地中海沿岸地方であった。イングランドを改宗せしめることになる布教団が出発したのも、地中海岸からであった。そしてまた、当時はまだオリエントの美術であったが、今や西方世界の美術となるべく運命づけられたかに見えるあのヘレニズム的・オリエント的美術の特徴的な紀念物が聳え立ったのも、これらの地方だったのである。ヘラクレスの柱〔ジブラルタル海峡のこと〕からエーゲ海に至るまでの、エジプトやアフリカの海岸からイタリア、ガリア、イスパニアの海岸に至るまでの、広大な地域にわたって、ローマ帝国により建設されたこの文明共同体の終焉を告知する徴候は、七世紀には、未だ何も見当らなかった。この時代の新しい世界は、古代世界の地中海的性格をまだ失っていなかった。その活動はすべて地中海の沿岸に集中し、そこで養分を得ていたのである。

一千年来の発展が突如として中断されるようになることを示すごとき前触れは何もなかった。誰も破局《カタストロフ》を予想するものはなかった。ユスティニアヌスの直接の後継者たちはかれの事業を継続し得なかったけれども、かれらはそれを放棄したわけではなかった。かれらはランゴバルド族に対して一切の譲歩を拒否した。かれらはアフリカの城砦化に狂奔した。そしてイタリアにおけると同様にアフリカにも、かれらの屯田軍区を設置した。かれらの政治的視野はフランクにも西ゴートにもおよんだ。かれらの艦隊は地中海の制海権を掌握した。ローマの教皇はビザンツ皇帝を宗主と仰いだ。

五九〇年から六〇四年まで教皇の座にあった西方世界最高の人物グレゴリウス大教皇は、六〇三年、皇帝フォカスに挨拶を送り、西方世界の諸王が支配しているのは奴隷ばかりであるのに対して、皇帝の統治しているのは自由民ばかりであると述べている。すなわち、「何となれば、諸部族の王たちは奴隷どもの主人であるが帝国の皇帝は自由民たちの主人であるということが、諸部族の王たちと帝国の皇帝とを区別しているからである。Hoc namque inter reges gentium et reipublicae imperatores distat, quod reges gentium domini servorum sunt, imperatores vero reipublicae domini liberorum.」[2]と。

第二部　イスラムとカロリング王朝

第一章　地中海におけるイスラムの伸展

一　イスラムの侵入

七世紀におけるイスラムの伸展を理解する最もよい方法は、それぞれがローマ帝国に与えた影響という点で、その事情を、ゲルマン民族侵入の場合と比較してみることである。ゲルマン民族の侵入はローマ帝国のそもそもの初めから、否、帝政が成立する前から始まっていた事態、そしてまたローマ帝国の歴史の全時期を通じて多かれ少かれ重苦しくその上にのしかかっていた事態、その事態の総決算であった。そして、国境線を破られた帝国が抵抗を放棄すると、侵入者たちの方でも速かに帝国の同化作用に身を委ね、帝国の文明を可能な限り維持し、その文明の基礎となっていた社会の仲間入りをしてしまったのである。

これに反して、アラビア半島との間には、マホメットの時代までというものローマ帝国は交渉らしい交渉をもっていなかった(1)。ピクト人の侵入を防ぐためにブリタニアの北部に塁壁を築いておいたのとほぼ同じ意味あいで、沙漠の遊牧民からシリアをまもるためにそこに塁壁を築くことで、帝国は充分だと考えていたのである。しかし、今日でもその遺跡の若干を沙漠を横切る際に見ることのできるこのシリアのリーメスは、ライン河あるいはドナウ河のリーメスとは比較にならぬ程お粗末なものであった。(2)

このリーメスが、帝国のなかで防備の不充分な個所の一つであるとは帝国は考えてみたこともなく、また大きな兵力をここに集結したこともなかった。それは香料や芳香料をもたらす隊商が通過する国境の監視線であった。アラビアのもう一つの隣国であるペルシャ帝国が払っていた警戒も、同じ程度のものでしかなかった。何と言っても、アラビア半島の遊牧的なベドウィン人を怖れなければならない理由などある筈がなかった。かれらの文明はなお部族的な段階にあり、かれらの宗教的な信仰の水準は物神崇拝の域を出ておらず、そしてかれらは相互に戦争をしかけるか、或は南から北へ、すなわちイエーメンからメッカやヤスレブ（後のメディナ）を通ってパレスティナ、シリア域はシナイ半島へと旅をする隊商を襲撃することに日を送っていたからである。

ローマ、ペルシャの両帝国は、いずれも、自分たち相互の間の非常に長期にわたる争いに心を奪われていたために、部族間の紛争のさなかにありながらも自分の属する民族〔全体〕に単一の宗教をもたらそうと努めていたマホメットの布教活動に疑念を抱かなかったようであるが、この民族が、やがて〔政治的な〕支配とともにこの宗教を世界におし弘めるようになったのである。ダマスクスのヨハネスが、イスラムは、これまでの異端と性質を同じくする一種の分派であるとなお考えていた時に、実は帝国は既にその喉もとをつかまれていたのである。(3)

六三二年にマホメットが歿した時には、その二年のち（六三四年）になると猛烈な勢いであらわになった危険の徴候はまだ少しもみられなかった。帝国の国境を防備する措置も何ら講じられていなかった。ゲルマン民族の脅威が歴代皇帝の注意を絶えず惹いていたのに反して、アラビア人の進撃は、かれらにとって明らかに青天の霹靂であった。僥倖という言葉が、組み合わされたさまざまな原因の予測できない結果という意味に用いられるものであるならば、イスラムの膨脹はある意味では僥倖であった。イスラムの攻撃が成功を収めた理由は、アラビアと境を接していたローマ、ペルシャの両帝国が、お互いの間で長期にわたって戦ったあげくに疲れ果てていたことに求められる。両帝国の間の争いは、ヘラクリウスがコスロエス（六二七年歿）に対して収めた勝利で漸く幕を閉じたところであった[4]。

ビザンツはその華々しい地位を取り戻したばかりであった。そして永年の敵手が没落し、シリア、パレスティナ、エジプトがビザンツに復帰したことにより、その前途には洋々たるものがあるように思われた。かつてうばい去られた十字架は、勝利を収めたビザンツ軍によって意気揚々とコンスタンティノープルに持って帰られた。インドの君主はヘラクリウスに使者を送って祝賀の意を表したし、フランク国王のダゴベルトもヘラクリウスと恒久平和の約を結んだ。こののち、ヘラクリウスがユスティニアヌスの西方政策をうけついでゆくのは至極当然の成行きであると思われた。ランゴバルド族によってイタリアの一部が占拠されていたこと、また六二四年[訳註一]には西ゴート族によってイスパニアにおけるビザンツ最後の前哨基地が奪いかえされたことはいずれも事実であるが、しかし東方世界でいまここに達成されたばかりの尨大な失地の恢復に比べるならば、それが何ほどのことだったであろうか。

しかしながら、そのために帝国が注いだ努力は明らかに度を過ぎたものであり、帝国の力を涸渇させてしまうものであった。ペルシャが帝国に引渡したばかりの諸属州を突如としてイスラムが奪い去ることになる。今まさに世界の歩みの方向を狂わせ、世界の進路を横にねじまげようとしているこの新しい勢力の最初の攻撃を、ヘラクリウス（六一〇―六四一年）は手をこまねいて見まもるばかりであった(5)。

ヨーロッパとアジアの両方に対して同時に始まったアラビア人の征服は先例をみない激しいものであった。その勝利の速かなこと、これに比肩し得るものとしては、アッティラが、また時代が降ってはジンギスカン、ティムールが、蒙古人帝国を建設した際の勝利の速かさがあげられるのみである。しかし、この三つの帝国が全く一時的な存在であったのに対して、イスラムの征服は永続的なものであった。この宗教は今日なお初期のカリフ達が布教した国々の殆んどすべてに信者をもっている。この宗教の伝播の電光石火のような速かさは、キリスト教の緩慢な前進に比較するとき、全く奇蹟とも言うべきであろう。

このイスラムの侵入に比べるならば、何世紀もの努力を重ねてやっとローマ世界Romaniaの縁をかじりとることに成功したにすぎない、ゲルマン民族のゆるやかで激しいところのない侵入など問題ではなくなる。

ところがアラビア人の侵入の前には、帝国の壁は完全に崩れ去ってしまったのである。六三四年、アラビア人はヨルダン河の向うにあるビザンツの城砦ボスラを占領、六三五年にはダマスクスを攻略、六三六年にはヤームークの会戦に勝利を収めて全シリアを獲得、そして六三七年あるいは六三八年にはイェルサレムの開城をみるに至った。一方その間にアジア方面への侵略はメソポタミヤ、ペルシャに及んでいった。次にはエジプトが攻撃される順であった。ヘラクリウスの歿（六四一年）後ほどなくしてアレクサンドリアが奪取され、やがてエジプト全土が占領されてしまった。侵略はなおも続き、北アフリカのビザンツ領が併呑されていった。

　こうした戦果のすべては、この侵入が不意打ちであったこと、ビザンツの軍隊が〔イスラムの〕新しい戦闘方法に周章狼狽して混乱に陥ったこと、帝国から完全に譲歩を拒絶されたシリアのキリスト単性論者およびネストリウス教徒に宗教的民族的な不満があったこと、エジプトのコプト派教会にも同様の不満があったこと、ペルシャが弱体になっていたこと、以上に列挙した諸事実によって一応の説明がつくことは確かであるが[6]、しかしながら、これ程に完全な勝利を説明し尽すには以上すべての理由をあげてもなお充分とはいえない。達成された成果は、征服者の勢力に幾層倍もする大きなものだったのである[7]。

　ゲルマン民族よりも明らかに数の少なかったアラビア人たちが、自分たちよりも高度の文明をもっていた占領地域の住民に、ゲルマン民族のように同化されてしまわなかったのは何故であろうか、という大きな問題がここに浮び上ってくる。すべてがこの問題に集約される[訳註二]。この疑問に対する解答は唯一つであり、それは道徳的秩序に関することである。ゲルマン民族がローマ帝国のキリスト教に対抗すべき信仰を何ももっていなかったのに反して、アラビア人は新しい信仰にめざめていた。このことが、そしてこのことのみが、アラビア人を同化することのできない存在にしたのである。蓋し、その他の諸点については、自分たちが征服した民族の文明に対して、アラビア人の方がゲルマン民族よりも強い偏見をもっていたという事実はないからである。それどころか、アラビア人は驚くばかりの速かさで自分たちの征服した民族の文明を身につけていったのである。かれらは学問をギリシャ人に学び、芸術をギリシャ人とペルシャ人に学んだ。少くとも初めのうちはアラビア人には狂信的なところさえなく、被征服者に改宗を要求することもなかった。しかし、唯一神アラーとその預言者であるマホメットに服従することをかれらは被征服者に要求したし、マホメットがアラビア人であるところからアラビアにも服従させようとした。アラビア人の普遍宗教は同時に民族宗教であり、そしてかれらは神の僕《しもべ》だったのである。

イスラムの語義は神への服従あるいは従順ということであり、回教徒《ムスルマン》は服従する者という意味である。アラーが唯一の神であり、従ってアラーの僕たちのすべてが、信仰なき者すなわち異教徒に、アラーへの服従をおしつけることを自分の義務であると観ずるのは理の当然ということになる。かれらの目ざしていたのは、これまで言われてきたように異教徒を改宗させることではなくて、異教徒を服従させることであった(8)。かれらがどこを征服しても要求したのはこの服従であった。征服の終ったあと、異教徒の学問・芸術を一種の戦利品として自分のものにすることは、まさにかれらの望むところであった。かれらはアラーの光栄のために学問・芸術の興隆を図ったのである。更に、それが有益である限りにおいては、異教徒の諸制度さえも採用しようとした。この最後の事実について一言つけ加えるならば、これはかれら自身の行なった征服が要請したことだったのである。自分たちの建設した帝国を統治するに当って、アラビア人はもはや部族的な諸制度に依拠するわけにはいかなかった。それは恰もゲルマン民族が自分たちのもっていた諸制度をローマ帝国に適用できなかったのと同じである。ただ、アラビア人とゲルマン民族の違うところは、アラビア人は何処を征服しても自分たちがそこの支配者になったことである。征服された者はアラビア人の臣下となったのであり、かれらだけが租税を課せられ、しかも回教徒の仲間からは閉め出されていた。征服された住民と回教徒の間の障壁は越え難いほど高く、両者の間の融合は起り得べくもなかった。自分の征服した住民に進んで奉仕し、かれらに同化することを希った、あのテオデリッヒと、この回教徒たちとの間の対照は何と顕著なことであろうか。

ゲルマン民族の場合には征服した者が進んで征服された者に接近していった。アラビア人の場合にはその逆で、征服された者が征服した者に接近していったのであり、その途は唯一つ、征服者と同じようにアラーに仕えることであり、征服者と同じようにコーランを読むことであり、従って神聖にして至上なる言葉であるアラビア人の言葉を修得することであった。

異教の住民に布教することもなかったし、教会が勝利したのちにキリスト教徒が加えたような宗教的圧力を加えることもなかった。コーランには、「もし神がそれをお望みであったのならば、神の御力によって全人類は一つの国民につくられていたであろう」と記されており、そしてコーランは、間違った考えを匡すのに暴力を用いてはならない旨を、その通りの言葉で述べている。(9) アラーへの服従、許されてはいるが賤しく生きている劣等な、堕落した、卑しむべき存在のアラーへの外面的服従、コーランがひたすら要求するのはこれだけである。異教徒が耐え難く思い且つそれまでの信仰を捨てる気持にされたのはこのためであった。異教徒の信仰は攻撃されたのではなく、無視されたわけである。そしてこれが、それまでの信仰から異教徒を切り離してアラーの信仰に結びつける最も効果的な方法だったのである。蓋し、アラーのまえに額くことによって、異教徒は人間としての品位を恢復したばかりではなく、回教徒の社会への仲間入りを許されたからである。異教徒が回教徒のもとに身を投じたのは、そしてまた回教徒のもとに身を投ずることによって自分の祖国と民族との関係を絶ち切ったのは、この宗教が、異教徒を臣下として遇することを回教徒の良心に義務づけていたからである。(10)

ゲルマン民族はローマ世界 Romania に入るとすぐにローマ化してしまった。それとは反対に、ローマ人はイスラムに征服されるとすぐにアラビア化してしまった。(11) 中世になってかなり経ってからも、コプト教徒、ネストリウス教徒、わけてもユダヤ人たちの小規模な社会が若干は回教徒の世界の只中に存続していたが、それは殆んど問題にはならない。そうした事実があったにも拘わらず、それをとりまく環境全体が全く変貌してしまったからである。断層が生じ、紛う方ない過去との断絶が生じたのである。新しい支配者は、その力の及ぶ領域の中に、アラーの権威に服さない勢力が存在することをもはや容認しなかった。コーランに源泉をもっているその法がローマ法に代って登場し、またその言語がギリシャ語、ラテン語にとって代った。

キリスト教に改宗した時には、ローマ帝国はいわば魂の変貌を経験したわけであるが、回教に改宗した時には、魂が変化したのと同時に肉体も変化した。宗教社会ばかりではなく世俗社会もまたそのすがたを変えたのである。

それまでローマ文明という融合文明のあまねく弘まっていた地中海の沿岸諸地方に、イスラム〔の征服〕とともに新しい世界が出現した。今日に至るまで続くことになった傷口がこの時大きく開いたのであった。われらの海 Mare Nostrum の海岸には、それ以来、相異なり相対立する二つの文明が存在するようになった。そして現代においては、ヨーロッパはアジアを従えてはいるけれどもそれを同化してはいない。それまでキリスト教世界の中心であった海がその辺境となってしまった。地中海的統一はこのとき砕け散ったのである。

第一期の膨脹は、カリフ・オスマーンの時代になって速度が鈍ってきた。そして、六五六年のかれの暗殺事件が政治的ならびに宗教的な危機を惹き起し、それが六六〇年のムアーウィアの即位まで続いた。

イスラムのような伸び行く力を蔵した勢力が、大きな内海の海域全体に根を下していくことは自然の成行きであったし、事実イスラムはそのための努力を払った。七世紀の後半以降、当時コンスタンス二世（六四一―六六八年）治下のビザンツによって制圧されていた海域に、イスラムは海上勢力を築きあげようと企てた。カリフ・ムアーウィア（六六〇年〔即位）のアラビア軍船がビザンツの海域に侵入し出した。アラビア海軍はキプロス島を占領し、更に、コンスタンス二世自ら指揮をとるビザンツ海軍を、小アジア海岸から程遠からぬ沖合いに撃破した。ロードス島も占領し、クレタ島、シチリア島までも艦隊を進めた⑫。次いでイスラムの海軍は、シヅィクスの港を根拠地とし、ここから再三再四にわたってコンスタンティノープル攻囲の挙に出たのであるが、コンスタンティノープルがギリシャ硝煙を用いて優勢裡にこの攻撃に耐えたため、ついに六七七年イスラムはこの企てを放棄するに至った⑬。

六四七年、エジプト総督イブン・サウドが着手したアフリカへの進撃は、太守グレゴリウスを破って、イスラム側の勝利に終った。しかしながら、ユスティニアヌスの治世につくられた諸城砦は陥落せず、またバーバル人たちも以前ローマ人に対して抱いていた敵意を水に流し、これと協力して侵入軍の防禦に当った。以前にも、ヴァンダル族のアフリカ征服が西ローマ帝国防衛の死命を制したことがあったが、そのアフリカの重要性が今ひとたびはっきりと浮びあがってきた。シチリア島とイタリアの安全も、西方世界への海上交通の確保も、アフリカの帰趨いかんひとつにかかっていた。コンスタンス二世が、ビザンツ皇帝最後のローマ訪問を済ませたのちに、自らシラクサに出陣した目的も明らかにアフリカの防衛を全うすることにあった。

ちょうどその時カリフ国の内部に混乱が生じたために、イスラムの侵入は一時的な停滞を来した。

しかし、六六〇年になると、ムアーウィアの即位とともに再び侵略が開始されるに至った。六六四年には新しい大規模な侵略 razzia を起して、ビザンツ軍に新たな敗北を喫せしめている。侵入軍は、ビザンツ側がハドゥルメトゥムに派遣した軍勢を撃破し、ディエルーラの城砦を奪取したのち撤退した。[14] しかしながら、六七〇年になると、海岸の諸都市を維持しているビザンツ軍の反撃に備えるためと、アウレス山脈にたてこもっているバーバル人を牽制しておくための二つの目的から、オグバ・ベン・ナフィはカイラワーンを建設した。これがずっと後までイスラムの「要塞」となったのである。[15] 山岳地帯にたてこもったバーバル人に急襲を加え、これを掃蕩する際に根拠地として使ったのはこのカイラワーンであった。六八一年にオグバは恐るべき勢いで西進して大西洋岸に到達してしまった。しかし、このアラビア軍はバーバル軍とローマ軍の反撃にあって完全に撃退され、バーバルの王コセイラは勝利者としてカイラワーンに入城した。[16] イスラム教を奉ずるようになっていたバーバル人たちは、そのために慌てて再び改宗した。今度はビザンツ軍が攻勢に転ずる番であった。カイラワーンで敗退したコセイラの回教徒たちはバルカを目ざして退却したのであるが、ここでビザンツ陸戦隊の急襲をうけ、大量の戦死者を出した（六八九年）。回教徒軍の指揮官はこのとき討死した。[17]

この勝利によってアフリカの海岸は再びビザンツの手に帰したが、このことはアラビア人の地中海侵略の全計画を脅かすものであった。そのため、必死になったアラビア軍は再び攻勢に転じ、カルタゴを強襲してこれを陥落させた（六九五年）。皇帝レオンティウスは事態の重大さをみてとり、艦隊を編成し、パトリキウスであるヨハネスの指揮のもとにカルタゴを奪回させることに成功した。

一方バーバル人たちも、その名をカヒナという神秘的な女王を中心に結束し、テベッサ近傍にアラビア軍を撃破、これをトリポリに斥けた。(18)

しかしその翌年になると、ハッサンが再び攻撃を展開してカルタゴを攻略した（六九八年）。これがカルタゴの最終的な陥落となった。住民たちは逃亡してしまい、やがてこの古くからある都市にかわって、湾の奥に面し、新しい都が興ったからである。それがテュニスである。そしてその外港であるグレットは、やがて地中海におけるイスラムの大根拠地になっていった。ようやく艦隊を組織することのできたアラビア軍はビザンツの海軍を潰走させ、制海権は爾後アラビア側に掌握されるに至った。ギリシャ人の維持する地点は、程なくセプタム（ケウタ）の城砦、マウレタニア・セクンダ州とティンギタナ州の数ヵ所、それにマジョルカ島、ミノルカ島ならびにイスパニアにある極めて少数の都市にすぎなくなってしまった。これらの散在する残存属領をひとまとめにしたビザンツの太守領が設置され、それがなお十年の間つづいていたようである。(19)

女王カヒナの指揮のもとに続けられていたバーバル人の抵抗も、こうなってしまってはもう手も足もでなかった。カヒナはアウレス山中に追いつめられて殺害され、その首級はカリフの許に送られた。

それに続く何年かの間に、アラビア人ははっきりとアフリカに自分の印《しるし》を刻みつけた。ムウサ・イブン・ヌサイルはモロッコを服属させ、バーバル人たちにイスラム教を弘めた[20]。

やがてイスパニアを征服する役割を演ずることになったのは、こうして新しく回教に改宗したバーバル人たちであった。サルジニア、シチリアの両島と同時に、イスパニアは既にイスラムの攻撃の手が及ぶところとなっていたが、それはアフリカが占領されたこととの必然的な帰結であった。早くも六七五年にはアラビア軍は海路からイスパニアに攻撃を加えているが、この時は西ゴートの艦隊によって撃退された[21]。

ジブラルタル海峡によって侵入軍をくい止めることはできない相談であった。そしてそのことに西ゴート族は気がついていた。六九四年のこと、西ゴートの王エギカは回教徒と通謀したかどでユダヤ人の罪を責めたが、ユダヤ人たちは西ゴートから迫害をうけていたからして、回教徒がイスパニアを征服することを希望するようになっていたのは事実であろう。七一〇年になって、トレドの国王であったアキラが王の座をバエティカ公ロデリッヒによって追われ、モロッコに逃れるという事件が起った。そしてアキラはモロッコで回教徒の援助を乞うたものと考えて間違いない。何れにしても、回教徒側はこの好機を逃さなかった。七一一年、兵力七千を数えるバーバル人の一軍が、タリクの指揮のもとに海峡を渡った事実がそのことを物語っている。最初の会戦でロデリッヒが敗北を喫すると、都市という都市はすべて侵入軍にその門を開いた。侵入軍は七一二年には第二陣の増援を得てイスパニアの征服を達成した。アラビアの北アフリカ総督ムウサは、七一三年に首都トレドにおいてダマスクス・カリフの主権を宣言した[22]。

しかし、イスパニアで進攻がとまってしまうわけはなかった。それにナルボネーズはイスパニアの陸続きである。イベリア半島の征服が完了してしまうと、回教徒は時を移さず七二〇年にはナルボンヌを占領、続いてトゥールーズを攻囲、次第にフランク王国の内部へと侵入していった。無力無能なフランク王は手をこまねいてこれを傍観するだけであった。七二一年にアキタニア公ユードが回教徒の進攻を押し返しはしたものの、ナルボンヌは依然として回教徒側におさえられていた。七二五年になるとそのナルボンヌを拠点として恐るべき攻撃が新たに展開された。カルカッソンヌを攻略し、新月旗をふりかざした騎兵たちは、遠くオータンまでも攻め入り、七二五年八月二十二日にはこのまちを荒しまわっている。

七三二年になると、イスパニア総督アブド・エル・ラーマンによって又もや侵略 razzia が始められた。ラーマンはパンペルナから兵を進め、ピレネー山脈を越え、ボルドー目ざして進撃した。散々に叩かれたユードは救いをカール・マルテルの許に求めた。無能なフランク南部の力ではどうにもならず、回教徒に最後の反撃を試みるものはフランク北部のほかにはなかった。カールは回教徒軍を迎え撃つためにユードとともに兵を進め、ポアティエ近傍の山間の隘路で侵入軍と遭遇した。ここは嘗ての日、クロドヴェッヒが西ゴート族を撃破したことのある場所であった。戦闘が開始されたのは七三二年十月のことであった。戦闘に敗れたアブド・エル・ラーマンは討死した[23]が、しかしそれでも危険は去らなかった。次にはプロヴァンスすなわち地中海沿岸に回教徒の攻撃の手が伸びていった。七三五年、ナルボンヌにいたアラビアの総督ユセフ・イブン・アブド・エル・ラーマンは周辺の農村から集めた共謀者たちの援助を得てアルルを奪い取った[24]。

次いで七三七年、マウロントゥス〔訳註三〕の援助を得たアラビア軍はアヴィニヨンを占領し、遠くリヨン、アキタニア地方まで荒しまわった。カールは再びアラビア勢に立ち向うために軍を進め、アヴィニヨンを奪回し、更に進んでナルボンヌを攻撃するに先だって、海路到着したアラビアの援軍を撃破した。しかしながらナルボンヌを奪回することには成功しなかった。カールは莫大な戦利品を携えてアウストラシアに帰ってしまった。蓋し、マグロンヌ、アグド、ベジエ、ニームの諸都市を占領し、破壊し、炎上させてしまったからである[25]。

このように幾度か成功を収めはしたものの、七三九年に、アラビア軍がプロヴァンスで新たな攻撃に出ることをくいとめることはできなかった。この場合のアラビア軍の侵入は同時にランゴバルド族にも脅威を与えるものであったから、カールはランゴバルド族の援助を得て再びアラビア軍を撃退した[26]。

それから後のことはよくわからないが、アラビア軍はもう一度プロヴァンス海岸を征服し、ある期間そこを確保していたようである。七五二年になってピピンがプロヴァンスからアラビア人を一掃したが、この時にもナルボンヌの攻略は失敗に終った[27]。ナルボンヌを決定的に奪い返すことができたのは七五九年のことであった。この勝利こそ、回教徒軍のプロヴァンスに対する遠征の終焉を示すものではないにしても、西欧大陸における回教圏の膨脹に終止符をうつものであった[28]。七一八年の大規模な攻撃によく耐えてコンスタンティノープルが東方世界の防衛を全うしたように、ここで西方世界を衛り抜いたものはアウストラシアの精鋭たち即ちカロリング家の封臣たちであった。

しかしながら、東方世界ではビザンツの艦隊がエーゲ海からイスラムを駆逐するのに成功したのに反して、西方世界ではティリア海の制海権はイスラムの掌握するところとなってしまった。

シチリア島に対する遠征が七二〇年、七二七年、七二八年、七三〇年、七三二年、七五二年、七五三年、と相次いで行なわれた。アフリカに内訌が起ったために暫く中断されたが[29]、アグラブ朝の総督シアデット・アラー一世の時代になると、八二七年シチリア島遠征の幕は再び切って落された。アラー一世はビザンツ皇帝に対する叛乱が起ったのに乗じてシラクサ強襲を敢行した。八二七年、アラビア艦隊はスーザを出港した。しかしビザンツ軍は精力的な防衛戦を展開し、ビザンツ艦隊の活動によってシラクサ包囲の布陣もとかれるに至った。回教徒側はイスパニアから、次いでアフリカから、増援を仰いだ。一年にあまる包囲攻撃ののち、八三一年八―九月になって回教徒軍はパレルモを占領し、シチリア島防衛の根拠地を手中に収めた。こうした痛手を蒙ったにも拘わらずビザンツ軍は海陸の両面にわたって果敢な抵抗を続けた。しかし八四三年になるとナポリの援助を得た回教徒軍の攻撃を支えきれず、メッシナの占領を許してしまった。八五九年にはビザンツ軍はその抵抗の拠点を奪取され、八七八年五月二十一日、英雄的な抵抗を示したのちシラクサは回教徒軍の手に落ちた。ビザンツ帝国がシチリア島で必死の防衛戦を展開している間、カール大帝の方はイスパニアとの境界地帯で回教徒軍を向うにまわして戦争を続けていた。七七八年に大帝は一部隊を派遣したが、この軍勢はサラゴッサ前面の戦闘に敗れ、その後衛部隊はロンスヴォーで潰滅してしまった。そのため大帝はサラセン軍がセプティマニア侵入の挙に出る（七九三年）までは専ら守勢的立場に終始する態度をとった。大帝はサラセン軍に備えてイスパニア辺境領を設けた（七九五年）が、(30)大帝の息子でアキタニア王であったルートヴィッヒが八〇一年にバルセロナを占領した時の拠点はこのイスパニア辺境領であった。失敗に終った何回かの遠征、とりわけ巡察使 missus インゴベルト指揮のもとに行なわれた八一〇年の遠征ののち、八一一年になってトルトサもルートヴィッヒの手中に落ちた。その代りフェスカ前面の戦闘ではルートヴィッヒが敗れ、それ以上前進することができなかった。(31)

カール大帝がイスパニアで遭遇した抵抗は、実をいうとまことに頑強なものであった。大帝がエブロ河に至るまでの全地域を占領したなどとアインハルトが書いているのは誇張である。実際は、大帝がエブロ河に到達できたのは僅かに二つの地点にすぎなかった。即ち上流ではナヴァラ地方の南部、下流ではトルトサである。しかも、トルトサの場合は本当にフランク軍によってそこが占領されたものと前提した上での話である。(32)

バルセロナを占領しておきながらカール大帝がそのことから殆んど利益をひき出し得なかった理由は、大帝には艦隊がなかったということである。テュニスを掌握し、イスパニアの海岸を制圧し、島々を占領していたサラセン軍には大帝は手も足もでなかったのである。大帝はバレアル諸島を防衛しようと思って、ここでは一時的なものではあったが幾度か勝利を収めている。七九八年にこの諸島が回教徒によって荒らされた。(33)その翌年、島民の懇望黙し難く思った大帝は若干の軍勢をこの諸島に派遣しているが、その輸送に当ったのは島民の船であったと考えて間違いない。アラビアの軍旗が戦利品として大帝の許に送られてきているところをみると、この軍事的な示威には効果があった模様である。[34]しかしながら、この諸島にフランク軍が引き続いて進駐していたという事実は見出せない。

実際、カール大帝が戦争をしていた場所は殆んどいつでもピレネーの山岳地帯であった。回教徒世界を混乱にまきこんでいた内輪揉めは、大帝にとっては有利な条件となっていた。即ち、バグダッドに主都をおくアッバース朝のカリフ国に対立して、七五六年にウマイヤ・カリフ国がコルドバにつくられたことは、フランク族にとっては好都合なことだったのである。どちらのカリフ国にとっても、フランク族に対する態度を慎重にした方が自分の身のためだったからである。

カール大帝は地中海の他のところでは成功らしい成功を収めなかった。八〇六年のことであるが、サラセン人がパンテラリアという小島を占領して、そこにいた修道士たちをイスパニアで奴隷として売却したことがあった。カールは身代金を支払ってその修道士たちの自由をとり戻してやっている。[35]その同じ八〇六年に、大帝の息子でイタリア王であったピピンは、コルシカ島からそこに定着していたサラセン人たちを駆逐しようと図った。ピピンは艦隊に艤装を施し、カロリング王朝時代の年代記作者によれば、この島を掌中に収めたという。しかし八〇七年には再びコルシカ島は敵側の支配するところとなった。[36]すぐさまカールは厩長官のブルカルトを派遣した。ブルカルトは一三隻の船を失ったが直ちにサラセン人たちを撤退せしめた。しかしこの勝利もやはり一時的なものにすぎなかった。その証拠に、八〇八年に教皇レオ三世が、イタリア海岸を防衛するためにとっている措置についてカールに書簡を送った中で、コルシカ島の防衛についてはカールが責任をもつように懇請している[37]。事実八〇九年および八一〇年にはコルシカ、サルジニアの両島はサラセン軍によって占領されていたことが知られている。

風土病のようにつきまとって離れない内訌に苦しめられていたアフリカの秩序が、バグダッドのカリフであるハルン・アル・ラシッドを認めるアグラブ王朝のもとに確立されると、事態は一層険悪になっていった。

八一二年には、ガエタ、アマルフィの艦船の増援をうけたギリシャの艦隊が或るパトリキウスの指揮の下に到着していたにも拘わらず、アフリカのサラセン人たちはランペドゥーザ、ポンザ、イスチアの諸島を荒らしている。レオ三世〔訳註四〕はイタリアの諸海岸に防備態勢を布き[38]、皇帝〔カール〕も教皇を援けるために、いとこのウァラを教皇の許に派遣した。カールはまた〔ビザンツの〕パトリキウス、ゲオルギウスとも提携したが、しかしこのゲオルギウスは敵側〔サラセン軍〕と十年間の休戦協定を結んでしまった。けれども、この協定はいっこうに守られず、海上での戦闘は相変らず続いていた。八一三年に暴風雨のために一〇〇隻からなるアラビアの艦隊が破壊されたことも、イスパニアのアラビア軍の侵掠 razzias を時期的に若干おくらせただけであって、結局はイスパニアのアラビア軍によってキヴィタ・ヴェッキア、ニース、サルジニア島、コルシカ島の掠奪が続けられ、コルシカ島からは捕虜として五〇〇人が連れ去られた。

しかしながら、こうした戦闘が続けられている最中にも一方では幾度か外交的接衝の手がうたれている。既に早く七六五年には、ピピンがバグダッドに使節を派遣した。七六八年にはマルセイユ経由でやってきたイスパニアのサラセン人の使節と、ピピンがアキタニアで接見している。八一〇年にはハルン・アル・ラシッドがカール大帝のもとに使節を派遣しており、それとは別に八一二年にカール大帝はイスパニアのアル・ハカムと条約を結んでいる。

しかしこうした様々の努力も実を結ばなかった。そして、時をおってカール大帝は益々回教徒の艦隊に抵抗していくことができなくなり、専ら守勢にたたざるを得なくなった。大帝は回教徒軍の攻撃を受け流すのが精一杯であった。

カール大帝が世を去ると事態は一層悪化していった。八二八年に、コルシカ、サルジニアの両島を守備するための小艦隊を率いて、トスカナのボニファティウスがカルタゴとウティカの間のアフリカ海岸に攻撃をかけたというのは確かに事実である[39]。ちょうどその時、回教徒軍がシチリア島のことにすっかり注意を奪われていた好機をとらえての攻撃だったと思われる。しかしながら、それから数年の後には、イタリアは北部ビザンツ領諸都市まで、全く回教徒の跳梁するがままになってしまった。ブリンディシとタラントは掠奪をうけ（八三八年）、バリは占領されてしまい（八四〇年）、ビザンツとヴェネツィアの艦隊も撃破された。八四一年には回教徒軍はアンコナを劫掠し、またダルマティア海岸をカタロニアまでも荒らしまわっている。八四六年に、ロタールはイタリアを併合することに怖れを抱いている事実を隠さなかったではないか。[40]

八四六年、七〇隻の軍船がオスティアとポルトを攻撃し、回教徒軍は掠奪を重ねながらローマの市壁に迫り、サン・ピエトロ聖堂の神聖を汚した。グレゴリオポリスにいた駐屯部隊はこの回教徒勢を阻止することができず、漸くスポレト公ギドがこれを撃退した。翌八四七年に行なわれたロタールの遠征もバリを奪回することができなかった。

八四九年になって教皇の勧奨をうけたアマルフィ、ガエタ、ナポリの三市が同盟を結び、オスティアに艦隊を集結した。教皇レオ四世は同地に赴いて感謝をこめた祝福をこの艦隊に与えている。[41]この艦隊はサラセン軍との海戦で大捷を博した。それと同時に、教皇はヴァティカン市に城壁をめぐらしてキヴィタス・レオニナ Civitas Leonina をつくった（八四八―八五二年）。[42]

八五二年には教皇はポルトにも防備施設をつくって、そこにコルシカ島からの避難民を定着させた。但しこの新しい町は繁栄しなかった。教皇はまた、サラセン軍の醸成した恐怖のために今では住む人の絶えたキヴィタ・ヴェッキアの代りに、新たにレオポリという町をつくった。[43]同じように、回教徒軍の襲撃があった際に住民が逃げこめるようにトスカナのオルタとアメリアを修復している。[44]しかしこうした措置も、八七六年、八七七年に回教徒軍がローマ平野を荒しまわることを阻止することはできなかった。教皇がビザンツ皇帝に援助を懇願したがそれも空しく終った。ちょうどその時ビザンツはシチリア島で難局にたっており、シラクサも陥落した（八七八年）ことを考えると、ビザンツが介入できなかったのは、そのためであったことに間違いない。そこでついに教皇は、マウル人たちに攻撃を止めてもらうために、毎年二五、〇〇〇マンクシ mancusi の銀を支払うことを余儀なくされた。それでもこの時までは、教皇が相手にしなければならなかったのは掠奪を唯一の目的とする海賊隊だけであった。八八三年になるとモンテ・カッシーノ修道院が火にかけられて破壊されてしまった[45]。八九〇年にはファルファ修道院が包囲されて七年間頑張った。スビアコが破壊され、アニオ河の流域とティヴォリが荒らされた。サラセン軍はローマから程遠からぬサラチネスコに一つ、サビネ山脈の中のチチリアーノに一つ、城砦を設けた。

ローマ平野は荒野と化してしまった。地は荒野と化したり redacta est terra in solitudinem。漸く再び平和が訪れたのは、九一六年になって、ヨハネス十世、皇帝、イタリア南部の諸公国王、それにナポリにガリー船を派遣してきたコンスタンティノープルの皇帝が連合して、ナポリ並びにその近隣諸都市にサラセンとの同盟を廃棄することを迫り、これらの諸都市と一緒になってガリグリアーノ河の戦いにこの恐るべき侵入軍を最後的に撃ち破った時であった。

以上述べてきたことから、イスパニアが征服されてからのちは、それよりもアフリカが征服されてからのちは、西地中海は回教徒の湖になってしまったと言うことができる。フランク帝国には艦隊がなかったのでどうすることもできなかったのである。当時なお艦隊をもっていたのは僅かにナポリ、ガエタ、アマルフィであった。しかしこれらの諸都市はその商業上の利害関係から、あまりに遠く隔れたビザンツと袂を別ち、回教徒側に接近していかないわけにはいかなかった。

サラセン軍がシチリア島の奪取についに成功したのも、これらの諸都市がビザンツから離反してしまったためである。ビザンツの船隊はギリシャ硝煙によって武装され、怖るべき艦隊に仕立てられていたからして、確かに強力な艦隊であった、イタリア沿海諸都市の艦隊よりも更に強力な艦隊であった。しかしひとたびシチリア島が奪取されてしまうと、この艦隊も西方世界からは殆ど完全に閉め出されてしまい、もはや稀にしか姿を見せなくなってしまった。また姿を現わしても実効のないものになっていった。それにも拘わらず、三方を海に囲まれたビザンツ帝国の防衛を歴代の皇帝が全うすることができたのは、この艦隊があったお蔭である。(46) また、ギリシャ周辺の海域が航行の自由を侵されずにすんだのも、イタリアが結局イスラムの支配下に陥るのを免れたのも、この艦隊があったためである。八四〇年に回教徒の手に帰してから三十年にして、四〇〇隻よりなる皇帝バシリウスの強力な艦隊によってバリが奪回された。(47) 回教徒がイタリアでしっかりした基礎を獲得することを阻止し、イタリアにおけるビザンツの主権をまもり抜き、ヴェネツィアの安全を保証した、何よりの要因となったのはこの事実である。

また、自分の町の商業に必要な自主性を確保するために、ある時は皇帝と提携し、ある時はベネヴェント公と同盟し、またある時は回教徒とさえ関係を結ぶという政策をとっていたナポリ、アマルフィ、ガエタに対して、ビザンツがある種の優越的な地位を維持できたのも、ビザンツに艦隊があったからである。

このように、イスラムの膨脹は地中海の全域を席捲することはできなかった。地中海を東と南と西の三面では包み囲んだが、北部には力が及ばなかったのである。嘗てのローマの海は、イスラム圏とキリスト教圏の間の境界となってしまった。回教徒によって征服された嘗ての地中海沿岸の帝国諸属州のすべては、それ以後バグダッドを生活の回転の中心とするようになった。(48)

それと同時に東方世界が西方世界から切り離されてしまった。ゲルマン民族の侵入がそのままに残しておいた絆は切断された。ビザンツ〔コンスタンティノープル〕はもはやギリシャ帝国の中心地にすぎなくなってしまい、ユスティニアヌスにみられたような政策を展開することなどもはや全く考えられなくなってしまった。残された属領の防備に当る羽目に追いこまれてしまったのである。最も西の方に張り出したビザンツの前哨基地といえば、今ではナポリ、ヴェネツィア、ガエタ、アマルフィになってしまった。艦隊をもっていたお蔭で猶これらの諸都市とは連絡を保つことができ、そのため東地中海は回教徒の湖にならずにすむことができた。しかし西地中海はもはや回教徒の湖以外のなにものでもなかった。嘗ては交通の大動脈であったものが今では越え難い障壁となってしまった。

ゲルマン民族の侵入がそのまま残しておいた地中海的統一を、イスラムが破砕し去った。

このことは、ポエニ戦役以後のヨーロッパ史上に起った最も重要な出来事であった。古代の伝統の終焉であり、中世の開幕であった。そしてそれは、ヨーロッパがまさにビザンツ化しようとした瞬間に起ったのである。

二　西地中海の閉鎖

地中海がまだキリスト教徒の海であった間は、西方世界との商業を維持するものは東方世界の海運であった。その海運の二大中心をなすものが、シリアとエジプトであった。ところが、どこよりも先にイスラムの支配下におかれるようになったのが他ならぬこの富裕な二つの属州だったのである。しかしながら、そのためにシリア、エジプトの経済生活が停止してしまったと考えたりするのは明らかに誤りであろう。大変な混乱が起ったにしても、おびただしい数のシリア人が西方世界に移住していったことが認められるにしても、それだからといって経済の骨組がくずれてしまったと考えてはならない。ダマスクスはカリフ国の第一首都になったのだし、〔東洋からの〕香辛料の輸入がとまってしまったわけでもない。パピルスの製造は変りなく続いていたし、港湾も相変らず船舶を送迎していた。キリスト教徒でも租税を納めさえすれば迫害をうけるということはなかった。従って商業はひき続いて行なわれていたのであるが、ただその方向に変化が生じたのである(49)。

現に戦争の行なわれている最中に、征服者がその人民に被征服者との通商を許さなかったことは言うまでもない。しかも、平和が再び訪れ、征服した諸属州に商業活動が再開した時にも、イスラムはその商業の方向を、広大な征服地の獲得によって開かれた新しいルートに向けたのである。

スカンディナヴィア商人はそれまでも屢々黒海の岸辺までやってきていたが、カスピ海とバルト海をヴォルガ河で結ぶ新しい商業路が開けると、すぐにもこの新しいルートを通らないわけにはいかなくなった。東方世界の貨幣が多数ゴトランド島で発見されていることはこの事実を充分に証明するものである。

シリアが征服され（六三四―六三六年）、次いでエジプトが征服されると（六四〇―六四二年）、それに伴って必然的に起った混乱のために、暫くの間は海運が妨害されたことは確実である。[50]

エーゲ海で早急に艦隊を編成する必要上イスラムが船舶を没収したことも充分に考えられるところである。それに、敵の艦隊の横行する海を商人たちが航海したとはまず考えられないことである。もっとも、そうした状況を逆用して海賊に早変りすれば話は別であるし、商人の中にはそうした者も多かったのではあるが。

それ故、七世紀の半ば以降は、回教圏内に入ったエーゲ海の諸港からキリスト教圏内に留った諸港へ向けての海運は不可能になったと言わざるを得ない。よしんば若干のこっていたにしたところで、それは無視しても差支えない程度のものであった。

首都のビザンツ〔コンスタンティノープル〕とその保護下にあった近隣の海岸地方から、ギリシャ、アドリア海沿岸、イタリア南部、シチリア島といったその他のギリシャ人居住地域へ向けての海運は、ビザンツ艦隊の保護があったからその後も続けることができた。しかし、そのビザンツの艦船も、危険をおかしてまでもそれより西へ行ったとは、まず考えられないところである。既に六五〇年にはイスラムがシチリア島を攻撃しているからである。アフリカの商業活動はどうかというと、六四三年から七〇八年まで続いた絶え間のない破壊のために、これにも明らかに終止符がうたれた。辛うじて存続し得ていた僅かな痕跡も、六九八年のカルタゴの陥落とテュニスの建設を最後として消えてしまった。七一一年にイスパニアが征服され、それに引続いてプロヴァンスの海岸が不穏な状態に陥ると、西地中海の商業海運もいっさい完全に不可能になってしまった。最後に残ったキリスト教圏の諸港も相互間の海上交通を維持していくことができなかった。それもその筈である、これらの諸港には艦隊というものが全然なかったか若しくはないに等しかったからである。

以上のようにして、東方世界との間の海運は、シチリア島以東の地域では六五〇年頃に、西方世界の海岸全体について考えると七世紀の後半に、夫々終焉してしまったと断言してよいのである。

八世紀の幕が開く頃には東西間の海運は既に完全に過去のものとなってしまっていた。ビザンツ沿岸の交通を別とすると、地中海からはもはや交通と言えるものはすべて姿を消してしまった。イブン・カルドゥーンが（ビザンツについての必要な留保をつけた上で）言っているように、「最早キリスト教徒は板子一枚地中海に浮かべることができなかったのである」。地中海は爾後サラセン海賊の跳梁に委ねられていった。九世紀に入るとかれらは処々の島々を占領し、方々の港を破壊し、至るところで掠奪 razzias を繰り返した。かつては西方世界の対レヴァント貿易の第一の根拠地であった大港マルセイユもさびれてしまった。それまで続いた地中海の経済的統一はこのとき砕け散り、その恢復には十字軍の時代をまたねばならなかった。ゲルマン民族の侵入にはよく耐えて存続することのできた地中海の経済的統一も、抗し難いイスラムの強圧の前には崩れ去ったのである。

どうして西方世界にこの強圧に抵抗することができたであろうか。フランクには艦隊がなかったし、西ゴートの艦隊は撃滅されてしまった。それに反して敵側の準備は充分であり、テュニスの港とその兵器庫は難攻不落であった。海岸の至るところにリバト Ribat と呼ばれる半宗教的半軍事的な拠点がつくられた。リバトの間には相互に連絡がついていて、絶え間のない戦争状態を支えていく拠点となった。このような海軍力に対してはキリスト教徒は施す術がなかった。かれらがアフリカ海岸に加えた攻撃が僅か一度の小規模なものであったということは、そのことを最も雄弁に物語る証拠である。

以上のことをはっきりと強調しておかなければならない。何故かと言うと、卓越した学者たちの間でさえ、回教徒による征服がこれほど完全な断絶をもたらし得たという事実を認めまいとする意見があるからである。そうした論者の見解では、七世紀、八世紀にも嘗てと同じようにシリア商人がイタリアとガリアを頻繁に訪れたとさえ考えられている。なるほど、イタリアやガリア、とりわけローマでは、アラビア人がシリアを征服してから何十年ものあいだ多数のシリア人に歓迎の手が差し伸べられたというのは事実である。セルギウス一世（六八七―七〇一年）やコンスタンティヌス一世（七〇八―七一五年）のように教皇に推戴される者もその中から何人か出たのであるから、かれらの影響力と人数は相当のものであったに相違ない。これらの亡命者の中には、ギリシャ語の知識があるから必ず名声が得られると考えて、やがてローマを離れ、故国を去るとき身につけてきた手書本、象牙、金銀細工品を携えて北方へと移動を続けていった若干の者もあった。案の定、カロリング王朝は恰もそのとき推し進めつつあった文芸及び芸術上の復興運動にこれらの亡命者の協力を求めた。カール大帝はかれらのうちの何人かに福音書を校訂する仕事を託している。九世紀にメッツにあったと記録されている頌歌 Laudes のギリシャ語原本をその地に伝えたのも、恐らくこれらのシリア人の中の一人であったと思われる。

シリア人が七世紀以後も西方世界に入っていったことを証明するもう一つの事実として、カロリング王朝時代の装飾意匠の発達の中に小アジア美術の影響がみられることを挙げなくてはならない。その他、フランク王国 Francia の聖職者の多くがパレスティナの聖地巡礼のために東方世界へ赴いたこと、そしてかれらが聖遺物を持ち帰っただけではなく手書本や教会装飾品をも持ち帰ったに相違ないことをわれわれは承知している。

ハルン・アル・ラシッドがウマイヤ王朝との争いに際してカール大帝の援助を切望し、漠然としたものではあるが聖地の保護権を大帝に与えるとともに、キリストの墳墓(51)をも同時に与えたことはよく知られた事実である。

しかしながら、以上に述べたすべての事実も、文明史の立場からはどんなに興味のあることであろうとも、経済史の観点からすれば何の意味もないことなのである。学者や芸術家の移住は、かれらの故国とかれらの亡命国の間に商業交易があったことの証拠としては全く役にたたないものである。数多くのビザンツの学者がトルコの脅威を逃れてイタリアに亡命した十五世紀は、コンスタンティノープルが大商港であることをやめたまさにその時期ではなかったか。巡礼、学者、芸術家の移動と商品の流通とを混同してはならない。後者が組織的な運輸交通と恒常的な輸出入貿易を前提とするのに対して、前者は偶然の事情によって起るものである。七世紀以後にも、ティリア海やリヨン湾にシリアの海運、あるいはもっと広く言って東方世界の海運が存続していたと主張し得るためには、七世紀以後にもマルセイユその他のプロヴァンス諸港とレヴァントの間に依然として交渉があったことが証明できなければならない。この証明のために援用できる最も時代の降った史料は、七一六年のコルビー〔修道院〕文書である。(52)

この文書の語るところによれば、この時代にも猶マルセイユ或はフォスにある王領財庫には、香辛料と油、すなわちアジア及びアフリカの原産物が充満していたという。しかしながら、私の考えではこの文書に記載されていることは嘗てあった事柄の再現にすぎない。この文書は、嘗てコルビー修道院に与えられた特権を確認する文書なのであって、前の文書を一語一句ちがわずに複写したものであろう。実際、この時期になっても依然としてアフリカ産の油を輸入できたなどとは、到底考えられないことである。王領財庫 cellarium fisci がストックに頼っていたと考えることは無論できるのであるが、そう考えるとなると、最早この文書を七一六年に活潑な商業交易が存在したことの証拠として使うわけにはいかなくなる。

いずれにしても、これがプロヴァンス諸港に貯蔵されていた東方物産についての最終最後の記載なのである。それだけではない、それから四年後には回教徒はプロヴァンスに上陸し、この地方を劫掠している。マルセイユが完全にさびれてしまったのもこの時からである。東方世界へ赴く巡礼たちがマルセイユを経由したことを理由に挙げて、マルセイユの活動が続いていたことを証明しようとしても意味のないことである。なる程、アヴァール人が、その次にはハンガリア人が、ドナウ河流域を占拠してしまったから、これらの巡礼たちが東方世界へ赴くには地中海を通るほかに方法がなかったというのは事実である。しかし、こういった敬虔な旅人たちの通った道筋を確めることができる場合、それを辿っていくと、かれらが船に乗ったのがビザンツ領イタリアの諸港であった事実に必ずぶつかるのである。後にアイヒシュテットの司教になった聖ウィリバルトは、アルプスを越えて、七二六年にガエタから船に乗っている。ヴェルダンの司教であったマダルヴェウスは、イェルサレムに赴く際、七七六年頃、アプリアでコンスタンティノープル行の船に身を託している。(53)

聖ボニファティウスの書簡が伝えるところによると、アングロ・サクソン人たちは、ローマに赴くのにマルセイユ経由の途をとらずに陸路をとったため、アルプス越えをしなければならなかった。また、九世紀に修道士ベルナルトがアレクサンドリアに赴くために船に乗ったのはタラントからであった。(54)

現在残っている史料で、シリアの商人あるいはもっと広く言って東方世界の商人が引き続き存在したことを証言する史料は、唯の一点も存在しない。それのみではない、以下の行論で実証されるように、八世紀以後になると、そういった商人たちによってそれまで輸入されていたすべての物産がガリアから姿を消してしまうのである。これは駁論の余地のない事実である。(55)

先ずパピルスが姿を消した。パピルスに書かれた西方世界の著作物で現在知られているものは、一つ残らず六世紀あるいは七世紀のものである。メロヴィング王朝の官房では、六五九ないし六七七年までというものは専らパピルスが用いられていた。羊皮紙の出現はそれ以後のことに属する。(56)私文書の中には八世紀の末近くまでもパピルスに書かれたものがあるが、これはきっと前から貯蔵してあったパピルスを用いたものであろう。それ以後になると、パピルスの使用は全くかげを潜めてしまった。

そして、パピルスの製造が停止されたことがこの現象の原因である、という説明をするわけにはいかないのである。何故かと言うと、カイロにあるアラビア博物館所蔵にかかる七世紀の美しいパピルス文書が疑う余地のないほどはっきりと証明しているように、パピルスの製造は続いていたからである。そうなると、ガリアでパピルスが姿を消してしまったのは、商業が衰えていって、遂には全く絶えてしまったからだと言わざるを得ない。羊皮紙は最初のうちはあまり広く使用された様子がない。トゥールのグレゴリウスは羊皮紙のことをメムブラナ membrana と呼んでいるが、そのメムブラナのことについてはたった一度だけしか触れていない。(57)このことは、羊皮紙が修道士によって専ら自家用に製造されていたことを物語っているように思われる。ところで、周知のように、官房の慣習というものはなかなか変わるものではない。その国王の政庁が、七世紀の末になってパピルスの使用をやめてしまったのは、パピルスの入手がよほど困難になったからに他ならない。

イタリアではパピルスの使用はなお或る程度続いていた。教皇がパピルスを最後に使用したのは一〇五七年のことである。教皇の用いたパピルスは前から貯蔵してあったものであると考えるブレスラウの見解に従うべきであろうか。それとも、それは十世紀にアラビア人がパピルスの製法を伝えたシチリア島から来たものであったろうか。しかしながら、シチリア島産地説には異論が出ている。私の考えでは、恐らくこのパピルスはビザンツ領の諸港すなわちナポリ、ガエタ、アマルフィ、ヴェネツィアの交易活動を通じて入手されたものだと思う。

しかしガリアではパピルスは完全に姿を消してしまった。パピルスと同じように、香辛料も七一六年以後の文書にはみられないようになった。[58] コルビーのアダルハルトの規約には、〔香辛料の記載はなくて〕プルメンタリア pulmentaria すなわち風味用の植物を入れた一種のポタージュの記載がみえるだけである。[59] パピルスと同じ船で舶載されていたのであるから、香辛料は実際にも姿を消してしまったのだと考えて間違いない。

諸勅令を通覧してみよう。香辛料や外国産の植物で勅令に記載されているものは、御料地 villae でも栽培できるものに限られている。[60] 茜、カミン、扁桃といったものである。[61] ところが、胡椒、巴旦杏 (cariofilo)、甘松 (spico)、肉桂、ナツメジュロ、ピスタチオについては唯の一度も記載されていない。

カロリング王朝の発行した接待指令書 tractoriae は、巡回中の役人に饗応すべき食料として、パン、豚肉、鶏肉、鶏卵、食塩、調味用植物、野菜、魚、チーズを数えあげているが、香辛料は唯の一種も挙げていない[62]。

同様に、八二九年の「巡察使に饗応すべき物資徴収に関する」指令書 tractoria《de conjectu missis dando》[63]には、巡察使 missi に饗応すべき食料としてパン四〇片、豚肉或は羊の肉若干、鶏四羽、鶏卵二〇個、葡萄酒八スティエ、麦酒二枡、小麦二枡が列挙されている。これは田舎風の献立表である。

八四五—八五〇年に出された司教に関する勅令 Capitula episcoporum[64]には、司教が地方へ巡回に出る際にはパン一〇〇片、豚肉若干、葡萄酒五〇スティエ、鶏一〇羽、鶏卵五〇個、仔羊一匹、食用豚一匹、馬の飼料にする燕麦六枡、乾草荷馬車三台、蜜若干、油若干、蠟若干を給与することが規定されている。ところが、この規定のどこを探しても香辛料のことは全く問題になっていないのである。

香辛料がどんなに珍貴高価なものになったかは聖ボニファティウスの書簡にも窺うことができる。かれは小量の香を贈り物としてひとから贈られてもいるし又ひとにも贈っている[65]。七四二—七四三年に、或る枢機卿は神から与えられた、ただ一度使っただけの高価な香木 aliquantum cotzumbri quod incensum, Domino offeratis をボニファティウスに贈っている[66]。七四八年にもローマの或る副司教が小量の香辛料および芳香料をかれに宛てて託送している。[67] こうした贈り物が貴重な贈答品となっていたのであるから、アルプス以北の地方でどんなに香辛料が珍貴なものになっていたかが窺われる。その上、注目すべきことに、これらの贈り物はすべてイタリアから来ている。マルセイユの港にはもはや香辛料は舶載されていなかったのである。〔マルセイユの〕王領財庫 cellarium fisci は空っぽになっていたのである。あるいはまた、サラセン人たちの手で焼き払われてしまっていたことも充分に考えられる。そして香辛料はもはや正常な商業の取り扱う商品ではなくなっていた。もし猶小量の香辛料が〔ガリアに〕持ち込まれていたとすれば、それは行商人の手を通じてであった。この時代の資料は至って豊富であるにも拘わらず、そのすべてを通じて香辛料が問題になっている箇所は殆んど絶無である。

このように史料の記載が殆んど絶無であることから考えて、七世紀の末から八世紀の初めまでの間に香辛料は日常の食膳から姿を消していったものと断言してよいであろう。十二世紀以後になって地中海が再び商業に門戸を開く時を迎えるまでは、香辛料は二度と再び姿を現わすことがなかったのである。

無論、ガザの葡萄酒についても同様である。これも姿を消してしまった。アフリカからの油の輸出も絶えた。当時使用されていたのはプロヴァンス産の油である。それからのち教会の灯明に使用されるようになったのは蠟燭であった。

同じように、絹を用いることもこの時代になると全くと言ってよいほど廃れてしまったようである。絹の使用のことが諸々の勅令のなかで言及されている例は、私の知る限りでは一度しかない(68)。

カール大帝の服装が非常に質素なものであったことはよく知られた事柄である。多分、宮廷もそれに倣っていたであろう。しかし、メロヴィング王朝の奢侈とは著しい対照を示すこの質素な生活も、実はそうするよりほか致し方がなかったためなのである。

今まで述べてきたすべてのことから、イスラムの伸展の結果として、東方世界からの輸入が途絶えてしまったのだという結論を出さざるを得ない。

更にもう一つの極めて顕著な事実が認められる。それは金の漸減ということである。これは、八世紀に入ると、メロヴィング王朝の鋳造する金貨の中に時を追って益々多量の銀が混入されていった事実からわかることである。明らかに東方からの金の流入が停止してしまったのである。イタリアではまだ金の流通が続いていたのに、ガリアでは貨幣として使用するのを断念するに至ったほど金の量が稀少になっていった。ピピン及びカール大帝の治世以後は、極めて僅かな例外を除けば、もはや鋳造される貨幣はデナリウス銀貨だけになってしまった。金が貨幣制度の中でその位置を恢復するようになるには、香辛料が再び日常の食膳に姿を現わす日の訪れるのを待たねばならなかった。

このことは一切の文書にもまして雄弁に事態の真相を物語る重要な事実である。金の流通ということは、商業活動の存在する一つの結果であったと認めないわけにはいかない。何故かと言うと、商業が生き残っていた地方すなわちイタリア南部では金は以前と同じように流通していたからである。

東方世界との貿易および海上交通が途絶えたために生じたことの一つは、国内から職業商人が姿を消してしまった事実である。職業商人についての記載は史料の中で最早ほとんどそのあとを絶ってしまった。史料にみえる記録はどれも当座の商人についてのものであると解して差支えないものである。この時代になると、利息つきで他人《ひと》に金を貸し、埋葬される時の棺は大理石づくりで、貧者に施しをし、教会に寄進をするという、あのメロヴィング王朝時代の型の商人 negociator は唯の一人もみられなくなってしまった。商人の定住地区が、いや一戸でも商人の店舗 domus negotiantum が、この時代の都市にも猶あったと証明することは不可能である。商人は階層としては確かに消滅してしまったのである。無論、商業そのものが消滅してしまったわけではない。蓋し、およそ何らかの種類の交換というものがない時代は考えられないからである。ただ、商業の性格が変ってしまったのである。後ほど述べるように、ビザンツ領諸地方を別とすれば、この時代の精神は商業とは相容れない性格のものであった。更に、読み書きのできる俗人が暁天の星のように少くなったということも、ものの売り買いだけで生計を立てていく階層の存続を不可能にした。また、利息つき金銭貸借の消滅ということも、それはそれで、地中海の閉鎖によって生じた経済的後退を証明する一つの事実である。

アフリカ及びイスパニアの回教徒たちが嘗てのビザンツ領レヴァントの商人の地位を占めるようになったかも知れない、などと考えてはならない。シリアの回教徒たちさえそうはならなかったのである。〔両者の接触が始まった〕最初のうちは、回教徒とキリスト教徒とは絶え間のない戦いを交えていた時であり、回教徒には商取引をしようなどという気はなく、あるのはただ掠奪してやろうという考えだけであった。ガリア或いはイタリアに定着した回教徒などというものは、どの史料にも唯の一人も記録されてはいない。回教徒商人がイスラム圏を越えた地方に定住しなかったということは、既に立証ずみの事実である。回教徒の商人たちが従事していた商業は、回教徒相互の間で行なわれたものであった。アフリカが征服された後にも、アフリカとキリスト教徒の間に交通が存在したという証拠は唯の一つもない。但し、既に述べたように、イタリア南部のキリスト教徒だけは例外であった。しかし、プロヴァンス海岸のキリスト教徒についてはそのような証拠など全くないのである。

こういう状態の下でも依然として商業に従事していたのはユダヤ人だけであった。ユダヤ人の数はどこへ行っても多かった。アラビア人はユダヤ人を追放しなかった、虐殺もしなかった。キリスト教徒はユダヤ人に対する以前の態度を変えなかった。従って、ユダヤ人だけが商売で生計をたてていく唯一の階層をつくっていたのである。それと同時に、ユダヤ人はイスラム圏とキリスト教圏の双方、あるいは言葉を換えて東方世界と西方世界の双方と言ってもよいが、この二つの世界の間に残った唯一つの経済的架け橋ともなったのである。

三　ヴェネツィアとビザンツ

イスラムの侵入によってヨーロッパの東部がうけた影響は、その西部がうけた影響にも劣らぬほど決定的なものであったということができる。侵入の始まる前には、コンスタンティノープルにいた皇帝の地位は依然としてローマ帝国の皇帝であった。地中海全域を皇帝の権威に服するものにしようとしたユスティニアヌスの政策は、この間の事情を端的に示すものである。ところが、侵入をうけた後はそれどころではなく、コンスタンティノープルの皇帝はギリシャ海域だけを擁する守勢的な立場に転じ、ついに十一世紀には西方世界に援助を求めるまでになってしまったのである。イスラムが皇帝の関心を自分の方に吸い寄せ、その自由な活動を封じてしまったのである。ビザンツ皇帝のとった政策もこの事実によって余すところなく説明できる。以後、西方世界は皇帝に対してその門を閉ざしてしまった。

絶望的な状態に追いこまれながらも飽くまで守り抜こうとしたアフリカとカルタゴがひとたび敵の手に渡ってしまうと、ビザンツの政策が及ぶ範囲は最早イタリアだけに限られてしまった。それも、どうにか維持することができたのは海岸地方だけで、内陸部では最早ビザンツはランゴバルド族に対抗できなかった。ビザンツの無為無策はイタリア諸地方の離反と教皇の変節を招来していった。ビザンツ帝国が何とか維持していこうとしたのは最早シチリア島、アドリア海域、そしてイタリア南部の諸都市に限られてしまった。しかも、ビザンツの前哨基地であったこれらの諸都市も、時を追って益々独立していく傾向にあった。

イスラムの伸展はビザンツの国境までできてやっと停止した。ある程度まで民族の相違をも利用しながら、イスラムはシリア、エジプト、アフリカの諸属州を帝国から奪い去ったが、帝国の中核であるギリシャはよくイスラムの攻撃に耐えた。そして、この抵抗によってヨーロッパを救い、ヨーロッパを救うことによって疑いもなくキリスト教を救ったのである。

しかしながら、両者の衝突はすさまじいものであった。イスラムの最盛期に二度にわたって攻撃をうけながらもよくビザンツが勝利を収め得たのは、全く艦隊があったお蔭である。何はともあれ、ビザンツは依然として強大な海軍国だったのである。

西の方へ拡ったビザンツの拠点の中で最も重要であり且つ最も独自な存在であったのは、特殊な性格を帯びた都市ヴェネツィアであった。このまちの歴史は、オランダ連合州の歴史と並んで凡そあらゆる時代の経済史の中で最も興味をそそる一齣である。潟に位置するこの砂地不毛の諸島嶼に最初に住みついたのは、五世紀にアッティラの率いる遊牧民がアキレイアを攻撃した際、そこから逃れてきた不幸な逃亡者たちであった。その後ナルセスの時代にフランク族がイストリアを占領した際[69]、またとりわけランゴバルド族が侵入した時に、別の避難民たちがこれに合流していった。このように、これらの諸島嶼には、初めのうちは当座のつもりが、そのうち永住的になっていった移住民が住んだのである。グラドはアキレイアからの避難民の大部分を迎え入れ、その司教は総大司教を称して新しいヴェネツィア全市の精神上の首長となった。リヴェンツァの入江に臨むカオルルは司教に率いられたコンコルディアの移住民を迎え入れた。次いでヘラクリアナがつくられ、更にピアヴェ河近くにアキレイアが建設された。アルティヌムの住民が難を逃れてトルチェルロ、ムラノ、マッツォルボに移住した。パドヴァの住民たちはマラモッコとチオッギアに定着した。後に大同してヴェネツィアに成長することになるこれらの諸島嶼も、最初のうちは住民の数がまことに少なかった。リアルト、オリヴォロ、スピナルンガ、ドルソドゥロは少数の漁夫たちを迎え入れたにすぎない[70]。

初期の、即ち六、七世紀のヴェネツィアでは、宗教上の中心はグラドに、政治上の中心はヘラクリアナに、そして商業上の中心はトルチェルロにあった。陸上の征服者の追及を逃れて、この諸島嶼では若干の役人と裁判官 tribuni によって行なわれるビザンツの統治が維持されていた。

この土地に、何はともあれ絶対に海洋的な住民が住みついたのである。初期のオランダの住民を彷彿させるこの住民について、カッシオドルスは次のように記述している。「遠くの方から眺めると、小船はまるで牧場の上を滑っているようである。蓋し、船体が人の眼に入らないからである[71]」。このような生活が、活力と才気の伸長にはもってこいであったことは容易に理解できるであろう。最初のうちは、住民は漁業と製塩業で暮しをたてていた。塩を小船で本土に搬んでいっては、それを小麦と交換していた。この地方の商業の中心地といえば、ポー河の河口に位置するコマッチオだけで、そこには油と香辛料を船載するビザンツの船が頻繁に訪れていた。ポー河流域を後背地としてもつこのコマッチオの港が、東方世界とリヨン湾の間の貿易の杜絶によって有利な立場を占めるようになったことは、疑う余地のないところである。七一五年頃に、この町とリウトプランドの間に締結された通商条約には胡椒についての記載がみえており、この港とレヴァントの間に交渉のあったことを物語っている[72]。

ヴェネツィアの住民は近隣のコマッチオの住民を速かに模倣していったと考えて間違いないであろう。とまれ、ヴェネツィアの商業は八世紀の間に成長していった。七八七―七九一年に、カール大帝の要請に基いてヴェネツィアの商人たちがラヴェンナから閉め出されている。――この事実は、ヴェネツィアの住民たちがカール大帝をランゴバルド族の王として承認することを渋ったことを物語るものである。(73) そしてそのことは、ヴェネツィアとビザンツの結びつきの方が当然に密接であったことを立証している。ヴェネツィアと皇帝との関係は、両者が地理的に離れすぎていたために、どうしてもヴェネツィア側に一方的に有利な関係になっていった。ヴェネツィア人たちの理想とするところは、かれら自身の手で選挙し、ビザンツによって承認された一人あるいは二人の総督の下で自治生活を営むことであった。

時折ビザンツとの間に確執を生じた。そういう場合には、ヴェネツィアは寝返りをうってフランク皇帝と友好関係を結んだ。カールの保護をうけたい旨を申し入れるために、八〇五年、かれの許に使節を送ったのはその一例である。(74) もっとも、この場合ヴェネツィアがこうした措置をとった原因としては、むしろ都市内部での派閥争いと、それよりさき八〇三年に、その地の総大司教がこれはこれでまたカールの許に保護を求めていたグラドとの争いの方が大きかった。とまれ、ちょうどその時、ヴェネツィアはダルマティア海岸の幾つかの小都市をもその支配圏に編入したばかりであり、ビザンツの反撃に怖れを抱いていたことは確かである。次のエピソードはこれまで殆んど注目を惹いたことがないが、それにも拘わらず極めて重要な意味をもつものである。カールはヴェネツィアからの使節の派遣に応えて、すぐさま同市をイタリア王国に併合した。この時、カールの帝国には、海上勢力に転化して、ダルマティアに橋頭堡を獲得する機会が生じたのである。然るに、フランク帝国はあたらこの好機を見送ってしまった。反対にビザンツの方はすぐさま危険をみてとり、翌年、ニケフォルスは艦隊を派遣して忽ちにしてヴェネツィアを屈服せしめた。カールの側からは何等の反撃も行なわれなかった。グラドの総大司教のために亡命の地を帝国内に与えただけである。(75)

八〇七年になって、イタリア王ピピンはビザンツ側の艦隊司令官ニケタスと休戦条約を結んだ。ヴェネツィア側は叛乱分子をビザンツ皇帝 βασιλεύς に引渡し、皇帝はこれをヴェネツィアから追放した。皇帝はまた、親ビザンツ分子に褒賞として帯刀者及び有力者 ὕπατος《ヒュパトス》の称号を与えて報いた。(76)

次の事件もそのまま見過すにはあまりにも興味をそそるものがある。八一〇年に、ピピンはコマッチオの船舶を借り受けて、再びヴェネツィア及びダルマティア海岸を手中に収めた。(77)しかし、ケファロニアの総督パウルスの指揮するビザンツ艦隊の反撃をうけて、忽ちにして一旦占領した地方を放棄しなければならなかった。その同じ年（七月八日）にピピンは世を去った。カールは急いでアーヘンにビザンツの使者を招き、ヴェネツィア並びにイストリア、リブルニア、ダルマティア諸地方の都市をビザンツに割譲することでこれと和を講じた。この和議は八一二年一月十三日に確定条約となった。こうしてカロリング帝国は、そこには力の及ばないことを歴然と露呈してしまった後、遂にアドリア海を放棄したのである。ヴェネツィアはビザンツの軌道に決定的に惹きよせられ始め、西方世界の辺境に位置して別世界の展開を示し始めた。ヴェネツィアの広場 piazza はどのような文書よりも雄弁にそのことを証明している。

八一二年の講和条約は稀にみる有利な立場をヴェネツィアに与えることになった。この立場こそヴェネツィアがやがてあの大をなすに至った条件なのである。[79] すなわち、一方では、ビザンツ帝国と提携したことにより、東方世界で勢力を伸長する基盤が得られ、しかも、帝国はイスラムに対抗する上でヴェネツィアの支援を必要としたため、この提携によってヴェネツィアの自主性はいささかも脅かされることがなかった。また他方では、この条約は、西方世界への門戸をもヴェネツィアに開放するものであった。というのは、同市の領有を放棄するとともに、カール大帝はフランク帝国内で商業に従事する権利をヴェネツィアに与えたからである。西方からの攻撃をうける怖れのなくなったヴェネツィアにとって、ただ一つ残った心配のたねはポー河の河口を扼するコマッチオであった。そのため、八七五年になると、ヴェネツィアはこのライヴァルを壊滅させてしまった。ここにコマッチオは永久にその姿を消したのである。それ以後、パヴィア、クレモナ、ミラノその他イタリア北部の市場や港が頼りにするようになったのは、ヴェネツィアの商業活動であった。[80]

サラセンの及ぼす危険は猶のこっていた。ヴェネツィアと〔ビザンツ〕皇帝の利害関係はこの点で一致するものであった。八二八年に帝国はヴェネツィアからその軍艦の援助を求めている。八四〇年にもヴェネツィアは六〇隻の船をタラントへ派遣して帝国を援助したが、これに対して回教徒たちはアンコナの町を焼き、更にヴェネツィアの船舶を拿捕した。[81] 八六七—八七一年には、ビザンツ軍およびルートヴィッヒ二世が陸上からバリを攻撃するのに呼応して、ヴェネツィアは海上からこれに攻撃を加えた。しかし、回教徒側も八七二年にはダルマティアを攻撃し、八七五年にはグラドを攻囲している。それにも拘わらず、ヴェネツィアのアドリア海における制海権は動揺することなく、その制海権によってヴェネツィアはレヴァント向け航海の安全を確保することができた。しかし、ヴェネツィアとイスラムがこのような敵対関係にあったことと、ヴェネツィアがイスラムと商業交易を行なっていたこととは別の問題であった。既に八一四—八二〇年には、皇帝によってシリア並びにエジプトのサラセン人との通商が禁止されたことは事実である。しかし、ヴェネツィア人たちは自分たちがこの異教徒と戦いを交えている最中でも当の戦争相手との通商をやめなかった。八二七年に、一〇隻よりなる船隊が聖マルコの遺物をヴェネツィアに持ち帰ったのはアレクサンドリアからであった。ヴェネツィア人は、同市の回教徒もキリスト教徒も気がつかない間にそれを盗み出したのである。[82]

ヴェネツィアの商業交易のうちで最も重要な部門はダルマティア海岸に住むスラヴ人奴隷の取引であった。八七六年に総督がこの取引を禁止したが効果がなかった。九世紀の半ばには、〔ヴェネツィア〕商人たちはキリスト教徒の奴隷さえ回教徒に売っている。[83] 八四〇年にヴェネツィアとロタールとの間で締結された通商条約は、この町が本質的に商業都市であったことを示すものであるが、この条約の中でキリスト教徒の奴隷を売却することと宦官を売却することを禁止する旨がうたわれている。[84] ヴェネツィアは何よりも先ず港であり市場であった。ヴェネツィアは嘗てはマルセイユの果した役割をこの時代に演じていたわけである。旅人がレヴァントへ船出したのも、建築用の木材がエジプトへ積み出されたのも、このヴェネツィアからであった。

東方世界からは香辛料と絹がもたらされたが、それはすぐさまイタリア半島を横切ってパヴィアとローマへ向けて再輸出された。[85] 無論、若干量の商品はアルプスを越えて北方へも輸送されたに違いない。[86] 尤も、この時代には、このルートによる商業は量的にみればとるに足らないものであったと思われる。

ヴェネツィアはまたダルマティア海岸全体を自分の市場としていた。最も活潑に商業が営まれたのはこの海岸との間であったと考えて間違いない。

西方世界に比べるとヴェネツィアは別世界であった。ヴェネツィアの住民は商業精神に富んでおり、不正利得 turpe lucrum に関する禁令も何ら意に介さなかった。[87] そしてこの精神状態こそ、アラビア人の征服があってからというもの、西方世界とイタリアでは死滅してしまい、ヴェネツィア並びにイタリア南部の他のビザンツ領諸都市のすべてには生き残っていた精神状態に他ならなかった。

例えばバリであるが、この町は依然として完全にギリシャ風な都市であり、ボヘムントの治世まではビザンツ流の都市制度が維持されていった。[88] 八七一年までバリは回教徒の占領するところであったが、かれらの「回教君主《スダン》」はイェルサレムに赴く修道士たちに渡航の許可を与え、且つこれらの修道士たちをバグダッドのカリフに託している[89]。

西海岸のサレルノ、ナポリ、ガエタ、アマルフィの場合も同様であった。これらの諸都市は極めて活潑な海港であり、またヴェネツィアと同じように、ビザンツとは極くゆるやかな関係で結びつけられていたにすぎない。また、これらの諸都市は自分の町の自主性をまもり抜くためにはベネヴェント公を向うにまわして戦争もした。これらの諸都市の後背地はヴェネツィアのそれよりも遥かに富裕であった。なにしろ、ベネヴェントでは相変らず金貨が用いられていたし、程遠からぬところにあるローマでは、教会があったり、巡礼たちが頻繁に往来したりするために、以前と変らずに香辛料、芳香料、高価な織物、さらにはパピルスさえも大量に消費される状態だったからである。その上、ベネヴェント公国には相当に洗練された文明も存続していたのである。パウルス・ディアコヌスはこの国で王女のアデルペルガにギリシャ語を教えている。八世紀の末に、ベネヴェント公アリキスはこの国に聖ソフィア教会を建立し、コンスタンティノープルから取り寄せた装飾品でこの教会を飾ったりした。公は、東方世界から絹織物や、紫紅色塗料や、金銀細工の花瓶を取り寄せること、また、インド、アラビア、エチオピアからも諸々の物産を取り寄せることを自慢の種にしていた[90]。

歴代のベネヴェント公が金貨を維持していたこと[91]、しかもビザンツの貨幣制度を維持していたこと、このことを強調しておかなくてはならない[92]。やがてはそれも消滅していったにせよ、この国では当時でもなお地中海的統一の連続していたことが認められるわけである。

イタリア南部のこういった沿海諸都市は船隊を保持していた。或る史料には、八二〇年にそれまでサラセンの海賊に拿捕されていた八隻の商船がサルジニア島からイタリアへ帰って来た旨が特筆されている。(93)八二八年にトスカナのボニファティウスによって企てられたアフリカ遠征も、これらの諸都市の船を用いて行なわれたものだと考えなければならない。事実、これらの都市の船を使用する旨の了解が〔ビザンツ・カロリング〕両皇帝の間でついていたことをわれわれは知っている。

教皇がカール大帝に語ったところによると、教皇の命令でギリシャ人たちの船（naves Graecorum gentis）がキヴィタ・ヴェッキアで焼き払われたことがある。恐らく、こういった船は時にはプロヴァンス海岸まで北上して、九世紀にもマルセイユやアルルに姿を現わしたものと思われる。しかし、イタリア南部の諸都市の海運の目ざす方角は東方であり、その軌道はビザンツ圏にあった。もっともそうはいっても、そのためにこれらの諸都市と、アラビア圏に入ってしまったイスパニア及びアフリカの諸港との関係が絶えてしまったわけでないことは、ヴェネツィアの場合と同じである。そればかりではない、ビザンツとの関係は、ナポリ人たちのやったように、アラビア人のシチリア島攻撃を援助することさえも妨げるものではなかった。このような行動は、過ぐる〔第一次〕大戦中に、ドイツに軍需品を供給した連合国側の国民の精神状態と同じ性質の精神状態に由来するものであった。

八七九年のことであるが、シチリア島防衛のために派遣されたギリシャ艦隊の提督が、戦争中であるにも拘わらずイタリアとシチリア島の間で商業に従事していた多数の商船を拿捕した。その商船に積んであった莫大な量の油――ということは、これがアフリカから帰航中の商船であったことの証拠である――をこの提督が没収したために、コンスタンティノープルではこの商品の価格がべらぼうな下落を示した程である。[94]

イタリア南部の諸都市と回教徒の間で行なわれたこの商業もまた奴隷の取引を含むものであった。そのことで教皇はこれらの諸都市を非難している。[95] 既に八三六年には、どうしてもナポリ商人の活動を必要とするベネヴェント公とナポリとの間に条約が結ばれて、ナポリ商人はベネヴェント公国内で最大限の取引の自由を享受するようになったのであるが、しかしこの協定には、転売する目的でランゴバルド人奴隷を買うことをナポリ商人に禁止している規定がある。[96] このことから、そうした奴隷たちがランゴバルドの、即ちフランク帝国の、生れであることがわかる。

ところが、生きた人間を商売の対象にするこの同じ連中が、八四九年には教皇のためにオスティア沖の海戦で大勝利を博している。そして、ヴェネツィアで聖マルコが非常に崇敬されていたように、ナポリでは聖ヤヌアリウスが非常な尊崇を集めていたのである。

これらの諸都市の中でもアマルフィが最も純粋に商業的な都市であった。この町は海岸近くまで山が迫っていて、まちは猫の額ほどの広さしかなく、その森林から得られる木材で遠くシリアまで航行する船が建造されていた。[97]

商業の話を別にすると、これらの商業の中心地とベネヴェント公との間には利害の一致はまるでなかった。いや、これらの商業の中心地相互の間でさえ利害の一致は何もなかったのである。八三〇年頃、ナポリはベネヴェント公に対抗するためにサラセン人の援助をうけている。八七〇年頃にも、ライヴァルであるアマルフィに対抗するために、次いで八八〇年にも、バシリウス一世以降再び強力になってきたビザンツの影響力に対抗するために、その都度サラセン人と同盟を結んでいる。[98] ちょうどその時ガエタもサラセン人との接近を図ったが、教皇がガエタの有力者 hypatos に譲歩を示したので、やがてガエタは再び教皇の側についていった。[99] 八七五年には、イタリア南部の全都市から集められた船が、サラセンの艦隊と一緒になってローマ近傍の海岸を荒らしまわり、ルートヴィッヒ二世がナポリは第二のアフリカと化してしまったと言明している。[100] 八七七年に、教皇ヨハネス八世が金《かね》の力と破門の脅迫とによってアマルフィをサラセン人から引き離そうと試みたがこれは失敗に終った。しかし、その同じ年に、アマルフィはサラセンの攻撃からイタリア南部の海岸を防衛する仕事を引きうけている。[101]

ちょっと見ただけでは、これらの商業都市の政策ほど筋の通らぬものはないように思われる。しかしながら、この表面的な矛盾も、専ら自分の町の商業を衛ろうとするこれら諸都市の終始一貫した配慮にその原因があったのである。これらの諸都市が回教徒側と同盟を結んだからといって、それは、回教徒の方が侵略の挙に出た場合には何時でもこれに徹底的に抵抗することを妨げるものではなかった。

八五六年に、サラセン人はイタリア南部を占領する目的で、これにバリ及びイタリア半島西岸の両面から同時に攻撃を加え、ナポリを襲い、ミセヌムを破壊している。[102] イタリア南部の諸都市は、サラセン人との通商は両手をあげてこれを歓迎したが、しかしサラセン人の支配下に屈したり、自分の町の周辺の海をサラセン人の制圧に委ねたりする気持は全然もちあわせていなかった。これらの諸都市の政策はこの点ヴェネツィアのそれと完全に同じものであった。これらの諸都市は自分の町以外の何ものも信用せず、また何人《なんぴと》にも服従しようとはしなかった。しかしながら、お互い同志が不倶戴天のライヴァルであったから、相手を打ち倒すためには回教徒と同盟を結ぶことも敢えて辞するものではなかった。八四三年にサラセン人がビザンツ帝国からメッシナを奪取しようとするのを、同じくビザンツ帝国に属する都市でありながらナポリが援助したのはこのためであった。もっとも、ヴェネツィアの場合と同じように、これら諸都市のビザンツに対する従属関係も全く名目的なものではあった。これらの諸都市が行動を起すのは、自分の町の繁栄が直接に脅かされる場合だけであった。八四六年にロタールが回教徒に対する反撃を企てた時に、これらの諸都市がそれに味方しなかったのも、また、後にルートヴィッヒ二世が同じことを企てた時にもそれを支援しなかったのも、全くこのためであった[103]。まことに正しくも次のようにゲーは言っている。「海洋国家であるガエタ、ナポリ、アマルフィは、或るどうにもならない力によって、離れても離れても結局はサラセン人と同盟を結ぶようになってしまうのであった。……これらの諸都市にとって何よりも肝要なことは、海岸の衛りを固め、自分の町の商業上の利益の安全を図ることであった。これらの諸都市はサラセン人と折衝して戦利品の分け前に与り、営々として自分の町の富裕化を図ったのである。ナポリやアマルフィの政策の何よりの特質は、それが、正常貿易だけではなく掠奪もやって生活を営んでいた商人たちの政策だったということである」[104]。シチリア島を防衛しようとするビザンツ皇帝にこれらの諸都市が援助の手をさしのべなかった理由もここにある。これらの諸都市のとった政策は、十七世紀に日本でオランダ人のとった政策と同じものであった。それだけではない、回教圏の海岸を相手にしなかったならば、一体イタリア南部の諸都市は誰を相手に通商できたであろうか。東方世界《オリエント》はヴェネツィアの独占するところとなっていた〔から〕。

以上述べたことを綜括してみよう。嘗てのキリスト教的地中海は、二つの部分すなわち東方と西方に分割され、周囲をイスラム諸国にとりかこまれてしまった。そしてこのイスラム諸国は、九世紀も末になって征服の戦塵も収まると、バグダッドを中心とする自足的な一つの世界を別個に形成するようになっていった。アジアの隊商たちが、旅を重ねたのもこの中心地へ向ってであったし、ヴォルガ河を経てバルト海に至る大通商路が目ざしていたのもこの中心地であった。アフリカやイスパニアへ物産が送り出されていったのもこのバグダッドからであった。回教徒自身はキリスト教徒を相手に貿易をすることはなかったが、キリスト教徒に自分たちの港を閉鎖することもしなかった。キリスト教徒たちが奴隷や木材を携えて屢々自分の港を訪れ、欲しいものを買い込んで持って帰るのを、回教徒は放任していた。

しかしながら、キリスト教徒の海運が活況を維持していたというのも東方世界だけの話であった。イタリア最南端の地方も、専ら東方世界と交渉を保っていたのである。ビザンツはイスラムの攻撃から東地中海の制海権をまもり続けることに成功した。アドリア海の沿岸とギリシャの海岸を経て、ヴェネツィアからボスフォラス海峡に臨む大都市に向う船はそのあとを絶たなかった。それだけではない、小アジア、エジプト、アフリカ、シチリア島、イスパニアの回教圏諸港を引き続き訪れる船も多かった。外へ向っての膨脹の時期がひとたび過ぎ去ると、伸展の一路をたどる回教圏諸地方の繁栄はイタリアの沿海諸都市に好影響を与えるものであった。この繁栄があったればこそ、都市、金貨、職業商人の存在する高度の文明、ひとくちに言って古代の諸基礎をそのまま引き継いだ文明が、イタリア南部及びビザンツ帝国に生き残ったのである。

西方世界ではそれとは反対のことが起った。リヨン湾の沿岸も、リヴィエラ地方からティベル河の河口にかけての海岸も、艦隊をもっていなかったキリスト教徒たちが戦争と海賊の荒らしまわるがままに任せたから、いまでは人煙稀れな地方となってしまい、海賊の跳梁する舞台と化してしまった。港も都市も打ち棄てられてしまった。東方世界とのつながりも絶たれ、サラセン人たちの住む海岸との交渉もなかった。ここには死の風が吹いていた。カロリング帝国は、ビザンツ帝国とは極めて著しい対照を示す存在であった。それは、海への出口を全くふさがれてしまったため、純然たる内陸国家であった。嘗てはガリアの中で最も活況を呈し、全体の生活を支える要《かなめ》ともなっていた地中海の沿岸諸地方が、今では最も貧しい、最も荒涼とした、そして、安全を脅かされること最も多い地方となってしまった。ここに史上初めて、西欧文明の枢軸は北方へと押しあげられることになり、その後の幾世紀間かは、セーヌ、ライン両河の中間に位置することになった。そして、それまでは単に破壊者という否定的な役割を演じてきたにすぎないゲルマン諸部族が、今やヨーロッパ文明再建の舞台に肯定的な役割を演ずる運命を担って登場したのである。

古代の伝統は砕け散った。それは、イスラムが、古代の地中海的統一を破壊し去ったためである。

第二章　カロリング家のクーデターとローマ教皇の同家への接近

一　メロヴィング王朝の衰微

五世紀の末にゲルマン諸部族が西方世界に建設した地中海諸国家のなかで、最初にひときわ輝かしい光彩を放った二つの王国すなわちヴァンダル王国と東ゴート王国は、ユスティニアヌスの攻撃のまえに崩れ去った。西ゴート族は六二九年に当時〔訳註一〕なおイベリア半島に残っていた僅かばかりのビザンツ帝国領を奪いかえした[1]。フランク族は無傷のままであった。ランゴバルド族はどうであったかというと、かれらは、短い期間ではあったが自分たちの利益のためにイタリア王国を再興しそうに見えた。帝国がペルシャ軍の侵入を防ぐことを余儀なくされていたことは、ランゴバルド族がこの企てを遂行する上で有利な条件となっていた。ランゴバルド族と対抗していくためには、帝国はフランク族との同盟に依存しないわけにはいかなかったが、それはそれでまた危険が伴わないではなかった。けれども、ヘラクリウスが〔ペルシャに対して〕勝利を収めたことは、ビザンツが〔ランゴバルド族に対する〕攻撃を再開する日の近いことを告げるものであった。恰もこの時である、突如として、イスラムの侵入が始まったのである。

この侵入に直面して帝国は決定的に後退してしまった。アフリカは奪い取られ、イタリア各地のビザンツ領もシチリア島に根拠地を構えた回教徒の脅威にさらされるに至った。西ゴート族は滅亡の憂き目にあった。フランク族も南部地方に侵入をうけたが、ポアティエの会戦で形勢を好転させた。それでも猶かつフランク族は地中海から切り離されてしまったのである。ひとりランゴバルド族だけがイスラムの攻撃を免れた。それどころではない、一方では、ビザンツがその注意を東方に向けなくてはならなくなってランゴバルド族に対する制肘が緩和されたので、また他方では、フランク族の脅威からも免れるようになったから、ランゴバルド族にとってはイスラムの攻撃は有難いものだったのである。

しかし、新しい基礎の上にヨーロッパを再建する仕事を担当することになったのは、西方世界でのイスラムの内陸進攻を阻止したフランスであった。

未来は、フランスの双肩にかかっていた。しかし、この時期のフランスの様相はメロヴィング王朝時代のそれとは非常に違ったものであった。その重心はもはやローマ世界 Romania にはなく、ゲルマン的な北方へと移動していた。地中海がイスラムの支配するところとなってしまったために、もはや地中海の重力によって引き寄せられることをやめた政治勢力が、ここに初めて登場したのである。カロリング王朝の成立とともにヨーロッパの歩み出した方向は全く新しい方向であった。この王朝が出現するまでは、ヨーロッパの生活は古代の生活の続きであった。ところが、その伝統的な諸条件のすべてがイスラムによって覆されてしまったのである。それ故、カロリング王朝が直面することになった情況は、王朝自身の手でつくり出されたわけのものではなかった。しかしその情況の中にひとたび身をおくと、カロリング王朝はそれを利用して新しい時代の幕を開いていった。カロリング王朝が演じた役割は、イスラムが世界にもたらした均衡の変化を考えなければ説明のつかないものである。ゲルマン民族の侵入期から引続いて存在していた唯一つの王朝であるメロヴィング王朝に代って、カロリング王朝を誕生させたあのクーデターそのものも、サラセン人による地中海の閉鎖という事実によってその大部分が説明できる。このことは、偏見を抱かずにメロヴィング王朝の衰頽を考察する者には明瞭なことである。従来このことが充分に理解されていなかったとするならば、それは、フランク時代というものは一つの時代であって、カロリング王朝はメロヴィング王朝の後継者であるという考えがこれまで習慣的になっていたからに他ならない。経済や社会組織の面だけではなく、法律や制度の面にもこの連続性がはっきりと認められると考えられてきたのである。ところが実際には、メロヴィング王朝時代とカロリング王朝時代との間には本質的な相違が横たわっている。何よりも先ず、この両時代にヨーロッパが夫々に当面していた情況というものは、完全に対蹠的なものであった。フュステル・ドゥ・クーランジュが次のように述べているのはまことに正しいと言わなければならない。「クロドヴェッヒの死に続く百五十年間を考えてみると……人々の状態は〔ローマ〕帝国の最後の一世紀と殆んど変っていないことがわかるであろう。これに反して、八世紀及び九世紀に身を移してみると、外観的には恐らくローマ的な様相が一層著しくなっていながら、社会の実態はローマの支配下にあった時とはまるで違ったものであることに気がつくであろう」(2)。またヴァイツも、メロヴィング王朝、カロリング王朝の両時代を正しく区分しており、この点、ブルンナーがこの二つの時代を結びつける誤りに陥っているのとはまさに対蹠的である。

この二つの世界の間の亀裂は、ピピンのクーデターによって決定的なものになったのであるが、しかしそれには永い前史があった。六三九年ダゴベルト一世が歿してから後のメロヴィング国家は、最早、長い衰微の一路を辿るのみであった。この衰微というのは王威の衰微に他ならない。王権というものが絶対のものであったこと、この特徴はローマ帝国から受けつがれたものであったこと、このことについては既に述べておいた。国家を統治するからには、自分の意志を押し通すだけの権力を国王が保持する必要があった。そしてこの点については、国王もそして又この統治様式も、民族的な抵抗にせよ政治的な抵抗にせよ、およそいかなる種類の抵抗にも遭遇しなかった(3)。非常に屢々住民と領土の編成替えをすることになった国土分割でさえも、ことは遺産の分配をめぐる王家内部の問題であり、人民たちは一向に無関心であった。王朝の威信は絶大であった。そして、この威信の絶大さは教会を抜きにしては絶対に理解できないものであった。何故ならゲルマン的な感情のどこを探してみてもそれを説明できるものは見つからないからである。

六五九年に〔アウストラシアの宮宰〕ピピン一世の息子であるグリモアルト〔一世〕が正統の王位を簒奪しようと謀ったのは他ならぬゲルマニアでのことであった。この企てはフランク族民の怒りをかい、グリモアルトは捕縛され、死刑に処せられた(4)。

国王は教会の支持を頼りにしていた。国王は教会に保護を与えていたが、実際にはそれを支配下においていた。既に王国の衰頽が始まっていた六四四年でさえ、シギベルト三世は自分の許可しない教会会議の開催を禁止している(5)。

メロヴィング王朝の衰頽を六一四年のクロタール二世の告示まで溯って考えるのが一般の見解である。しかし、この告示は、とりわけ裁判特権を附与することによって教会の地位を強固なものにし、教会の支持を確実なものにするための一つの手段であったと私には思われる(6)。

とまれ、ダゴベルト一世はなお偉大な国王であった。かれはゲルマン諸部族と戦いを交え、テウデベルト以後のかれの先任者たちが誰ひとりとして享受できなかったヨーロッパ的な地位を享受していた。

メロヴィング王朝下のフランク王国は国際的な役割を演ずる勢力であり、地中海に牢固とした地位を築こうとする政策を終始一貫して堅持していた。ガリアに定着して以来、メロヴィング王朝はプロヴァンス地方に勢力を伸ばそうとしてきた。テオデリッヒの阻止にあってこの企てが挫折してしまうと、次には矛先をイスパニアに転じて西ゴート族を向うに廻して戦いを交えた(7)。

ユスティニアヌスが東ゴート族に対して戦争を始めたことは、地中海に接近する機会をメロヴィング王朝に与えることになった。五三五年に皇帝がメロヴィング王朝に援助を要請すると、〔東ゴート王〕ヴィティギスは、皇帝とフランク族との同盟を妨げる目的で、以前メロヴィング王朝が西ゴート族から奪い取ろうとした時テオデリッヒのために阻止されたことのあるプロヴァンス地方を、同王朝に割譲した(8)。今や海岸に地歩を占めるに至ったテウデベルトは、イタリアに足場を獲得する下心で、一時東ゴート族と誼みを通じ、兵力一万の援軍を東ゴート族のために派遣した(9)。しかし程なくしてかれは、ゴート族とビザンツの双方を敵に廻す態度に出て、五三九年にはヴェネツィアの大部分とリグリア地方の大部分を征服してしまった(10)。

当時、王国は活力に充ちあふれていたときであったから、チルデベルトとクロタールはイタリア遠征が終ると殆んど同時に西ゴート族に対する戦争を再開し（五四二年）、パンペルナを奪取し、エブロ河の流域を荒らしまわった(11)。しかし、サラゴッサの攻略は失敗に終り、遂にはテウディスによって撃退されてしまった。

イスパニアで前進を阻まれてしまったため、フランクの諸王は再び進出の方向をイタリアに転じた。五五二年、アレマン族の増援を得たフランクの一軍は、再度イタリア半島を南下して東ローマ帝国軍に挑戦し、半島を荒らしまわったが、疫病のため多数の死者を出し、ナルセスに撃破され、その残兵はガリアに退却することを余儀なくされてしまった。

戦場で敗北を喫したフランク族は政治的な手段によって重要な領土を獲得することになった。五六七年、チルペリッヒが〔西ゴートの王女〕ガルスヴィンタと結婚したので、ガロンヌ河とピレネー山脈の間の西ゴート領がフランク領に編入されたからである(12)。

ランゴバルド族のイタリア到着は、メロヴィング王朝にイタリアで戦端を開く新しいきっかけを与えることになった。

五六八年にランゴバルド族はプロヴァンスを攻撃した。一旦は撃退されたが、五七五年にも再びこの地方に侵入した[13]。五八三年、チルデベルト二世は、ランゴバルド族を抑えるためにフランクの介入を切願する教皇ペラギウス二世の懇請に接し、皇帝マウリキウスと対ランゴバルド同盟――この同盟の代償としてマウリキウスは金貨五〇、〇〇〇ソリドゥスを支払った――を結び、フランク軍の一隊を派遣した。この派遣軍は五八五年までイタリアの戦場にあったが、結局成功は収めなかった[14]。

しかしこの同じ年（五八五年）には、グントラムがセプティマニアに攻撃を加えている。もっともグントラムの軍勢はレオヴィギルドの息子レカレッドによって撃退され、多大の損失を蒙ってしまった。しかし拮抗状態は続いていた。五八九年になると、グントラムは再び攻勢に出たが、この時もまたカルカッソンヌ近郊で決定的な敗北を喫してしまった[15]。

五八八年に[訳註二]チルデベルトの軍がイタリアでランゴバルド族に撃破され[16]、そのため五八九年にはチルデベルトもランゴバルド族と和を講ずる気持になっていただけに、このフランク軍の敗北は深刻だったようである。

しかし、チルデベルトはそのイタリア政策を放棄しなかった。翌る年（五九〇年）にはまたまた新たな遠征軍をランゴバルド族にさし向けている。この遠征も成功を収めることができず、今度という今度はチルデベルトも諦めて和睦しなくてはならなかった[17]。

メロヴィング王朝最後の英主ダゴベルトも、イタリア及びイスパニアに対するこの干渉政策を続行していった。六〇五年には皇帝ヘラクリウス(訳註三)と同盟を結び、六三〇年には西ゴート王スヴィンティラに対立する王位要求者シセナントを支援している。(18) ダゴベルトは、メロヴィング王朝の伝統的な政策の最後の代表者となる運命を担った。かれの歿後は、六六二―六六三年の――結局、不成功に終った――唯一の遠征を別にすると、イタリアに対しても、イスパニアに対しても、もはや政治的な干渉は行なわれなくなった。(19)

王国の勢力は、北方に対しても同じ様に弱まっていった。即ち、ゲルマニアではチューリンゲンが独立し、バイエルンもほぼ独立し、ザクセン族の態度もまた不穏であった。こうした事情から、六三〇―六三二年を境として、メロヴィング王国は本来の版図のなかに後退し、衰頽状態に陥っていったのである。絶え間のない諸王間の内紛、またフレデグンダとブルンヒルドの間の確執、更にはまた六一三年に無慙な死をとげるまでのブルンヒルドの権謀術数、こういったことが王国衰頽の原因となったことは論をまたないところである。ただ、こういった内紛が、六一三年という年を迎えるまでも常則的な事柄であったことを、思い出さなくてはならない。その後の内紛を一層深刻なものにしたのは、歴代の諸王があいついで未成年者であったという事実である。七一五年のチルペリッヒ二世の即位は、成年に達した国王の二十五年ぶりの登場であった。そしてこの現象は、気儘な生活を送ることのできたフランクの王子たちの放蕩と性生活の過剰から説明することができる。かれらの大半が変質者であったことは疑いのないところであり、クロドヴェッヒ二世の死因は精神病であった。メロヴィング王朝の衰頽に陰惨な様相を与えているものはこの事実であって、この陰惨な様相こそ、西ローマ帝政の衰頽、また後のカロリング王朝の衰頽と比べた場合、メロヴィング王朝の衰頽の著しい特徴をなすものである。これらの国王の中には、すこしでも影響力をもつ者は最早ひとりとしていなかった。かれらは宮宰に操られる人形であって、宮宰に反抗しようとする気持さえ抱かなかった。嘗てラヴェンナの皇帝たちがやったように、宮宰を暗殺させようと企てる国王は唯の一人としていなかった。それどころではない、往々にして暗殺の憂き目をみたのは国王たちの方であった。国王たちは自分の母親、時としては自分の伯叔母の後見の下で生活していた。ところが、ブルンヒルド――因みに彼女は西ゴート族の出身であった――以来、王妃選択の基準はその容姿におかれるようになった。ダゴベルトの王妃となったナウテヒルドは、王が寝所に侍らせた女召使（奴僕の娘 puella de ministerio）であった。その結果、宮宰の権能が絶大となり、恰も日本の将軍 shogoun に似た地位を占めるようになった。

他方ではまた、七世紀に入ると、国王の自由になる財源が減少してしまったことから、メロヴィング朝の諸王は当時しきりに勢力を増大しつつあった土地所有貴族に対する依存度を益々強めていった。貴族階級というものが常にそうであったように、これらの土地所有貴族も王権に食い込もうとし、またそのために王位を選挙制に切りかえようとしたが、それは全く自然の成行きというものであった。

国王はその力が強大であった間は貴族階級を抑えつけておくことができた。自由に伯を任命することができたし、また実際問題としては司教をも自由に任命することができた。大逆罪にひっかければ何人《なんぴと》といえども思うままに罪を断ずることができたし、断罪に伴う所領没収によって王室財庫を富ませることにもなった。この財庫に充分な財源を仰ぐことができた間は、国王は素晴らしい統治手段 instrumentum regni を掌握していたわけである。関税はすべて国王に帰属することになっていたからして、商業が繁栄を続ける限りは王室財庫もうるおうものであったことを銘記しておかなければならない。

国王の近衛隊であり、国王の真の常備軍ともいえる王側近のトゥルスティース trustis を養うことができたのもこの王室財庫のおかげであった。(20)

ところで、国王自身が宣誓違反の手本を絶えず示していたこの時代に、「アントルスティオーネス」があくまでも宣誓に忠実であるようにしておくためには、国王がかれらに給する能力をもっていなければならなかった。ところが、国王の権力の現実の基盤である王室財庫は、七世紀の経過するうちに窮乏を告げ始めたのである。第一に、もはや外征による戦利品がなくなってしまった。ビザンツからの同盟国援助金も同様にあとを絶ってしまった。国王は所領だけを生活の基盤とする「土地所有者」では決してなかった。(21) この事実を確めるにはトゥールのグレゴリウスを読めば充分である。無論、国王は御料地を構成する多数の所領やヴィラ villae を持っていた。そして、特別に恩顧を与えていた友人や教会のためにそれを惜しみなく与えることができたし、ばらまくように与えることさえできた。(22)

しかしながら、私のみるところでは、この所領財産が政治的な役割を演じていることを示す記載は、トゥールのグレゴリウスの中に唯の一つも存在しない。その他の点で国王の勢力が強大である限り、一旦与えた所領でもこれを取り戻すことができた。それに、このように絶えず所領の分配を繰り返していたのでは、一体どうやって、所有者の変動絶え間のない御料地を国王権力の基礎にすることができたであろうか。どうみても国王の収入の中心となっていたものは租税であった。王室を富裕にし、且つその統治に必要なものすべてを補給するのに租税だけで充分であったことは、フュステル・ドゥ・クーランジュも認めているところである。[23]

しかし、それでは、それまで絶えたことのなかったローマの遺産であるこの租税が、次第にその収入を減じていったのはどうしてであろうか。フュステル・ドゥ・クーランジュによると、その理由は、司教たちの妨害と聖俗両界の豪族たちに与えられたイムニテに求めなければならないという。従って、国王自身がその権力の基礎を掘りくずしたというわけである。[24] 同様に、関税からの収入も、国王が免除〔特権〕を与えたために益々減少していったのだということになる。

しかし一歩進んで、自分自身の権力のまさに基礎を破壊することになった国王たちのこの政策の原因が、何であったかをつきとめなければならないであろう。どうして国王たちは、のちに行なわれたように、租税自体を譲与しなかったのであろうか。確かに国王たちは租税の免除は認めたけれども、国王大権を放棄したわけではなかったのである。それだけではない、租税すなわち関税の免除が影響を与えた範囲は修道院に限られていたのであるが、商品の主要な流通が修道院の手を通じて行なわれたものでないことは明らかである。商品流通を担当するものは商業であった。それ故、商業が沈滞するのに伴って、それだけ間接税つまり通行税が減少していったものと認めなければならない。ところで、既にわれわれの考察したところによると、商業の不振は六五〇年頃に始まったと考えて間違いないのであるが、この時期は、王国内の無政府状態の進行と正確に一致するものである。七世紀の末になると、国王の現金収入財源が著しく減少していたことは確実である。この間の事情を伝えるものとして、六九五年に、サン・ドニ大修道院が国王財庫から受領していた三〇〇ソリドゥスの永続年金を放棄するという条件で、国王は同大修道院長にナッシニの所領 villa を与えたという興味深い証拠がある。このように、国王は土地よりも現金収入財源の方を大切にしたのである。[25]

現金収入財源が、何よりも先ず商品流通に課せられた通行税であったことは疑いを容れない。通行税の徴収は地租の徴収よりも遥かに容易であって、殆んど何らの抵抗にもぶつかることがなかった。この税の徴収については司教が干渉したということをきかない。もっとも、関税と並んで、確かに地租も存在し続けてはいたが、しかしその額は減少していく一方であった。疑いもなく、国王の勢力が衰微していくのに乗じて、豪族たちが益々多くのイムニテ諸特権を国王から奪い去っていったのである。しかし、イムニテが、国王勢力の衰微した原因であったと考えるのは誤りである。実際は、イムニテは国王の力が衰微したことから生じた一つの結果であった。

このように見てくると、王威並びに国家の不振を招来するに至った王室財庫の窮乏化は、何よりも先ず、重症化していく商業の貧血によるものであったことが明らかであると思われる。[26]ところで、この商業の貧血症は、地中海沿岸を席捲したイスラムの膨脹の結果生じた海上商業の消滅によるものであった。商業のこの衰頽によって特に打撃を蒙ったのが、商業都市のあったノイストリアであったことは間違いのないところである。それまで国王の勢力の基盤となっていたこの地方が、次第にその地位を、貨幣経済への依存度が明らかにより小さい生活をしていたアウストラシアに譲らなくてはならなかった理由もここにある。〔アウストラシアでは〕租税はどうであったかというと、バイエルン族およびチューリンゲン族からは徴収されておらず、ザクセン族の場合には貢ぎ物として五〇〇頭の牝牛を納めていたことが知られている。[27]それ故、本質的に農業中心の北部諸地域が、商業の衰頽によって蒙った影響は遥かに小さなものであったことを確言することができる。このように考えると、都市的で且つ商業的な経済が崩れ去ったあとの復興運動が、どうしても北部諸地域から起らざるを得なかったことが容易に理解できるのである。商業の衰頽は、生活全体を土地に集中させることによって、もはや抑えることのできない勢力を貴族階級に与えることになった。ノイストリアでは、国王の勢力が衰微していくのをすぐさま貴族階級が利用しようとした。勿論、国王側ではこの動きに対して抵抗を試みた。われわれに遺された乏しい史料から判断し得る限りでは、宮宰エブロインの政策のなかにはブルンヒルドの政策が甦っていた。六六四年以後、非難攻撃を浴びるに至ったエブロインの専制主義は、王政すなわち人民全体に否豪族にさえ思うままの行動がとれる国王役人のいるローマ風の統治を、維持していこうとするかれの意図から出たものであったと解釈して間違いない。

六八〇年もしくは六八三年にエブロインが暗殺されたことは、豪族を抑えようとする国王側の努力が最終的に挫折したことを示すものであったと考えてよい。ところで、イスラムのカルタゴ占領の時期とほぼ一致するこの時期には、海上商業は殆んど完全にあとを絶っていたのである。

それ以後というものは、国王は貴族階級の思うがままに操られた。恐らく国王は、貴族階級への抵抗を続けていくために教会を頼りにしようとしたことであろう。しかしその教会自体が無政府状態に陥っていたのである。このことを理解するにはデュシェヌ卿の作成した司教名簿[28]を読めば充分である。この書物でみると、ガリアの北部よりも南部の方が教会の無秩序は遥かに甚だしくなっていた。一般的にいって、ガリアの教会で圧倒的な勢力をもっていた南部の司教たちは六八〇年頃になると姿を消し、それが再び姿を現わすようになるのは八〇〇年頃になってからのことである。勿論、たまたま名前を洩らしているのかもしれないということは斟酌しなくてはならないが、しかし今いった事実があまりにも一般的な現象なので、そこには何か深い原因があったのだと考えないわけにはいかない。

ペリグウではエルメノマリス（六七三―六七五年）の後は十世紀になるまで司教がいなくなっている。[29]アジャンでも同様である。[30]ボルドーでは六七三―六七五年から八一四年まで一人の司教も見当らず、[31]マンドでは六二七年からルートヴィッヒ敬虔王の治世までその状態が続いている。[32] リモージュではエメヌスのあと一世紀にわたって司教職の空位が続き、[33] カオールでもベト（六七三—六七五年）のあと同じ状態に陥った。[34] アウホでは八三六年まで司教は姿を消したままである。[35] レクトゥル、[36] コマンジュのサン・ベルトラン、サン・リジエ、エール、オータンでは六九六年から七六二年まで一人の司教の記載もなく、[37] シャロンでは六七五年から七七九年まで、[38] ジュネーブでは六五〇年から八三三年まで、[39] ディエでは六一四年から七八八年まで、[40] アルルでは六八三年から七九四年まで、[41] 同様に司教の名前が記載されていない。同じような司教職の空位が、オランジュ、カルパントラ、マルセイユ、トゥーロン（六七九—八七九年）、エクス（五九六—七九四年）、アンティベ（六六〇—七八八年）、エンブリュン（六七七—八二八年）、ベジエ（六九三—七八八年）、ニーム（六八〇—七八八年）、ロデーヴ（六八三—八一七年）、ユゼ（六七五—七八八年）、アグド（六八三—七八八年）、マグロンヌ（六八三—七八八年）、カルカッソンヌ（六八三—七八八年）、エルヌ（六八三—七八八年）でも認められる。[42] ローによれば、ガリアで宗教会議が開かれた最後は六九五年であり、それ以後七四二年までガリアで宗教会議が開かれたことはないという。[43]

更に、教会会議も七世紀の最後の三十年間に姿を消してしまったことが認められる。八世紀に入ってからも、ピピンとカールマンの時代には一度も開かれていない。同様に碑文も漸次その姿を消していったことをルブランが指摘している。

七世紀以来、司教が都市で及ぼしていた影響力の絶大さを考えるならば、都市制度が衰頽してしまったのだという結論をどうしても出さざるを得ない。都市がそれまで維持してきた市参事会制が、この無政府状態のさなかに消滅していったことは全く疑いのないところである。

商業によって養分を与えられていた都市生活はここに姿を消した。それは、五世紀の〔ゲルマン民族の〕侵入によっても涸渇することのなかった地中海の商業の泉が、今や地中海が閉鎖されたことによって涸れてしまったからである。

そして、このように深刻な変貌をとげた環境の中で、それまで司教区の聖職者や俗界の高級役人に人材を提供していた有力な元老院貴族の家柄が、時を追って少くなっていったのもこの時代の特徴である。(44) 七世紀の半ば以降、社会が急速に非ローマ化していったことは歴然たる事実であり、この過程は八世紀の幕が開くまでには完了していたかないしは殆んど完了していたのである。住んでいる人たちは同じ人たちであった。しかし文明はもはや同じ文明ではなかった。

そのことを証明する史料がある。カオールの聖デシデリウス（六五五年歿）の伝記 Vita によれば、かれデシデリウスが司教職に在った頃には栄えていたカオールの町は、かれが死んでからはすっかりさびれてしまったということである。(45) 同じように、六〇一年にはまだその名を知られた一人の大商人がいたリヨンの町も非常に衰えてしまい、レードラードがカール大帝に報告書を提出した八〇〇年頃には、この町のさびれかたは、その絶頂に達している。(46)

国王の勢力が衰えた結果ひきおこされた無政府状態のために、ガリアは四分五裂の状態に陥った。六七五―六八〇年以降、アキタニアは独立の公国として自主的な存在となってしまった。

他方では、商業と都市の消滅から影響をうけることなく、また国王の統治の発達度低く、社会生活が完全に大所領を中心に回転していたアウストラシアが、次第に優越的な地位をはっきりさせてきた。そしてアウストラシアの貴族階級の先頭に、既にブルンヒルドを失脚させるに至った諸事件に重要な役割を演じていたピピン家が登場したのである。ピピン家はベルギーの大土地所有者の家柄であった(47)。既に六四〇年頃には、(ランデンの)ピピン一世の妻イッタはニヴェル修道院を建立しており、またアイルランド人の布教者聖フェランがフォッスにスコットランド人の修道院 monasterium Scottorum を建立することができたのもイッタの恩恵によるものであった。六八七年から七一四年までの間にも、ピピン家の所領の一つであるリエヌウがピピン二世によってスタヴロ・マルメディ修道院に寄進されている(48)。六九一年に、アンゼギゼルの妻でピピン二世にとっては母であるベッガがアルデンヌに修道院を建立してここに隠棲し、六九三年にこの地で生涯を閉じた。ピピン二世は、六九七年から七一三年までの間に、ロッブ大修道院長であった聖ウルスマールにレールヌとトラズニイの両所領 villae を寄進している(49)。ピピン家はシェーヴルモンに堅固な城砦を構えていたが、ここは同家のユピルの所領の一部をなしていた。ほど遠からぬマース河畔のヘルスタルには同家愛好の滞在地の一つとなった居住所があり、この居住所は七五二年以後は屢々宮殿 palatium という名前で呼ばれている。

ピピン家の人々がほんとうに寛いだ気持になれるのはアルデンヌの森の縁にあるこのマース河畔の地方であった。ピピン家の人々はしんからの田舎者であったから、アウストラシアの主都であったメッツの居住所には嫌悪以外のなにものをも感じていなかったようである。ピピン二世の息子であるグリモアルト〔二世〕が、七一四年に一フリーセン人によって殺害されたのはリエージュでのことであった。七四一年にカール・マルテルが世を去ると、カールマンとピピン短軀王は兄であるグリフォをシェーヴルモンに幽閉している。

ピピン家はヴァロン地方の所領の他にドイツにも多数の所領をもっていたが、しかし同家発祥の地はリエージュ周辺の地方であって、この地方では中世になってもなおピピンという名前が非常に屢々みられるのであり、現在でもなおペパンステーにその名をとどめている。

今や指導的役割を演ずるべく登場した家柄は、歴史始まって以来初めて、北方の家柄であった。少くとも半ゲルマン的であり、法的にはリプアリア・フランク族に属し、元老院貴族との関係なく、かりそめにもローマとの関係が全くない家柄であった。カロリング家は、同家にはしっくりとしないノイストリアの環境には適応できなかった。既に初代のピピンが国王のアウストラシア滞在中は明らかにこれを左右する力をもっていたのに、国王がノイストリアに定住すると国王に対して施す術を失ってしまったのもこのためである。(50)ピピンが国王を左右できなくなったことがアウストラシアの豪族たちの間に不満を醸成したことは間違いなく、そのためダゴベルト一世は、六三二年に後にシギベルト三世になった自分の息子を副王の地位につけている。

以上述べてきたように、ロマニズムとゲルマニズムの間に現われた明瞭な対立[51]の形をとって王威が衰運にむかうと、王の威厳がゆるぎないものであった間は民族的な対立の微塵もみられなかったこのフランク王国 Francia が分裂を始めたのである。

サリー法典とリプアリア法典の支配するこの北方の地域の習俗は、南方の習俗よりも遥かに素朴なものであった。北方は、依然として異教徒の住まう地でさえあった。そして国王の権勢が地に墜ちていくのに逆比例して、地方貴族の勢力が益々増大していったのであるが、この傾向は役人と聖職者の任用に極めてはっきりとみてとることができる[52]。

ところでピピン家は、宮廷からの監視をはねのけ、官職を世襲的に自分たちの手中に確保しようとしたこのアウストラシアの貴族階級、ノイストリアのローマ人たちにあからさまな反感を示していたこのアウストラシアの貴族階級、その貴族階級の頭目だったのである。ピピン家が宮宰として王国を牛耳るようになった時、その行動には、国王の専制主義に対する明白な敵意が含まれていることがすぐに感じとられた。ピピン家の行動は反ローマ的であった。また、「反古代的」であったと言うこともできるであろう。

ノイストリアでは、エブロインがピピン家の傾向とは正反対の傾向を代表していた。エブロインは、国王が幼少であったため、国王に代って政治を執るために豪族たちによって〔宮宰に〕任命されたのである[53]。ところが、貴族階級の一員でなかったかれは、〔宮宰の職に就くと〕直ちにこの階級の制圧を企て、宮中貴族の相続権を剝奪しようとした。さらにエブロインは、身分の低い者を登用しようと図ったようである（六五六年）。この連中はかれにすべてを負う者たちだったわけである。こうした政策が豪族たちの抵抗にぶつかったのは当然の成行きであったが、この抵抗の中心人物となったのが六五九年以来オータンの司教職に在った聖レジェーである。

王権擁護派と貴族階級との間の争いははっきりした形をとるに至った。ところで、特徴的なことは、国王自身はこの争いの渦中で何らの役割も演じていないということである。クロタール三世が歿する（六七三年）〔訳註四〕と、豪族たちが干渉してくるのを怖れたエブロインは、時を移さずテウデリッヒ三世を国王に擁立した。しかし、今や国王の選定に参与する権利があることを主張する豪族たちはこの国王の承認を拒絶し、テウデリッヒ三世の弟であるチルデリッヒ二世を国王に選んだ。(54)

こうなると、実際に国王の権力を行使する者は、貴族階級を代表する聖レジェーとなった。聖レジェーは、豪族に対する大幅な譲歩を国王に強要した。それ以後、高級役人の任地を転々と変えることはできなくなってしまった。こうして、豪族たちの勢力は一層牢固なものとなり、その権力は一種の世襲的な性格を帯びるようになった。しかしながら、貴族階級によって強行されたこの措置は、ピピン家にとっては好都合なものではなかった。既に注意を喚起しておいた、南部と北部のあの対立がここに窺われるのである。そしてこの対立の原因の一半が、国王に擁立される際にアウストラシアの貴族階級から支援をうけた新国王が、アウストラシア出身の豪族たちをノイストリアに移住させることを、〔ノイストリアの貴族階級が〕阻止したことであったのは、間違いのないところである。(55)

アウストラシアではウルフォアルトが宮宰職にとどまっていたが、ノイストリアとブルグンドでは宮宰職が空位同然であった。宮宰職を豪族たちが輪番で勤めるようにしようという企てもあったようであるが、しかし豪族たちの間で意見がまとまらなかった。チルデリッヒ二世はこの機に乗じてレジェーを追い出し、かれをリュクセイユに幽閉してしまった（六七五年）。たちまち豪族たちから反撃が起った。その年のうちにチルデリッヒ二世は暗殺者の手にかかって非業の最期をとげ、テウデリッヒ三世がその後を襲った。ところが、この暗殺が捲きおこした反動のために、エブロインの復活が実現することになり、かれは再び宮宰の顕職に就いて権力を掌握するに至った。この結果、「役の上下を問わず、大幅な役人の人事異動が行なわれた」とフュステル・ドゥ・クーランジュは述べている[56]。宮廷役人は一人残らず入れかわった[57]。レジェーは、ビザンツのしきたりにならって、眼を抉りとられたうえ死刑の宣告を下された。貴族派はエブロインに対抗するため全員が一致団結し、ウルフォアルトの後を襲ってアウストラシアの宮宰職に就いていたピピンに今や一切の希望を託すに至った。ピピンが宮宰になったのはどういう資格によってであろうか。疑いもなく、ピピン一世およびグリモアルト〔一世〕の子孫としてであった[58]。即ち、エブロインがノイストリアで打ち倒そうと戦っていた、まさにその対象である世襲制の原則によってであった。ピピンはアウストラシアで事実上の権力を掌握していた。年代記作者たちもこの事実をはっきりと指摘して、ピピンが「アウストラシアを統べ給うた dominabatur in Austria」と述べている[59]。かれが掌握しようとした権力と、エブロインがふるっていた権力とが性質の違うものであったことは明白である。エブロインとは違ってかれは役人ではなかった。かれの権力の基礎は、その一族の姻戚関係と、時を追ってかれの周囲に集まるようになった貴族階級によって認められた首領としての資格であった。『メッツ年代記』Annales Mettenses に信をおくならば、「エブロインに冷遇されたノイストリアの豪族たちの多くは、ノイストリアからアウストラシアへ逃亡し、ピピンの許に庇護を求めた」（六八一年）。このようにして、部族的には同じフランク族であったが、アウストラシアが貴族支配の立役者になっていった。[60]

六七九年にダゴベルト二世が世を去ってからのち、即ち恐らくはエブロインが背後で糸を操ったダゴベルト二世の暗殺事件ののちには、アウストラシアには国王というものがいなくなった。この時に失脚したと考えて間違いのないウルフォアルトのあとを襲って宮宰職に就いたピピンは、エブロインを討つべく軍を進めたが、ラオンの近傍で撃ち破られてしまった。[61]それから程なくして、六八〇年ないし六八三年に、エブロインはエルメンフリドゥスの手にかかって暗殺されたのであるが、このエルメンフリドゥスはアウストラシアに逃れてピピンの庇護を求めている。ピピンがこの事件に関係していなかったとは先ず考えられないことである。

エブロインが暗殺されたあとノイストリアではウァラトが宮宰職に就き、直ちにピピンと和を講じた。ところが、ウァラトは自分の息子であるギスレマールによって宮宰の地位から追われてしまった。ギスレマールはピピンを討つため軍を進め、ナムールにピピンを破った。ギスレマールは暗殺者の手にかかって斃れたらしい。再び宮宰の地位に就いたウァラトは、六八三年にピピンと結んであった講和を再確認した。かれは六八六年に歿し、そのあとは女婿のベルカールが継いだ(62)。すぐさま豪族たちがベルカールに対して反抗を起した。ランスの司教を含む豪族たちの大部分はピピンの側についた。ピピンはベルカール並びに国王テウデリッヒ三世に対して兵を進め、六八七年、サン・クァンタン近傍のテルトリイにこれを破った。六八八年になってベルカールは暗殺され、国王は宮宰としてのピピンの地位に承認を与えるに至った。この年以来、ピピンは王国全土を統轄する唯一人の宮宰となったのである。しかしピピンには、自分は国王に仕える者であるという気持はさらになく、国王の宮廷に居を定めることさえしなかった。国王の許には腹心の部下の一人、嘗て彼の手のものであったノルデベルトゥス Nordebertum quondam de suis(63)を残し、自分はアウストラシアに引揚げてしまった。

二 宮宰職カロリング家

以上に述べたような経緯から、六八八年、王国〔全体〕がアウストラシア宮宰の後見のもとにおかれるに至った。しかしアウストラシアの宮宰は国王の許にはとどまらなかった。自分の敵手であるノイストリアの宮宰を打倒し、それにとって代るだけで充分だったのである。王国の諸問題でかれが関心を抱いたのは、北方における自分の地位を強化するのに役立つことだけであった。北方での地位こそアウストラシア宮宰にとっての本質的な問題だったのである。ところで、その北方での地位を脅かしていたものがフリースランドとの隣接という事情であった。フリースランドには依然として異教が根をはっていた。そして、フリースランド王のラトボートは前からピピンの敵手であるノイストリア人たちに煽動されていたようである。それはとにかく、六八九年に起った戦争はラトボートを討つためのものであった。ラトボートはヴィク・レ・ドゥウルステッドの戦いに敗れ、西フリースランドを戦勝者に割譲しなければならなかった。[64]この勝利によって、ピピンの威信があらゆる点で大いに高まったに相違ないことが察せられる。その翌年（六九〇年）に、アングロ・サクソン人ウィリブロードが姿を現わしたのはこの国であった。ウィリブロードは、フリーセン人の改宗に着手し、カロリング家とアングロ・サクソン教会との間の最初の仲介者となった人物である。この二つの勢力の間の関係はのちに重大な諸結果をもたらすことになる。少しおくれて、もう一人のアングロ・サクソン人の伝道者スイトベルトにもピピンは保護を与えている。スイトベルトは、ピピンの妃プレクトルディスからライン河に浮ぶ島の一つを寄進され、その島にカイザースヴェルト修道院を建立した。[65]

フリーセン族の平定が終ると、ピピンは、七〇九年から七一二年まで、今度は独立の公国をつくっていたアレマン族に対して軍を送った。この外征からは大きな成果は得られなかったようである。[66]ピピンは、その後生きている間（七一四年十二月歿）に再びノイストリアを訪れることはなかったが、代理の者を置いてノイストリアの支配権を掌握していた。実際、六九五年にノルデベルトゥスが死ぬと、ピピンは自分の息子のグリモアルト〔二世〕をチルデベルト三世の許に宮宰として派遣した。このようにして、カロリング家は王国全体を掌握していたのである。その掌握の仕方はまことに完璧であり、ピピン自身が世を去る数週間前にグリモアルトが暗殺されると、ピピンは、グリモアルトの庶子で年齢僅かに六歳のテウドアルトをノイストリアの後継宮宰に任命している(67)。宮宰職は一家の財産であり、ほんとうの王位と並存する一種の王位である、ピピンがそう考えていたことがこれでわかるのである。

しかしピピンには行過ぎがあった。ノイストリアの貴族たちは自分たちがあまりにもカロリング家の犠牲にされているという考えをもっていた。しかし、カロリング家の方でも、国王ダゴベルト三世から何等の反対も出ないままに、ノイストリアの貴族を優遇する措置を講じてはいたのである。例えば、〔訳註五〕伯の選任を司教たちと豪族たちに委せた措置のごときがそれである。

七一五年、ピピン二世が世を去ってから数週間後に、ノイストリアの豪族たちは、メロヴィング王朝の王妃同様にテウドアルトの摂政に当っていたピピンの妃プレクトルディスに対して暴動を起した。これが国民的な運動であったとは考えられない。宮宰ピピン家の後見をはらいのけて、再び宮廷の牛耳をとろうとした一部貴族階級の反抗にすぎなかった。ピピンが権勢の地位につけておいたその支持者たちに、この機会に反撃が加えられたことは明らかである(68)。

〔暴動を起した〕豪族たちは宮宰にラガンフレッドを選んだ。しかしながら、ピピンの庶子で、その時二十五歳になる、カールというゲルマン風の名前をもつ最初の人物（その名、自国語風にカルルスと呼ばれたり vocavit nomen ejus lingua propria Carlum)[69] が、プレクトルディスによって幽閉されていた獄屋を脱出、ピピン家に忠実なアウストラシア人たちの首領の地位についた。このカールに対抗するためにラガンフレッドはラトボートと同盟を結んだ。それと時を同じくしてザクセン族が境界を越えて侵入してきた。年若いダゴベルト三世はこの時に死んでいる。恐らく暗殺されたのであろう。三世の息子である幼いテウデリッヒはシェル修道院に送られ、豪族たちは六七五年に暗殺されたチルデリッヒ二世の息子で、修道院に追われていたチルペリッヒ二世を国王に擁立した。成年に達してから王位に即いたメロヴィング朝の国王が、二十五年ぶりでここに出現したわけであるが、同時にまたそれはその最後でもあった。もはや王位は貴族階級が弄ぶ道具にすぎなかった[70]。

フリーセン人を率いて舟でライン河をケルンまで溯ってきたラトボートと、国王ならびにラガンフレッドに指揮されたノイストリア軍から同時に攻撃をうけたカールは、アイフェル山系へと逃れた[71]。しかし、その退却の途中で、七一六年アンブレーヴでかれはノイストリア軍を攻撃し、これを撃破している。無論、宮宰の地位に復することを条件としてであるが、カールは和睦をしてもよいという気持をもっていた。

しかし敵側の拒絶にあったため、戦いを続ける他はなかった。七一七年三月二十一日、かれはカンブレイ近傍のヴァンシーに敵を撃破した。次いでパリ近郊を荒らしまわったのちにアウストラシアに帰還し、国王にクロタール四世を擁立した。この国王については、メロヴィング王朝の血筋の者であるという他はなにも知られていない[72]。カールは自分の領地に帰るとすぐに、自分を支持しなかったランスの司教リゴベルトを解職し、その司教職をトリールの司教で、ただ剃髪しているというだけの聖職者 sola tonsura clericus ミロに与えた。(73) その結果、ミロは一人で二つの司教区を統轄することになり、教会法は無視されてしまった。しかし、カールにとっては、教会は自分の支持者を獲得するための手段にすぎなかったのである。(74) このようにして、壮麗な都がかれの思うままのものになった。(75)

カールは宮宰でありながら君主のように振舞った。七一八年にはザクセン族の討伐を企て、ウェーゼル河に至る地域を荒らしまわっている。

七一九年、チルペリッヒ及びラガンフレッドは北方の同盟者を頼みにすることをあきらめ、アキタニアに独立の公国をつくっていたユードを味方に引きいれることにした。ユードはカールと戦いを交えるためにパリに軍を進め、チルペリッヒ及びラガンフレッドと合流した。このようにして、カールに対立する勢力を形成するものは、いまやローマ的勢力の連合軍となったのである。しかしこの連合勢力は前進してくるカールの軍勢を敢えて邀撃しようとはしなかった。ユードはチルペリッヒを護衛してその財宝ともどもアキタニアに遁れた。けれども、クロタール四世が歿したため、カールはユードと和を講じ、チルペリッヒ二世を王国全体の国王として承認した。(76)

七二〇年にチルペリッヒが世を去った。そして、その後継者としてフランク族が択んだのはダゴベルト三世の息子でまだ未成年のテウデリッヒ四世であった。ラガンフレッドは宮宰職にとどまったであろうか。かれはアンジェに遁れ、七二四年にはそこでカールに対する暴動を起している。これがノイストリア人の企てた最後の反抗になった。アキタニアのユードとの間に平和が恢復したので、カールは専ら北方での戦闘に精力を集中することができるようになった。七二〇年にはザクセン族に対する戦争を再開している。この戦争は七二二年まで続いたようである。それと同時に、カールはフリーセン族の間で活躍していたウィリブロードを援助している。また、グレゴリウス二世（七一五―七三一年）によってゲルマニアの異教徒たちの司教に任命された聖ボニファティウスの事業にも援助を与えていたことは確実である。

七二五年、かれは初めてバイエルン征服の挙に出た。公家内の不和に乗じてドナウ河まで兵を進めたのであるが、この出兵に先立ってランゴバルド族と協定を結ぶという予備工作をしておいたようである。しかし、七二八年に企てた再度の遠征によってもバイエルンを征服することはできず、バイエルンはフベルト公の支配下に自主独立の地位を維持し続けた。七三〇年にはカールはアレマニアに姿を現わし、これをフランク王国 Francia に併合したようである。七三四年にはフリーセン族を征服し、以後フリースランドは完全にキリスト教化されるに至った。最後に、七三八年、カールは三度ザクセン族の征討に乗り出した。以上述べてきた北方での様々な外征がもたらした結果は、フリースランドとアレマニアの併合であった。

しかしカールは程なくイスラムをも相手にしなければならないようになった。七二〇年、イスパニアにあったアラビア軍はピレネー山脈を越えてナルボンヌを奪取し、トゥールーズを包囲した。七二〇年春、ユードは反撃に出てトゥールーズ市壁の外にアラビア軍を撃破し、アキタニアからアラビア人を放逐したが、ナルボンヌを奪回することには成功しなかった。(77)七二五年になって、サラセン人は大規模な侵掠 razzia の挙に出てカルカッソンヌを奪い、協定を結んでニームに至るまでの全地域を占拠した。次いでローヌ河流域を北上して、八月にはオータンに迫ってこのまちで掠奪を働き、戦利品を積んでイスパニアに凱旋した。

アキタニアにおける自分の地位が脅威にさらされているのを感じたユードは、アラビア軍の国境司令官オスマーンに自分の娘を嫁がせて身の安全を図った。

しかしこの頃は、アラビア側にも内紛が起って、キリスト教徒側に劣らぬ混乱状態に陥っていた。七三二年になって、イスパニア総督のアブド・エル・ラーマンは、オスマーンを殺害するとすぐにピレネー山脈を越えてボルドーを攻囲した。さらにガロンヌ河の渡河点でユードを破り、各地で掠奪を重ねながらロワール河をめざして北上した。ユードはカールに援助を乞うた。そこで七三二年十月、カールは一軍を率いて侵入軍を撃ち破りこれを撃退したが、それ以上の追撃を加えることなく軍を引揚げた。この時カールの率いていた軍隊が専らアウストラシア人から構成されていたことは間違いのないところである。

しかし、次の年七三三年には、カールはブルグンドに入ってリヨンを占領した。この出兵にはフランス南部を制圧しようとする企図が明らかに含まれていた。そのことは、最も忠実なるレウデース leudes probatissimi に、この地方を確保するよう命じていることからも窺われる。[78] アキタニアに関してはカールは明らかにユードを頼みとしていた。といっても、カールによるブルグンドの制圧がイスラムの侵攻に対する措置であったとは考えられない。

七三五年にユードが死ぬとカールはすぐさまアキタニアを攻撃した。アキタニアの都市を幾つか占領し、自分の封臣をその都市にとどめておいたことがはっきりわかっている。ところが、まえに締結してあった協定によるものであることは疑いないが、ちょうどその時ナルボンヌからアルルまで軍を進めて来たアラビア人に対しては何等の措置も講じなかったし、アラビア人に対して些かでも抵抗を示した様子もみられない。こうしてリヨン湾沿岸の全域がイスラムによって占領されてしまったのである。『モアサック年代記』によるならば、サラセン人たちはその後四年間この地方にとどまって掠奪をほしいままにしたという。[79]

カールはアキタニアの征服に失敗し、ユードの息子クノルトにアキタニア公としての地位を認めたけれども、かれから臣従の誓約をとっておいた。[80] 次いでカールはローヌ河流域を南下、マルセイユ、アルルに至る地域を服属させた。今度こそ北方の軍勢はこの地方を占拠したわけである。ところがこの占拠は、マウロントゥス「公」なる人物を首領に戴く反撃を呼びおこしてしまった。史料の関係で正確な実情はつかめないが、マウロントゥスはサラセン人と呼応して行動していたようである。七三七年にサラセン人がアヴィニヨンを占領した。カールはこの町を包囲したのちこれを奪回し、更にローヌ河をくだってナルボンヌの攻撃に赴いたが、アラビア人はこの町を守り通した。次いでカールは、途中ニーム、アグド、ベジエを焼き払いながら帰途についた。[81]

カールがこれらの町を破壊した目的が、南部地方の住民を威嚇することにあったことは明らかである。ところが、カールがザクセンで戦争に従事するためプロヴァンスを離れている間に、回教徒はまたもやプロヴァンスまで軍を進めてアルルを奪取したのである。カールはこれに対処するためにランゴバルド族の救援を求めた。国境を回教徒に脅かされていたリウトプランドはアルプスを越えてこれを撃退した。マウロントゥスの抵抗はこの間もずっと続いていた。七三九年、カールは弟のチルデブラントとともにマウロントゥスを攻撃して再び海岸線までこの地方を征服した。

そうしているうちに、七四一年十月二十一日にカールは世を去った。七三七年にテウデリッヒ四世が薨じてからは、カールは国王を擁立しないで国家を統治していた。かれは死ぬまえに、自分の二人の息子に国家というよりも国家の統治権を二つに分けて与えた。二人の息子というのは兄のカールマンと弟のピピンであり、カールマンにアウストラシアが与えられた。バイエルンとアキタニアはこの時の分割の対象からはずされて独立の公国としての地位を維持し続けた。この国家分割のとりきめは豪族たちの助言を得たうえで consilio optimatum suorum 行なわれたにも拘わらず、忽ち様々の厄介な事態を惹き起すことになった。即ちカールの庶子グリフォが叛乱を起したのであるが、カールマンとピピンはかれをシェーヴルモンに幽閉した。次いでブルグンドで暴動が起り、またアレマン族とアキタニア人が武器をとり、同時に他方ではザクセン族が再び干戈を動かし始めた。兄弟は先ずクノルト公――『フレデガリウスの年代記』を補充した作者は公をローマ人Romanusと言っている――の率いるアキタニア人に対して軍を進め、これをブールジュまで追撃して、ロッシュ城を破壊した。次いで兄弟はアレマン族を攻撃、その領土を横切ってドナウ河に至り、これを屈服せしめた(82)。さらに七四三年にはバイエルン公を撃破し、これを封臣に加えた。

カールマン、ピピンの兄弟が、かれら二人の父によって空位にされたままであった国王の位に、メロヴィング朝最後の国王チルデリッヒ三世（七四三―七五七年）を擁立することに決めたのは同じ年七四三年のことであり、その動機となったものは明らかに右に述べた幾つかの紛擾であった。このチルデリッヒ三世とそれまでの歴代の国王たちとの血統関係はつまびらかではない。

七四七年、カールマンは政治から身を引き、修道士となってモンテ・カッシーノ修道院に入り、ピピンひとり有名無実の国王の側にあって国政を執り続けることになった。ピピンは猶グリフォとの間に若干のいざこざを生じた。かれはグリフォを自由の身にしてやったのに、グリフォの方ではザクセン族とバイエルン族の蜂起を煽動したのである。しかし、この事件はすぐにおさまり、発展をみないですんだ。

七四九―七五〇年になって漸く静穏な年が訪れた(83)。ピピンは、自分の勢力が揺ぎないものになったと考えることができた。かれは七一四年の生れであるから、この時、三十六歳の男ざかりだったわけである。そのまま宮宰という従属的な肩書でいるつもりだったであろうか。どうしてそんなことがピピンにできよう。かれは今やいたるところに自分の封臣たちをもっていた。アキタニアは別として、それ以外のところではすべての者が誓約によってかれと結ばれており、こういった忠臣たちの地位はいつにかかってピピン個人の実力によるものであった。従ってかれの権力は牢固たるものであったし、そのうえ事実上の世襲性によって正当なものと目されていた。

ピピンは、父がひどく冷遇し、そこから没収した財産を忠臣たちに分ち与えてやった教会とも和解した。七四二年、カールマンはボニファティウスにすすめられて、関係者が甚しく腐敗堕落していた教会の秩序を恢復するためアウストラシアで教会会議を召集したが、これが数十年ぶりに開かれた最初の教会会議であった[84]。七四四年に第二回の教会会議がソワソンで開かれ、第三回目のアウストラシア教会会議が開催されたのもそれから直ぐのことであった。

八世紀の初頭までは教会関係の運動がすべて南方から起っているのに対して、いま述べたように専ら北方から始まっているこれらの改革の努力が払われたのちに、七四五年になって、聖ボニファティウスを議長とするフランク教会第一回総会が開かれた。そしてこの時の会議にはローマ教皇の影響が及んでいるのを看てとることができる。何故なら、この会議を召集させた者は教皇だったからである。

こうしてピピンとカールマンはボニファティウスを通じて教皇に接近していった。そしてドイツで組織されつつあった教会もそのすべてが、ボニファティウスを介して、ピピン並びにカールマンを自分たちの保護者であるといつも考えていた。自分が掌握し且つ行使している権力をこの教会の首長の手によって公然と認めさせることをどうしてピピンが思いつかないであろうか。教皇との提携が浮び上ってくる。この提携は教皇側からみても利益になることであったから、それだけ一層実現のはこびが容易であった。そして、既にカール・マルテルのときに教皇から援助を求められたことがあったからして、ピピンはその間の事情を知りぬいていた。

三　イタリア、教皇、およびビザンツ。教皇のカロリング家への接近

西方世界で帝国の統治が没落していく中にあって、教会は、ローマ帝国に対する追憶と敬慕の念を大切に抱いていた。教会自体の組織が、司教区 civitates にしても或は首都大司教区にしても、ローマ帝国の組織の反映を宿すものであった。教会は帝国を尊崇していただけではなく、教会の要職がすべて帝国に対する尊敬と哀惜の念を抱き続けていた嘗ての元老院《セナトール》貴族の家柄の者たちによって占められていたことを考えると、ある意味では帝国を継承もしていたのである。教会全体がローマ法に服して生活していた。教会にとっては四七六年の事件は何らの重要性ももつものではなかった。それまで教会はラヴェンナの皇帝を承認していた。それが今度はコンスタンティノープルの皇帝を承認するようになったというだけのことであった。教会はコンスタンティノープルの皇帝を教会の主《あるじ》として承認したのである。ローマに住む教皇は皇帝に従属する者であり、皇帝と書簡を取り交し、コンスタンティ

ノープルには教皇代理人を駐在させていた。教会会議やその他の皇帝の召集にかかる会議には教皇は欠かさず出席した。

世の中が落ちついている時には、皇帝の方でも、ローマ教皇は帝国第一の総大司教であり、コンスタンティノープル、アンティオキア、アレクサンドリアの各総大司教よりも地位の高い筆頭総大司教であると考えていた[85]。

このように西方世界の教会が帝国と一身同体の関係にあったことは、古代ローマ帝国の版図が、グレゴリウス大教皇の時までは教会の分布の範囲と重なり合うか若しくは殆んど重なり合っていた事実を考えるならば、なお一層容易に理解のいくところである。確かに、ローマ帝国の廃墟の上にゲルマン部族諸国家が形成されたことは、夫々別々の国王が統治する数個の国家に教会を分割してしまった。しかし、教会はこれらの蛮族諸王に対しては最初から絶対的な忠誠を示していた。そして、帝国というものはもはや実在しなかったけれども、それでも猶ローマ教皇にとっては帝国は常に一つのものだったのである[86]。

教皇は、テオデリッヒの治世でさえも、国王を帝国の一官僚以上の存在であるとは決して考えようとせず、依然として皇帝の権威を承認していた。ユスティニアヌスの時代にローマ軍が戦争に勝ってローマに帰ってきたことは、皇帝に対する教皇の服従心を更に強固なものにした。聖職者とローマ市民によって選挙された教皇は、ベリサリウスがローマに入ったあとで選挙の結果の認証を皇帝に求めている。そしてヴィギリウス（五三七—五五五年）の在位時代、五五〇年以後になると教皇は書類の日付に皇帝の名前を書き入れるようになった。

その上、ヴィギリウスが教皇の位に即いたのは皇帝の力によるものであった。五三七年、ヴィティギスがローマを攻囲している最中に、教皇シルヴェリウスはゴート族と気脈を通じたかどでベリサリウスによって廃され、パルマタリア島へ流された。そして、皇帝テオドシウス〔訳註六〕によって指名されたヴィギリウスが、シルヴェリウスのあとを襲って教皇の位に即いたのである。(87) ユスティニアヌスはやがてこのことにつけこんで、宗教上の事柄についての皇帝の専制的態度を、三章問題にからんで教皇に押しつけようと図った。即ち、キリスト単性論者に満足を与え、国家及び正統派信者と単性論者の対立を和解させる目的で発布した五四三年の勅令――五世紀の神学者三人〔の著作〕をネストリウス的であると断じ、その異端であることを宣言したもの――を教皇に迫って承認させようとしたのである。

しかし、西方世界とくにアフリカの司教たちはこの勅令に反対であった。この勅令の承認を求められた教皇ヴィギリウスはこれを拒絶し、コンスタンティノープル総大司教を破門したが、五四八年になると譲歩の態度を示すに至った。しかしながら、西方世界の司教たちの反対に直面するや、一旦与えたこの同意を撤回してしまった。続いてカトリック万国会議がコンスタンティノープルに召集された。しかし、ヴィギリウスはコンスタンティノープルに引きとめられていたにも拘わらず、西方世界の大半の司教たちと態度をともにして会議に出席することを拒み、そのため万国会議は実質的にはコンスタンティノープル総大司教が主宰するギリシャ会議にすぎなくなってしまった。三章はこの会議で弾劾され、この決定に服することを拒んだヴィギリウスはユスティニアヌスの手によってマルマラ海の或る島に流された[88]。結局、ヴィギリウスの方で譲歩を示したのでローマに帰ることを許されたが、その帰途、かれは五五五年シラクサで世を去った[89]。

ヴィギリウスと同じように、ヴィギリウスの後を継いで五五五年に教皇位に即いたペラギウス一世もユスティニアヌスによって任命された教皇であった。一世は、戦火によってイタリアが悲劇的な危機にさらされていたにも拘わらず、三章問題で分裂を続けていた教会の平和を維持するために最善の努力を傾けた。

アジア及びドナウ河沿岸に駐屯していた帝国軍[90]にはランゴバルド族を阻止する力がなく、ランゴバルド族はイタリアに侵入してきた。この時帝国は、その史上最も不安且つ最も危機的な時期の一つにぶつかったところであった。ユスティヌス二世は軍隊を派遣することができず、金《かね》でランゴバルド族を懐柔することと、ランゴバルド族に当るためにフランク族と結ぶことを教皇に勧めた。

しかしながら、皇帝ティベリウス二世の治世（五七八―五八二年）になると、ランゴバルド族はイタリア深くスポレト及びベネヴェントまで侵入してしまった。教皇ペラギウス二世はフランク族と結ぼうとする皇帝の努力を支援したが結果は空しかった。イタリアはまことに恐るべき混乱の支配するところとなった。

ただ、教皇の居住地であるローマと帝国都市であるラヴェンナはよく敵の攻撃に耐えぬいた。皇帝マウリキウス（五八二―六〇二年）は全権を帯びた太守をラヴェンナに派遣したが、しかしその太守の指揮下にあった軍勢も充分なものではなかった。

グレゴリウス大教皇が教皇の位に即いた時には危険は一層増大していた。五九二年には、ローマ、ラヴェンナ両市間の連絡が杜絶したまま、スポレト公アルヌルフがローマ市壁の下に姿を現わした。五九三年にも、今度は〔ランゴバルド〕王アギルルフによってローマは再び危険にさらされた。グレゴリウスは孤立無援でローマ市を防衛しなければならなかった。かれはここを先途と防戦に努力した。それが、グレゴリウス自身のためであったことは言うまでもないが、同時にまたそれは皇帝のためでもあった。

ちょうどこの時、ローマの情勢が殆んど絶望的になったのに乗じて、コンスタンティノープルの総大司教は自ら全教会の総大司教を称した。直ちにグレゴリウスは抗議を発した。皇帝フォカスはグレゴリウスの要求を容れ、ローマ教皇が「全教会の首長」であることを承認して教皇を満足させた(91)。

そして、市壁にまで攻撃を加えてくる侵入軍に四面を取囲まれ、しかも皇帝からの援助も得られなかったグレゴリウスは、全キリスト教徒の最高首長としての自分の力を確証しようとしてローマ市の中央大広場に円い柱を建てた(92)。

しかしこのように教皇がローマで孤立してしまったことが、かえって教皇の力と威信を増大させることになった。グレゴリウス大教皇がアウグスティヌスの指導する最初の布教団をイングランドに派遣したのは、五九六年のことであった。かれがこの布教を企てた目的は信徒の数を増やすことであった。そしてそのことが、ローマ教会の尊厳とビザンツからの独立のために新しい礎石を据えるものであることを、グレゴリウスは信じて疑わなかった。この伝道者たちに、かれは遠く〔ローマ〕から指導と激励を与えた。しかし、ローマの運命を決することになったあのアングロ・サクソン教会の誕生を自分の眼で見ることは、神がかれに許し給わなかった。

これに続く歳月は教皇権の運命にとって決定的な意味をもつ歳月となった。

時あたかもヘラクリウスがコンスタンティノープルからペルシャの危険を遠ざけたばかりであり、帝国は再び強国になったところであった。イタリア全土をランゴバルド族の手から奪いかえせる日も目前に迫っていた。その時である、突如としてイスラムがなだれをうって地中海に侵入してきた（六三四年）。至るところでイスラムの攻撃をうけたビザンツは、ランゴバルド族との戦争を放棄しなければならなくなり、ローマは自分の手で自分をまもらなければならなくなった。

地中海のアジア海岸とアフリカ海岸が回教徒の手中に陥ったことは教会が蒙った最も恐るべき大変動であった。回教徒のこの占領によって、キリスト教圏がヨーロッパに限られてしまったというだけではない。この占領は、東方世界から西方世界を、イスラムの怒濤の侵入を耐えぬいた東方最後の総大司教が住まうビザンツから教皇の君臨するローマを、最終的に切り離すことになったあの教会分離の原因にもなったのである。

ヘラクリウスはキリスト単性論者が優勢であったシリア、パレスティナ、エジプトをペルシャ人から奪回すると、ユスティニアヌスの先例に倣って、教義面での譲歩により教会の統一を恢復することを切に希望した。キリストにただ一つの実在すなわち神性しか認めない単性論者は、キリストを人間にして同時に神であると考える正統派と真向うから対立していた。しかしながら、この相対立する二つの見解も宥和できないものではないと思われた。その理由はこうである。正統派はキリストに二つの実在があることを主張するわけであるが、それにも拘わらず、キリストにただ一つの生命しか認めていなかった。従って、正統派とキリスト単性論をキリスト単意論なる一つの教義の中に宥和させることが可能だったのである。

回教徒の侵入に対抗して宗教的感情および帝国的感情の統一を強化するために、キリスト単意論の教義を布告し、エクテーシス Ecthesis の公布（六三八年）によって全キリスト教徒にその信奉を命じ、以て単性論者と正統派の宥和を図る時が到来したとヘラクリウスは信じた(93)。

しかし、帝国を救うためには、この意志表明はもはや手遅れであった。その時にはシリアは既にイスラムの征服するところとなっていたからである。他方ではこの意志表明によってローマがビザンツに叛旗をひるがえすことになってしまった。教皇ホノリウスは、キリスト単意論は異端であると宣言した。

またたく間に今度はエジプトがイスラムの侵入をうけて屈服してしまった。単性論の二大中心地がイスラムの手に渡って恢復しようもなくなったわけである。それでもコンスタンティノープルは単意論を放棄しなかった。六四八年にはコンスタンス二世が「典型」《Type》――信仰の典型――を公布して教義に関する論議を一切禁止し、単意論を確認した。

ローマの方でも譲らず、ラテラノ聖堂で開かれた宗教会議では、マルティヌス一世がエクテーシスと典型とを並べて非難の対象とし、何れも異端の毒をのんでいると宣言した。教皇のこの抵抗を懲らしめるために、皇帝コンスタンス二世はマルティヌスの逮捕とコンスタンティノープルへの護送をラヴェンナの太守に命じた。コンスタンティノープルに送られたマルティヌスは皇帝に対する叛逆を西方諸州で煽動しようとした罪に問われ、数々のひどい屈辱をうけたのちに獄に投ぜられ、ついにはクリミアに流されて、六五五年九月、その地で生涯を終った。

アラビア軍のコンスタンティノープル攻囲陣を解かせたコンスタンティヌス四世の勝利が、皇帝の単意論放棄とローマ復帰の発端であったことは間違いない。和解はヴィタリアヌスの在位期間に成就した。コンスタンティヌス四世（六六八―六八五年）は六八〇年コンスタンティノープルに第六回カトリック万国会議を召集したが、この会議ではキリスト単意論が非難の対象とされ、「全キリスト教教会の第一の本拠の首長」としての教皇の地位が承認された。このように、イスラムの加えた圧力が皇帝の顔を再び西の方に向かせたのである。

第六回万国会議は、シリア、パレスティナ並びにエジプトの単性論者に向って、帝国からもぎとられた諸属州と和解する一切の希望を、コンスタンティノープルが放棄したことを明らかにするものであった。従って、皇帝とローマの和解は、単性論および単意論を奉ずる東方諸州の住民全部を切捨てることを代償として購われたものであった。

しかしながら、六六三年七月五日に、当時教義上の見解の相違から教皇と不和であったコンスタンス二世が、ヴィタリアヌスの恭々しい歓迎のうちにローマに到着したあのローマ訪問に、既にこれと同じような西方への接近の態度が示されていたのである。コンスタンス二世は帝国のこの嘗ての都に再び皇帝が居を定めることを心の中で考えたかもしれない。しかしそれが不可能であることは自分でもわかっていたに相違ない。皇帝にはランゴバルド族の脅威を斥けるだけの兵力がなかったからである。そして十二日いただけでシチリア島に向けて出発し、シラクサに行宮を設けた。シチリア島でならば、皇帝は少なくともその海軍力を頼みにすることができたのである。六六八年にかれはこの地で歿した。暗殺されたのである。

それから程なくして、六七七年になると、コンスタンティヌス四世がギリシャ硝煙を用いてアラビア艦隊をコンスタンティノープルから遠く追い払い、カリフ・ムアーウィアに朝貢を命じ、他方ではランゴバルド族と最後的な和睦を結んで、イタリアにある帝国領を確保できるようになった(94)。

帝国はコンスタンティノープルを守り通し、ローマ並びにラヴェンナ太守領を維持し続けたが、しかしそれ以後は――つまりイスパニアとアフリカを喪失して以後は――東地中海に閉じこめられてしまった。そして、イスラムの前進によって同じようにアフリカとイスパニアを失ったばかりのローマ教会も、この時には西の方へ顔を向けるどころの話ではなかったようである。六八〇年の宗教会議によって、ローマ教会の運命は、当時ギリシャだけを勢力圏とするようになっていた帝国の運命とぴったりと結びつけられてしまった観がある。六七八年から七五二年までの間に教皇位にあった一三人の教皇のうち、ローマ人出身の教皇は僅かにベネディクトゥス二世（六八四—六八五年）とグレゴリウス二世（七一五—七三一年）の二人を算えるのみであった。それ以外の教皇はすべてシリア人かギリシャ人、そうでなければ少くともシチリア人であった。ところで、そのシチリア島は、回教徒によるシリアの征服の結果生じたシリア人の移住によって著しくギリシャ的な要素が増大し、七世紀も末になる頃には、殆んど完全にギリシャ化してしまっていた(95)。

教会が再びビザンツへ接近するようになったのは、ビザンツの勢力が教皇権に対する干渉をきびしくするようになったからである、などと考えるのは全く理由のないことである。教皇の即位に承認を与える仕事をヘラクリウスの時から管掌するようになった太守は、形式的な介入をするにすぎなかった。教皇の選挙は他からの干渉を一切うけずにローマ的な環境で行なわれたのであり、ギリシャ人が代々続いて聖ペテロの冠を戴くようになった現象が不思議なこととして眼に映るのもそのためである。

ランゴバルド族と和睦してからは、ビザンツ領イタリアに駐留する軍隊といえば現地で徴集した軍隊だけとなり、それ以外の軍勢はすべてイスラムとの戦争にふりむけられた。だからビザンツは教皇の選挙にも睨みをきかせることができなかったのである。しかし、この軍隊は、ローマの聖職者階級と並んで教皇の選挙に圧倒的に重要な役割を演じていた。ところでその上級軍人の大半は、ギリシャ化してしまっており、それに加えて聖職者たちの極めて多くの者もギリシャ人によって占められていた。いま述べたように次々とシリア人が教皇に任命された理由は、この点にあったのである。

それでいてこの軍隊はビザンツの出す命令には従わなかった。権力の所在地から遠く離れ、じかに権力とふれることのなかったこの軍隊は、ラヴェンナの太守はおろか皇帝の命令さえうけつけなかった。六九二年、教皇セルギウスが、ローマの慣行に反した条項を含む第二回トルラン会議〔コンスタンティノープル教会会議〕Trullanum の決議録の末尾に署名することを拒絶した時に、ユスティニアヌス二世は教皇を捕縛してコンスタンティノープルに護送するよう命令を発した。然るにローマ駐屯軍は叛乱を起し、皇帝から派遣された使者の生命も、教皇のとりなしがなかったならば危ういところであった。

このように、ローマは帝国の一部をなしてはいたが、そのローマで教皇は事実上の独立的地位を享受していたのである。教皇はローマ市の宗教上の首長であり、同時に市民生活上、軍事上の首長でもあった。しかし教皇は自分が帝国の一員であることは認めていた。そして、引続き皇帝が教皇を教会における最も重要な人物であると目していたからして、帝国と教皇との間のこの関係は教皇の権威を著しく重からしめるものであった。教皇自身の方でも、アフリカとイスパニアがイスラムの手に渡ってしまってからは専ら東方諸州がその舞台になっていた全キリスト教教会の主宰者という地位を断念する気持はなかった。

従って六九二年の事件に続いた一時的な不和は、教皇も皇帝も、双方で望むところではなかった。迎えられて帝都コンスタンティノープル入りをする最後となった教皇は、この都で最大の栄誉をもって遇せられた。記録には皇帝が教皇の足下にひれ伏してその足に接吻したと見えている。(96) ここでもういちど双方の満足がゆく協定が結ばれ、友好状態が恢復したのである。

しかし、正統派とキリスト単意論者の間に前からあった論争は時折またむしかえされた。七一一年、皇帝に単意論を奉ずるフィリッピクスが即位すると、ローマには暴動が起った。そして他方ではイタリアにおける皇帝の世俗的な権威は次第に弱まっていった。七一〇年、ラヴェンナ駐屯軍が暴動を起して太守を殺害、その後釜として勝手に暴動の指導者を据えた。(97) これに対して帝国は強硬な干渉に乗出した。しかし、ユスティニアヌス二世の死(七一一年)とともに、〔帝国の〕無政府状態の時期(七一一―七一七年)の幕は切って落され、ブルガリア人が機に乗じてコンスタンティノープルまでも攻め入り、他方アラビア人は陸路小アジアを席捲するとともに艦隊を以てエーゲ海、プロポンティス海〔マルマラ海の古名〕を制圧して海上から首都を攻撃するという有様であった(七一七年(98))。

この時ヨーロッパは、帝位を簒奪したばかりの精力的な武将すなわちイサウリア朝のレオ三世によって救われたということができる。恐ろしいギリシャ硝煙の威力によってアラビア艦隊に対する優勢を取戻すことができたことと、レオ三世がブルガリア人と同盟をとり結ぶことができたことのために、多大の兵力を失った敵は一年有余にわたる包囲攻撃ののちに退却せざるを得なかったのである(七一八年)。

これは、ポアティエの会戦よりも遥かに重要な歴史的事件である。というのは、これが、「神の守護する」都市に対してアラビア人の企てた最後の攻撃となったからである。ビュリの言葉を借りていえば、それは世界史的瞬間であった[99]。この時から女帝イレネの治世に至るまでは、アラビア人の攻撃は抑えつけられ、アラビア人は小アジアに釘づけにされてしまいさえした。レオとその子のコンスタンティヌスの治世に帝国は国力の恢復をみせた。行政組織を再編成し、屯田軍区制をあらゆる地方に拡げた結果、それまで帝国に欠けていた凝集力が生ずるようになった[100]。

ところがレオは、宗教上の改革によって自分の事績の最後を飾ろうとする気を起した。即ち聖画像破壊論の推進である。恐らくこうした改革を思いたった理由の一半は、キリスト教とイスラムとの間の対立を緩和しようとする意慾と、パウロ更新会の勢力が強かった小アジアの東方諸州を慰留しようとする願望であったと考えられる[101]。

新しい教義の公布はローマでまことに由々しい事態を惹き起した。七二五―七二六年に、レオが聖画像の崇敬を禁止する最初の勅令を出した[102]。これは直ぐさま教皇グレゴリウス二世の異端宣言にあった。こうして始まった衝突は初めから尖鋭な色あいを示していた。教会は皇帝の権威に服さなければならないものであると皇帝が主張したのに対して、教皇の方は、それまでのどの教皇にも見られなかったような激しい調子で、二つの権力は分離しなければならないと主張して譲らなかった[103]。教皇は、レオが公布したばかりの異端を信奉しないよう信徒に呼びかけることによって、皇帝に真向うから戦いを挑みさえした。そして皇帝の権威を頭から否定する一方、皇帝がイタリアの防衛に無為無策である点をついてこれを非難し、西方諸民族の動向に注意を向けるよう脅迫的な警告を発した。さらに教皇は、皇帝に租税を納めることをローマ市民に禁じたりした。イタリアに駐屯する帝国軍は忽ちのうちに処々方々で暴動を起し、司令官たちを追放し、代りの者を任命した。太守パウルスは暴動中に殺害され、ローマ駐屯軍の司令官はローマ市民によって追放された。ビザンツ領イタリアの全体が叛乱の坩堝と化し、もし教皇が勧告したならば間違いなく直ぐにも対立皇帝を指名するばかりの気運が溢れていた。教皇はそうした勧告は行なわなかった。これは皇帝への忠誠心の最後の一滴によるものであったと考えるべきであろうか、それとも教皇は自分のお膝もとであるイタリアの地で皇帝を擁立するのに気乗りしなかったからであろうか(104)。

こうした情勢にも拘わらず、皇帝は一歩も譲ろうとはしなかった。新しい太守がラヴェンナに派遣されたが、この太守は麾下に軍隊をもっていなかったからどうすることもできなかった。そして、ランゴバルド王に叛逆していたスポレト、ベネヴェントの両公（ランゴバルド人）が教皇支持の側にまわったため、それだけ事態は一層深刻の度をました。皇帝に残された措置はただ一つ即ちランゴバルド王リウトプランドと提携することであった。リウトプランドの方では、この機会に、謀叛を起した二人の公を降伏させた。教皇は聖画像破壊論には依然リウトプランドのお蔭で太守はローマに入ることができた。教皇は皇帝の世俗的な権威を承として反対であったけれども、太守に政略的な降伏をした。教皇は皇帝の独立的立場はこれを保持し認することには同意したが、しかし精神的な分野における教皇の独立的立場はこれを保持しようとした。七三〇年に、教皇は、皇帝が新たに公布した聖画像崇敬禁止の勅令に対して再度抗議を発し、コンスタンティノープル総大司教をその地位から追放すると宣言した。

しかし政治的には、今や教皇は、無論その権威を再び確立していた太守と歩調を揃えて行動するようになった。トスカナで擁立された対立皇帝は殺害され、その首級はビザンツへ送られた。ラヴェンナはビザンツの一艦隊を撃退はしたものの、そのあとでまた太守の手に戻った。

七三一年にグレゴリウス二世が世を去り、その後をシリア人のグレゴリウス三世が襲ったが、この教皇が、即位するにあたって皇帝の認証を求めた最後の教皇になった。[105]

しかしかれは教皇の位に即くと直ぐに聖画像破壊論に反対する闘争を再開した。七三一年にグレゴリウス三世は教会会議を召集して、この会議で聖画像破壊論者を破門処分に附した。この正面きった教皇の攻撃に報復する意味で、皇帝はアドリア海（イリリア地方）、シチリア島、ブルティウム、カラブリア以東の全司教区をローマの裁判管轄から切り離し、これをコンスタンティノープル総大司教の権限のもとにおいた。[106] そのほか皇帝はシチリア島、カラブリア、ブルティウムにある、年々金貨にして三五〇リヴラの収入をもたらす教会所領を没収した。このようにして、教皇は皇帝のビザンツ的な観点からするならば、もはや単なるイタリアの一司教と大差のないものになってしまった。教皇は東方世界から閉め出しを食い、教会の階層秩序の上で、また教義の面で、教皇がもっていた影響力はもはや東方世界には及ばなくなってしまった。ラテン教会は皇帝自身の手でビザンツ世界から放逐されたのである。

それでもなお教皇は皇帝との縁を切らなかった。恐らくこの忠誠な態度を説明するものは、その後リウトプランドの態度が変ったことであろう。即ちリウトプランドは太守との友好関係を破棄してラヴェンナを奪取し、イタリア全土を征服しようとする野望をあからさまに示してきたのである。もしローマがランゴバルド族の占領するところとなれば、教皇はランゴバルドの一司教の地位に転落してしまう。こうした事情があったからして、教皇は一切の行き懸りを捨ててギリシャ側に荷担したのである。かれはグラドの司教の力をかりて、艦隊をもたないラヴェンナのランゴバルド族を攻撃するのに、潟の住民たち即ちヴェネツィア人にその船舶を動員して貰った。この大胆不敵な航海者どものお蔭でラヴェンナは陥落し、七三五年ふたたび太守の掌中に帰した。しかしリウトプランドの力には依然として恐るべきものがあった。(107)七三八年、教皇はリウトプランドに対抗するため、この時しきりに独立を狙っていたスポレト、ベネヴェントの両公と同盟を結んだ。(108)しかし七三九年にはリウトプランドはスポレト公を攻撃して、公をしてローマに難を避けるの止むなきに至らしめ、またローマ平原を劫掠するの挙に出た。(109)

教皇が、当時まだ異教の支配する地であったゲルマニアを、アングロ・サクソン教会の支援のもとにキリスト教に改宗させる運動に着手したのは、このような物情騒然たるさなかのことであった。六六九年に教皇ヴィタリアヌスによってカンタベリー大司教に任命されたギリシャ人修道士テオドルスの組織にかかるアングロ・サクソン教会こそ、(110)北方に於ける教皇勢力の忠実な前哨基地であった。

ゲルマニアの布教事業に従事した偉大な布教者たちは、このアングロ・サクソン教会の出身者であった。即ち六七八年ゲルマニアに入ったウィンフリド（聖ボニファティウス）であり、そしてまた六九〇年に大陸に渡ったウィリブロードである。ウィリブロードは布教事業に着手するに先立ってローマに赴き、教皇セルギウスに祝福を与えてくれるよう乞うた。教皇は、ゲルマニアの布教と同地における教会の建設を正式にウィリブロードに託し、そのために必要な聖遺物を与えた。

ウィリブロードが先ず最初に布教に従事した場所はフリースランドであった。かれは布教に当ってピピンの支持をうけた。ピピンがかれを援助したのは無論宗教的な理由に基づくのであるが、しかし主としては政治的な理由からであった。フリーセン族がキリスト教化することは、フランク勢力がフリースランドに滲透することを容易にする作用をもっていたのである。六九六年にウィリブロードはローマを訪れ、クレメンスという名前と肩衣 pallium を授けられ、教皇セルギウスによって聖別されてユトレヒトの司教になった[111]。

七一九年五月十五日、グレゴリウス二世は、ローマ教会の教義に則ったフリースランド布教事業の継続をボニファティウス（ウィンフリド）に委嘱した。ウィンフリドがその時代の聖人の名前に因んで、ボニファティウスという名前をさずけられたのもこの時のことであった[112]。ウィリブロードと併行してフリースランドで布教に従事していた間、かれはいつもカール・マルテルの保護をうける恩恵に浴した。七二二年ローマに帰還したボニファティウスはグレゴリウス二世によって司教に任命され、ライン右岸のゲルマニアで布教に従事する使命を与えられた[113]。グレゴリウスが与えた証書によってかれは正式にローマ教会の伝道者となり、七二四年には教皇はかれをカール・マルテルに推薦している[114]。そして遂に七三二年にはグレゴリウス三世によって大司教に任命され、かれがキリストのために新しく開いた地方の司教を、自分で任命できる権限を与えられた。

如上のようにして、ローマが皇帝の手によって東方世界から切断されようとしていたその同じ時期に、この、西方の果ての地 extremae occidentis regiones にローマ教会が発展していく希望の光を、ボニファティウスの布教が投じたのであり、既にグレゴリウス二世の時にはこの地方のキリスト教化はその緒についていたのである。ローマ教皇の権威を普くゲルマニアに光被させたこの偉大な伝道者は、同時に、自分の封臣たちに封土を与える目的で教会に掠奪強奪を加えて教会財産を没収したあのカール・マルテルに保護を仰ぐ者であったが、しかしそれは四囲の情況の然らしむるところであった。絶大な力を具えた、この聖ボニファティウスの保護者に、当時イタリアで苦境に陥っていた教皇が、どうして援助を求めないなどということがあろうか。七三八年ボニファティウスは再度ローマに帰り、約一年そこに滞在した。ボニファティウスと教皇の間に交された討議が、単にドイツ教会の組織問題だけに限られなかったことは確実である。かれが、教皇に、カール・マルテルの支援を求めるよう進言したと考えないわけにはいかないふしがある。というのは、七三九年に入ると、教皇は絶大な力をもったこの西方世界の支配者との間に連絡をつけ始めているからである。教皇はカールに素晴らしい「勲賞」として聖ペテロの墳墓の鍵を贈り、ランゴバルド族の脅威から保護して貰えるならばその代償に皇帝との縁を絶ってもよいと申し入れた[115]。

しかしこの時カールにはランゴバルド王と事を構えるわけにはいかない事情があった。というのは、ちょうどランゴバルド王が、カールのために、プロヴァンスのサラセン人に対する遠征を企てたばかりの時だったからである。そこで、カールはグレゴリウス三世のもとに使者を派遣し、教皇を援助する旨の約束を伝えさせるだけにしておいた。が、この約束はついに実現しないままおわった(116)。

七四一年にグレゴリウス三世、カール・マルテル、皇帝レオ三世が相次いで世を去った。グレゴリウス三世のあとはザカリアスが襲い、カールのあとはピピンが継ぎ、レオ三世のあとにはコンスタンティヌス五世コプロニムス（七四一―七七五年）が即位したが、五世は狂信的な聖画像破壊論者であった。

五世の宗教的迫害を逃れた五万人のギリシャ人修道士がローマに亡命してきた。かれらは自分たちを追いはらった皇帝に対して激しい怒りを抱いていた。ザカリアスは、自分の教皇即位を皇帝に認証して貰うことをしなかった。しかし、リウトプランドとは有効期間二十年の休戦条約を教皇に選ばれるとすぐに結んでいる。すると、リウトプランドの方はこの機会をとらえて七四三年またまた太守領の攻撃にかかった。しかしこのときも教皇は一切の行き懸りを捨てて皇帝の側を支持し、太守の要請に応じてリウトプランドを説得し、ラヴェンナで休戦条約に署名させるために骨を折った(117)。

しかし他方で、教会に対してその父よりも遥かに好意的であったピピンと教皇との関係は、ボニファティウスの仲介を通じて益々親密なものになっていった。その間、カールマンを厄介払いしたピピンはクーデターの準備を進めていた。無論クーデターは、かれがその気になりさえすれば何時でも成就できることであった。しかしかれは何事によらず成行きに任せることが嫌いであった。そしてザカリアスの好意に期待がもてることを見抜いていたかれは、あの有名なかけ引きをザカリアスに対して試みたのである。

七五一年、ゲルマニアに設置された新しい司教の一人であるヴュルツブルグ司教ブルカルトとフルラード大修道院長の両名がローマに赴き、教皇にあの有名な質問を提出したのである。即ち、何れが王冠を戴くべきであるか、王の称号をもっている者であるか、それとも現実に王の諸権利を行使している者であるか、という質問である。ピピンの方に軍配をあげたザカリアスの回答はメロウィング王朝の終焉を告げる弔鐘であった。

自分の運命の成行きを待ち侘びていたメロヴィング朝の国王は、哀れ修道院に送られ、もはやその身の上を案ずる者とて一人としていなくなってしまった。

この時から、歴史の流れの大きな転換が現実化した。北方の優越が決定的となった。イスラムがガリア南部を荒廃させてしまったために、世俗的な権力の在り場所は北方に移動した。そして、ギリシャ帝国が教皇を東方世界から閉め出したために、教皇を支持することのできる勢力はこの北方に誕生した世俗的権力だけになった(118)。

七五一年という年はカロリング王朝と教皇との同盟が実現した年である。この同盟はザカリアスの時代に現実の日程にのぼり、ステファヌス二世の時になって完全なものとなった。歴史潮が完全に一変してしまうには、教皇をなお帝国に結びつけていた最後の糸が切れてしまう必要があった。蓋し、その糸が残っている限りは、たとえ不自然なことではあっても、教皇は地中海的な勢力であることをやめるわけにはいかなかったからである。もしもイスラムが教皇からアフリカとイスパニアを奪い去らなかったならば、教皇は地中海的な勢力としてとどまったものと考えて間違いないであろう。しかし、今や北方でゲルマニアがその比重を大きく増してきた。

さらに、伝統は極めて深くその根をおろしていたからして、万に一つ、もしも皇帝がランゴバルド族の撃退に成功でもしていたならば、教皇は皇帝に対するその忠誠な態度を依然変えなかったであろう。しかし、七四九年にアイストゥルフが登場するとともに、ランゴバルド族は再び征服政策を展開し出した。

七五一年、ランゴバルド族はラヴェンナを占領した。しかも今度は本当に占領してしまった。ローマには、最早きたるべき運命を避ける術がなかった。七五二年にはアイストゥルフの軍勢は市壁の下まで迫った。ただ直接的な救援だけがローマを救うことができた。ステファヌスが最初に援助を懇願したのは聖画像破壊論者〔コンスタンティヌス五世〕であった[119]。軍勢を率いてローマに来り、ローマのまちを解放してくれるよう、かれに頼んだのである。しかしコンスタンティヌス五世のやったことは使者をランゴバルド王のもとに派遣することだけであった。アイストゥルフはこの使者に接見は許したけれども、一切の譲歩を拒絶した。そこで教皇ステファヌス二世はピピンに救援を求めることになったのであるが、しかしこの決定的な手段に訴える前に、かれは自らパヴィアに赴き、征服地を放棄するようアイストゥルフに頼みこんでみた。この交渉に失敗したステファヌスは、ピピンの宮廷さして旅の人となり、七五四年の一月、めざす宮廷に辿りついた。避けられなかったことが遂にやってきたのだ。ピピンによって七五一年に捨て去られた伝統が、おくれること三年にして、教皇によっても絶ち切られたのである。

四　新しい帝国

七五四年、前節で述べたような経緯から、ステファヌス二世は、既に七二九年にグレゴリウス二世によって示されていた途を辿って、西方の果ての地 extremae occidentis regiones へとやって来た。この地へ来てステファヌスはなにをしようとしたのであろうか。アイストゥルフはかれの頼みに耳をかそうとはしなかったし、皇帝が派遣した使節もなんの成果もあげることができなかった。そのため、かれは、ローマの保護を懇願する目的でここまでやって来たのである。無論、パヴィアでの交渉が成功を収めていたならば、ステファヌスはアルプスを越えることがなかったであろう。かれは自分のやろうとしていることが容易ならないものであることを、無論知っていた。しかしかれには他にとる手段がなかったのである。

七五四年一月六日、ピピンはポンティオンにかれを出迎えた。ステファヌスはランゴバルド族を抑えるためにピピンの介入を懇請した。ピピンは、ラヴェンナの太守領とレースプーブリカの法をもとのように回復する exarchatum Ravennae et reipublicae jura sue loca reddere ことを固く教皇に約束した。(120)

この文面で考えると、この誓約には意味が二つにとれる個所がある。ここで問題になっていることは、ランゴバルド族がレースプーブリカ respublica から奪ったものをレースプーブリカに取り戻すということである。ところが、レースプーブリカ respublica というのは、帝国を指すこともあれば、帝国のなかの〔都市〕ローマを指す場合もある。それにピピンには、どうしても戦争をやろうという気持はなかったに相違ない。かれはアイストゥルフのもとに使節を派遣した。しかしアイストゥルフはピピンの言うことに耳をかそうとはしなかった。その上、アイストゥルフはカールマンを煽動してピピンの対抗者にしたてることを考え、モンテ・カッシーノ修道院から脱出するようかれを説得することに成功した。しかしカールマンはフランスに入るとすぐに捕えられ、そして死んだ。(121)

このような拙策からランゴバルド国王はピピンとの仲をまずくしてしまった。そこでアイストゥルフは、今度こそローマを奪取し、イタリア全土を占領する肚をほんとうに固めたもののようである。教皇を援助するか、それともアイストゥルフに力をかすか、ピピンは決断を迫られた。遠征に出発するに先立って、ピピンは麾下の豪族たちをキルシ・シュル・オアズに集め、そこで教皇に約束を記した国王文書を贈呈した（四月十四日）。それから三月のち、教皇はピピンの出陣に先立って、既にボニファティウスによってほどこされていた成聖の礼をあらためてサン・ドニ寺院で厳粛にピピンに対してほどこし、ピピンの子孫に非ざる者を国王にえらぶことを永久にフランク人に禁じ、この禁令を破る者は破門の罰に処すると宣言した。こうして王朝と教会の首長との間に同盟関係が成立したのである。そしてこの同盟関係を強固なものにするために、ステファヌスはピピンとその二人の息子にパトリキウス・ロマノルム patricius Romanorum の称号を贈った。この措置が皇帝の権限を侵害するものであったことは明らかである。この称号は〔ラヴェンナ駐在のビザンツ〕太守が帯びていたものであった。こうしてピピンは、ビザンツの太守と同じようにローマの守護者になったのであるが、しかしピピンにこの地位を与えた者は教皇であって皇帝ではなかった。[122] それに、教皇のこの措置は自発的なものであって、ピピンの意向をくんで行なわれたものではなかったようである。その証拠に、ピピンがこの称号を用いたことは一度もない。ピピンがこの称号を欲しがったことはなかったと考えてよいであろう。

戦闘に敗れたアイストゥルフは条約を結び、前に奪った地域をローマ市民に返還した。即ちナルニとチェッカーノの教皇領 patrimonia 並びに太守管轄領を返還したのである。七五六年、皇帝はこの報らせをうけると早速に、ラヴェンナ並びに太守管轄領の引渡しをピピンに要求するよう命じた。その代償として皇帝が多額の金《かね》を積んだにも拘わらず、ピピンがこれを拒絶したのは当然のことであった。かれが教皇に救援の手を差しのべたのは全く聖ペテロに対する尊崇の念から出たことであって、なにものを以てしても教皇に対する約束を放棄させることはできなかったであろう。[123] それはそれとして、皇帝の使者が到着した時にはピピンとアイストゥルフの間では戦争が再燃していた。アイストゥルフがまだ舌の根の乾かぬうちに約束を破ったからである。七五六年一月一日には、かれはローマを包囲する陣さえ布いた。しかしアイストゥルフはまたもやパヴィアに追いつめられ、またもや和睦を願い出た。この時も、アイストゥルフは奪い取った地域を還附し、ピピンがそれを教皇の手に還した。このようにして教皇はそれ以来ローマ並びに教皇領の支配者になったのである。[124]にも拘らず、教皇は皇帝がもっている理論上の宗主権を引続き承認していた。

二度に及んだ遠征の何れの場合にもローマに入市しなかったということはピピンの態度を実によく示すものである。更にはまた、アイストゥルフの後継者で、半ばピピンのお蔭で国王になったデシデリウスが新たに事を構えても、ピピンは三度イタリアに姿を現わすことはしなかった。デシデリウスはリウトプランド時代にランゴバルド族が占領した数々の地域を還附することを約束しておきながら、実際にはその一部分しか返還を肯んじようとしなかったのである。

ステファヌスの後を継いだパウルス一世（七五七―七六七年）がこれについて抗議を申し込んだが効果がなかった。すると皇帝がこの情勢につけこもうとした様子がある。既に七五六年にピピンと折衝したことのあるゲオルギウスという者が、皇帝の使者として七五八年ナポリに到着、ローマ並びにラヴェンナを再びビザンツの支配下におこうとする魂胆で、デシデリウスと同盟のプランを練った。次いでゲオルギウスはピピンの宮廷に赴いたが、ピピンの態度は依然として教皇に忠実であり、そのため何ら得るところがなかった。[125]七六〇年には、皇帝が三〇〇隻から成る艦隊をローマ及びフランスに向けて出航させたという噂がローマでひろまった。[126]ピピンのイタリア進駐を促そうとして、教皇がこういった噂を流したものであることは間違いない。教皇はまた後には、不敬きわまりないギリシャ人ども nefandissimi Greci がラヴェンナの攻撃を準備している旨を、(127) これらの異端者と真に正統なる vere orthodoxu ピピン(128)とを対比させながら後者に書きおくっている。

皇帝が引続きピピンに働きかけていることを教皇は知っていた。七六二年にピピンの使者と教皇の使者がコンスタンティノープルに赴いた。結局、皇帝の方から和親を求めていることが明らかにされた。七六五年頃聖画像の問題ならびにピピンの王女ギゼラとビザンツの皇子との婚約の問題について討議するために、皇帝は太刀持役アンティ及び宦官シネシウスをピピンのもとに派遣した。(129) 聖画像の問題については更に七六七年にもジャンティリイで大がかりな討論が行なわれた。(130)

しかしピピンは依然としてその態度を変えず、あらゆる問題で教皇と歩調を合わせて行動した。教皇とデシデリウスの間に起っていた係争は、ピピンの調停で、教皇が領土的要求を断念し、且つまたスポレト、ベネヴェントを保護領にする企ても放棄するということで協定を結び、七六三年に落着をみるに至った。(131) これを要するに、教皇には、ピピンの支援のお蔭で自分の身が敵から守られ、正統派の信仰の安全が保証されていること、しかし同時にまた自分がピピンに百パーセント頼らなければやっていけないこと、がわかったのである。

＊

カール大帝の統治はあらゆる点で父ピピンの統治の完成であった。父はそのイタリア政策、つまりランゴバルド族に対する政策ならびにローマに対する政策を範例として息子に遺した。大帝は弟のカールマンと同じように、パトリキウスの称号を帯びて王位に即いた（七六八年十月九日）。かれが本領を発揮できるようになったのはカールマンが歿してからのことである（七七一年十二月）。

ランゴバルドの国王デシデリウスは依然としてローマ占領の野心を捨てていなかった。七七三年一月、教皇ハドリアヌスはデシデリウスの攻撃を斥けるためカール大帝に援助を懇請しなければならなかった。すぐさまカールはイタリアに軍を進め、その軍勢がデシデリウスをパヴィアに追いつめてこれを攻囲している間に、復活祭に列席する目的でローマに赴いた（七七四年）。そしてこの機会にカールは教皇庁に対して非常な恩人としての地位をつくった。父が教皇に対して行なった寄進を改めて確認したばかりではなく、新たに広大な地域を寄進したのである。その中にはスポレト、ベネヴェントの両公国ならびにヴェネツィア、イストリアが含まれていた(132)。それからパヴィアにとってかえし、七七四年の六月にデシデリウスもろともこれを降伏させると自分がランゴバルドの国王を称した。

それまでカールは、神の恵みにより最高の貴人にしてフランク人の王なるカロルス Carolus, gratia Dei, rex Francorum vir inluster と称して満足していたが、いまやかれの称号は、フランク人及びランゴバルド人の王にしてパトリキウス・ロマノルム Rex Francorum et Langobardorum atque patricius Romanorum となった(133)。

この新しい称号は、教皇の希望をはっきりとうらぎって、カールにとってはパトリキウス・ロマノルムであることはランゴバルド人の王であることの附録にすぎなかったことを明瞭に示すものである。フランク人の王がイタリアの主権者になったのだ。ゲルマン的なアウストラシアに呱呱の声をあげたフランク王の勢力が地中海までもひろがったのだ。しかしながらかれはローマに居を定めなかった。地中海人にはならずに北方人のままでいた。かえってイタリアが教皇ぐるみフランク王の軌道にひきよせられていった。かれは或る程度の自主性をランゴバルド王国にのこしておいたが、しかしフランク人の伯を派遣したり、フランク王国 Francia の大きな教会にランゴバルド王国内の土地を寄進したりした。

教皇の方はどうであったかというと、パトリキウスがその権力を掌握した由来が何といってもキルシでのステファヌス二世による授与であったから、このパトリキウスをただ単に教皇の地位の保護者にすぎないものと考えたがったのも無理からぬことであった。しかしここに致命的な矛盾がある。まず第一に、保護者というものは容易に主人に変わるものなのである。ピピンは主人にはならなかった。ピピンの場合、そのイタリア政策は教皇のイタリア政策をそのまま実行したものであった。ところがカールは主人になった。カールが、ランゴバルド王国を征服しおえた時はじめてパトリキウスという称号を用いた事実は、この称号をも征服したもの、従って自分本来の権利で所有しているもの、そうカールが考えていたことをはっきりと物語っている。教皇の方では、七七二年以降は大勅書の日付を皇帝の即位の年から算えるやり方を廃止し、次いで七八一年以降は自分が教皇の位に即いた年から算えるやり方を採用していた(134)。教皇が自分の勢力の拡大を図りつつあったことは明らかである。しかしその企ては、ランゴバルド人であるベネヴェント公の抵抗、及び皇帝の代理としてシチリア島、カラブリア地方、ナポリ公国を統治していた、ないしは統治すると公言していた、シチリア島のパトリキウスの抵抗に遭遇してしまった。

イタリアを教皇に委ねる気持などカールには毛頭なかった。かれはランゴバルド人の王であった。そしてまたランゴバルド人の王として半島全体の支配者になろうとする気持も充分にあった。それ故、七八〇年の復活祭に再びローマを訪れた際、カールは自分がまだランゴバルド国王の地位をかちとっていなかった時に行なった最初の宣言を結局破棄してしまい、教皇に対する臣従を自認していたスポレト公の領国に教皇が勢力を伸ばすことを妨害した。

他方、レオ四世が薨じたばかりのビザンツ帝国では聖画像破壊論を放棄する方針がイレネによってとられ、和親の態度をほのめかしていた。七八一年、コンスタンティノープルから使節が訪れて、カールの王女ロトルードを青年皇帝の妃に迎える縁談をカールに申し込んだ。この婚約は成立した[135]。従って皇帝と事を構えるべき時ではなかった。帝国領を侵そうとする教皇の企てを、カールが支持することのできなかった理由はここにもある。

七八六年も暮になって、ベネヴェント公が企てた陰謀を主な理由に、それを鎮定する義務のあるカールが呼ばれて三度ローマを訪れることになった。ところが、カールが出発するのと殆んど同時に、ベネヴェント公アリキスはビザンツと同盟を結ぶことをたくらみ、この同盟関係に基いてかれはパトリキウスの称号を授けられ、イタリアにおいて、否ローマにおいてさえ、皇帝の代理人となるに至った。このようにして教皇とカールは突如としてビザンツの反撃の前に立たされたのである。七八八年に起った衝突は、結局、ベネヴェントに対するカールの支配を強化し、イタリア北部ではイストリアの占領をカールにもたらすという結果になった。[136]にも拘わらず、七九一年、七九二―七九三年、八〇〇年、八〇一―八〇二年と繰り返されたベネヴェント公に対する遠征は失敗に終り、カールはついにほんとうの意味における主権をベネヴェントに確立することができなかった。[137]

さて、カールは聖ペテロに対する尊崇の念から教皇に保護を与えたのであるが、ピピンのように教皇に服従することはなかった。教義の問題でもカールの方から逆に教皇に指図を与えようとさえした。七八七年ニケアで開かれた宗教会議で聖画像破壊論が排斥されたことは、教義的観点からローマとコンスタンティノープルを和解させることになったが、その後カールはこの宗教会議の決定事項を例外なく承認することを拒否した。かれは神学者に命じてニケア宗教会議の決定事項を反駁する一連の論文、カール大帝聖画像崇敬反対書 Libri Carolini を起草させ、また、教皇に対する八十五個条の建言を記した勅令をローマ教皇に提出するため、使節をローマに派遣した。ついに七九四年、カールは西方世界の全司教をフランクフルトに召集し、この宗教会議でニケア宗教会議の決定事項のうち若干の無効を宣言し、兼ねて聖画像崇敬主義者の教義を非難した。[138]

ハドリアヌスが昇天したのち、七九六年にカールはその後継者であるレオ三世に書簡を送り、「予は全キリスト教徒の支配者にして父、国王にして聖職者、首長にして嚮導者である」と述べている。[139]そして、カール自身の地上的権力と教皇の精神的権力との境界線を明瞭

にひいて、教皇のまもるべき路線を設定している。(140)

その間一方では、レオ三世はハドリアヌスの後を襲うに際してはカールにローマ市の旗を贈り、(141)大勅書の日付を入れるのに、かれにイタリアを与えた a quo cepit Italiam カールの即位から算えた年を用いるという新しい形式を採りいれた。

カールが、自分はもはや単なるパトリキウス・ロマノルム patricius Romanorum ではないと考えるようになったことは明らかである。かれの行動のよりどころはキリスト教の保護者ということに変っていった。この頃になると、かれはザクセン族とランゴバルド族の征服を終り、アヴァール人もこれを服属せしめるか若しくはタイス河の彼岸に追いやってしまっていた（七九六年）。このような勢力の絶頂期にあったから、かれはキリスト教の保護者という役割も買ってでることができたのである。イングランドとイスパニアの小君主たちを別にすれば、カールはもはや西方世界に於ける唯一人の国王であった。

かれの占めた地位はそれまでのどんな国王が占めた地位をも凌駕するものであった。そして、ローマ世界 Romania には猶ビザンツ優越の余映がたゆたっていたとはいえ、そういったものは、北方にも、アングロ・サクソン的環境にも、カールの住まっていたゲルマン的環境にも、みられなかった。アルクィンがカールに宛てた書簡の中で、カールを皇帝と呼んでいるのもまたむべなるかなである。(142)

ローマにおいてさえ、教皇はビザンツ皇帝の宗主権を否定してはいなかったというものの、実際上はその支配を脱け出していた。フランク族の国王がもっていた勢力と威信とをはつきりと教皇は認めていたのであるからして、五世紀以来もはや西方世界では絶えていた帝国なるものを、カールのために復興しようという考えが教皇の心に浮んだのは当然の成行きだったのではあるまいか。しかし、この問題について教皇が抱いていた考えは、単に帝国の西の半分に in partibus Occidentis 帝国を再興し、いわばロムルス・アウグストゥルスの後継者をつくり出すことではなかった。それは、はっきりしている。そうすることは、皇帝をローマに呼び戻すことになるであろうし、ひいては教皇を皇帝の勢力下におくことになるであろう。ところが、教皇は皇帝から独立した地位を保持したいと念じていたのである。レオ三世がラテラノ聖堂の食堂 triclinium においてあったモザイク画は、このことを明瞭に証拠だてている。そこには、レオ三世には肩衣 pallium を、カールには軍旗を授けている聖ペテロの絵が描かれていた。帝国なるものを再興することによって教皇がほめ讃えようと望んだのは、皇帝のローマではなくて聖ペテロのローマであった。カトリック教会 ecclesia の中心、カールが、自分はその兵士であると宣言したあのカトリック教会 ecclesia の中心としてのローマであった。カール自ら、レオ三世に語りかけて、自分の統治する人民はキリスト教徒の人民 populus Christianus であると言っているではないか。勿論、カールがその気になれば、自分で自分に皇帝の尊厳を与えることもできたであろうし、或はまた自分で教会会議を召集して皇帝の尊厳を授与するように命ずることもできたであろう。しかし、もしそれが教皇のイニシアティーブによってカールに授与されるのであれば、その尊厳は、全キリスト教徒の眼にどれだけ合法的なものに映ずることであろうか！

カールの帯びていたパトリキウス patricius という称号と実際にもっていた勢力との間の不均衡も消失するであろう。教皇が聖ペトロの宗教的代表であるように、カールがその軍事的代表になるであろう。教皇もカールも、ともに同じ一つの組織、即ちカトリック教会 ecclesia の組織の中で結びあわされるであろう。

八〇〇年という年を迎えるまでに、カールはザクセン、バイエルンを征服し、アヴァール人を絶滅し、イスパニアに攻撃をかけていた。西欧キリスト教世界の殆んどすべてをかれが掌握していた。

そして八〇〇年十二月二十五日、教皇はカールの頭上に帝冠を載せることによってこのキリスト教帝国に聖別をほどこしたのである。カールはビザンツの慣例に従って、即ち歓呼の声 acclamatio を浴びながら、自分に与えられた称号をうけた。それから教皇はカールの頭上に帝冠を戴せ、かれをほめ讃える言葉を贈った。(143)

従って、形式の面についてみればカールの即位は法に適合したものであった。(144) かれは、ビザンツの場合と同じように民衆の歓呼の声で迎えられた。しかし実際は、カールの即位とビザンツ皇帝の即位との間には一つの本質的な相違があった。

実を言えば、カールに歓呼の声をおくったローマ市民は、コンスタンティノープルの民衆とは違って、一つの帝国を代表する者たちではなく、今や皇帝に選ばれた者がそれまでそこのパトリキウスであった一つの都市の住民たちにすぎなかった。かれらの歓呼の声はエルベ河からピレネー山脈に及ぶ地域のカールの臣民たちを拘束する力をもつものではなかった。

結局、この歓呼の声は一場のドラマにすぎなかった。カールに帝国を与えたものは実際はカトリック教会 ecclesia の首長である教皇だったのであり、従ってカトリック教会 ecclesia そのものだったのである。カールはこのことによって教会の守護者に任命されたわけである。嘗てのローマ皇帝の称号とは異なり、カールの皇帝称号は何らの世俗的な意味あいも持つものではなかった。カールの即位は何らかの帝国的な制度を背景にもつものではなかった。ローマの保護に当っていたパトリキウスが、一種のクーデターによって教会を保護する皇帝になったのである。

カールに与えられた権力はかれを一人の皇帝にしたのではなく、唯一無二の皇帝にしたのである。二人の皇帝が併存し得ないのは、二人の教皇が同時に存在することができないのと一般である。カールは教皇が心に描いていた通りのカトリック教会 ecclesia の皇帝、普遍教会としてのローマ教会の皇帝であった(145)。かれは神により戴冠されたる最も曇りなきアウグストゥス、偉大にして平和の擁護者たる皇帝 serenissimus Augustus, a Deo coronatus, magnus, pacificus, imperator であった。ローマの皇帝たちが用いた、ローマ人の皇帝 Romanorum imperator とか常に尊厳なる人 semper Augustus という称号をかれが用いなかったことに注意して欲しい。かれは〔先に記した称号に〕ローマ帝国の統治者 Romanorum gubernans imperium と附け加えただけであるが、これはかなり曖昧な表現であって、フランク人の王 rex Francorum 及びランゴバルド人の王〔rex〕Longobardorum という二つの現実的な称号の方に実際が明示されていた。教皇は大勅書の中で、カールのことを神により戴冠されたる最も敬虔にして、とこしえなるアウグストゥス、偉大にして平和の擁護者たる皇帝、吾らの支配者カロルス imperante domino nostro Carolo piissimo perpetuo Augusto a Deo coronato magno et pacifico imperatore と呼んでいる。[146]

この、教会保護者にして神聖かつ敬虔なる皇帝のもっていた実質的な力の中心は、かれが皇帝の権力を授与されたローマではなく、ヨーロッパの北部にあった。古代の地中海帝国の中心は論理必然的にローマにあったが、新しい帝国の中心はこれまた論理必然的にアウストラシアにあった。ビザンツの皇帝はなすところなくカールの即位を傍観していた。かれにできることはカールの即位を否認することだけであった。しかし、八一二年一月十三日、両皇帝は和親条約を結んだ。ビザンツの皇帝は新しい事態〔カールの即位〕を承認し、カールの方はヴェネツィア並びにイタリア南部を放棄し、これをビザンツ皇帝に返還することになった。[147] カールのイタリア政策は結局のところ失敗であった。かれはついに地中海的な勢力とはならなかった。

幾世紀にもわたって揺ぎなかった古代的地中海的な秩序の蒙った激変をこれほどはっきりと示すものはほかにはない。カール大帝の帝国は、イスラムによってヨーロッパの均衡が崩壊したことの総決算だったのである。この帝国が実現できた理由は、一方では、東方世界と西方世界の分離が教皇の権威を西ヨーロッパに限定してしまったことであり、他方では、イスラムによるイスパニアとアフリカの征服がフランク王をキリスト教的西方世界の支配者たらしめたことである。

それ故、マホメットなくしてはカール大帝の出現は考えられない、と言って全く正しいのである。

古代のローマ帝国は七世紀には実質上すでに東方世界の帝国となっており、カールの帝国が、西方世界の帝国になった。

実際にはこの二つの帝国はお互いに無視しあっていた(148)。

そして、歴史の歩む方向と一致して、この新しい帝国の中心は、ヨーロッパの新しい重心の在り場所となった北方に存在することになった。中世の幕は、フランク王国とともに、といっても無論アウストラシア的ゲルマン的なフランク王国とともに、開いたのである。五世紀から八世紀に至る地中海的統一(149)が続いた時期が終り、この統一が崩壊するとともに世界の枢軸はその位置を変えたのである。

ゲルマニズムが歴史の舞台でその役割を演じ始める。この時までローマの伝統は絶えることなく続いていたが、今や独自の性格をもったローマ風ゲルマン風な文明が発展を始める姿勢をとる。

カロリング帝国は、というよりはむしろカールの帝国は、中世の枠組であった。その基礎になっていた国家制度は極めて脆弱で、やがて崩壊してしまう。しかし、帝国〔という理念〕は、一段高い次元で西欧キリスト教世界を統一するものとして、その生命を保っていく。

第三章　中世の開幕

一　経済組織と社会制度

通説によれば、カール大帝の治世は経済的復興の時代であったという。こうした見解をとる論者は、文芸の領域におけると全く同じようなルネッサンスを、経済の領域においても語ろうとしたくらいである。これは明らかに誤った考えであって、こうした誤謬の生じた原因は単に偉大なる皇帝への讃美が生んだ先入観に尽きるものではなく、遠近法の拙さとでも名づけ得るものが原因となっているのである。

これまで歴史家たちはきまってメロヴィング王朝時代の末期の様相とカール大帝の治世とを比較してきた。こうした方法をとるのであれば、たしかに一種の立ちなおりを証拠だてることも困難ではない。ガリアでは無政府状態が終って秩序が確立したし、一方ゲルマニアでも征服と布教が進んで、明白な社会の進歩が容易に立証されるからである。しかしながら、現実の事態を正確に把握しようとするならば、カロリング王朝時代に先行する時代の全体とカロリング王朝時代とを比較しなくてはならない。そのとき、眼前に浮びあがってくるものが完全な対照を示す二つの経済組織であることに気づくのである。

八世紀以前、この時代に存在するものは古代の地中海経済の連続である。八世紀以後、この時代に古代の地中海経済との完全な断絶が生ずる。地中海は閉鎖された。商業は消滅した。代って出現したのは、土地が唯一の富であり、動産の流通が最小限に低下した帝国である。進歩どころではない、退歩が生じたのである。嘗てガリアのうちで最も活潑であった地方が今や最も貧しい地方と化した。嘗ては社会の動向を規定するものは南方であったが、今や時代の性格を特徴づけるものは北方となった。

しかしながら、この反商業的な文明の中にも、右に述べたことのすべてと矛盾するようにみえる一つの例外が存在した。

九世紀の前半に、帝国の最北部すなわち後の低地諸邦が、帝国のその他の諸地方の沈滞とは著しい対照を示す頻繁な海運をもって活気を呈していたことは疑いのない事実である。もっともこのことは、全く新しい事態が生じたというわけのものではない。既にローマ帝国の時代から、シェルト、マース、ラインの三河川が合流するこの地域は、ブリタニアとの海上貿易を行なっていた。ブリタニアはこの地域を通じてライン〔左〕岸のローマ駐屯軍のために小麦を輸出し、地中海経由でもたらされる香辛料その他の物産を輸入していた。しかしこの海上貿易は、ティリア海商業の流れの延長にすぎなかった。この地域の商業はローマ世界 Romania の〔商業〕活動一般の中に含まれるものであり、この地域はローマ帝国の辺境にすぎなかった。ケルト人の航海の守護神であった女神ネハレニアの紀念像が、この貿易の重要であったことを今なお想い起させる[1]。商船は遠くエルベ、ウェーゼルの河口まで訪れた。後になって、三世紀にザクセン族の侵入をうけた時には、その襲撃を斥けるために艦隊を組織する必要が生じた。海上を航行する商船と内陸の〔河川を航行する〕船とが出会う主要な港は、ユトレヒト近傍のフェクティオ（ヴェヒテン）であった。

この海上交通は五世紀の〔ゲルマン民族の〕侵入とザクセン族によるブリタニア征服とによって非常な傷手を蒙ったものと思われるが、その傷手から恢復してメロヴィング王朝時代にも連続していた。おそらく、八世紀にはこの商業はスカンディナヴィアまで手を拡げていたものと思われる[2]。フェクティオに代って、ライン沿岸のドゥウルステッドとカンシュ河口のクェントヴィックの両港が登場した。クェントヴィックからは多数のメロヴィング王朝時代の鋳貨が発見されている[3]。マーストリヒトからも同様に数多く発掘されており[4]、その数はケルン、カンブレイ等から発掘された数を遥かに凌いでいる。アントウァープにも同様の出土貨幣がみられ、ユイ[5]、ディナン、ナムール[6]からも数多く発見されている。最後に、フリースランド[7]のドゥウルステッドでは多数の貨幣が鋳造されていた[8]。

北部諸属州で栄えていたこの商業が、カロリング王朝時代に入って消滅する理由がどうしてあったであろうか。北方海岸の海上は依然として自由に航行できた。その上、ローマ時代以来この地方の海上交通に養分を与えてきたフランドルの毛織物工業も消滅したわけではない[9]。のみならず、この商業活動の存続を裏づける新しい理由さえ幾つか発生している。先ず第一にアーヘンに〔カロリング帝国の〕宮廷が存在したこと、第二にフリースランドが平定され併合されたことである。ノルマン人の侵入という破局を迎えるまで、フリーセン人の操る河舟がこの地方の全河川ならびにライン河上流にわたって極めて活潑に航行していたことが知られている。(10) フリースランドでは金貨が発掘されている。(11) 最後に、カロリング王朝時代の主要な関税取立所、すなわちルーアン、クェントヴィック、アミアン、マーストリヒト、ドゥウルステッド、ポン・サン・マクサンスはすべて帝国の北部に位置していた。(12) それ故、帝国のこの北のすみではさかんな商業が営まれており、以前よりも活況を呈していたとさえ思われるのである。

しかしながらこの商業の顔は北方を向いており、それはもはや地中海とは何の関係もない商業であった。その商業圏は、低地諸邦の諸河川の他にブリタニアと北欧の諸海域を包含するものであったらしい。それ故、地中海の閉鎖を特徴的に示す一つの証拠をここによみとることができるのである。北方に顔をむけたこの商業では、ちょうど地中海商業で嘗てシリア人が演じていたのと同じ役割をフリーセン人が演じていた。

内陸部に向っては、アミアンとクェントヴィックの後背地 hinterland が、ブルグンドの入口までひろがっていたが、それより遠くには及んでいなかった。(13) トゥールネーの商業も九世紀に相当重要であったもののようである。(14)

しかしながら、九世紀の後半に入ると、ノルマン人の侵入がこの商業に終止符をうつことになった。(15)

それでもなお、その時まではこの商業がすこぶる活潑であり、よく高度の経済活動を維持し得たという事実に変りはない。のみならず、この商業の大部分は、九世紀にフランス産の葡萄酒をアイルランドに輸出していたスカンディナヴィア人の商業に次第に併呑されていったに違いない。[16] スカンディナヴィア人がロシアを介してイスラムとの間に維持していた関係は、かれらスカンディナヴィア人の商業にさだめし強力な刺戟を与えていたものと思われる。九世紀に、重要な港、というよりはむしろ重要な海上根拠地が、幾つかバルト海に存在していた。[17] 八五〇年から一〇〇〇年までの間、ハイタブーの商業がビザンツ、バグダッド、ライン河流域、イングランド、フランス北部にまで及んでいたことが考古学の成果によって知られている。

また、九世紀には、今日オスロの博物館に所蔵されているオセベルクの船の中で発見された副葬品が物語っているように、ヴィキンガー〔スカンディナヴィア人〕の文明は著しい発展を示した。[18] スカンディナヴィアで発見されたアラビアのディレム銀貨 dirhem のうちで最も古いものは七世紀末（六九八年）のものである。しかしヴィキンガーの最も大規模な進出をみたのは、九世紀の末から十世紀の半ばにかけてのことであった。スエーデンのビルカでは九世紀のアラビアの物産が発掘されているし、その他ドゥウルステッド及びフリースランド産の物品も発見されている。また、ビルカのスカンディナヴィア人は九世紀にドゥウルステッドから葡萄酒を積み出している。[19]

九世紀および十世紀にビルカで鋳造された貨幣は、ノールウェイ、シュレスヴィッヒ、ポンメルン、デンマークにわたる分布を示している。この鋳貨はカール大帝およびルートヴィッヒ敬虔王の治世にドゥウルステッドで鋳造されたデナリウス銀貨を模造したものである。

このようにして、カロリング帝国は経済的にみて感覚の鋭敏な二つの地点をもっていたことになる。一つはヴェネツィアの商業を基礎とする北イタリアであり、他の一つはフリーセン人およびスカンディナヴィア人の商業に基礎をおく低地諸邦である。十一世紀の経済ルネッサンス la renaissance économique の発祥地となったのはこの二つの地域であった。しかし、そのどちらの地域も十一世紀を迎えるまでは、完全な発達をとげることができなかった。前者は程なくノルマン人によって圧し潰されてしまったからであり、後者はアラビア人〔の侵入〕〔訳註一〕とイタリアの混乱によってその発展が阻害されたからである。

八世紀末以降のスカンディナヴィア人〔の演じた役割〕の重要性は幾ら力説しても力説しすぎることはないであろう[20]。かれらはフリースランドを占領し、諸河川の全流域を強奪し代償を要求した。それはちょうど同じ頃アラビア人が地中海でやったことに似かよっていた。しかも、スカンディナヴィア人の場合には、かれらに抵抗するものとして、ビザンツも、ヴェネツィアも、アマルフィも存在しなかったのである。再び平和な商取引を始める日が訪れるまで、かれらは遭遇するものことごとくを圧し潰した。

八三四年、ノルマン人はドゥウルステッドに対する第一回の攻撃を加え、まちの一部を焼き払った[21]。それに続く三年間というものドゥウルステッドは毎年ノルマン人の襲撃を蒙っている。ドゥウルステッド並びにフリースランド全体が没落したのはこの時期のことである。もっとも、その活動の若干の痕跡は九世紀の末に至るまで存続してはいたけれども。

八四二年には、今度はクェントヴィックが襲撃をうけ、[22] 八四四年には滅茶苦茶な掠奪にあって、このまちは遂にこの時の荒廃からたちなおることができなかったのである。七十年経って、ノルマン人の侵入が終焉した時、クェントヴィックの商業はエタプルにうけつがれていった。[23]

ドゥウルステッドとクェントヴィックを輸出港として栄えたこの商業は、スカンディナヴィア人によって営まれた商業とは全く性格を異にするものであった。事実、スカンディナヴィア人の商業が、ビザンツを介してオリエント世界との接触を維持することによって絶えざる発展を遂げていったのに対して、フリーセン人の商業は南欧との関係を全くもたない商業であった。それは、完全に北欧だけを舞台とする商業であった。そしてこの点に、葡萄酒、香辛料、パピルス、絹、その他の東方世界の物産とともに地中海文明を至るところに滲透させていった、あのメロヴィング王朝時代のガリアにみられた商業との明瞭な相違があるのである。

クェントヴィックとドゥウルステッドを除いては、カロリング帝国には商業の中心地がなかったと言ってもよいほどである。

八四三年に焼き払われたナントには、ある程度の重要性を認めてよいかもしれない。この町の船乗りたちは、ロアール河の流域地方と若干の商業取引を行なっていた。[24] しかしながら、関税取立所の存在をもって商業流通の実在する充分な証拠であると決めてかかることは危険である。[25]

あまりにも有名なサン・ガレンの修道士の記述は別としても、テオドルフやエルモルドゥス・ニゲルスや聖者たちの伝記や当時の詩文の中から、商人と商品に関する散在的な記述を拾い集めることは無論難しいことではない。そして、そういった断片的な材料から一つの宮殿をつくりあげがちなものであるが、しかしその宮殿は空想の織りなす夢にすぎない。船が何隻か河に浮いていたと詩人が歌うと、それだけの平凡な記述から直ちにさかんな商業交易の存在を結論してしまう。イェルサレムに少数の巡礼者がいたり、カロリング王朝の宮廷に誰かオリエントの芸術家なり学者なりがいると、それだけでもう西方世界と東方世界の間には絶えず海上の交通があったということになってしまう。ひとによっては、ビザンツの経済圏に属していたヴェネツィアやイタリア南部の諸都市の海上活動を援用するという誤りを犯してまでも、カロリング王朝社会の経済状態を進歩したものであると解釈しようとした。

いったい、九世紀にもなお若干の金貨を鋳造することができたとしても、それにどれ程の意味があるというのであろうか[26]。重要なことは、商業や交換に関する若干の記載が文書にあるかどうかを知ることではない。商業や交換は、いつの時代にも存在していたのである。問題なのはその商業や交換の意義の軽重と性格である。経済の動きを正しく把握するために必要なものは、大量の一般的なデータなのであって、雑多な事柄や稀少な事実や特殊な事例ではない。行商人や船乗りが一人ぽつんといるからといって、それが交換経済の実在していた証拠となるものではない。金貨の鋳造は消滅し、利息つき貸借は禁止され、職業商人の階層はもはや存在しなくなり、オリエントの物産（パピルス、香辛料、絹）の輸入は停止し、貨幣の流通は最小限に低下し、俗人は読み書きの能力を失い、租税制度ももはや存在せず、都市は単なる城砦と化してしまった――カロリング王朝時代におけるこうした一連の事実に思いを致すならば、眼前に浮び上ってくる文明が純粋に農業的な段階に後退した文明であることは、躊躇することなく断言できるところであろう。それはもはや社会という身体を維持するのに商業、信用、定常的な交換を必要とすることのない文明である。

この大きな変貌の本質的な原因がイスラムによる西地中海の閉鎖にあったことは既に述べた通りである。カロリング王朝はサラセン人の北上を阻止することはできた。しかし地中海の門戸を再び開くことはできなかったし、そもそも再開しようと企てることもなかったのである。

回教徒に対するカロリング王朝の態度は純粋に守勢的なものであった。初期のカロリング朝諸王の場合も、そしてまたカール・マルテル自身の場合でさえが、随所に回教徒の攻撃をうけた王国の防備を固めようとして一層混乱を増大させてしまっている。カール・マルテルの治下ではすべてのものが情容赦もなく軍事的必要の犠牲に供せられた。教会は奪われるようにして財産を没収された。エブロイン或はアキタニアのユードの支持者であったローマ系の貴族の代りにゲルマン系の従士を登用したことが原因となって、各地に深刻な紛争が起った。カールの治世には、ゲルマン民族の侵入に伴って起った混乱に匹敵するほどの混乱が再現したもののようである。カールがフランス南部の諸都市に火を放ち、それによって当時まだ残存していた商業の組織と自治都市の制度を潰滅させてしまったことを忘れてはならない。それまで公共の慈善事業や慈善施設および教育事業の担い手であった教会の大きな機構も同じ運命を辿った。学校はそれ以来教育を弘めることをやめてしまった。ピピンが父のあとを襲って宮宰職に就いた当時は、ピピン自身と同じように、貴族階級の全部が、従ってまた民衆の全体が、文字が読めなかったに相違ない。都市の商人は四散してしまった。聖職者階級でさえも野蛮、無知、背徳の状態に転落していた。そのことについては聖ボニファティウスの書簡から窺い知ることができるであろう。またヒンクマールも次のように言っている[27]。「この悲しむべき時代には、ランスの教会も所蔵する貴重な宝物が盗み出されただけではなく、司教の手によって教会の建物が毀され横領されている。あとに残った少数の不幸な聖職者たちは生計の手段を商業に求め、それによって得たデナリウス銀貨を文書や手書本の中に匿したものである」。

王国の中でも最も富裕な教会の一つがこのような有様であってみれば、他は推して知るべしである。

リヨンに関するレードラードの報告を読んでみると、他の教会の状態も同様によくなかったことがわかる。ボニファティウスの入手できた香といえば、ローマにいる友人たちが小さな包みにして送ってくれる香だけであった。

貨幣の事情はどうであったかというと、恐るべき混乱状態に陥っていた。もはや金貨はなくなってしまったと言ってもよい程であった。八世紀になると、小麦あるいは家畜を支払手段と決めた価格が契約書に屢々記載されている。[28] 悪貨の鋳造者にとっては絶好の状態であった。もはや貨幣には重量の基準も純分の基準もなくなっていた。

ピピンによって貨幣制度の改革が企てられたがみるべき成功も得られなかった。この分野でピピンが発揮したひと一倍の独創力によって、メロヴィング王朝時代の地中海的な貨幣制度とは完全に縁が切られた。それから後は銀貨だけが鋳造されるようになり、デナリウス銀貨が今や唯一の実際の鋳貨となった。そしてソリドゥス金貨一はそれ以後デナリウス銀貨一二と等価におかれた。銀三二七グラムに当るリーヴル（ローマ時代のリブラ）は、ピピンの改革後は二二ソリドゥス或は二六四デナリウスと等価におかれ、後にカール大帝によって二〇ソリドゥス或は二四〇デナリウスに価値をさげられることになった。[29]

カール大帝は父の着手した貨幣制度の改革を完成した。大帝が中世の貨幣制度の創始者である。ということは、中世の貨幣制度は貨幣の流通が嘗てなかった程に減少した時代に確立されたということを意味する。カール大帝は大規模な商業の消滅した時代に貨幣制度を適合させたのである。メロヴィング王朝時代には、これとは全く反対に、広く商業活動が営まれていたために金貨の鋳造は依然として続けられていた。ビザンツの商業圏ではソリドゥス金貨に代ってイペルペール金貨の形で金貨の使用が続いており、イスラムの商業圏でも金貨の使用が根づいているのをみると、メロヴィング王朝時代が活潑な商業の時代であったことには疑問の余地がない。カロリング帝国自体の中でも、引き続き商業活動がみられた地方では、猶しばらくの間は金貨が鋳造されていたということは、この間の事情をよく物語っている。その地方というのは、回教圏イスパニアとの間に若干の交易があったピレネー山麓地方と、スカンディナヴィア人の商業によって或る程度の通商活動が続いていたフリースランドである。

それからまた、カール大帝はランゴバルド王国にもフランクと同じ貨幣制度を強制的に適用する前に、ここでも若干のソリドゥス金貨を鋳造しているが[30]、このことは却って、大帝が通常は金貨を鋳造していなかったことを証明するものである。また、カール大帝の治世にユゼの貨幣鋳造所でつくられた若干のソリドゥス金貨が残っている。また、ルートヴィッヒ敬虔王の治世に鋳造された立派な金貨も若干のこっている[31]。それには神への捧げ物munus divinumと刻みこまれている。恐らくフリーセン人であろうが、北方の商業的な民族がこれらの鋳貨を真似て貨幣を鋳造しているところをみると、その流通した範囲は相当なものであったということができる[32]。これまでに知られているこの種の金貨の標本は、大部分がフリースランドから出土したものであるが、なかにはノールウェイから発見されたものもある。「これを要するに、全く例外的な性格のものではあるが、カール及びルートヴィッヒ敬虔王の名前で鋳造された金貨が現在でも若干のこっていることは事実である。しかしそれにも拘わらず、これらの鋳貨はカロリング王朝の貨幣制度の一部を構成するものではなかったと断言して差支えないのである。カロリング王朝の貨幣制度は銀貨だけで構成されていたのであって、その本質は単本位制度であった[33]」。何故なら、いま挙げたような極く僅かの金貨鋳造を以て複本位制度の証拠であると考えるわけにはいかないからである[34]。

はっきりと頭に入れておかなければならないことは、カロリング王朝の登場とともに貨幣制度に完全な断絶が生じたということである。この断絶というのは、金が姿を消したというだけではなく、本位貨幣であるソリドゥスが消滅したことも意味している。その上、ローマ時代の三二七グラムのリブラに替って、より重量のあるリーヴルが採用された。これは四九一グラムである。一リーヴルからはデナリウスと呼ばれる純銀貨二四〇個がつくられた。このデナリウス銀貨と半デナリウスに当るオボルス銀貨だけが実際に使用される貨幣であった。但し、この二種類の銀貨と並んで、計算貨幣すなわち夫々一定額のデナリウス銀貨に相当する単なる数量的表現にすぎないものはあった。一二デナリウスに相当するソリドゥス――恐らくゲルマン民族の十二進法によるものと思われる――と二〇ソリドゥスに当るリーヴルがそれである。デナリウスやオボルスのような小額貨幣は明らかに卸売商業に使用されるものではなかった。その主要な使い途は、勅令の中に非常に屢々記載されている地方的な小市場《いちば》に集る顧客たちに役立つことであった。そうした市場では物の売買はデナリウス銀貨で per denaratas 行なわれたのである。因みに、諸勅令に記載されている貨幣はデナリウス銀貨だけである。

如上の如くにして、カールの創設した貨幣制度は地中海経済との完全な断絶を示すものであった。地中海経済はイスラムの侵入が始まるまで存続していたが、それから後は八世紀の貨幣制度の危機がはっきりと証明しているように、もはや現実に適合できないものになったのである。カールの貨幣制度の性格は、現実の事態に適応し、社会を覆う新しい情勢に法令を適合させ、無秩序に代って秩序を樹立できるように現実を受容してそれに従おうとする、そういう意欲の現われとして説明することができる。銀単本位の新制度は、いまや到達した経済的後退の状態に照応するものであった。

多額の支払いをする必要が引続き存在したところでは金貨が使用されていたが、その金貨は引続いて金貨の鋳造が行なわれていた地方のものか、或はアラビアないしはビザンツの金貨の何れかであった[35]。

貨幣の貯蔵量が乏しかったこと、並びにその分布の範囲が狭かったことにも注目しなければならない。貨幣は、後ほど問題とする地方的な小市場にいわば結びつけられていたようである。もはや租税というものが消滅してしまった社会では、貨幣の果す役割が全く二次的なものにすぎなかったことは容易に理解のいくところであろう。嘗ては極めて重要な意義をもっていた王室財庫がその意義を喪失したことをみても同じことが言える。動産は、不動産に比べるならば微々たるものになっていたのである。

カール大帝はまた新しい度量衡を定め、その原器を宮廷に置いてあった。ここにも古代伝統との断絶がみられるわけである。しかしながら、早くも八二九年には、各地方ごとに区々の度量衡が使われていることを司教たちがルートヴィッヒ敬虔王に報告している。その他の多くのことの場合と同じように、この場合にも、カール大帝が企てたことは、かれの力をこえるものであったことが明らかである。

カロリング王朝は貨幣に王朝発行通貨としての性格を恢復した。貨幣の鋳造を伯および巡察使missiの監督の下におき、貨幣鋳造所の数を規制したのである[36]。ところが、八〇五年に王朝は貨幣の鋳造を宮廷に集中しようとして失敗し[37]、ルートヴィッヒ敬虔王の治世以後になると貨幣は大部分の都市で鋳造されるようになった[38]。さらにカール禿頭王の時代になると、伯たちが貨幣の鋳造権を簒奪してしまった。既に八二七年にはルートヴィッヒ敬虔王が或る教会に貨幣鋳造所を与えているが、それでもここで鋳造される貨幣にはなお王朝発行通貨としての性格が残っていた。九二〇年になると、教会のうちの若干は教会自身の刻印を押した貨幣の鋳造権を獲得した。これは完全な簒奪であったが、こうした結果を準備したものは、国王が自分のもっている有益な諸権利を放棄していったことであった[39]。

以上、述べてきたようにして、カロリング王朝の改革が行なわれるまではキリスト教ヨーロッパにはただ一つの貨幣制度が、即ちローマ的地中海的な貨幣制度が存在していたのに対して、今や夫々別種の経済圏に照応する二つの貨幣制度が登場したということができる。即ちビザンツの貨幣制度とカロリングの貨幣制度、東方世界の貨幣制度と西方世界の貨幣制度である。貨幣もヨーロッパの経済的大混乱の渦中にまきこまれたのである。カロリング王朝はメロヴィング王朝の直線的な継続ではなかった。両王朝の間には、それこそ金と銀との対照ほどに歴然とした対照が認められる。大規模な商業が消滅したこと、そして金貨の消滅も大規模な商業の消滅によって説明されること、この点については従来から議論のあるところであるから、以下やや詳細にこれを明らかにしなければならない。

この大規模な商業は、既に述べたように、そしてまた一般にも承認されているように、西地中海の海運によって維持されていたものであった。ところで、既に見たように、八世紀の経過するうちに、ビザンツ艦隊の防禦力が及ばないところではどこにおいても、イスラムがキリスト教徒の海運に対して地中海を閉鎖してしまった。八世紀にアラビア軍がプロヴァンスに侵入したこと、そしてそれに引続いてカール・マルテルがプロヴァンスの諸都市を焼き払ったことは、それに止めを刺すものであった。七五二年になって、ゴート人のアンセムンドゥスが譲渡したニーム、マグロンヌ、アグド、ベジエを再び支配下におき、ピピンがリヨン湾の沿岸に地歩を恢復したことは事実である[40]。しかし、これらの西ゴート族の諸都市にはサラセン軍が駐屯していた。住民たちはこの駐屯軍に反抗して武器をとらなければならなかった。ナルボンヌ〔の駐屯軍〕が最も頑強であった。住民が駐屯軍を潰滅させ、自分たちの民族的権利を維持できるという条件の下に、フランクの駐屯軍を迎え入れることに同意したのは漸く七五九年のことであった[41]。

七六五年〔訳註二〕イスパニアにウマイヤ・カリフ国が成立したことは、カロリング王国とイスラムとの関係を比較的平穏なものにする結果をもたらした。しかし、この一時的な平静状態によっても、そしてまたリヨン湾沿岸の恢復によっても、海上商業は復活をみなかった[42]。その理由は、カロリング王朝が艦隊をもっておらず、そのため地中海に跳梁する海賊を掃蕩することができなかったことである。

無論そうはいっても、カロリング王朝も海上の安全を確保するために努力はしていたのである。七九七年にはバルセロナを占領し[43]、七九九年には、サラセン人が掠奪し荒らしまわったばかりのバレアル諸島に軍勢をおくってこれをカールの支配下においた。[44] 八〇七年には〔カール大帝の息子でイタリア王であった〕ピピンがイタリアの艦隊を使ってコルシカ島からマウル人を追放している。[45] カールも一時は海軍力による戦争を企てようとしていた様子がある。というのは、八一〇年にカールが艦隊を建造するよう命令を出しているからである。[46] しかし、これはそのまま沙汰やみになってしまい、八一三年にマウル人がコルシカ島、サルジニア島、ニース、キヴィタ・ヴェッキアを荒らしまわるのをカールは阻止することができなかった。

八二八年にトスカナのボニファティウスが企てたアフリカ海岸の遠征もまた不成功に終った。[47] カールは海上の安全を確保することができなかったので、掠奪を働く回教徒たちから海岸を防衛するだけがかれにやれる精一杯のことであった。[48] 教皇もまた、サラセン軍の遠征に備えて海岸の防衛態勢を固めるほかは施す術がなかった。[49]

カールの時代にはとにかくも有効な防衛対策を講ずることだけはできたが、その歿後は惨憺たるものであった。八三八年にはマルセイユが侵略され、八四二年と八五〇年にはアラビア軍がアルルまで攻め入り、八五二年にはバルセロナが占領された。今や海岸線は完全な無防備状態に陥ってしまった。八四八年には、ギリシャ人の海賊によって海岸線が荒らされるということまで起り、八五九年には、イスパニアを迂回してやってきたデーン人たちがカマルグ島に姿を現わした。

八九〇年頃には、イスパニアのサラセン人がイエールとフレジュの間に進駐して、モーレエ山塊の中のフラクシネトゥム（ラ・ガルド・フレーネ）に城砦を建設した[50]。サラセン軍はここを拠点としてプロヴァンス、ドフィネに絶え間のない侵略 razzias を加え、この二つの地方を支配下においた[51]。九三一年にサラセン軍に敗北を喫せしめたのが、ギリシャの艦隊であったとは驚くべきことである。

アルル伯ギヨームがサラセン人たちをどうにか駆逐することに成功したのは、漸く九七三年のことであった。それまでというものは、サラセン人は海岸を支配下においていたばかりではなく、アルプス越えの諸峠をも制圧していたのである[52]。

イタリア海岸の状態も同じように険悪であった。九三五年にはジェノヴァが掠奪に遭っている[53]。

こうした状態の下では、あらゆる通商に対して港が門戸を閉ざすのは当然のことであった。北方からイタリアに赴こうとする者にとって、利用できるルートといえば最早アルプス越えの山路だけになってしまい、それも屢々フラクシネトゥムのサラセン人によって掠奪されたり殺戮されたりする危険を冒しての話であった。なお、プロヴァンスに通ずる山路はこの時になるとさびれてしまっていた。

また、フランク王国 Francia とイスパニアとの間に通商があったと考えることも誤りであろう[54]。もっともイスパニアは非常に富み栄えていた。アルメリア港には九七〇年に旅宿があったようである。〔イスパニアが〕ガリアから輸入したことを確認できる唯一の商品は奴隷で、この奴隷を連れてきたのは明らかに海賊であったが、海賊と並んでヴェルダンのユダヤ人たちも奴隷をもたらしていた。

このように、大規模な商業はこの方面でも八世紀の初め以降は消滅してしまった。生き残ることのできた唯一の商業といえば、高価な東方物産の行商であり、それを営む者はユダヤ人であった。テオドルフ〔の記述〕が暗示を与えているのもこの種のユダヤ人商人たちであったに相違ない。

恐らくボルドーとブリタニアとの間には或る程度の通商が存続していたと思われるが(55)、何れにしてもこれは重要な意味をもつものではなかった。

このように、何をとりあげてみても同一の結論に到達するのである。

フランク王国 Francia へのパピルス、香辛料、絹の輸入が杜絶したことについては既に確証した通りである。イスラムとの間には商業上の関係は全くなかった。製糖業についてはリップマンの述べていることは全くその通りである。砂糖は当時イタリア南部に普及しつつあったが、それが半島の北部にまで伝わるようになったのは十二世紀になってからであった(56)。イタリアのギリシャ人たちが仲介者としての役割を果したかもしれないとも考えられるが、事実はそうではなかった。その理由はあまりにも自明のことに属する(57)。

富裕な商人の階層は姿を消してしまった。文書のそここに、メルカトール mercator(58) 或はネゴチアトール negociator という言葉はみえているが、しかし最早みいだすことのできないものがあった。それは、メロヴィング王朝時代にいたような職業商人である。教会に土地を寄進したり、貧者に施しを与える実業家は後を絶った。租税を請負い、役人に金《かね》を貸付ける資本家は姿を消した。都市に集中した商業のことはもはや記録に現われてはこない。依然としてその姿をとどめていたのは臨時に商業を営む者たちであるが、こういった商人はいつの時代にも存在するものであるから、それは当然のことであった。しかし、こういった商人たちは一つの商人階級を形成しているものではなかった。飢饉を利用して他処へ小麦を売りに行って儲ける者や、或は自分の所有しているものまで売ってしまう徒輩がいたことは確かである。(59)特に、ひと儲けたくらんで軍隊についていく連中がいた。なかには危険を冒して辺境まで赴き、そこで武器を敵側に売り渡したり、野蛮人と物々交換をしたりする者もいた。しかし、こうしたことは冒険者の取引であって、これを正常な経済活動と考えるわけにはいかない。アーヘンの宮廷に食糧を納めるために定期的な御用が生じた。しかしこれもまた商業上の現象ではない。この御用商人たちは宮廷の指図に服するものであった。(60)その上、いかに流動資本の重要性が減少したかをはっきりと物語る事実がある。それは、利息つき貸借の禁止である。この場合、既に早くからその関係者に利息つき貸借を禁じていた教会の影響をみなければならないことは確かであるが、しかし、この禁令が商取引にまで及ぼされ、中世を通じて商業を圧迫したという事実は、大規模な商業が消滅したことを証明する一つの手がかりであると考えて絶対に間違いがない。既に七八九年の勅令は、金銭の貸付け或はその他いかなる物の貸付けからも利益を得ることを禁止している。(61)教会の公布した禁令を国家が採用したわけである。(62)

このようなわけで、カロリング王朝時代には、原則として最早、職業商人なるものは存在しなかった。史料に現われる商人というのは、せいぜい、特に飢饉の時に多かった当座の商人か、或は所領の農産物を輸送してはそれを売却したり、食糧が欠乏した時には逆に農産物を買い入れたりする大修道院の奴僕であった。商業が姿を消したのは、都市人口が消滅したために販路がなくなってしまったからである。もう少し正確に言うならば、アーヘンに宮廷が一定していたカール大帝ならびにルートヴィッヒ敬虔王の治世には、宮廷にだけは商業が残っていた。宮廷は商人に依存して生活していたからである。しかし、この商人というのは特殊な商人であった。かれらは、或る程度まで食糧納入御用の機関であり、宮廷の裁判に服する義務をもち、長官たちmagistriの命令に従うものであった(63)。

これらの商人たちは、アルプスの諸峠、ドゥウルステッド、クェントヴィックでの関税の支払を免除されていた。しかし、かれらは皇帝の御用を勤める傍らでは、自分たちの利益のためにも商業を営んでいた模様である(64)。

七七五年には、若干の都市で、殊にシュトラスブルグでは確実に、司教が自分の使用人を使って食糧補給のための組織をつくっていた(65)。カールはこういった司教の使用人たちに対して、ドゥウルステッド、クェントヴィック、アルプスの諸峠を除いた王国全域にわたって、関税の支払を免除している。

大きな大修道院の場合にも同様であったことが知られている(66)。しかし、こういった御用商業が、本当を言うと商業ではなかったことは歴然たる事実である。それは特権的な食糧供給の御用〔商業〕だったのである。他面、その足跡は北海からアルプスまで及んでいたのであるから、極めて遠距離にわたる食糧の供給だったわけである。

帝国内の至るところに非常に多くの市場《マルシエ》が設けられ、その数が絶えず増大していった事実は、今までに述べてきたことすべてと矛盾することのように思われるかもしれない。各キーヴィタース civitas には必ず一つ宛の市場があったことを認めることができるし、数多くの城市《ブール》にも、また大修道院の傍らにも市場があった。しかしながら、これらの市場《マルシエ》と大市《フオワール》とを混同しないように注意しなくてはならない。実際には、カロリング王朝時代に認められる大市《おおいち》と言えば、唯一つ、サン・ドニの大市があっただけである。

そういった小さな市場《いちば》を訪れるものが、近傍の農民たちか、或は行商人か船頭だけであったことを、われわれの知っている史料のことごとくが示している。そこでは「デナリウス銀貨で」取引が行なわれた。つまり小売りが行なわれたのである。これらの小市場は、取引の場所であるとともに社交的な集りの場所であるという意味をもっていた[67]。こういった小市場のことに触れた諸勅令を読んでみると、そこを訪れる者が専ら農奴であった、即ち農民であったことがわかる。ブルグンド伯のところから盗み出した一振の剣を売り捌こうとして、市場から市場を廻った挙句に買手を見つけることができず、もとの所有者に返したという例のある[68]。ネゴチアトール negociator のようないかさま行商人もこういった市場には姿をみせたのである。ここにはユダヤ人も現れている。ユダヤ人が市場に近づき易くするために、市《いち》の立つ日が土曜日に当った場合には日を変えたといって、アゴバルトの如きは不満の気持を述べている程である[69]。

修道院に聖者のお祭りがある日には、多数の荘民familiaが遥々遠方からも集って、各荘民の間で売買が行なわれた。[70] ルマジャン修道院の葡萄園の管理を仕事にしていた農奴が市場に行って二頭の牛を買ったが、したたか飲んだ酒に酔った帰り途でその牛を逃してしまった話が『聖レマクルスの奇蹟』[71] に出てくる。従って、宗教的な祭りの日が同時に歳市《フオワール》の日だったわけである。ヴァイツによれば、市場税の免除ないしは譲渡を伴うものでなければ、市場の開設に国王の認可は要らなかったという。後になると、市場の傍らに貨幣鋳造所を設けることがあったが、その場合には国王の許可が〔必要で〕あった。ピトルの勅令で、[72] カール大帝の治世に存在した市場、ルートヴィッヒ敬虔王の時代に設立された市場、カール禿頭王の治下に開設された市場が夫々類別されていることは、市場の数が絶えず増加していったことを示している。ところで、経済的衰頽の度は、ノルマン民族の侵入によって益々深まっていったのであり、このことは、市場の数が増大していった理由が、普通に言われているように商業が発達したことではなくて、寧ろ商業が自国の中に閉じこめられたためであることを雄弁に物語っている。

既に七四四年には、各司教座所在地に一つずつの合法的市場legitimus forusを開設することがソワソンの勅令によって司教たちに命令されている。[73] こういった小さな市場は大した賑いを呈さなかった。[74] 大抵の場合、若鶏や鶏卵などが売買されるにすぎなかった。もっとも、比較的環境に恵れた少数の市場では、手工業製品を買いもとめることもできたに相違ない。恐らくフランドル地方では織物を市場で買うことができたであろう。ガンでつくられたコデックス・ラウドゥネンシス Codex Laudunensis の中の或る法律文例集は、一聖職者が、友人に厚地の頭布 cucullum spissum を買ってくれるよう依頼して五ソリドゥス送金した時の書簡の文面を伝えている。(75) しかし、このことから、ガンには御売市場があったとか、商品流通に類似した何かがあったと結論することはできない。

非常に数の多かったこれらの小市場には、すべての素朴な文明の場合と同じように、その地方々々の住民の需要を充たすために、農村の陶器工や鍛冶職や織工の家内工業製品が持ち込まれたに相違ない。しかし、それ以上のことが行なわれなかったことは明らかである。都市の定住商人とか定住手工業者とかは影も形もみえなかった。更に、小規模な貨幣鋳造所が非常に屢々市場に設立されたことは、〔一般的な貨幣の〕流通がなかったことを証明する事実である。また、八六五年にカール禿頭王がシャロンの司教に貨幣鋳造所の開設権を与えているが、その理由として挙げられているのも、シャロンの司教が国王の貨幣鋳造所でつくられるデナリウス銀貨を入手することができないからということであった。(76)

こういった市場では、遠隔の地の物産は何も入手することができなかった。そのため、アルクィンは一人のネゴチアトール negociator を抱えていて、その男をイタリアにやって物資を買入れさせている。(77) 八世紀にザクセン人やフリーセン人と顔を会わせることのできた大市は、サン・ドニの大市のほかにはまずなかった。(78)

多額にのぼる商取引があった限りにおいて、その取引は市場では行なわれずに、必要のある都度おこなわれたと考えて間違いない。そういう取引の対象となったのは貴金属、真珠、馬、家畜であった。ある勅令の文面は、ネゴチアトーレス negotiatores と呼ぶにふさわしい者の従事する商業の内容がそういった取引であったことを示している。[79] そして、この種の「専門商人、職業商人」の殆んどすべてはユダヤ人であった。

これらのユダヤ人の存在によって初めて、本当に商業で生計をたてていた連中があったことが知られるのである。少数のヴェネツィア市民を別にすると、そういった生活をする殆んど唯一の人間がこれらのユダヤ人だったのである。この事実を確認するには勅令を読んでみるだけで充分である。そこでは、ユダヤ人 judaeus という言葉はいつでも商人 mercator という言葉と結びついて現われている。[80] 明らかにこれらのユダヤ人は、イスラムの侵入以前に地中海の全域に散在していたかれらの同国人——については既に述べておいた——の活動をひきついだのである。[81] ただ、かれらは以前とは著しく変った環境でそれをひきついだのである。

ユダヤ人は西ゴート時代末期のイスパニアで迫害をうけ、エギカ王（六八七—七〇二年）は、外国人およびキリスト教徒と商取引することまでユダヤ人に禁じたのであるが、この迫害はフランク帝国にはうけつがれなかった。反対にここでは、ユダヤ人は君主の保護の下におかれ、関税の支払を免除されていた。ルートヴィッヒ敬虔王はユダヤ人の利益を図るために一勅令（現存しない）を公布して、かれら自身の法による secundum legem eorum 他はユダヤ人を裁判にかけることを禁じた。[82] ユダヤ人を殺害した場合には罰金が科せられ、それは国王の官房 camera の収入となった。こういったことは、ユダヤ人の嘗て享受したことのない極めて重要な特権であって、国王がかれらの存在を必要欠くべからざるものと考えていたことを示すものである。

事実、カロリング王朝は非常に屢々ユダヤ人を利用している。ハルン・アル・ラシッドの許に派遣した使節はユダヤ人であったし、またアーヘンの宮廷に出入りする商人の中にユダヤ人がいたことも既に述べた通りである。ルートヴィッヒ敬虔王はサラゴッサのアブラハムというユダヤ人を召抱えて特別の保護を与えていたが、アブラハムもまた宮廷で忠実に敬虔王に仕えた(83)。キリスト教徒の商人でこのように愛顧をうけた例は見あたらない。八二五年頃、ルートヴィッヒ敬虔王はリヨンに住むダヴィド・ダヴィティス、ヨゼフ、並びに両人の同宗者たちに一つの特許状を与えている(84)。それによってかれらは、関税および交通に際して課せられるその他の租税を免除されるとともに、皇帝の保護の下に（sub mundeburdo et defensione）おかれるようになった。ユダヤ教の信仰に従って生活すること、宮廷内でその聖務日課を行なうこと、彼等の業を営むために ad opera sua facienda キリスト教徒を雇うこと、外国人奴隷を買入れて帝国内でそれを売却すること、自分の望む者と、従って必要とあれば外国人とも、物を交換し交易すること、これらのことをする諸権利を、ダヴィド・ダヴィティスたちは認められた(85)。

以上ユダヤ人について法律文例集から知り得たことは、八二二年から八三〇年までの間に書かれた小冊子の中でアゴバルトが言っていることによっても裏書きされている。ユダヤ人の富、ユダヤ人が宮廷で博している信望、皇帝が巡察使 missi の手を通じてリヨンに送ったユダヤ人に対する特許状、ユダヤ人に対するこれらの巡察使 missi の寛厚な態度、アゴバルトは怒りをこめてこれらのことを指摘している。ユダヤ人が皇帝の相談役たちに葡萄酒を納めていること、そして、君主の一族たちや宮中伯の夫人が贈物や衣裳をユダヤ婦人におくっていること、新しいユダヤ教会堂が建立されつつあることもかれは書いている(86)。さながらユダヤ人排斥論者がユダヤ人の「お歴々」のことを語っているかのようである。ここで問題になっているのは、紛う方なく、必要欠くべからざる大商人たちのことである。かれらはキリスト教徒の奴僕を使用することさえ許された。かれらは土地を所有することもできた。その証拠がナルボンヌ地方について残っている。ユダヤ人はこの地方に所領をもっていたが、自分たちは農村には居住しなかったので、それをキリスト教徒に耕作させていた。既に早く七六八―七七二年に、こういった状態に対して教皇が不満の意を表明している(87)。ユダヤ人はまた、プロヴァンスのリヨン、ヴィエンヌ、並びに両市の郊外にも所領や葡萄園を持っていた。ユダヤ人が、こういった土地を〔商業〕利潤の投資対象として入手したものであることは疑いのないところである。

このように、ユダヤ人が従事していた商業というのは大規模な商業であり、同時にまた対外貿易であった。西方世界が当時なお東方世界との接触を保っていたのはかれらの手を通じてであった。両世界を仲介する場所はもはや地中海ではなく、イスパニアに変っていた。ユダヤ人がイスパニアを介して、アフリカの回教徒勢力およびバグダッドと連絡を保っていたのである。『諸道諸国記』（八五四―八七四年）の中で、イブン・フルダーズベーはラダミイト・ユダヤ人[訳註三]のことを次のように述べている。かれらは「ペルシャ語、ローマ語、アラビア語、フランク語、イスパニア語、スラヴ語を操る。かれらは時に陸路を、時に海路をとって、西から東へ、また東から西へと旅をする。かれらは、宦官、女奴隷、少年、絹、毛皮、刀剣を西方からもたらす。かれらはフランク族の住まう国から西地中海に船出し、ファラマ（ペリューズ）へ向けて航海する。[88]……かれらはインダス河、インド、中国まで旅をする。かれらは、麝香、蘆薈、樟脳、肉桂その他種々の東方諸国の物産を帰りの積荷とする。かれらのうちの或る者は、コンスタンティノープルでその商品を売り捌くために同地に向けて船旅をするし、他の或る者はフランク族の住まう国へと帰路をとる」[89]。恐らく、ドナウ河経由の途をとった者もなかにはいたと思われるが、大多数の者がイスパニア経由で旅をしたことは間違いない。東方世界の富に関する詩文の中でテオドルフが歌っているのが、ユダヤ人によって輸入された商品であることに疑問の余地はない[90]。イスパニアのことは、その他にもサラゴッサのアブラハムなるユダヤ人との関連で、ルートヴィッヒ敬虔王の法律文例集の中にも出ているし、また、ヴェルダン商人についてわれわれの知っていることも[91]、ヴェルダン商人とイスパニアの間に交渉があったことを告げている。最後に、ユダヤ人がビザンツ及び東方世界からレオン王国に織物を輸入していた事実も知られている[92]。それ故、ユダヤ人は香辛料と高価な織物の供給者だったわけである。それだけではなく、アゴバルトの書簡からはユダヤ人が葡萄酒も取引していたことがわかる[93]。また、ドナウ河の沿岸では塩の交易にも従事していたし、[94] 十世紀にはニュールンベルクの近傍に塩坑を所有していた。[95] かれらはまた武器の取引にも従事していたし、その他、教会から財宝を捲きあげたりもした。[96]
しかしながらかれらの特質が最もよく発揮されたのは、既に述べたように、奴隷貿易であった。この奴隷の若干はフランク国内でも売られたが、その大半はイスパニアへ向けて輸出された。九世紀の末に、[97] この奴隷および宦官を対象とする貿易の中心がヴェルダンにあったことは周知の事実である。宦官の売り捌きについての知見は十世紀にならなければ得られないが、しかし『聖ベルティヌスの奇蹟』Miracula S. Bertini には、既に八九一年と九〇〇年の間にヴェルダンの商人 Verdunenses negotiatores がイスパニアに赴いたことが記されている。リウトプランドによれば、この貿易は莫大な利益を博したという。奴隷貿易は七七九年と七八一年の両度にわたって厳重に禁止され、[98] 八四五年には重ねて禁令が出されている。[99] にも拘わらず、一向に衰える気配はなかった。
この貿易の起源がずっと以前に溯るものであり、明らかにメロヴィング王朝時代のそれをうけ継いだものであることはアゴバルトによって証明されるところである。九世紀の初め、リヨンの一ユダヤ人によって奴隷としてコルドバに売られていた男がリヨンに逃げ帰って来たことをアゴバルトは語っている。また、これと関連して、売却する目的でユダヤ人が子供たちを盗んだり買い入れたりした話を人々からきいたことも、かれははっきりと述べている。[100]
ユダヤ人が銀の取引にも携っていたことを最後に附言しておかなければならないが、しかしこのことについての知見は極めて乏しい。

遍歴商人であったこれらの富裕なユダヤ人と並んで、市場《マルシエ》を訪れる小規模な商いをする行商人があったと思われる。しかし、大規模な商業を引続いて営んでいたのはユダヤ人の他にはなかった。ユダヤ人の取扱っていた商品こそ、八〇六年の一文書がメルカトーレス mercatores にふさわしい商品として伝えているまさにその商品、即ち、金、銀、奴隷、そして香辛料だったのである。(101)

ユダヤ人とフリーセン人を別にすれば、この時代には商人と呼ぶにふさわしいものはまず無いといってよかった(ここでは当座の商人たちのことを論じているのではない)。このことは、ユダヤ人の享受していた恵まれた条件を考えただけでも、推測できるところである。もし、ユダヤ人がどうしても欠くことのできない存在でなかったならば、あのように手厚い保護をうけることはなかったであろう。他方、ユダヤ人はキリスト教徒を使用することが認められていたからして、ユダヤ人の代理人をつとめる多くの者がキリスト教徒のメルカトーレス mercatores christiani で通用したことであろう。その上、いま述べた事情はこの時代の言葉からも証明されるところである。即ち、「ユダヤ人」と「商人」は同義の言葉になっていたのである。(102)

ユダヤ人の他には、アルプスを越えて往来するヴェネツィア人がここかしこにいたものと思われるが、しかしこれは極めて稀な存在であったに相違ない。

これを要するに、ユダヤ人がカロリング王朝時代の職業商人だったのである。しかし、言うまでもないことであるが、莫大な量にのぼる輸入を絶やさないことはそのユダヤ人にもできることではなかった。このことは、香辛料が乏しくなったこと、奢侈の風潮が衰えたことをみても明らかである。海路によらず陸路によって商品を輸送しなければならなかった事実も、輸入貿易を著しく減退させた理由である。しかしまた、それだけ一層、輸入貿易は利潤の多いものであった。

商業が占める地位が重要性を失ったことの一つの証拠は、この時代の法律文例集 Formulae にも、様々な記録にも、〔さかんな〕商業の存在を推測せしめるに足る記載がないことである。八四〇年の一勅令では、債務証書 cautiones のことと商取引をするために担保の書類 scriptum fiduciationis に関する記載がみえているし、[103] 八八〇年の別の一勅令には ad negociandum 委託された銀のことが問題にされているが、[104] それはこの場合何れもヴェネツィアと関係があったからである。商法は地中海貿易の存続する限り存続して、地中海の閉鎖とともに姿を消していった。

このように、これまでに述べてきたすべてのことから、次のように結論することができる。商業が衰頽してしまい、その結果、土地が嘗てないほど経済生活の本質的な基礎になった、と。土地が経済生活の本質的な基礎であるということは、既にメロヴィング王朝時代でも変りはないが、しかしながら当時はまだ商品の流通が重要な役割を演じていたのである。既に述べたように、地中海が閉鎖される前は、土地生産物の取引もまだ存続していた。この取引については殆んど知見が残されていないが、しかしそれが存在したことは間違いがない。大土地所有者が租税を貨幣で納めたこと、また大土地所有者の所領管理人 conductores が、所領からあがる収入を貨幣で大土地所有者に送っていることからみても、そうした取引の存在を推測せざるを得ないのである。無論、いま言ったことが、土地生産物の売却を暗示しているわけである。一体、土地生産物は誰に売られたのであろうか。明らかに、当時なお数の多かった都市住民に売られたのである。それからまた、恐らく、貿易商人の手にも渡ったであろう。ところで、カロリング王朝時代に入ると、土地生産物のこの正常な流通はあとを絶ってしまった。そのことの最もよい証左は、教会の灯明用の油、それからまた香が姿を消してしまったことである。プロヴァンスからさえも入って来なくなったのである。そのため、メロヴィング王朝時代の末まで知られていなかった蠟 cerarii が登場した。ゼリゲンシュタットにいたアインハルトは蠟を手に入れることができなくて、ガン近傍にある自分の所領から取り寄せなければならなかった。

葡萄酒についても同じ現象がみられたが、この場合その消滅は一層はっきりしていた。ここかしこでユダヤ人の手を通じて入手する他は、もはや葡萄酒を商人の手から買い入れることはできなくなった。そのため、葡萄酒は宗教上の必要のためだけでも欠くことのできないものであったから、それができる所領を手に入れるためにはあらゆる努力が払われた。この努力は低地諸邦の大修道院の場合ひときわ顕著で、また意味も深かった。これらの大修道院の所在地が、他ならぬフリーセン人の往き交う諸河川の流れている地方であったことを考えると、この努力には一層ひとの注意を惹きつけるものがある。つまり、そうしてみると、これらのフリーセン人が従事していた小規模な取引では、大修道院が葡萄酒を調達するには不充分だったというわけであるが、それにも拘わらず、ノルマン民族の侵入が始まるまでは、若干の葡萄酒がフランスからスカンディナヴィアへ向けて輸出されていた。

葡萄酒を確実に入手するには、自分でそれをつくることができなければ駄目であった。というわけは、たとえ商業径路を通じて葡萄酒を手に入れることができる場合にも、それを購入するのに充分な貨幣が常にあるとは限らなかったからである。葡萄園を手に入れるより他に手段はなかった。マース河流域の大修道院はライン河とモーゼル河の河岸に葡萄園を獲得したし、シェルト河流域の大修道院はセーヌ河の河岸に確保した。[105] 修道院のものであるこの葡萄酒は農奴の手によって修道院まで運搬されたのであるが、この運搬は関税の免除という非常に有利な条件の下で行なわれた。このように、どの修道院も葡萄酒を補給するための手段と機関を自分で持っていたので、外部から手をかりる必要はなかった。すべての修道院が、夫々ひとつの自給自足的な小世界 commonwealth を構成していた。アンバール・ドゥ・ラ・トゥールのように、これらの修道院が特権商人であったと考える必要はないが、しかし、「教会が水路あるいは陸路で行なった組織的な輸送は共同的な賦役の作業によるものであった」というかれの見解には賛成しなくてはならない。[106] そして、こうした方法で修道院が自分のもとに取り寄せた葡萄酒は、修道院に必要な消費財だったのである。[107]

確かに、飢饉の場合に、処分してもよい穀物なり葡萄酒なりをもっていた大土地所有者は、それを売ってくれと懇願されたし、またその価格を吊り上げもした。他面、この価格の吊り上げは、不正利潤を抑止しようとする皇帝の側からの干渉を招いた。しかしながら、ドプシュの説いたように、この事実を以て商取引が常態的に存在したことの証拠であるとみなすことはできない。それは、帝国の外で馬を売ることを禁止した事実に商業の存在の証左を求めることができないのと一般である。(108)

フェリエールのルプスの書簡を読んでみると、できるだけそれを避けようとする風潮があった。一般にも、かれが売買の必要を嘆かわしいことだと考えていたのがわかる。フェリエール修道院は、カール禿頭王によってサン・ジョッスの(109)「貯蔵庫」を奪われてしまったため、修道士たちはそれ以後身にまとうものを得る途を断たれ、魚肉やチーズも殆んど手に入らないようになってしまった。そのため、野菜を買い入れて生活していかなければならなかったのである。(110)しかしこれは例外的な事象である。

聖リキエ修道院の所領は、修道士たちの生活に必要なものは何でも生産できるように組織されていた。(111)八五八年に司教たちは国王に一書を呈し、自給自足を御料地 villae 経営の方針とするよう勧告している。(112)

九世紀前半のコルビーのアダルハルトの規約は、完全に封鎖的な所領経営の姿を活写している。ここでは物を売るなどということは全く問題になっていない。最大限の人員が四〇〇人にも達する同修道院に納入すべき貢租が、一月一日から次の年の一月一日までのまる一年にわたって、一週間ごとにことこまかに定められている。修道院の内部には、修道院に労働を提供するマトリクラリイ matricularii と俗人 laïci とがいた。とりわけ、靴工、毛織物仕上工、金銀細工師、大工、羊皮紙工、鍛冶屋、医者等であった。(113) 修道院の生活は、一般に現物形態である農奴の貢租と、同じく農奴の提供する賦役とに基礎をおいていたのである。荘園 curtes の組織はこの必要から生れたものであり、私の考えではこの時代になって新しく生じたものと思われる。(114)

さて、この時代の社会を、修道院と宗教施設の点在している社会として心に描いてみなければならない。これらの施設こそ、この時代の特徴をよく表わした機関である。経済というものが存在できた唯一の場もここであった。それは文字を書くことのできる人間がここにはいたからである。

聖界所領は増大傾向をたどる唯一の所領であったが、その原因は敬虔な信徒たちが行なう寄進にあった。国王の御料地はどうであったかというと、絶えず新しい封土を設定していく必要があったからして、減少する一方であった。これらの封土は軍事的貴族階級の手中に渡ったわけであるが、それを構成するものが有力な役人であれ、或は小身の封臣 (milites) であれ、およそ軍事的貴族階級ほど非生産的なものは存在しない。かれらが少しでも商業らしいものに従事していたとはとても考えられない。あまつさえ、豪族たちは、訴訟代理人として教会に臨み、教会の富源を貪婪に汲み尽すことによって教会所領の搾取を図ったりした。土地保有農民は、厳密に言うならば、理論上は売るための生産をすることができたのであるが、しかし実際には益々増大していく賦役と貢租に圧しひしがれていた。(115)

土地保有農民のなかには、施し物を貰って生活したり、収穫期には他人《ひと》に傭われて働いたりする貧民たちが多数あった。土地保有農民のなかに市場向けの生産をしていた者を見つけ出そうとしても無駄である。僅かな土地をもっている連中なべての最も強烈な望みは、裁判領主の苛斂誅求を逃れるために修道院の保護の下に入ることであった。

これを要するに、この時代の社会全体が土地の所有者と裁判権の所有者に従属する状態に陥ったのである。そして公権力は私的な性格を帯びるか、或は日を追って帯びるようになっていった。貨幣の流通と全く同じように、経済的独立性もまた底をついてしまったのである。

なる程、諸勅令のなかにはなお屢々貧しい自由民たち pauperes liberi homines のことがでてくる。しかしその大多数の場合、明らかにこれらの自由民たち homines は夫々一人の領主をもっていた。

国王権力がなお何程かの威信を保っていた間は、国王はキリスト教の道徳を擁護するために、貧しく倚るべなき人々に対する圧迫を抑えようとして干渉に乗り出した。カール〔大帝〕とルートヴィッヒの経済立法は、利潤追求の助長を目的とするどころか、却って不正利得（turpe lucrum）としてこれに敵意を示すものであった。

しかし、こうした国王の干渉もすべて封建制度なる無政府状態のなかに姿を消していった。その上には猶キリスト教帝国という幻影がさまよい続けてはいたけれども。中世が訪れたのである。

二　政治制度

これまで多くの歴史家たちは、かれらがフランク時代と名づけるものを断絶のない単一の時代であると考えてきた。そのため、カロリング王朝時代というものは、メロヴィング王朝時代の連続であり発展であるという叙述が行なわれてきた。しかし、この態度は幾つかの理由からして明瞭に誤謬を犯している。

第一。メロヴィング王朝時代をとりまく環境はカロリング王朝時代のそれとはまるで違うものであった。六世紀と七世紀には猶メロヴィング王朝が絶えず接触を保っていた地中海があり、〔ローマ〕帝国の伝統は生活のあらゆる領域に生き残っている。

第二。〔メロヴィング王朝時代には〕ゲルマン民族の影響は北部の辺境地域に局限されていて極めて微弱であり、法律と訴訟手続の若干の部分に認められるにすぎない。

第三。七世紀の半ば頃まで続いたメロヴィング王朝の黄金時代とカロリング王朝時代との間には、まる一世紀に及ぶどん底の混乱時代が横たわっている。そしてその間に古代文明の諸特徴の多くが消滅していき、他方では逆に〔新しい〕別の諸特徴が次第につくりあげられていった。カロリング王朝時代の起源はこの混乱の時期に求められる。カロリング王朝の祖先はメロヴィング朝の諸王ではなくてその宮宰である。カール大帝は如何なる意味でもダゴベルトの後継者ではなく、カール・マルテルとピピンの後継者である。

第四。その名称が等しくフランク人達の王国 regnum Francorum となっている事実に惑わされてはならない。新しい〔カロリング〕王国の版図はエルベ河まで広がっており、イタリアの一部分をも包含している。そしてそれは、ローマ系住民の数と殆んど同じほどのゲルマン系住民を含んでいた。

第五。最後に教会との関係が完全に変化している。メロヴィング国家の性格は、ローマ帝国と同じように世俗的であった。メロヴィング朝の国王はフランク人達の王 rex Francorum であり、カロリング朝の国王は神の恩寵によるフランク人達の王 Dei gratia rex Francorum であった(116)。この僅かな言葉の添加に深刻な変化が蔵されているのである。その変化は後代の人々には最早メロヴィング王朝時代の称号の意味が理解できなかった程に深刻であった。後の時代の筆写生たち、そして文書贋造者たちは、かれらの眼には許し難いものとして映ったメロヴィング朝国王の称号に、神の恩寵による Dei gratia という言葉を勝手に附け加えている。

以上のようにして、この二つの王国——そのうちの後の方の王国は、本書で明らかにしようとしたように、イスラムによるヨーロッパ世界のいわば陥没によって成立したものである——は連続の関係にあるどころではなく、反対に対立の関係にあるものである。クロドヴェッヒの建設した国家が崩れ壊れていった深刻な危機の間に、ローマ的な諸々の基礎も雲散霧消していった。

その先ず第一は王権の概念そのものである。無論メロヴィング王朝時代の王権も、〔ローマの」皇帝的絶対主義をそのまま移し植えたものだったわけではない。この時代の王権は、単に事実上の専制主義にすぎないものであったといっても過言ではないと私は思っている。しかし、それにも拘わらず、国王自身の眼からみても臣下の眼からみても、国家権力の一切が国王に集中されていた事実には変りはない。

国王に帰属するものはすべてが神聖であった。国王は、何人《なんぴと》の反対もうけることなくして一切の法律を超越することができた。大逆罪という口実を設けて自分の敵の眼を抉りとらせ、所領を没収させることができた[117]。遠慮しなければならない物も人も国王にはなかった。この権力に最も類似した権力はビザンツ皇帝のそれであった。ただこの場合、二つの文明の水準の差違から生ずる大きな相違は考えに入れておかなければならない。

メロヴィング王朝の行政組織は全般的にローマ風の官僚主義的な性格をまずどうやら保っていた。メロヴィング王朝の官房と俗人のレフェレンダリウスとはローマのそれを真似たものであった。国王は自分の欲するままに奴隷の間からさえ役人を登用した[118]。国王の親衛兵であるアントルスティオーネスはローマの近衛隊の伝統を伝えるものであった。そして、実を言うと、フランク国王の支配下にあった住民にはそれ以外の統治形態など思いも及ばぬことだったのである。その上それは、東ゴート王、西ゴート王、ヴァンダル王といった当時の諸国の王達すべてに共通した統治の仕方でもあった。国王たちの間では相互に暗殺しあうことがあっても、民衆が蜂起することはなかったことに注意すべきである。野心家の企らみはあった。しかし民衆の叛乱はなかった。

メロヴィング王朝衰微の原因は、国王の力が漸次弱まっていったことであった。そして、カロリング王朝の擡頭を招来したこの弱体化の原因は財政の混乱にあったのであるが、この財政がまたローマ風のものであった。というわけは、既に述べたように、王室財庫の財源となったものが専ら租税だったからである。そして、八世紀の深刻な危機の間に金貨の流通ともども姿を消してしまったのがこの租税であった。都市で市参事会員が姿を消すのと同時に、公的な租税という観念もまた消滅してしまった。

この租税をソリドゥス金貨の形で国王財庫に運搬していた貨幣鋳造業者もいなくなってしまった。かれらに関する最後の記録はピピンの治世のものであったと思う。このようにして、宮宰の租税収入は絶えてしまった。クーデターの際に宮宰が建てた王国は、公的な租税というローマ的な観念のなくなってしまった王国であった。

新しい王朝の国王はその後ながい間の中世の諸王たちと同じように、御料地収入の他には経常財源をもたない国王になった。[119] 勿論、ローマ時代にその起源が溯る供与税（運送賦役paraveredi、宿舎提供 mansiones）は当時なお存在していたし、何よりも関税があった。しかしこれらすべての租税も、その租税としての値うちが低下していった。宿泊の権利は国王のものというよりは役人のものであった。関税はどうかというと、商品流通の減少に伴って益々その収入が少くなっていったので、国王は修道院や有力者にそれを与えてしまった。

カロリング王朝時代に租税が存在したことを立証しようとする企ても試みられてきた。実際にも、〔カロリング〕帝国のゲルマン的地方には毎年「貢ぎ物」をする慣習があった。その他、ノルマン人が侵入してきた時には国王は銀の徴収を命じている。しかし、これは一時の便宜策であって長期にわたるものではなかった。実際、国王の財政的基盤をなすものが所領——なんなら御料地と言ってもよい——であったことは繰り返し言っておかなくてはならない。そして、少くともカール大帝の治世では、それに戦利品を加える必要がある。王権の経常的な財政上の基礎は全く農村中心のものだったわけである。宮宰が莫大な教会所領を没収した理由もここにあった。国王は王国で最大の土地所有者であった。そして国王の地位を保持しようとするならば、最大の土地所有者であることをやめてはならなかった。既に土地台帳はなく、租税の帳簿もなく、税務役人も存在しなかった。だから亦、もはや記録保管所はなく、役所もなく、会計報告もなかった。従って国王の手許には現金というものがなかった。どんなに新しい状況が出現したかがこれで窺われるであろう。メロヴィング朝の国王は金貨で物を買い、人に支払っていたが、カロリング朝の国王は自分の所領の一部分を手放さなくてはならなかった。ここに〔カロリング王朝の〕脆弱性の深刻な原因の一つが潜んでいたのであって、カール大帝の下で外征が続けられていた間は戦利品で相殺されていたが、大帝の死後たちまちにしてその影響は表面化していったのである。そして、ここにローマ的な財政の伝統との明瞭な断絶が認められることを繰り返し言っておこう。

メロヴィング王朝とカロリング王朝との間には、いま述べたような本質的な相違がみられるのであるが、それに加えて第二の本質的相違が存在する。前に述べておいたように、新しい王朝の国王は神の恩寵による国王であった。ピピンの時代に新しく導入された聖別式は新王朝の国王をいわば聖職者的な存在にするものであった。[120]メロヴィング朝の国王は徹頭徹尾、世俗的な性格の国王であったが、カロリング朝の国王はその即位に教会の参与を必要とした国王であり、そして国王にはこの聖別式によって教会との関係が生じたのである。今や国王は宗教的な理想を抱くようになり、その権力には制約、すなわちキリスト教の道徳が課する制約がおかれるようになった。国王が勝手気儘に暗殺にふけったり、自分の権力を恣しいままに行使したりすることは、メロヴィング王朝時代には日常茶飯のことであったが、それが最早みられなくなった。この変化を窺うには、リエージュのセドゥリウスが著した『キリスト教徒の支配者について』de rectoribus Christianis 或は八〇六年から八一三年の間に書かれたものであるとエーベルトが想定しているスマラグドゥスの『国王の道について』de via regia を読めば十分である。

教会は聖別式を通じて国王よりも高い位置に立つようになった。それいらい国家の世俗的な性格は薄れていった。ここではヒンクマールの言葉を二つだけ引用することにしよう。八六八年にかれはカール禿頭王に宛ててこう書いている。[121]「国王としての陛下の尊厳は、陛下の地上の権力に負うよりも遥かに多くこの祝福に負うものであります」。そしてまた、「塗油式という司教の手による宗教的な行為に負うものであります」とも書いている。その他、サン・マクル宗教会議の決議書にも、「ローマ教皇の尊厳は国王の尊厳よりもいや高し。国王は教皇によりて聖化せられるに、教皇の国王によりて聖化せられること能わざればなり」と見えている。聖別をうけることによって国王には教会に対する若干の義務が生じた。スマラグドゥスによれば、いつの間にか教会に発生した欠陥を全力を挙げて矯正する義務が国王にはあった。しかしそれだけではなく、国王は教会を保護し、教会に対する十分の一税の納入を監視する義務をもっていたのである。(122)

このようなわけであるから、今や王国が、教会と歩調をあわせて行動するようになったのも充分肯けるところである。勅令を一読してみればわかることであるが、勅令では世俗的な行政と並んで教会関係の規律そして道徳にも同じだけの関心が寄せられている。

カロリング朝諸王の考えでは、人民を統治するということは人民に教会の教える道徳を滲透させるということであった。既に述べたように、カロリング王朝時代の経済観念は教会によって支配されていた。司教が国王の顧問官であり役人であった。国王は司教に巡察使missiの職を託した。官房の役人には聖職者を採用した。これは俗人のレフェレンダリウスに対する恩賞としてかれらを司教職につけたメロヴィング王朝の場合とは鮮やかな対照を示すものである。カール大帝の治世に聖職者として初めてヒテリウスが官房に入ってからは、俗人が国王官房に採用されることはその後の幾世紀にもわたってあとを絶つに至った。(123)教会勢力が宮廷の政府に入りこんできたのは、初期のカロリング王朝がメロヴィング王朝時代のローマ人〔役人〕をアウストラシア人で置きかえようとしたためであり、そしてそのためにはアウストラシア人の中で読み書きのできる唯一の階層である聖職者を任用する他に途がなかったのである、このようにブレスラウは考えている。しかしこの考えは誤っている。そうではなくて、初期のカロリング王朝は教会を王朝に協力させようとしたのである。

そうは言うものの、教養のある人士がもはや聖職者の間にしか求めることができなかったことも事実である。あの危機の間に俗人の教育が途絶えてしまったからである。宮宰からして読み書きの術を心得えていなかった。民衆の間に教育を普及させようとしたカール大帝の理想家肌の努力も成功を収めず、宮廷学校の生徒の数も少かった。聖職者と学者が同義語である時代が始まりつつあった。最早ラテン語を解する者の殆んどいなくなった王国で、その後の幾世紀にもわたり行政事務にラテン語を用いることを強制した教会が、重要な地位を占めるようになったのはこのためである。この事実のもっている意味をとっくりと考えてみる必要がある。この事実には測りしれない深い意味がある。ここに出現したものこそ中世の新しい特徴なのである。即ち国家を自分の影響の下におく宗教的階層である。

この宗教的階層の他にも、国王が考慮に入れて行動しなければならないものとして、俗界貴族全体と独立の地位を保持していた自由民全体を包含する軍事的階層があった。無論、この軍事的階層の勃興についてはメロヴィング王朝時代にもこれをかいま見ることができる。しかし、メロヴィング王朝時代の貴族階級というものは、カロリング王朝時代のそれとはまことに著しい対照を呈するものであった。ローマ人の大土地所有者である元老院貴族 senatores は、農村に居住すると都市に居住するとに拘わらず、元老院貴族というものは何はともあれ戦士であるという印象を与えることはなかった。かれらには教養があった。かれらはどこよりも先ず宮廷か教会に仕官しようとした。〔メロヴィング朝の〕国王が特別に軍指揮官と近衛兵を選抜したのは、ゲルマン人のアントルスティオーネスの間からであったと思われる。なる程、土地を所有する貴族階級が国王を制圧しようとした企ては早くからみられる。しかしそれは失敗に終ったものである。[124]

国王が強大な勢力を擁していた間は、この貴族階級というものを統治の手段として利用したことも、それからまた、それに統治への参与を幾分なりとも許容したことも、ともになかった。そして、よしんばイムニテを貴族階級に与えることがあったにしても、国王特権はいささかなりともこれを貴族階級にも教会にも引き渡さなかった。実際、国王は貴族階級を抑えつけるための二つの恐るべき武器をもっていたのである。即ち、大逆罪の適用と所領の没収である。

しかし、この貴族階級に対抗して自分の地歩を確保していくためには、国王の勢力が極めて強大である状態、言葉を換えて言うならば、国王が非常に富裕である状態が続いていくことが必要であったのは明らかである。何故ならば、貴族階級——そしてそれと並んで教会——が民衆に対する権威を絶えず増大させていたからである。〔ローマの〕帝政末期から始まっていた社会のこの動向は、その後も止むことなく続いていたのである。有力者たちは私兵すなわち数多くの従士たち vassi を擁していた。従士とは、有力者の保護を求めて託身した者たちであるが、かれらは有力者のために強力な従士団を形成していた。

メロヴィング王朝時代にはこうした土地所有者たちの領主的権威はまだ私法の領域に限られていた。ところが、あの混乱と衰頽の末期的状態の時代に入って、徒党を組んだ貴族群を夫々バックに持った宮宰たちの間に内紛がおこるに及んで、主従制度はその性格をかえていった。主従制度は益々大きな意味をもつようになり、カロリング家がライヴァル達を抑えて覇を唱えるようになった時には、その軍事的性格は見紛うべくもなくなっていた。カール・マルテルのとき以来、国王勢力の基盤となったものは専ら北方の軍事的封臣たちであった。[125]国王は封臣たちから軍事的奉仕をうける代償として、かれらに「恩貸地」すなわち教会財産を没収して得た所領を与えた。ギリエルモーは次のように述べている。[126]「ところで、封というものは大きな意味をもつものであったからして、この封の授与は、爾来、下層あるいは中流の者のみならず有力者にとってさえも魅惑的なものになっていった」。而してこのことは、授封者の利益とも完全に一致することであった。それ以来、授封者は、「封を与えられた者はその一身によってのみならず封与された恩貸地の多少に応じた数の封臣を引きつれて授封者に仕えるという条件で」、多くの恩貸地を与えていった。[127]カール・マルテルが戦場に引き具して行った強力なアウストラシア人従士団を集めることができたのは、明らかにこうした方法によってであった。そしてこの制度はかれの死後にも受け継がれていったのである。

九世紀に入ると、国王は王国の中のすべての有力者に臣従の宣誓を行なうことを強制し、この強制は司教にまでも及んだ。[128]国王に託身儀礼を行なった者の他には、国王にほんとうに服従する者が最早いないことが益々はっきりしていったからである。このようにして民衆は封臣の背後にかくれて見えなくなっていった。そして既にヒンクマールは、こうした傾向が国王の権威を脅かす危険な結果をもたらすことをカール禿頭王に警告している。[129]初期の宮宰たちには、宣誓を行なった封臣たちにより構成された忠誠な軍隊をつくりあげることが必要だったのであるが、他ならぬその必要が国家の根柢的な変貌を招いてしまったのである。そのわけは、それからというもの国王は軍事力をもっている自分の封臣たちの意向を気にしながら行動せざるを得なかったからである。封臣には伯の裁判に服する義務がなかったので、伯職制はがたがたになってしまった。戦場でも、封臣は自分の従士たちに対しては自分で指揮をとったから、伯が戦場に引き具していくのは自由民だけになってしまった。恐らく封臣の所領はイムニテの特権を享受していたと思われる。(130) かれらは国王の有力者たち optimates regis と呼ばれていた。

『モアサック年代記』の八一三年の項では、かれらは、フランク人出自のセナートゥス或はマヨーレス senatus aut majores natu Francorum と呼ばれている。そして実際に、上級聖職者および伯と並んで、かれらは国王の補佐機関を構成していたのである。(131) それ故に国王は封臣たちに政治権力を分割することを承認したのである。国家の基礎が、国王とその封臣たちの間に結ばれた契約関係におかれるようになり始めていた。

封建時代の幕が開いたのである。

それでも国王が封臣たちをしっかりと把握していたならば、望みは猶なきにしもあらずであった。ところが九世紀も末になると、国王の直轄地は別として、それ以外のところでは封臣たちが伯の宗主権に服するようになってしまった。そうなっていった理由は、ルートヴィッヒ敬虔王の治世の末期を特徴づけるあの内乱が始まってから、国王の権力が衰微していくのに逆比例して、伯たちの独立化する傾向が強まっていったことである。国王と伯たちの間に残された唯一の関係は宗主と封臣の間の関係だけになってしまった。かれらは自分で使うためにレガリア regalia を徴収した。また数個の伯領を一つに統合することもあった。[132] 王国は行政組織としての性格を喪失して、幾つもの独立公国の集合体に変ってしまった。そうした公国を国王に結びつけていたものは主従関係の紐帯だけであり、それとても国王には最早それを尊重することを公国に強要できない底のものであった。国王の権力は、かれの指の間からこぼれ落ちていった。

そして、こうなっていくのが必然だったのである。カール大帝の威光に幻惑されてはならない。大帝は大軍を擁していた、戦利品による富を蓄積していた、教会との関係では事実上の優位を保っていた。だからこそ大帝はとにかく国家を統治していけたのである。大帝が経常財源もなしに国家を運営することができ、また、例外なしに大土地所有者であったから独立独歩の行動もとり得たであろう役人たちを服従させていくことができたのも、いま挙げた諸事情によるものであった。けれども、もはや国王から俸給というものを与えられなくなった行政機関とは一体どんな意味をもつものであろうか。国家の統治を国王のためではなく自分の利益のために行なうことも、やろうと思えばできるという傾向をどうやって防ぐことができるというのか。巡察使 missi のような監督官に果して何がよく期待できるというのか。無論、カールには国家を統治していこうとする意欲はあったが、ただかれにはそれをやりぬくだけの力がなかったのである。勅令を読んでみると、勅令で命じていることと実情との間には食い違いがあるという印象を強くうける。カールは、誰もが息子を学校へ入れること、貨幣鋳造所は一つに制限すべきこと、飢饉の時に暴利をむさぼる不当な価格を廃止すべきこと、これらのことを命令している。カールは最高価格を設定している。しかしながら、こういったことはすべて実行に移すことのできないものであった。何故かといえば、これらのことを実行に移すためには、有力者と司教の服従がどうしても必要であったのにそれを確保することができなかったからである。有力者たちは自分たちの独立的地位を意識していたし、司教たちはカールが世を去ってしまうと、宗教的権威が世俗的権威に優越すると公言する有様であった。

カール大帝が維持していこうと精一杯の努力をした行政組織の性格に、国家の経済的基盤が照応しなかったのである。国家の経済的基盤は、商業販路というものの欠如した大土地所有制にあった。

土地所有者は商業を営むことがなかったので安全を保証して貰う必要もなかった。土地所有のような財産形態は、無政府状態には極めてよく適合する財産形態である。土地を所有する者はなべて国王というものを必要としないものである。

カールが下層の自由民階級の維持に努力したのもこのためではなかったであろうか。そのためにかれは努力をしたが、しかし成功は収めなかった。大土地所有は益々発展を続け、自由は益々消え失せていった。

ノルマン人の侵入が始まった時には王国は既に無力無能になってしまっていた。何らかの計画に従った防衛措置をとることも、侵入者に対抗し得る軍勢を集めることも、王国の力には及ばないことであった。烏合の衆の邀撃が行なわれただけである。「軍隊と国家はグルントヘルシャフトとレーン制によって解体されるものである。Heer und Staat werden durch die Grundherrschaft und das Lehnwesen zersetzt.」(133) ハルトマンとともにこのように言うことができるであろう。

国王は、国王特権 regalia のうちでなお自分の手中に残っていたものの処置を誤った。最後に関税と貨幣鋳造権を手放してしまったのである。王権はなお僅かに残っていたものをすべて自ら進んで捨ててしまったわけである。王権はついには形式だけのものとなっていった。そしてこの動向は、フランスにユグ・カペが登場して王権が選挙制に切り替った時に完了したのである。

三　精神文明

既に述べたように、サリ・フランク族、リプアリア・フランク族、アレマン族、バイエルン族が大量に定着した諸地域を除いては、ゲルマン民族の侵入はローマ世界 Romania の言語としてのラテン語を消滅させたわけではなかった。いま挙げた諸地域以外のところでは、驚くべき速かさでゲルマン移住民のローマ化が進行したのである。(134)

勝利者たちは〔ローマ系住民の中に〕分散して定住し、ラテン語を捨てないでいる土着の女性を妻としたので、誰もがラテン語を習い覚えてしまった。ゲルマン民族はラテン語に対していささかも影響を与えなかった。ただ、ゲルマン人の数が多かったベルギー諸地方から、法律、狩猟、戦争、農業に関する〔ゲルマン〕語彙(135)が南方へ向って数多く混入していったことだけが例外である。

ブルグンド族、西ゴート族、東ゴート族、ヴァンダル族、ランゴバルド族のローマ化はとりわけ急速であった。ガミルシェックによれば、(136)マウル人がイスパニアを征服した時には、人名と地名を別にするとゴート語はもはや何ひとつとして残ってはいなかったという。

これに反して、イスラムの侵入が地中海世界にもたらした混乱は言語の領域にも深刻な変化を惹き起した。アフリカではアラビア語の登場によってラテン語は姿を消していった。イスパニアではやや事情が異なり、ラテン語は存続したがその基礎となるべきものが姿を消してしまった。すなわち、学校も修道院も、教養ある聖職者階級も最早イスパニアにはみられなくなったのである。征服された〔西ゴート〕族民はロマン語系の方言の他は用いなくなっていった。しかもそれは書き言葉ではなかった。このようにして、〔マウル人の〕征服の前夜まではイベリア半島に立派に生き残っていたラテン語も消滅していった。スペイン語の使用が始まった。

これに対してイタリアではラテン語の存続はより完全なものであった。しかもローマやミラノでは、孤立しながらも若干の学校が引き続いて存在していた。

それにしても、〔ラテン語の〕混乱とその原因を最もしっかりとつかまえることのできるのはガリアである。

メロヴィング王朝時代のラテン語が蛮族風な不正確さをもっていたことは勿論である。それでも猶そのラテン語は生きたラテン語であった[137]。その上、そのラテン語は実務教育を旨とする学校で教えられていたようである。そして一方では、ここかしこで、司教や元老院貴族が依然として古典ラテン語を読んでいたし、時には書こうとさえしていた。

メロヴィング王朝時代のラテン語は決して卑俗語ではなかった。それが蒙ったゲルマン語の影響も取るに足りないものであった。このラテン語を語る人はローマ世界 Romania のどの地方の人とも意志の疏通を図ることができた。フランス北部のラテン語は、恐らく他の地方のラテン語よりも不正確なものであったと思われるが、それでも猶かつ、話し言葉であると同時に書き言葉であった。教会も管理や裁判だけではなく、布教にも躊躇することなくこの言葉を用いた[138]。

この言葉は学校で教えていた。俗人たちはこの言葉を習いおぼえて、それを使って文章を書いた。当時の人々がそれで文字を書いた草書体がローマ時代の書体と関係があるように、このラテン語は帝国のラテン語とつながりのあるものであった。そして、それまで通り、しかも大いに、書き言葉として行政や商業の必要に用いられたので、この言葉は言葉として固まっていった。

しかし、このラテン語の前途には、八世紀の大混乱のさなかに消滅しなければならない運命がひかえていた。政治的な混乱、教会の再編成、都市の没落、商業の消滅、行政組織とりわけ財政組織の消滅、俗人のための学校の消滅、こういった一連の諸現象が、メロヴィング・ラテン語がそのラテン精神ともども存続していくことを妨げてしまったのである。ラテン語は卑俗化し、地方ごとに異なったロマン語方言に変っていった。その過程を詳細に辿ることは不可能であるが、八〇〇年頃になると聖職者以外にはラテン語を解する者がいなくなってしまったことは確実である[139]。

ところで、ラテン語がその後の幾世紀にもわたって担い続けた性格すなわち学者言葉になったのは、ラテン語が生きた言葉であることをやめ、その代りに後の国民語の源流となった田舎臭い方言が使われるようになったちょうどこの時期のことであった。学者言葉としてのラテン語、これこそカロリング王朝時代に始まる新しい中世的な特徴である。

この現象の始まりが、ローマ帝国の版図の中でゲルマン民族の侵入によってロマニズムの完全に根絶やしにされた唯一の地方に求められなければならないとは、思えば奇妙なことである。それはブリタニアのアングロ・サクソン族のことである。

既に述べたように、この地方の改宗はすぐ近くのガリアに出発点をもつものではなく、地中海から伝えられたキリスト教によるものであった。既にその前からアイルランドのケルト人修道士によって着手されていたこの改宗運動に拍車をかけたものは、五九六年グレゴリウス大教皇によって派遣されたアウグスティヌス指導下の修道士たちであった[140]。

七世紀に入ると、タルススの聖テオドルスとかれの仲間であるハドリアヌスは、自分たちがこの地方にもたらした宗教にギリシャ・ローマの伝統を加えてその内容を豊かなものにした。やがてこの島に新しい文化の成長がみられた。これこそ、正しくもドーソンが、「ユスティニアヌスの時代からカール大帝の時代までに起った事件のなかで最も重要な大事件」であると考えている事柄である。[141] 純粋にゲルマン的であったアングロ・サクソン族の間に突如として宗教と同時にラテン文化が入ってきたのである。そしてこのラテン文化は、ひとびとが宗教に対して抱いた熱狂的な気持に媒介されて発達していった。ローマの影響と指導のもとに改宗すると、アングロ・サクソン人の眼は直ちに聖なる都〔ローマ〕に向けられた。かれらはひっきりなしにこの都を訪れては聖遺物や写本を持ち帰った。かれらはローマが与えた影響の前に身を投げ出し、かれらにとって卑俗語などではなく、神聖な言葉であり、比類のない魅力を具えた言葉であったローマの言葉を学んだ。七世紀に入ると間もなく、アングロ・サクソン人の間には詩人のアルドヘルムや尊敬すべきベーダのような人物が出現したのであり、かれらの学問はいま述べたような見地からすれば、当時西ヨーロッパに存在した学問とは驚くほどの対照を示すものであった。

　カール大帝の治世にみられた学芸の復興は、専らアングロ・サクソン人の伝道者の貢献によるものであったと言わなければならない。確かにその前にもアイルランド人の修道士たちがいた。特に、五九〇年にガリアに渡来したコルンバンはリュクセイユ及びボビオの創設者であり、最も卓越した人物であった。このアイルランドの修道士たちは宗教的な頽廃の真只中で禁欲主義を説いたのであるが、しかしかれらが些かなりとも学芸上の影響を与えたという事実はみられない。

アングロ・サクソン人の場合は全く違っていた。かれらの目的は、メロヴィング王朝時代の教会が全く或は殆んどなすところなかったゲルマニアに、キリスト教を弘めることにあった。そしてこの点でかれらはカロリング王朝の政策と一致したのである。ゲルマニア教会の組織者であり、またそのことから教皇とピピン短軀王の仲介者ともなったボニファティウスの影響力の絶大さの理由もそこにあった。

カール大帝は教会の再興と同時に学芸の復興という仕事に精魂を傾けた。七八二年、アングロ・サクソン文化の屈指の代表者であり、ヨーク学校の校長であったアルクィンが、宮廷学校の主宰者としてカール大帝によって招聘され、それ以後、当時の学芸運動に決定的な影響を及ぼすことになった。

このようにして、非常に興味をそそる歴史の流れの転換――これこそイスラムの惹き起した断絶をはっきりと証明するものである――によって、南方に代って北方が、ヨーロッパの政治上の中心地であると同時に学芸上の中心地ともなっていったのである。

今や、地中海から継承した文化を周囲に弘めるようになったのはアングロ・サクソン人であった。海峡ひとつ隔てた大陸では日常語であったラテン語は、かれらの場合には最初から教会だけの言葉であった。アングロ・サクソン族にもたらされたラテン語は、世俗生活の要求に応じて変形された、商業向き、行政向きの不正確なラテン語ではなかった。それは、地中海地方の学校で当時なお話されていたラテン語であった。テオドルスはキリキアのタルスの生れで、ローマに来る前にはアテネで研究を積んでいる。ハドリアヌスはアフリカに生

れた人間で、ナポリ近傍の修道院長をしていたが、ギリシャ語にもラテン語にも通暁していた。(142)

かれらが新しい信徒であるアングロ・サクソン人に弘めたものは、従って、古典の伝統であり、正確なラテン語であった。住民の話す言葉がラテン語ではなくアングロ・サクソン語であったから、大陸の場合とは違って、民衆に理解させるために卑俗な用語法と妥協する必要がなかった。このようにして、イングランドの修道院は古代文化の遺産を直接に受け継いだのである。それはちょうど、十五世紀にビザンツの学者が日常もちいられる卑俗な街頭のギリシャ語ではなく、学校に伝わる古典ギリシャ語をイタリアにもたらした場合と事情が同じであった。

このように、アングロ・サクソン人は言語の改革者であったが、(143) それは同時に教会の改革者であることを意味した。その当時、教会が滅茶苦茶な状態におちこんでいたことは、教会の風紀の頽廃、教会のラテン語の卑俗さ、聖歌の粗末さ、筆蹟の拙劣さが挙って物語るところである。教会を改革するということは、こうした状態すべてを同時に改革することであった。だから、文法と筆蹟の問題が、それだけで直ちに使徒の任務を意味づけるものとなったのである。教義の純粋さと言葉の純粋さとが表と裏の関係にあったわけである。ローマ風の慣習が、それをすぐさま採用したアングロ・サクソン人と同じ様に、(144) ラテン文化と一緒に帝国のいたるところにひろまっていった。それ故、一般にカロリング王朝ルネッサンスと呼ばれているものには、パウルス・ディアコヌス、ピサのペトルス、テオドルフのような人物も与って力あったとはいうものの、その何よりの推進力はこのラテン文化だったのである。ただ、このルネッサンスは、完全に聖職者中心のものであったという認識をすぐさま付け加えておく必要がある。このルネッサンスは民衆にはいささかも影響するところがなかった。民衆には最早それを理解する力がなかったのである。カロリング王朝ルネッサンスは古代の伝統の復活であると同時に、イスラムの地中海諸地方の席捲によって生じたローマの伝統との断絶でもあった。完全に農業的になり軍事的になってしまった当時の俗人社会では、最早ラテン語は使われなかった。ラテン語はすべての学問を独り占めにした聖職者階級の言葉になりきってしまったが、その聖職者階級は、神意によって自分たちがその指導者になっていると考えていた、当の民衆からは益々はなれていく傾向にあった。教会以外には学問というものが存在しない時代が、何世紀もの間つづくことになる。つまるところ学問ならびに精神文化は、独断的になっていくとともに例外的なものになっていった。カロリング王朝ルネッサンスは俗人社会一般の無知の状態と矛盾するものではない。俗人社会の人間はメロヴィング王朝の時代にはまだ読み書きの能力をもっていたが、カロリング王朝の時代に入ると最早その能力を失ってしまった。元首であり、この学芸運動を支持し促進したカール大帝自身が、父のピピン短軀王と同じように文字の書き方を知らなかった。自分の宮廷と家族をこの文化の恩沢に浴させようとしたカール大帝の気持を、何か本格的なものであったなどと考えてはならない。数人の宮廷出仕者が大帝を喜ばせるためにラテン語を学んだだけの話である。アインハルト、ニータルト、アンギルベルトといった人物は夜空をかすめる流星の光芒にすぎなかった。全般的にみて、この運動は俗界貴族階級の間でも、教会で立身出世をしようと望む連中の関心を惹いただけであって、その大半は何ら心を動かされなかった。

メロヴィング王朝の時代には、国王の行政組織の一員になろうと志す俗人には、若干の教養を身につけていることが要求された。ところが、カロリング王朝の時代に入ると、稀に読み書きのできる人間を徴集することが必要になった場合——例えば官房の仕事をさせるために——には、その供給源は教会に求められた。国王の行政組織にはそれ以外に役所というものが最早なくなっていたから、教育のある人間はそれ以上には必要がなかった。伯の殆んど全部が読み書きを知らなかったことは確実に言えるところである。メロヴィング王朝時代の元老院貴族 senator の型の人間は消滅してしまった。貴族階級は最早ラテン語を話すことも、読むことも、書くこともできなかった。極く少数の例外はあったが、それはかえって常態がどんなものであったかを裏書きする役目をするにすぎない(145)。

カロリング王朝ルネッサンスの特徴を示すために最後に指摘しておきたいことは、この時代に起った書体の変化である。この変化の内容は、走り書きの書体が小文字書体に変ったこと、すなわち草書体に代ってゆっくりと叮嚀に書く書体が登場したことである。ローマの伝統が生き残っていた間は、地中海沿岸のすべての地方でローマ風の走り書きの書体が依然として用いられていた。走り書きの書体はある意味では商業向きの書体であった。とにかく文字を書くことが日常の必要事であった時代の書体であった。そして、パピルスの普及は、日常いつも文通や記録の必要があったことと表裏一体の関係をなすものであった。ところが、八世紀の深刻な危機が文字を書く習慣を不可避的に制限してしまった。文字を書くことは書物の写本をつくるための他には最早ほとんどその必要がなくなってしまった。そうなると、この目的のためには大文字書体あるいはオンシアル書体が用いられるようになった。この二つの書体は、アイルランドで福音の伝道が行なわれた時に一緒に入ってきたものである。[146]そして、遅くとも七世紀の末までに、オンシアル書体（半オンシアル書体）から小文字書体が発生したのはこの島でのことであった。[147]既にバンゴールの聖歌集（六八〇―六九〇年）にはこの小文字書体が用いられている。アングロ・サクソン人たちは、ローマからやってきた伝道者のもたらした写本と一緒に、これらの写本を自分たちの範例とし手本とした。[148]九世紀の初めに、完全な小文字書体すなわちカール大帝時代の小文字書体が出現した源流は、このアイルランド小文字書体と、半オンシアル書体の流行していたローマの書体scriptoriaとの二つであった。[149]

七八一年に、自分では文字の書けなかったカール大帝の依頼をうけてゴデスカルクが福音書を書いたが、これがこの小文字書体の最古の例である。[150]この新しい書体が中世のその後の書体の変遷全体を規定することになったが、アルクィンはトゥールの修道院をその普及の中心地とした。[151]

数多くの修道院が、次第に増大していく書物に対する需要をまかなうとともに右に述べた新しい書体を普及させる基地ともなって、ルネッサンスの時代で言うならば印刷所に当る役割を果した。トゥールの他にも、コルビー、オルレアン、サン・ドニ、サン・ヴァンドリル、フルダ、コルヴェイ、サン・ガレン、ライヘナウ、ロルシュの修道院があった。これらの修道院の大半にはアングロ・サクソン人の修道士たちがいたが、就中フルダには多かった。(152) ここで注意を惹く事実は、これらの修道院の殆んど全部が北方のセーヌ河とウェーゼル河に挟まれた地域にあるということである。新しい教会中心の文化、別の言葉をつかってカロリング王朝ルネッサンスといってもよいが、その最も美しい花が開いたのはカロリング王家本来の領土を中心とするこの地域だったのである。

以上述べてきたように、何をとってみても同じ現象にぶつかるのである。それまで地中海沿岸の諸地方に花咲いていた文化は今や北方に移動してしまった。中世の文明が彫琢されていったのはこの北方でのことであった。その上、この時代の著述家たちの多くがセーヌ河以北の地域であるアイルランド、アングロ・サクソン、フランクの出身者であったことが注意を惹く。例えば、アルクィン、ナソン、エテルウルフ、ヒベルニクス・エクスル、セドゥリウス・スコトゥス、アンギルベルト、アインハルト、ラバヌス・マウルス、ウァラーフリッド・ストラボ、ゴットシャルク、エルメンリッヒ、ヴァンダルベルト、アギウス、トリールのテーガン、ニータルト、スマラグドゥス、エルモルドゥス・ニゲルス、リヨンの大司教アゴバルト、パスカーゼ・ラドヴェルト、ラトラム、ヒンクマール、サン・タマンのミロといった人々がそうである。南方あるいは地中海沿岸地方の出身者としてはパウルス・ディアコヌス、オルレアンのテオドルフ、アキレイアのパウリヌス、ヨナス、トロワの司教プルデンティウス、モンテ・カッシーノの大修道院長ベルタリウス、アウドゥラドゥス、リヨンのフロルス、アウクセルのエリック、サンのセルヴァトゥス・ルプスが挙げられる。

このように、キリスト教に改宗するとすぐに、ゲルマニアはそれまで何の関係もなかった文明の中でもはや欠くことのできない役割を担うようになったのである。それまでは完全にローマ風であった文化がローマ風ゲルマン風な文化になっていったわけであるが、しかし実をいうと、この文化は、教会という狭い世界の中に閉じこめられた文化になってしまったのである。

にも拘わらず、ゲルマニズムの合流した新しい動向が、いつの間にかヨーロッパに生れたことは見紛うべくもない事実である。カール大帝の宮廷にしろ大帝自身にしろ、ラテンぶりを身につけることがメロヴィング王朝よりも遥かに少かったことは確実に言えるところである。新しい時世になってからはゲルマニア出身の多数の役人たちが登用されたし、アウストラシアの従士たちの中には南方へ移住したものもあった。カール大帝と関係のあった女性たちは全部ゲルマン婦人であった。若干の裁判制度の改革、例えば参審員制度は、この王朝発祥の地域にその起源があった。ピピンの時代に聖職者階級もゲルマン化していったが[153]、カール大帝の治世になるとローマ的地方の司教たちの中にも多数のゲルマン人がみられるようになった。アウクセルではアンゲルレルムス、ヘリバルトの両司教がバイエルン人であった。シュトラスブルグのベルノルトはザクセン人であり、マンではウエストファーレン人の司教が三代続いた。ヴェルダンのヒルドゥインもゲルマン人であった。ラングレのヘルルフスならびにアリオルフスはアウグスブルグの生れであり、ヴィエンヌのウルフェリウスおよびリヨンのレードラードはバイエルン人であった。そして私は、この事実の逆は成立しないと思っている〔ローマ系の人物がゲルマニアの司教になった例はないということ〕。〔メロヴィング王朝時代の文化とカロリング王朝時代の文化の〕相違を正しく把握するには、ラテン語詩人であったチルペリッヒ王と、古ゲルマン歌謡を蒐集させたカール大帝とを比較するだけで充分である！

以上に述べたすべてのことが原因となって、ローマ的および地中海的な伝統との断絶が生じたのは必然のことであった。その結果、一方では西方世界は自分の脚でたって生きていかなくてはならなくなったし、他方では民族的な出自も受け継いだ遺産も違った者の混ざりあった貴族階級が形成されたが、これもまた必然の成行きであった。従来は、多数の〔ゲルマン系の〕言葉が〔ラテン語〕語彙に混入していった時期をもっと早い時期に求めてきたが、それも実際はこの時期のことではなかったであろうか。もはや野蛮人なるものは存在しなかった。教会のひろまっている範囲 ecclesia と空間的に相蔽いあう広大なキリスト教共同体が成立した。そしてこのキリスト教世界 ecclesia が、ローマの方に顔をむけていたのは言うまでもないことであるが、ビザンツと絶縁したローマの側でも、北方に顔をむけないわけにはいかなくなっていた。西方世界は今や自分本来の生活を始める。宗教生活についての指図を別にすれば、そとの世界からの指図を一切うけずに、自分のもっている可能性、自分の中に潜んでいる実質といったものを展り開げる身構えをする。

今やカロリング帝国がその象徴でもあり媒介者でもある一つの文明共同体が生れたのであ

る。カロリング帝国によって象徴されるといったのは、この文明の中にはゲルマン的な要素が合流していたが、そのゲルマン的な要素は教会によってローマ化されたものであったという意味である。無論、この共同体にも地域による相違は残った。帝国はやがて解体していく。しかし解体してばらばらになった帝国の各部分は〔王国として〕生き続けていく。封建制度が王権というものを尊重していくからである。要するに、中世初期から十二世紀のルネッサンス――これこそ真のルネッサンスであった――に至るまでの時代の文化は、カロリング王朝時代の刻印をはっきりととどめていたし、またとどめ続けていく。カロリング帝国という政治的統一の終焉は到来するが、文化の国際的統一は生き続ける。恰も五世紀に野蛮人の諸王が西方世界に打ち建てた諸国家にローマ帝国の刻印が消えずに残っていたように、それと同じように、フランス、ドイツ、イタリアにはカロリング帝国の刻印が消えずに残っていたのである。

結　論

これまで述べてきたことから、次の二つの基本的事実が確証されたと思う。

第一。ゲルマン民族の侵入は、古代世界の地中海的統一にも、はたまた、西方世界にはもはや皇帝というもののいなかった五世紀にもなお存続していたローマ文化の本質的諸特徴と言い得るものにも、終止符をうつものではなかった。

侵入の結果として混乱と破壊が生じたにも拘わらず、新しい原理というものは出現しなかった、経済の秩序にも、社会の秩序にも、そしてまた言語の状態にも、諸々の制度にも。存続した文明はことごとく地中海的性格のものであった。文化が保たれたのも地中海の海岸地方であったし、修道制度、アングロ・サクソン族の改宗、蛮族風美術等々の新しい諸現象が現われ出たのも地中海の海岸地方からであった。

東方世界は文化を育てる栄養源であった。コンスタンティノープルは世界の中心であった。六〇〇年の世界の様相は、四〇〇年の世界の様相と質的に異なるものではなかった。

第二。古代の伝統の断絶をもたらしたものは、思いがけないイスラムの急激な進出であった。この進出が、東方世界を最終的に西方世界からきり離し、地中海的統一に終止符をうつ結果となった。それまで常に西方世界共同体の一員であったアフリカ、イスパニアのような諸地方が、それ以後バグダッドの軌道にひき入れられていった。これらの諸地方には、それまでとは違った宗教が姿を現わし、あらゆる分野にわたってそれまでとは別の文化が出現した。今や回教徒の湖と化してしまった西地中海は、それまで絶えて演じやめることがなかった、商業と思想の交通路という役割を果すことをやめてしまった。

西方世界は封鎖され、狭い天地で自分の脚でたって生きていくことを余儀なくされた。ここに史上初めて、歴史生活の枢軸が地中海から北方へと移動した。この変化の結果としてメロヴィング王国は衰頽状態に陥ったが、その衰頽状態が北方のゲルマン諸地域を発祥地とする新しい王朝を生誕せしめたのである。即ちカロリング王朝である。

回教徒との戦争に忙殺されて、もはや教皇を保護する力を失っていた皇帝との関係を絶って、教皇もこの新しい王朝と提携するようになった。かくして教会も、新しい時代の流れに棹さすに至ったのである。ローマでも、そしてまた自分がその基礎を置いた新しい帝国のなかでも、最早ローマ教会と肩を並べる教会は存在しなくなった。その上、国家がその行政機構を維持する力を失い、経済的衰頽の不可避的な結果である封建制に呑みこまれていったために、教会の影響力はなおさら強大であった。この変化の一切の結果は、カール大帝がこの世を去ったのちになって露わになっていった。地域によって若干のニュアンスの相違を示しながらも、ヨーロッパは封建制と教会の支配の下に新しい様相を呈していく。伝統的な用語法をそのまま用いるならば、中世が始まったのである。転換期はながかった。六五〇年から七五〇年までのまる一世紀にわたったと言ってよいであろう。古代の伝統が姿を消し新しい諸要素が優勢になってきたのはこの混乱の時期のことであった。
八〇〇年に新しい帝国が建設されてこの動向は完成した。この事件は、西方世界に新しいローマ帝国をもたらすことによって、西方世界と東方世界の分離を神聖化するものであった。新しいローマ帝国の建設は、コンスタンティノープルに存在し続けた旧来の帝国との断絶を紛うかたなく証明するものであった。

一九三五年五月四日午前十時三十分
ウックルにて

アンリ・ピレンヌ

註

序文

（1）Nouvelle Société d'Édition, Bruxelles, 1936.

訳註

〔一〕「にも拘らず云々」という個所は英訳版では脱落している。

第一部

第一章

（1）ローマによって征服された地域の全体を言いあらわす「ローマ世界 Romania」という言葉があらわれたのは、四世紀のことである。Eug. Albertini, L'Empire romain（Peuples et Civilisation, t. IV）, Paris, 1929, p. 388. なお Holland Rose, The Mediterranean in the ancient world, 2nd ed., 1934 に関する A. Grenier の書評（Revue Historique, t. 173, 1934, p. 194 所収）を参照せよ。

（2）テオドシウス帝の治世に続く東西分治制が二つの帝国の分裂へと進展するのを防止したのは、疑いもなく地中海であった。

（3）三世紀以降における（実はその以前からすでに認められる）東方世界の優越性は Bratianu によって強調されている。Istros, Revue roumaine d'archéologie et d'histoire ancienne, t. I, 1934, fasc. 2. 所収のかれの論文 La distribution de l'or et les raisons economiques de la division de l'Empire romain を見よ。ここでかれは、後にイスラムの侵入によって完結する東方世界と西方世界の分離の出発点が、すでにこの時期に認められると主張する。なお Vestnik ceské Akademie, Prague, 1934 所収の Paulova の論稿 L'Islam et la civilisation mediterranéenne を参照。

（4）Mélanges N. Gorga, Paris, 1933, p. 745 所収、P. Perdrizet, Scété et Landevenec.

（5）Albertini, op. cit., p. 365.

（6）しかしながら三七〇年ないし三七五年（？）のヴァレンティニアヌス帝およびヴァレンス帝の勅令では、ローマ州民 provintiales と異民族 gentiles との結婚が死刑を以て禁じられている（Codex Theod., III, 14, 1）。なお F. Lot, Les invasions germaniques, Paris, 1935（Bibl. hist.）, p. 168 参照。

（7）Albertini, op. cit., p. 412 ; F. Lot, Pfister et Ganshof, Histoire du Moyen Age, t. I. p. 79-90, dans l'Histoire Générale publiée sous la direction de G. Glotz. すでにテオドシウス帝の治世においてさえ、アルボガストが軍事長官の職に就いていた。Cf. Lot, ibidem, p. 22.

（8）Albertini, op. cit., p. 332.

（9）L. Halphen, Les Barbares,（Peuples et Civilisations, t. V.）, 1926, p. 74.

（10）Albertini, op. cit., p. 359.

（11）かれらの遊牧生活については、Gautier, Genséric, roi des Vandales, Paris, 1932, in fine. のすぐれた叙述を見よ。

（12）F. Dahn, Die Könige der Germanen, Bd. VI, 1871, S. 50.

（13）L. Schmidt, Geschichte der deutschen Stämme bis zum Ausgang der Völkerwanderung. Die

Ostgermanen. 2. Aufl., München, 1934, S. 400-403.

(14) L. Schmidt, a. a. O., S. 426.

(15) L. Halphen, op. cit., p. 16.

(16) アラリッヒはその場にとどまっていることを望んだが、それができなかったのである。つまりかれは〔平和な盟約者として定着するためにも〕皇帝の認証を得なければならなかったのである。他方皇帝は十全の策を講じて、蛮族のイタリア占拠を許そうとしなかった。あたかも東方でトラキアの地を蛮族が占拠することを許さなかったのと同様である。

(17) F. Lot, Pfister et Ganshof, Histoire du Moyen Age (Collection Glotz), t. I. p. 35.

(18) Ch. Dawson, The Making of Europe (New York, 1932), trad. franç. Les origines de l'Europe (Paris, 1934), p. 110.

(19) F. Lot, Pfister et Ganshof, Histoire du Moyen Age (Collection Glotz), t. I, p. 43.

(20) Orosius, Adversus Paganos, VII, 43, hrsg. v. K. Zangemeister, 1882, S. 560. L. Schmidt, a. a. O., S. 453 は、アタウルフを「反ローマ的、民族＝ゴート的政策」の思想の持主として考えている。E. Stein, Geschichte des Spätrömischen Reiches, Bd. I, 1928, S. 403 はかような点には触れず、むしろアタウルフの政策が結婚後はローマに対して友好的であったと見ている。

(21) F. Lot, Pfister et Ganshof, Histoire du Moyen Age, t. I, p. 44. L・シュミットがこの有名な宣言を根拠としてアタウルフの「ゲルマニズム」を主張しているのであることは、疑いを容れない。しかしたとえアタウルフが「ゴート」帝国を以てローマ帝国と置き換えようとしているにしても、かれは「この国家が、その精神においてゲルマン的であるべきだ」とは断言していないのである。実際問題として、アタウルフおよびゴート族民が統治権力を行使したにしても、その内容は依然としてローマ帝国と変らなかった筈である。かれが現実に自分の帝国を作り出さなかったのは、ゴート族民が法律、すなわち言うまでもなくローマ法、を遵守することがおよそ不可能だということを悟ったからに他ならない。それゆえにかれは族民の武力をローマ帝国への奉仕のために提供しようと決意したのであり、それはまたローマ世界 Romania を滅ぼすなどという思想がかれとは無縁のものであったことを証明するものである。

(22) E. Stein, a. a. O., S. 404.

(23) 最初は盟約者たちは地味の瘠せた地方に定着させられた。すなわち西ゴート族はモエシアおよび後にはアキタニア・セクンダに、またブルグンド族はサヴォイに、東ゴート族はパンノニアに。やがてかれらがこれらの諸州から他処へ移ろうとした理由も自ら理解されるというものである。

(24) H. Brunner, Deutsche Rechtsgeschichte, Leipzig, 2. Aufl., 1906, Bd. I, S. 67 によれば、駐屯制 tercia の規則がゴート族に適用されたのは、もっと後になってからである。

土地分割に関する規定については、E. Stein, a. a. O., S. 406 を見よ。

(25) F. Lot, Pfister et Ganshof, Histoire du Moyen Age, t. I, p. 51 によれば、ホノリウス帝が歿した四二三年には、帝国はアフリカ、イタリア、ガリア、イスパニアの各地方にわたって再びその勢威を回復していた。

(26) E. Stein, a. a. O., S, 482.

(27) F. Lot, Pfister et Ganshof, Histoire du Moyen Age, t. I, p. 63. しかしこれはほんの中休みであった。

(28) L. Halphen, op. cit., p. 32.

(29) E. Gautier, Genséric, p. 233-235.

(30) A. Coville, Recherches sur l'histoire de Lyon du Ve siècle au IXe siècle (450-800), Paris, 1928, p. 121.

(31) ブルグンド族は駐屯制 tercia の規則に従ってサヴォイに定着した。Brunner, a. a. O., Bd. I, 2. Aufl., S. 65-66 に述べられているように、かれらは帝国に屈服した敗者であった。西ゴート族や東ゴート族の場合にも見られるこの定着様式は、それゆえ、明らかにローマ起源のものだったのである。

(32) L. Halphen, op. cit., p. 35 は蛮族どもの「順序立った」努力について述べているが、これは正鵠を射ていない。

(33) L. Schmidt, a. a. O., S. 317. 帝国の穀倉がかれらに糧食をあたえ得なかったからである。ここでもまた地中海が問題なのだ！　もともとかれらは依然ローマ兵として穏和に暮すことを欲していたのである。

(34) 四七六年八月二十三日。オドワカールは一つの部族を指揮していたのではなく、さまざまな人種からなる兵士たちの隊長だったのである。かれは王となったが、一部族の王ではなかった。かれは軍事宣言によって権力を掌握したのである。オドワカールは皇帝の印璽をコンスタンティノープルへ送り還した。かれはそれを自分のためにとっておこうとはしなかったのである。

(35) L. Halphen, op. cit., p. 45. かれらはアッティラの死後、そこに盟約者として定着していたのであるが、四八七年にはコンスタンティノープルを脅かすに至った (Ibidem, p. 46)。

(36) Epistolae Sancti Aviti, hrsg. v. Peiper, M. G. H. SS. Antiq., Bd. VI², S. 100.

(37) Gregorius Turonensis, Historia Francorum, II, 38.

(38) オドワカールでさえも敢て皇帝を自称しなかった。このことは、アラリッヒおよびヴァリアがゲルマン帝国を以てローマ帝国に置きかえようと望んだのだと見るシュミットの主張が正鵠を射ていないことを証明する。リキメルその他の権勢家もすべてあやつり人形のようなローマ人を皇帝に指名していた。この仕来りを廃してコンスタンティノープルの皇帝の主権を認めようとした最初の人物がオドワカールだったのである。

(39) F. Lot, Les invasions, p. 128 はこれをガリア全域の七分の一と推定している。しかもその中に基本的に重要な地域が含まれていないことに注意すべきである。

(40) A. Demangeon et L. Febure, Le Rhin. Problèmes d'histoire et d'économie, Paris, 1935, p. 50 et ss.

（41）M. G. H. SS. Antiq., Bd. I^2, 1877.

（42）アルザス、スイス、バイエルン地方におけるローマ住民の痕跡については、Lot, Les invasions, p. 217 et 220を見よ。

（43）G. Des Marez, Le Problème de la colonisation franque et du régime agraire dans la Basse-Belgique, Bruxelles, 1926, p. 25.

（44）baix〔bach〕, stain（stein）その他〔のゲルマン的語尾〕をもつ地名がそれである。Cf. F. Lot, De l'origine et de la signification historique et linguistique des noms de lieux en -ville et en court, (Romania, t. LIX, 1933, p. 199 et ss.). また Annales d'histoire économique et sociale, 1934, p. 254-260所収のM. Blochの所論およびRevue belge de Philologie et d'Histoire, t. XIV, 1935, p. 541 et ss. 所収のJ. Vannérusの所説を見よ。なおG. Kurthは、そのEtudes franques, t. l, p. 262において、トゥーレーヌ地方〔ロワール河流域トゥール周辺〕ではフランクの地名がほとんど見出されぬ旨述べている。

（45）Gamillscheg, Romania Germanica, Bd. I, 1934, S. 46.によれば、「セーヌ河とロワール河の間の地域は、フランク文化の領域であったが、フランク族定住地域ではなかった」。

（46）E. Stein, a. a. O., S. 3は三世紀末において五、〇〇〇万と見積っている。

（47）C. Jullian, Histoire de la Gaule, t. V, p. 27.で、かれは二世紀におけるガリアの人口を四、〇〇〇万と評価し、またそれが四世紀には半減したと述べている（Ibidem, t. VII, p. 29）。

（48）Dahn, Die Könige der Germanen, Bd. VI, S. 50.

（49）L. Schmidt, a. a. O., S. 403.

（50）E. Gautier, Genséric, p. 97.

（51）Victorius Vitensis, Historia persecutionis Africanae provinciae, I, I, hrsg. v. Halm, M. G. H. SS. Antiq., Bd. III, S. 2.

（52）Ebenda, S. 138.
（53）E. Stein, a. a. O., Bd. I, 1928, S. 477 も同様にこの数字を認めている。
（54）E. Gautier, Genséric, p. 141.
（55）L. Schmidt, a. a. O., S. 168. 四〇六年にかれらはゲルマニアにおいて建国した。なおこれに関しては最近の学説として M. H. Grégoire, La patrie des Nibelungen,（Byzantion, t. IX, 1934, p. 1-40）を、またこれに対する異論として Revue belge de Philologie et d'Histoire, t. XIV, 1935, p. 195-210 所収の F. Ganshof 氏の所説を参照せよ。かれらの王グンダカールはベルギカ州に入ろうとして四三五―四三六年にアエティウスによって粉砕され、アエティウスはその残党を四四三年にサパウディアに移した。これについては Lot, Pfister et Ganshof, Histoire du Moyen Age, t. I, p. 58-59 を参照。なお Coville, op. cit., p. 153 et ss. は〔族民数〕二六三、七〇〇人といういい加減な算出を行なっている。
（56）A. Doren, Italienische Wirtschaftsgeschichte, Bd. I, 1934, S. 29.
（57）L. Schmidt, a. a. O., S. 293.
（58）L. M. Hartmann, Das Italienische Königreich, Bd. I,（Geschichte Italiens im Mittelalter, Bd. I）, S. 72 は、ダーンの叙述に従って、テオデリッヒ王が数十万の族民を指揮していたに相違ないと見ている。
（59）Dawson, The Making of Europe, 1932, p. 98.
（60）西ゴート族における〔ゲルマン的〕言語の消滅については、Gamillscheg, Romania Germanica, Bd. I, 1934, S. 394 ff. および L. Schmidt, a. a. O., S. 527. を見よ。
（61）Martroye, Genséric. La conquête vandale en Afrique et la destruction de l'Empire d'Occident, Paris, 1907, p. 308.
（62）H. Zeiss, Die Grabfunde aus dem Spanischen Westgotenreich, Berlin, 1934, S. 126 u. S. 138.
（63）Coville, op. cit., p. 167 et ss.

(64) レカレッド王の改宗は五八九年である。

(65) A. a. O., Bd. V, S. 170.

(66) これらの借用語が見出されるのはフランス語だけである（Lot, Invasions, p. 225 et ss. および Gamillscheg, a. a. O., Bd. I, S. 293-295 を参照）。つまり四世紀以来ゲルマン人と接触を続けてきた住民をもつ地方においてである。アキタニアやイスパニア（西ゴート族）、アフリカ（ヴァンダル族）、イタリア（東ゴート族）では、借用語は見出されない。フランス語にとり入れられたこれらゲルマン起源の語は、約三〇〇にのぼるといわれている。

(67) イスパニアにはゲルマン的タイプをとどめる住民は絶無である。E. Pittard, Les races et l'histoire, 1924, p. 135.

(68) Gautier, op. cit., p. 316.

(69) Hartmann, a. a. O., Bd. I, S. 93.

(70) H. Brunner, Deutsche Rechtsgeschichte, Bd. I, 2. Aufl., 1906, S. 504. ブルグンド族がガリアに定着してからグンドバード法典 Lex Gundobada が編纂されるまで漸く五十年を経たにすぎないにもかかわらず、この法典が「ローマ文化の顕著な影響」を示しており、後のランゴバルド法典に見られるような「新鮮な、本来のゲルマン的性格」を全く欠いていることに注意されたい。

(71) F. Lot, Pfister et Ganshof, Histoire du Moyen Age, t. I, p. 390 においてF・ローが、メロヴィング王朝時代における住民の融合について述べていることは、私には完全に間違っていると思われる。さらにかれが Les invasions, p. 274 において、「人種的には、（今日の）フランスは若干のゲルマン的要素を含んでいるけれども、それはクロドヴェッヒによるガリア征服以前に入って来たものだ」と述べているのは、かれの自己矛盾を示している。

(72) Hrsg. v. B. Krusch, M. G. H. SS. rer. Merov., Bd., II, S. 123.

(73) Das Italienische Königreich, Bd. I, (Geschichte Italiens), S. 76.
(74) L. Schmidt, a. a. O., S. 151.
(75) Ebenda, S. 163.
(76) Gregorius Turon., Hist. Franc., X, 15.
(77) Hartmann, a. a. O., Bd. I, S. 64.
(78) かれが姪の嫁ぎ先チューリンゲン王に宛てて送った書簡を見よ。Cassiodorus, Variae, IV, 1, 2, hrsg. v. Th. Mommsen, M. G. H. SS. Antiq. Bd. XII, S. 114. Vgl. Schmidt, a. a. O., S. 340.
(79) Hartmann, a. a. O., Bd. I, S. 261.
(80) Ebenda, S. 233.
(81) Procopius, ed. Dewing (The Loeb Classical Library), Vol. III, p. 22-24.
(82) Coville, op. cit., p. 175 et ss.
(83) Schmidt, a. a. O., S. 146 u. 149.
(84) Schmidt, a. a. O., S. 527-528.
(85) Gregorius Turon., Hist. Franc., V, 44 et VI, 46.
(86) Gautier, op. cit., p. 270.
(87) Hartmann, a. a. O., Bd. I, S. 284.
(88) 帝国がゲルマン民族から借用したものと言えば、固有名詞ぐらいのものである。これらの固有名詞はなんら民族性を証明するものではなく、ゲルマン民族が追従と一緒に捧げたものなのである。
(89) Hist. Franc. Praefatio, hrsg. v. Arndt, M. G. H. SS. rer. Merov., Bd. I, S. 7.
(90) Gregorius Magnus, Regist., XIII, 34, hrsg. v. Hartmann, M. G. H. Epist., Bd. II, S. 397.
(91) 一部の史家のように、これら諸王の社会政策について、あるいは帝国諸制度に対するかれらの「保守的態度」について、語ることは全く無意味である。

(92) Jaffé-Wattenbach, Regesta pontificum Romanorum, Bd. I, 2. Aufl., S. 212, Nr. 1899.

(93) 一部の論者は、これらの諸王がゲルマン的性格を固持したのだと主張しているが、それは当らない。飾牛軍車の愉快な物語を見よ。H. Pirenne, Le char à bœufs des derniers Mérovingiens. Note sur un passage d'Eginhard, Mélanges Paul Thomas, 1930, p. 555-560.

(94) カッシオドルスはかれらを公的に「蛮族 barbari または兵士たち milites」と呼んでいる。Vgl. L. Schmidt, Zur Geschichte Rätiens unter der Herrschaft der Ostgoten, Zeitschrift für Schweizerische Geschichte, Bd. XIV, 1934, S. 451.

(95) かれの称号は Flavius Theodoricus rex である。

(96) Schmidt, a. a. O., S. 387.

(97) ゴート族民も地租を納入せねばならなかった。しかし王はかれらが穀物を廉価に入手し得るよう配慮した。

(98) Schmidt, a. a. O., S. 292 :「テオデリッヒのゴート的民族王権は消滅した。」

(99) しかし東ゴート族は、イタリアへ定着した当時は、西ゴート族よりもゲルマン的であった。

(100) Hartmann, a. a. O., Bd. I, S. 100.

(101) Gautier, op. cit., p. 207.

(102) Schmidt, a. a. O., S. 113.

(103) Albertini, Ostrakon byzantin de Négrine (Numidie), dans Cinquantenaire de la Faculté des Lettres d'Alger, 1932, p. 53-62.

(104) Martroye, Le testament de Genséric, dans Bulletin de la Société des Antiquaires de France, 1911, p. 235.

(105) Albertini, Actes de vente du Ve siècle, trouvés dans la région de Tébessa (Algérie), Journal des Savants, 1930, p. 30.

(106) R. Heuberger, Über die Vandalische Reichskanzlei und die Urkunden der Könige der Vandalen, Mitteilungen des Oester. Institut für Geschichtsforschung, XI Erg. Bd., O. Redlich…Zugeeignet, 1929, S. 76-113.

(107) 本書一六五頁以下を見よ。

(108) Chronica (hrsg. v. Mommsen), M. G. H. SS. Antiq., Bd. XI, S. 184-206.

(109) Ch. Saumage, Ouvriers agricoles ou rôdeurs de celliers? Les Circoncellions d'Afrique, Annales d'Histoire économique et sociale, t. VI, 1934, p. 353.

(110) M. Bloch 氏は Revue Historique, mars-avril 1930, p. 336 において、ゲルマン民族性の存続という一部の誤った主張を信ずることがいかに滑稽であるかについて、注意を促している。

西ゴート族の異常に急速なローマ化については、Gamillscheg, Romania Germanica, Bd. I, S. 394 ff. を見よ。

(111) Lot, La fin du monde antique et le début du Moyen Age, dans la collection L'Evolution de l'Humanité, Paris, 1927, p. 329. レケスヴィント王は、六三〇年頃、ビザンツ風の衣裳を着用していた。

(112) Lot, op. cit., p. 329.

(113) 国王の塗油式は六七二年ワムバ王即位の場合について証明されるが、それは疑いなく、より以前から始まったものであり、おそらくレカレッド王（五八六—六〇八年）に溯ると考えられる。M. Bloch, Les rois thaumaturges, 1924, p. 461.

(114) Ziegler, Church and State in Visigothic Spain, 1930, p. 101 に引用された、トレドにおける第六回宗教会議の第三十法規の原文より引用。

(115) F. Lot, op. cit., p. 329.

(116) Ziegler, op. cit., p. 126.

(117) Op. cit., p. 329.

(118) P. Guilhiermoz, Essai sur l'origine de la noblesse en France au Moyen Age, 1902, p. 13, n. 55.

(119) Coville, op. cit., p. 77-238 のきわめて詳細な叙述を見よ。

(120) 四四三年、サパウディア地方。Coville, op. cit., p. 109.

(121) Hartmann, a. a. O., Bd. I, S. 218-219.

(122) L. Schmidt, a. a. O., S. 169 u. S. 178.

(123) Lex Gundobada, X, hrsg. v. R. de Salis, M. G. H. Leges, Bd. II^{1}, S. 50.

(124) とりわけ H. Brunner がその著 Deutsche Rechtsgeschichte において、また G. Waitz が Deutsche Verfassungsgeschichte において、この見解を固守している。

(125) アウストラシアの王が王国全土を統轄したときも、かれは急遽パリに赴いてそこに本拠をおいた。F. Lot, Les invasions, p. 208. Aberg, Die Franken und Westgoten in der Völkerwanderungszeit, Upsala, 1922 の考古学的考証および Gamillscheg, Romania Germanica, Bd. I, S. 294 の文献学的考証が証明するところによれば、六世紀中葉以降、ガリアのフランク族は、ゲルマニアの諸地方に対して、もはや影響をあたえ得なかった。

(126) R. Buchner, Die Provence in Merowingischer Zeit, 1933, S. 2, Anm. 5. この著者に従えば、クロドヴェッヒ王が他の純粋に地中海的なゲルマン部族王と異る点は、かれが地中海とゲルマニアとを同時に狙っていたところにある。著者はまた、クロドヴェッヒおよび殊にその後継者たちの態度が、純粋に防禦的ではなかったと見ている。

(127) G. Richter, Annalen des fränkischen Reichs im Zeitalter der Merowinger, 1873, S. 48. および F. Lot,

Pfister et Ganshof, Histoire du Moyen Age, t. I, p. 205.
(128) Richter, a. a. O., S. 61.
(129) Ebenda, S. 63.
(130) Ebenda, S. 102.
(131) Ebenda, S. 160.
(132) Ebenda, S. 165.
(133) Ebenda, S. 177.
(134) メロヴィング朝諸王の下に立つ役人たちは、ローマ帝政期におけると同様、ユデックス judex と呼ばれた。
(135) このことは H. von Sybel, Entstehung des Deutschen Königthums, 2. Aufl., 1881 によって明快に主張されている。なおこれに対する G. Waitz, Deutsche Verfassungsgeschichte, Bd. II, I. Teil, 3. Aufl., 1882, S. 81 ff. の論駁を見よ。
(136) Waitz, a. a. O., Bd. II, II. Teil, 3. Aufl., S. 273 は、人頭税が自由民身分 ingenuitas と矛盾するという理由で、ゲルマン族民がその支払を拒否したと主張している。しかしそこにゲルマン的なものは認められない。ヴァイツは〔同頁の〕Anm. 3. において宗教会議議事録の原文を引用しているが、このことがそれを何よりも明瞭に証明している。
(137) Waitz, a. a. O., Bd. II, II. Teil, 3. Aufl., S. 122 ff. はメロヴィング王家の役人たちがローマ人でないことを証明しようと努めている。武官と文官の区別はもはや存在しなかった、王はかれらに科料処分権《バン》をあたえ、かれらは俸給を受けとらなかった、と。しかしそのヴァイツも統治なるものがゲルマン人には未知のものであったことを認めている (S. 124)。そして、かれは奴隷身分やローマ人の役人がいたことを見落しているのである。

(138) Brunner, a. a. O., Bd. II, 2. Aufl., S. 77-80.

(139) Brunner, a. a. O., Bd. II, 2. Aufl., S. 364-365.

(140) F. Lot, Pfister et Ganshof, Histoire du Moyen Age, t. I, p. 271.

(141) H. Bresslau, Handbuch der Urkundenlehre, Bd. I, 2. Aufl., 1912, S. 360-362.

(142) Waitz, a. a. O., Bd. II, II. Teil, 3. Aufl., S. 241.

(143) Waitz, a. a. O., Bd. II, I. Teil, 3. Aufl., S. 205 ff. が王のゲルマン的性格について述べていることは、何ら妥当性をもたない。

(144) Lot, Pfister et Ganshof, Histoire du Moyen Age, t. I, p. 200, n. 98.

(145)「バン ban」という言葉は権力を示すものであるとはいえ、ゲルマン的なものではない。古い軍事用語が保存されていたのであって、それだけのことである。

(146) Gregorius Turon., Hist. Franc., VI, 46. Waitz, a. a. O., Bd. II, I. Teil, 3. Aufl., S. 212 は Gregorius Turon., Hist. Franc., IX, 8 の「陛下の御意向に反し、また従って公共の福祉に反して振舞い agendo contra voluntate vestram atque utilitatem publicam」の一節を引用している。

(147) Gregorius Turon., Hist. Franc., V, 25 ; VI, 37 ; IX, 13 ; IX, 14 ; X, 19.

(148) アングロ・サクソン族における事情を参考せよ。W. Stubbs, Histoire constitutionelle de l'Angleterre, éd. et trad. franç. par G. Lefebure et Ch. Petit-Dutaillis, t. I, 1907, p. 183. を見よ。

(149) このような分割が行なわれたのはフランクだけである。おそらくそれは、クロドヴェッヒ死後の王位継承の当時、もはや西方世界に皇帝が存在しなかったからである。いずれにしても、フランク族がすでに当時〔西方の〕皇帝を記憶にとどめていなかったからである。

(150) テウデベルトはビザンツ攻撃の考えを抱いていたといわれる。Lot, Pfister et Ganshof, Histoire du Moyen Age, t. I, p, 208.

(151) 世襲的官職は存在しなかった。皇帝と同様に、王はその役人を任意に選んだ。
(152) Dahn, a. a. O., Bd. VI, S. 290.
(153) H. Pirenne, Le cellarium fisci, Académie royale de Belgique, Bulletin de la Classe des Lettres et des Sciences morales et politiques, 5e série, t. XVI, 1930, Nos. 5-7, p. 202.
(154) Gregorius Turon., Hist. Franc., III. 34.
(155) H. Pirenne, Liberté et propriété en Flandre du VIIe au XIe siècle, Académie royale de Belgique, Bulletin de la Classe des Lettres, 1911, p. 522-523.
(156) Gregorius Turon., Hist. Franc., V, 28.
(157) Fustel de Coulanges, Les transformations de la royauté pendant l'époque carolingienne, p. 19.
(158) Gregorius Turon., Hist. Franc., VI, 42.
(159) Gregorius Turon., Hist. Franc., VI, 45 ; VII, 9 ; VII, 15.
(160) S. Dill, Roman Society in Gaul in the Merovingian Age, 1926, p. 280.
(161) Gesta Dagoberti regis, c. 17, M. G. H. SS. rer. Merov., Bd. II, S. 406.
(162) Richter, a. a. O., Bd. I, S. 98.
(163) Richter, a. a. O., Bd. I, S. 161.
(164) Gregorius Turon., Hist. Franc., V, 38.
(165) Dahn, Die Könige der Germanen, Bd. VI, S. 290.
(166) Dahn, a. a. O., Bd. VI, S. 260.
(167) Dahn, a. a. O., Bd. VI, S. 275.
(168) Carmina, VI, 5, hrsg. v. Krusch, M. G. H. SS. Antiq., Bd. IV, S. 136 ff.
(169) カオールのデシデリウスは王室の財務官であり、またマルセイユの知事であった。聖アウドエヌスはイストリアの宮廷官房長であった。

(170) H. Bresslau, a. a. O., Bd. I, 2. Aufl., S. 364-367 は司教となった宮廷官房長の例をいくつか挙げている。同じく H. Sproemberg, Marculf und dis fränkische Reichskanzlei, Neues Archiv, Bd. XLVII, 1927, S. 124-125 を見よ。Loening, Geschichte des Deutschen Kirchenrechts, Bd. II. 1878, S. 262 は、事実の説明に誤謬があるにせよ、国家が世俗的であったことについては完全な理解を示している。同じく、Dawson, op. cit., p. 221-222 を見よ。

(171) L. Duchesne, L'Eglise au VIe siècle, 1925, p. 528.

(172) Gregorius Turon., Liber vitae patrum, VI, 3, M. G. H. SS. rer. Merov., Bd. I, S. 681-682 に述べられた興味深い挿話を見よ。そこでは、司教選挙の計画が王によって覆され、王は、王に巨額の進物をするという条件で、意中の志望者を任命し、その司教所在地で祝宴を開かせたと伝えられている。要するにすべてが王の意向次第だったのである。同じく Ibidem, p. 727 et ss. に述べられたトリールの司教聖ニケトゥスの生涯を見よ。かれはある王によって司教に任命され、次の王によって追放に処せられ、第三の王によってもとの地位に復している。

(173) Gregorius Turon., Hist. Franc., III, 25.

(174) グレゴリウス大教皇の著作を見よ。尤もこの著作はユスティニアヌス帝以後のものである。アヴァンシェのマリウス（五九四年歿）、トンネナのヴィクトリウス（五六九年歿）、ビクラロのヨハネス（五九〇年歿）の記述を一読すれば、かれらにとっては、帝国というものが存続していたことが明瞭である。なお Ebert, Histoire de la littératur du Moyen Age en Occident, trad. Aymeric et Condamin, t. I, 1883, p. 618 参照。

(175) テウデベルトはユスティニアヌス帝に宛てて可能なかぎり謙虚な書簡を送っている。A. Vasiliev, Histoire de l'Empire byzantin, trad. franç., paris, 1932, t. I, p. 203. n. 2.

(176) Buchner, Die Provence in Merowingischer Zeit, 1933, S. 3.
(177) Hartmann, a. a. O., Bd. I, S. 229 ; F. Lot, La fin du monde antique, p. 303.
(178) A. Vasiliev, op. cit., p. 178.
(179) Hartmann, a. a. O., Bd. I, S. 261.
(180) F. Kiener, Verfassungsgeschichte der Provence, 1900, S. 22.
(181) Hartmann, a. a. O., Bd. I, S. 289-290.
(182) Hartmann, a. a. O., Bd. I. S. 301.
(183) Lot, Pfister et Ganshof, Histoire du Moyen Age, t. I, p. 157 によれば、かれは義侠的で、かれの族民を救うことしか考えなかった。これに対して Hartmann, a. a. O., Bd. I, S. 302 は、かれが、自分の利益に役立つ限りにおいてのみ族民と一致協力したと述べているが、この方が真実に近いと思われる。
(184) Hartmann, a. a. O., Bd. I, S. 328.
(185) Richter, a. a. O., S. 57-58.
(186) アタナギルドの後継者レオヴィギルド（五六八年即位）は、皇帝ユスティヌス二世に対し、自分の即位が認証されるよう請願した。F. Lot, La fin du monde antique, p. 310.
(187) Vasiliev, op. cit., t. I, p. 181.
(188) Vasiliev, op. cit., t. I, p. 220-221.
(189) Vasiliev, op. cit., t. I, p. 261.
(190) Hartmann, Geschichte Italiens im Mittelalter, Bd. II, I. Teil., 1900, S. 58 ff.
(191) Gasquet, L'Empire byzantin et la monarchie franque, p. 198.
(192) すでに五八七年に、グントラム公が使節として皇帝マウリスの許に遣わされていた。Gasquet, L'Empire byzantin et la monarchie franque, p. 185 et ss. を見よ。

(193) Hartmann, a. a. O., Bd. II, I. Teil, S. 72.
(194) イタリア自体において、この奪回は可能だと思われていた。その証拠に、五九〇年にアキレイアの総大司教は、三章問題に関してローマとかれとの間に存在した論争の解決を、イタリアが帝国に復帰する時まで延期するように申し入れている。Hartmann, a. a. O., Bd. II, S. 89.
(195) Vasiliev, op. cit., t. I, p. 263.
(196) Hartmann, a. a. O., Bd. II, S. 176.
(197) Hartmann, a. a. O., Bd. III, II. Teil, 1903, S. 198, Anm. 2.
(198) Gregorius Turon., Hist. Franc., VI, 24.
(199) 医学を学ぶためにもコンスタンティノープルへ赴くものがあったらしい。Gregorius Turon., Hist. Franc., X, 15.
(200) Hartmann, a. a. O., Bd. II, I. Teil, S. 85.
(201) Dawson, op. cit., p. 221.

訳註

〔一〕この個所およびその前後で、「かれら」という代名詞で語られている部族は明らかに西ゴート族であり、英訳版で東ゴート族と訳出されているのは誤りである。
〔二〕スティリコは既に四〇八年八月二十二日に東皇帝テオドシウス三世〔二世か—編集部注〕の命によって暗殺されている。この当時西帝国の政治の采配を振っていたのはアエティウスであった。仏語版および英訳版が何れもスティリコとしているのは誤りである。
〔三〕仏語版ではウァリアとなっているが、これはアタウルフの誤りである。
〔四〕「しかし佯りの休戦云々」という最後の部分は、本来、次のパラグラフの最後、すなわち、「かれはそのために九、〇〇〇、〇〇〇ソリドゥスの経費を投じ云々」のあとに続くべき文章である。

〔五〕仏語版、英訳版いずれも西ゴート人としているが、明らかに東ゴート人の誤りである。

〔六〕英訳版の empress は誤植。

〔七〕英訳版ではイタリアと訳出されている。

第二章

（1）Migne, Patr. Lat., t. 51, c. 617.

（2）Eucharisticos, ed. Brandes, Corp. Script. Eccles. Latin., t. XVI, 1888, p. 311.

（3）H. Pirenne, Le fisc royal de Tournai, dans Mélanges F. Lot, 1925, p. 641.

（4）本書七九頁を参照せよ。

（5）Gregorius Turon., Hist. Franc., VI, 20.

（6）E. Lesne, La propriété ecclésiastique en France aux époques romaine et mérovingienne, Paris-Lille, 1910, p. 309. なおまた、F. Kiener, Verfassungsgeschichte der Provence, S. 37, Anm. 84 に引用されているアルルの聖カエサリウスの文章を見よ。

（7）ドゥー・セヴル県、ニオール郡、クーロンジュ・シュル・オーティス郷。

（8）F. Kiener, Verfassungsgeschichte der Provence, Leipzig, 1900, S. 34 ff. ; R. Buchner, Die Provence in Merowingischer Zeit, Stuttgart, 1933, S. 30 に拠れば、農業の発達はなお素晴らしく、収益は多大であった。

（9）F. Kiener, a. a. O., S. 34.

（10）R. Buchner, a. a. O., S. 30, Anm. 1.

（11）Gregorius Magnus Registr., III, 33, hrsg. v. Ewald-Hartmann, M. G. H. Epist., Bd. I, S. 191.

(12) Ebenda, VI, 10, S. 388-389.

(13) Jaffé-Wattenbach, Regesta, Nr., 947 ; Buchner, a. a. O., S. 31 参照。

(14) Hartmann, Geschichte Italiens im Mittelalter, Bd. II, S. 159, Anm. 16.

(15) Cassiodorus, Variae, XII, 22, M. G. H. SS. Antiq., Bd. XII, S. 378.

(16) 自由民の数を過小に評価しようとしてはならない。かれらの基本的特質は、軍事奉仕を義務づけられていた点にある。Leges Visigothorum, IX, 2, 9, M. G. H. Leges, Bd. I. hrsg. v. Zeumer, S. 377 所収のエルヴィッヒ王の法令を参照せよ。その条文によれば、自由民は各自その所有する奴隷の十分の一を軍隊に提供せねばならないことになっている。なお Anuario de Historia del Derecho Español, t. XI, 1934, p. 353-355 所収の Verlinden, L'esclavage dans le monde ibérique médiéval 参照。

(17) 貴族の家柄の存続については、たとえば、A. Coville, Recherches sur l'histoire de Lyon du Ve siècle au IXe siècle, p. 5 et ss. において考証されているシャグリウス家の系譜を見よ。

(18) Anuario, t. XI, p. 347 所収の Verlinden, op. cit. その所説に従えば、コロヌスはほとんど重要な役割を演じていなかった。

(19) Gregorius Turon., Hist. Franc., IX, 38 にも家内仕事場《ジネセ》の存在が触れられている。Fustel de Coulanges, L'alleu et le domaine rurai, p. 375. 参照。

(20) P. Charlesworth, Traderoutes and commerce of the Roman Empire, Cambridge, 2nd ed., 1926, p. 178, 220, 238.

(21) 一般叙述として、P. Scheffer-Boichorst, Zur Geschichte der Syrer im Abendlande (Mitteilungen des Oesterr. Instit. für Geschichtsforschung, Bd. VI, 1885, S. 251 ff.) ; L. Bréhier, Les colonies d'Orientaux en Occident au commencement du Moyen Age (Byzant. Zeitschr., Bd. XII, 1903, S. 1 ff.) ; Fustel de Coulanges, La monarchie franque, p. 257 ; J. Ebersolt, Orient et Occident, 1928-1929, 2 Vol.

を参照せよ。

(22) Gregorius Turon., Hist. Franc., Cf. Bréhier, L'art en France des invasions barbares à l'époque romane, p. 36 et p. 38.

(23) I, 19, SS. rer. Merov., Bd. III, S. 463.

(24) Hist. Franc., VIII, 1.

(25) SS. rer. Merov., Bd. III, S. 226. なおこの史料の編者クルシュはこの事実を信じ得べからざるもの non credibile と見做している。

(26) E. Leblant, Inscriptions Chrétiennes de la Gaule, t. I. p. 207 et p. 328. Cf. n°s 225 et 613A. Cf. Héron de Villefosse, Deux inscriptions chrétiennes trouvées à Carthage (Comptes rendus des séances de l'Académie des Inscriptions et Belles Lettres, 1916, p. 435).

(27) E. Leblant, op. cit., t. I, p. 205, n° 125.

(28) Gregorius Turon., Hist. Franc., VII, 31.

(29) Ibidem, X, 26.

(30) ナルボンヌの宗教会議議事録。Mansi, Sacrorum Conciliorum…Collectio, t, IX, c. 105 et c. 1017.

(31) A. A. S. S. Boll. Nov., t. I, p. 323. P. de Moreau, Les missions médiévales (Histore Générale comparée des missions, publiée par le baron Descamps), 1932, p. 171 は五八五年頃コルドバにギリシャ人がいたことに触れている。六世紀にユスティニアヌスによって行なわれた地中海域の再征服は、この航路の交通量を著しく増大せしめることに貢献した。

(32) Procopius, V, 8, 21, ed. Dewing. t. III, 1919, p. 74.

(33) P. Perdrizet の研究 Le calendrier parisien à la fin du Moyen Age, 1933 に対する、R. Dussaud の書評 (Syria, t. XV, 1934, p. 210)。

(34) Mgr. L. Duchesne, L'Eglise au VIe siècle, Paris, 1925, p. 191 n. 2.
(35) Perdrizet, Le calendrier parisien à la fin du Moyen Age, 1933, p. 35 et p. 287-289. 聖コロムバヌスの伝記作者アダムナンは、修道院の建築術を学ぶためにアイルランドの修道士たちがシリアへ赴くならわしのあった事を述べている。Forschungen und Fortschritte, Bd. XI, 1935, S. 223 に紹介されている J. Baum, Aufgaben der frühchristlichen Kunstforschung in Britanien und Irland, 1934 を見よ。
(36) Gregorius Turon., Hist. Franc., VIII, 15.
(37) Hartmann, a. a. O., Bd. I, S. 262.
(38) Hartmann, a. a. O., Bd. I, S. 222.
(39) Jaffé-Wattenbach, Regesta, Nr., 1564.
(40) Jaffé-Wattenbach, Regesta, Nr., 1104.
(41) Vita Patrum Emeritensium, Migne, Patr. Lat., t. 80, col. 139.
(42) XII, 2, 14, M. G. H. Leges, Bd. I, hrsg. v. K. Zeumer, S. 420.
(43) XII, 2, 13, hrsg. v. Zeumer, ebenda, S. 419.
(44) Jaffé-Wattenbach, Regesta, Nr., 1157.
(45) F. Kiener. a. a. O., S. 28 ; F. Vercauteren, Etude sur les Civitates de la Belgique Seconde, 1934, p. 446.
(46) Gregorius Turon., Hist. Franc., V, 11.
(47) Idem.
(48) M. G. H. SS. rer. Merov., Bd., IV, S. 374-375.
(49) Gregorius Turon., Hist. Franc., V, 11.
(50) Gregorius Turon., Hist. Franc., V, 17.

(51) Chronique du pseudo-Frédégaire, IV, 65, M. G. H. SS. rer. Merov., Bd. II, S. 153.
(52) Gregorius Turon., Hist. Franc., V, 11.
(53) Gregorius Turon., Liber in Gloria Martyrum, ch. 21, hrsg. v. Krusch, M. G. H. SS. rer. Merov., Bd. I, S. 501.
(54) 註（48）参照。
(55) Gregorius Turon., Hist. Franc., V, 11. リヨンのユダヤ人たちに関しては、Coville, op. cit., p. 538 et ss. を見よ。
(56) Gregorius Turon., Hist. Franc., V, 17.
(57) Jaffé-Wattenbach, Regesta, Nr., 1115.
(58) Ebenda, Nr., 1104.
(59) Ebenda, Nr., 1879.
(60) Ebenda, Nr., 1157.
(61) Ebenda, Nr., 1743-1744.
(62) M. G. H. Concilia, hrsg. v. Maasen, Bd. I, S. 67.
(63) M. G. H. Capit., hrsg. v. Boretius-Krause, Bd. I, S. 22.
(64) Ziegler, Church and State in Visigothic Spain, 1930, p. 189.
(65) A. Ebert, op. cit., trad. franç. Aymeric et Condamin, t. I, 1883, p. 631.
(66) Jaffé-Wattenbach, Regesta, Nr., 1757.
(67) J. Aronius, Regesten zur Geschichte der Juden, S. 21, Nr., 59.
(68) Jaffé-Wattenbach, a. a. O., Nr., 1564.
(69) Jaffé-Wattenbach, a. a. O., Nr., 1293.

(70) Gregorius Turon., Hist. Franc., V, 6.
(71) Aronius, Regesten zur Geschichte der Juden, S. 19, Nr., 53.
(72) Gregorius Turon., Liber in Gloria Confessorum, c. 95, hrsg. v. Krusch, M. G. H. SS. rer. Merov., Bd. I, S. 809.
(73) Gregorius Turon., Hist. Franc., IV, 12.
(74) Gregorius Turon., idem, VI, 5.
(75) Gregorius Turon., idem, VI, 35. この言葉が、フランス語の「賄賂 épices」や「現金 espèces」の語源になっていることに気がつかれるであろう。
(76) Hrsg. v. Krusch, M. G. H. SS. rer. Merov., Bd. II, S. 413. ただ、この事績録が九世紀になって筆紙に移されたものであることに注意しなければならない。
(77) Gregorius Turon., Hist. Franc., VII, 35 ; Vita S. Eligii, SS. rer. Merov., Bd. IV, S. 702.
(78) Venantius Fortunatus, Vita Sancti Germani, c. 47, M. G. H. SS. rer. Merov., Bd. VII, S. 401-402.
(79) Fr. Cumont, Comment la Belgique fut romanisée, 2e éd., Bruxelles, 1919, p. 25-29.
(80) H. Pirenne, Draps de Frise ou draps de Flandre? (Vierteljahrschr. für Soz.-und Wirtschaftsgeschichte, Bd. VII, 1909, S. 313.)
(81) 南部で鋳造された若干のアングロ・サクソン金貨が、或る程度の商業活動の存在を証明している。
(82) Pauly-Wissowa, Real-Encyclopädie, Bd. VII, c. 75, Nr., 12.
(83) F. Vercauteren, Cataplus et Catabolus (Bulletin Ducange, t. II, 1925, p. 98).
(84) Cassiodorus, Variae, V, 39 は貿易商人に対する関税の規則を掲げている。(hrsg. v. Mommsen, M. G. H. SS. Antiq., Bd. XII, S. 164.)
(85) Diel, L'Afrique byzantine, p. 500 ; G. Millet, Sur les sceaux des commerciaires byzantins,

(Mélanges G. Schlumberger, t. II, 1924, p. 324-326).

(86)《Si quis transmarinus negociator aurum, argentum, vestimenta vel quelibet ornamenta… vendiderit》, Lex Visigothorum, XI, 3, 1, hrsg. v. K. Zeumer, M. G. H. Leges, Bd. I, S. 404.

(87) M. Laurent, Les ivoires prégothiques conservés en Belgique, 1912, p. 9, 17, 20, 84.

(88) Coopertorium Sarmaticum. Gregorius Turon., Liber Vitae Patrum, c. 11, hrsg. v. Krusch, SS. rer. Merov., Bd. I, S. 701.

(89) Gregogius Turon., Liber in Gloria Confessorum, c. 110, hrsg. v. Krusch, ebenda, S. 819.

(90) Fustel de Coulanges, La monarchie fanque, p. 257.

(91) メロヴィング王家の奢侈については Vita S. Eligii episcopi Noviomagensis, I, 12, hrsg. v. Krusch, M. G. H. SS. rer. Merov., Bd. IV, S. 678. を見よ。

(92) Gregorius Turon., Hist. Franc., VI, 10 ; VI, 35 ; X, 16 ; Liber in gloria martyrum, SS. rer. Merov., Bd. I, S. 491, 535, 549 ; Liber de virtutibus S. Martini, I, 11, ebenda, S. 595 ; II, 23, ebenda, S. 617.

(93) Gregorius Turon., Hist. Franc., VII, 29.

(94) この葡萄酒に関しては、H. Grégoire および M. A. Kugener によって刊行せられた Marc le Diacre, Vie de Porphyre, évêque de Gaza, Paris, 1930, p. 124-126 を見よ。

(95) Gregorius Turon., Liber in Gloria Confessorum, c. 64, hrsg. v. Krusch, ebenda, S. 785.

(96) Gregorius Turon., Hist. Franc., VII, 29.

(97) M. G. H. Epist. Merov., Bd. I, S. 209, 630-647.

(98) フォルトゥナトゥスもまた同様にガザの葡萄酒について触れている。Vita S. Martini, II, v. 81, hrsg. v. Leo, M. G. H. SS. Antiq., Bd. IV^2, S. 316.

(99) Jaffé-Wattenbach, Regesta, Nr., 1483.

(100) Hist. Franc., VI, 6.

(101) F. Cumont, Fouilles de Doura-Europos, 1926 p. XXXIII.

(102) Lot, Pfister et Ganshof, Hist. du Moyen Age. t. I, p. 356. は香辛料が使用されたのは宮廷および貴族階級の間だけであったと考えている。

(103) Epistula de observatione ciborum, éd, Ed. Liechtenhan, 1928 (Corpus Medicorum Latinorum, t. VIII^{1}).

(104) L. Levillain, Examen critique des chartes…de Corbie, 1902, p. 235, n° 15.

(105) Ducange, Glossarium, verbo garum.

(106) E. Jeanselme, Sur un aide-mémoire de thérapeutique byzantin. Mélanges Ch. Diehl, t. I, 1930, p. 150, n. 12 ; Ducange, op. cit. : costum, 香料などを入れて温めた葡萄酒。

(107) Ducange, verbo hidrio. この語はここ以外に全く見出されない。恐らく誤読に由るものと思われる。

(108) Ducange, sub verbo seoda.

(109) Formulae, I, 11, hrsg. v. Zeumer, S. 49.

(110) Krusch, Ursprung und Text von Markulfs Formelsammlung, Nachrichten von der Gesellschaft der Wissenschaften zu Göttingen, 1916, S. 256.

(111) これに反して、カロリング王朝時代には、役人たちの食卓にはいかなる香辛料も用意されなかった。G. Waitz, Deutsche Verfassungsgeschichte, Bd. IV, 2. Aufl., S. 23.

(112) Sprömberg, Marculf und die Fränkische Reichskanzlei, Neues Archiv, Bd. 47, 1927, S. 89 はクルシュの見解を肯定している。

(113) 香辛料に関するかぎり、メロヴィング王朝時代の商業は、十二世紀以降におけるイタリア諸都市の商業に類似している。トゥールのグレゴリウスによれば、パリでも商人たちが香辛料を売っていたという。

Hist. Franc., VI, 32.

(114) H. Pirenne, Le commerce du papyrus dans la Gaule mérovingienne, Comptes rendus des séances de l'Académie des Inscriptions et Belles-Lettres, 1928, p. 178-191.

(115) Gregorius Turon., Hist. Franc., V, 5：O si te habuisset Massilia sacerdotem! Numquam naves oleum aut reliquas species detulissent, nisi cartam tantum, quo majorem opportunitatem scribendi ad bonos infamandos haberes. Sed paupertas cartae finem imponit verbositati.

(116) Gregorius Turon., Liber in gloria martyrum, M. G. H. SS. rer. Merov., Bd. I, S. 558 ; Liber de virtutibus S. Martini, ebenda, S. 644 ; Liber Vitae Patrum, ebenda, S. 698.

(117) F. Vercauteren, Etude sur les Civitates, p. 211-212.

(118) Lauer et Samaran, Les diplômes originaux des Mérovingiens, Paris, 1908.

(119) Cassiodorus, Variae, III, 7, hrsg. v. Mommsen, M. G. H. SS. Antiq., Bd. XII, S. 83. この史料の引用は、Kugener氏の親切な御教示によるものである。

(120) Buchner, Die Provence, S. 44-45. 同氏の叙述は主としてGregorius Turon., Hist. Franc., V, 5に拠るものである。

(121) Gregorius Turon., Hist. Franc., IV, 43.

(122) R. Buchner, a. a. O., S. 44-45.

(123) Marculf, Supplementum, I, hrsg. v. Zeumer, S. 107.

(124) Buchner, a. a. O., S. 44-45の算定によれば、フォスにおける油の輸入量は年間二〇〇、〇〇〇ポンドに達したということであるが、この数字をそのまま受け容れるには及ばない。

(125) Vita S. Filiberti abbatis Gemeticensis, M. G. H. SS. rer. Merov., Bd. V, S. 602.

(126) Gregorius Turon., Hist. Franc., VII, 35.

(127) Pseudo-Fredegarius, Chronica, IV, 42, SS. rer. Merov., Bd. II, S. 141 ; Vita Columbani, I, 29, ebenda, Bd. IV, S, 106 ; Liber Historiae Francorum, c. 40, ebenda, Bd. II, S. 310.

(128) Vita S. Eligii. II, 13, M. G. H. SS. rer. Merov., Bd. IV, S. 702.

(129) Julianus Toledensis, Historia Wambae, SS. rer. Merov., Bd. V, S. 525. Ducange, sub verbo Camelus にはイスパニアに関する記述としてVita SS. Voti et Felicis中の一文が引用されているが、この文章の中でわれわれはCamelusと読むべきであって、デュカンジュのようにこれをrupicapra（羚羊）と訂正してはならない。

(130) R. Buchner, a. a. O., S. 32.

(131) R. Buchner, a. a. O., S. 33.

(132) Gregorius Turon., Hist. Franc., IX, 22.

(133) Lot, Pfister et Ganshof, Hist. du Moyen Age, t. I, p. 258 et 259.

(134) Annales Petaviani, M. G. H. SS. Bd. I, S. 17.

(135) Gregorius Turon., Hist. Franc., IX, 22.

(136) Gregorius Turon., Hist. Franc., IX, 21 et 22.

(137) Gregorius Turon., Hist. Franc., X, 25.

(138) Gregorius Turon., Hist. Franc., VIII, 39 et VI, 14.

(139) Chronica, IV, 18, SS. rer. Merov., Bd. II, S. 128 : Eo anno cladis glandolaria Marsilia et reliquas Porvinciae civitates graviter vastavit.

(140) 教会の見解は、ローマ帝政時代といささかも変っていない。Cf. Verlinden, op. cit., Anuario de Historia del Derecho Español, t. XI（1934）, p. 312.

(141) Lex Wisigothorum, III, 4, 17, hrsg. v. Zeumer, M. G. H. Leges, Bd. I, S. 157 は下層自由民 pauperes

でさえ奴隷を所有していたことを示している。事実、累犯の売春婦たちは厳しい拘束を受ける奴隷と in gravi servitio されるために、このような主人たちの手に引き渡されたのであった。

(142) Fredegarius, a. a. O., IV, 48, M. G. H. SS. rer. Merov., Bd. II, S. 144. Cf. Ch. Verlinden, Le Franc Samo, Revue belge de Philologie et d'Histoire, t. XII, 1933, p. 1090-1095. Fustel de Coulanges, La monarchie franque, p. 258 は、サモを大商事会社の社長になぞらえている！

(143) 六三九―六五四年のシャロンの宗教会議（M. G. H. Concilia, hrsg. v. Maasen, Bd. I, S. 210）はフランク王国外への奴隷の売り渡しを禁じている。

(144) Vita S. Eligii, M. G. H. SS. rer. Merov., Bd. IV, S. 676. Verlinden, op cit., p. 379 は、おそらくイスパニアでも奴隷の売買が行なわれていたであろうと考えている。聖バティルドは廉い値段で売られてきた渡来者の一人 de partibus transmarinis…vili pretio venundata であった。SS. rer. Merov., Bd. II, S. 482, cf. Lesne, La propriété ecclésiastique en France, I, 1910, p. 359. クレルモンのシギヴァルドゥスが猪狩りのために使う下僕としていた奴隷（シギヴァルドゥスの奴隷たちの中にいたブラキオという名の青年 in cujus servitio erat adolescens quidam nomine Brachio）はチューリンゲン人であった。Gregorius Turon., Liber Vitae Patrum, M. G. H. SS. rer. Merov., Bd. I, S. 712. なお Guilhiermoz, Essai sur l'origine de la noblesse en France au Moyen Age, 1902, p. 74 はこれを私兵と見做している点で明らかに誤っている。

(145) Jaffé-Wattenbach, Regesta, Nr., 1386.

(146) De Moreau, Saint-Amand, 1927, p, 133. 捕虜の買い受けに関しては Lesne, op. cit., p. 357 et p. 369. を見よ。

(147) Vita S. Gaugerici, hrsg. v. Krusch, M. G. H. SS. rer. Merov., Bd. III, S. 656. Cf. Vercauteren, Etude sur les Civitates, p. 213.

(148) Gregorius Turon., Hist. Franc., VII, 46.

(149) A. a. O., M. G. H. SS. rer. Merov., Bd. II, S. 134 u. S. 135.

(150) ギマンの聖ヴァースト教会の証書記録簿 Cartulaire de Saint-Vaast, éd. Van Drival, p. 167 に収録されているアラスの関税表は、その十二世紀風の外観の裏に、メロヴィング王朝時代の古い痕跡をとどめている。その原形は、文面に拠って考えると、テオデリッヒ王 rex Theodericus なる者の治世に成立したものである (p. 165)。ところで奴隷 servus や女奴隷 ancilla の売買については、獣畜について De Bestiis の項目に記載されている。同じことはトゥールネーの関税表にも見られる。すなわち、もし奴隷または女奴隷または一オンスの金が売られる場合 si servus vel ancilla vel auri uncia vendantur… P. Rolland, Deux tarifs du tonlieu de Tournai, Lille, 1935, p. 17.

(151) Paulus Diaconus, Historia Langobardorum, hrsg. v. Bethmann und G. Waitz, I, 1, M. G. H. SS. rer. Langob et Ital., S. 48. の叙述によれば、人口の多いゲルマニアから多数の蛮人が南方の住民に売り渡されるべく連れ出されたという。

(152) マルセイユにおける奴隷の売買に関しては、Vita Boniti, M. G. H. SS. rer. Merov., Bd. VI, S. 121 を見よ。一般に奴隷の取引に関しては、A. Dopsch, Wirtschaftliche und soziale Grundlagen der Europäischen Kulturentwicklung, Wien, 2. Aufl., 1924, Bd. II, S. 175 ; Br. Hahn, Die Wirtschaftliche Tätigkeit der Juden im Fränkischen und Deutschen Reich bis zum zweiten Kreuzzug, Freiburg, 1911, S. 23 ; Fustel de Coulanges, L'alleu et le domaine rural, p. 279. を見よ。

(153) Jaffé-Wattenbach, Regesta, Nr., 1467.

(154) Jaffé-Wattenbach, Regesta, Nr., 1409.

(155) 『聖エリギウス伝』 Vita S. Eligii, I, 10, M. G. H. SS. rer. Merov., Bd. IV, S. 677 によれば、聖エリギウスによって解放された捕囚の数は、時には二〇ないし三〇人、時には五〇人に達するほどであった。nonnumquam vero agmen integrum et usque ad centum animas, cum navem egrederentur utriusque

sexus, ex diversis gentibus venientes, pariter liberabat Romanorum scilicet, Gallorum atque Brittanorum necnon et Maurorum, sed praecipue ex genere Saxonorum, qui abunde eo tempore veluti greges a sedibus propriis evulsi in diversa distrahebantur. Vgl. Buchner, a. a. O., S. 47.

(156) M. G. H. Formulae, hrsg. v. Zeumer, S. 189, Nr., 9 所載のサンの或る法律文例は、一商人 homo negotians による奴隷の買入れに関するものである。Ebenda, S. 22, Nr., 51 所載のアンジェの或る法律文例は、或る商人の逃亡奴隷の捜索令状である。

(157) Jaffé-Wattenbach, Regesta, Nr., 1467.

(158) Jaffé-Wattenbach, ebenda, Nr., 1629. および同じく五九三年の Nr., 1409 und 1242 にも、ユダヤ人によるキリスト教徒奴隷の買入れに関する記述がある。

(159) Registr., VI, 10, M. G. H. Epist., Bd. I, S. 388. Lydus, de Magistratibus, I, 17, hrsg. v. Wünsch, Teubner, 1903, S. 21 にもアラスの織物についての記述がある。ただし F. Vercauteren, Etude sur les Civitates, p. 183 に述べられている若干の留保事項を参照せよ。

(160) A. Dopsch, Wirtschaftliche Grundlagen, Bd. II, 2, Aufl., S. 439 は、異邦人商人しか存在しなかったとする見解に対して駁論を展開している。

(161) Gregorius Turon., Hist. Franc., III, 34.

(162) 司教たちも商業に関心を寄せていた。ナントでは司教フェリックスが港の拡張を命じている。Venantius Fortunatus, Carmina, III, 10, M. G. H. SS. Antiq., Bd. IV^{1}, S. 62.

(163) Lot, Pfister et Ganshof, Histoire du Moyen Age, t. I, p. 365 において、ローは他ならぬこのヴェルダンの例を引合いに出して、この時代について資本主義の発展を問題とすることが無意味であることを論証しようとしている。しかし、同じような比較を現在のわれわれの時代と十三世紀の間について試みてみても、得られる結論は十三世紀の場合も同じことであろう。むろん今ここで問題となっているのはあくまでも小売商人にすぎないが、それゆえにまたかなり活動的な小売商人であったわけである。

(164) Gregorius Turon., Hist. Franc., VII, 46.

(165) しかし、六世紀にも集団をなして遍歴する商人たちも一方には存在した。本書一四六頁のワドに関する記述を参照せよ。

(166) Gregorius Turon., Hist. Franc., VII, 45.

(167) Gregorius Turon., Liber in Gloria Confessorum, c. 110, SS. rer. Merov., Bd. I, S. 819.

(168) Leges Ahistulfi regis, hrsg. v. F. Bluhme, M. G. H. Leges, Bd. III, in-f° S. 196, a° 750. 明らかにこれらの商人たちは、「何人も、利得により生活するものを、損傷により死に陥れることを得ず ne genus hominum, quod vicit lucris, ad necem possit pervenire dispendiis」という五〇七ないし五一一年のテオデリッヒの立法によって特別の保護を与えられた商人たちの後裔である。Cassiodorus, a. a. O., II, 26, M. G. H. SS. Antiq., Bd. XII, S. 61. Vgl. A. Dopsch, Wirtschaftliche Grundlagen, Bd. II, 2. Aufl., S. 437. Doren, Italienische Wirtschaftsgeschichte, 1934, S. 122 の考察に従えば、ここに註記したアイストゥルフ王の諸法令は、そこにあらわれている商人たちが既にいくつかの範疇に分類されているらしいところからみて、もっと古い法令にその原型が求められるに相違ないという。

(169) Gregorius Turon., Hist. Franc., X, 21.

(170) Leblant, Inscriptions, t. I, p. 41. Cf. Coville, op. cit., p. 534.

(171) J. Havet, Œuvres, t. I, 1896, p. 229. (texte définitif)

(172) Leblant, Inscriptions, t. II, p. 520, n° 645.

(173)《Quod de heredibus Pauloni negociatoris, quondam visus sum comparasse, areas scilicet in oppido civitatis Aurelianensium cum domibus desuper positis, acolabus ibidem residentibus》Prou et Vidier, Recueil des chartes de Saint-Benoît-sur-Loire, t. I, 1900, p. 7. なおこの同じ商人について Fustel de Coulanges, La monarchie franque, p. 256, n. 5. を参照せよ。

(174) M. Prou, Catalogue des monnaies carolingiennes de la Bibliothèque Nationale, Paris, 1896, p. XXXVIII.

(175) Gregorius Turon., Hist. Franc., VII, 37 ;《Chariulfus valde dives ac praepotens, cujus adpotecis ac prumtuariis urbi valde referta erant.》

(176) Gregorius Turon., Liber de virtutibus S. Martini, IV, 29, M. G. H. SS. rer. Merov., Bd. I, S. 656.

(177) J. Havet, Œuvres, t. I, p. 230 および前出註（173）に引用の史料。

(178) 聖ファロはモーにおいて、市壁の内および外に土地付きの家屋 casas cum areis, tam infra muros quam extra muros civitatis を遺産として相続した。Pardessus, Diplomata, t. II, p. 16, n° CCLVII.

(179) Gregorius Turon., Hist. Franc., VII, 37 はコマンジュの葡萄酒貯蔵庫 apotecae および穀物倉庫 prumptuaria について伝えている。またパリでは、レウダステなる者が「商店をうろついて種々の商品を物色し、銀を秤らせ、さまざまの装飾品に眼を注いだ domus negutiantum circumiens, species rimatur, argentum pensat atque diversa ornamenta prospicit」と Gregorius Turon., Hist. Franc., VI, 32 は伝えている。グレゴリウスはまた Ibidem, VIII, 33 において商店 domus necutiantum について触れているが、これは一列に軒を並べていたもののようである。

(180) F. Kiener, a. a. O., S. 29, Anm. 38 に引用された原文参照。「靴屋、金細工師、鍛冶屋或はその他の職人たち sutores, aurifices, fabri vel reliqui artifices」

(181) Kiener, a. a. O., S. 15.

(182) F. Vercauteren, Etude sur les Civitates de la Belgique Seconde, Bruxelles, 1934, p. 354 et 359.

(183) アンジェに関して Gregorius Turon., Hist. Franc., VIII, 42 の記述を参照せよ。

(184) Vita S. Leobini, c. 62, hrsg. v. Krusch, SS. Antiq., Bd. IV², S. 79.

(185) Blanchet, Les enceintes romaines de la Gaule, Paris, 1907, p. 211 et p. 208.
(186) Ibid., p. 202, n. 3.
(187) Lex Visigothorum, III, 4. 17, hrsg. v. Zeumer, M. G. H. Leges, S. 157 でみると、イスパニア諸都市には、自由民たると奴隷たるとを問わず、職業的な娼婦が多数存在していたことがわかる。
(188) 六三〇—六五五年頃カオールの司教デシデリウスに宛てられた或る書簡（M. G. H. Epist., Bd. III, S. 214）は、「ルテニクム或はその近隣諸都市における祭市 istas ferias in Rutenico vel vicinas urbes」、すなわちロデの諸定期市のことを述べている。マルセイユで流行していた黒死病のために、カオールの住民はロデの諸定期市へ出掛けることを禁止されていたのである。
(189) Vercauteren, op. cit., p. 450. ルヴィレンによれば、この定期市は六三四ないし六三五年に設けられたという。Levillain, Etudes sur l'abbaye de Saint-Denis, Bibl. de l'École des Chartes, t. XCI, 1930, p. 14.
(190) L. G. de Valdeavellano, El mercado. Apuntes para su estudio en Léon y Castilla durante la Edad Media, Anuario de Historia del Derecho Español, t. VIII, 1931, p. 225.
(191) Lex Visigothorum, IX, 2, 4, hrsg. v. Zeumer, M. G. H. Leges, Bd. I, in-4°, S. 368.
(192) G. Waitz, a. a. O., Bd. II, 2. Teil, 3. Aufl., S. 309.
(193) 特許状は、関税が都市ごとに、あるいは城砦ごとに、あるいはポルトゥスごとに、あるいはトレクシトゥスごとに per civitates seu per castella seu per portus, seu per trexitus 徴収されたことを伝えている。M. G. H. Diplomata, in f°, hrsg. v. Pertz, S. 46 Nr., 51. なお Recueil des chartes de Stavelot-Malmédy, éd. J. Halkin et Roland, t. I, p. 13, n° 4 においてもポルトゥスに関する言及がなされている。この史料（六五二年のシゲベルト三世の特許状）によって、そこで商業取引 negotiantum commertia が行なわれていたこと、および国王がそこに関税徴収吏 telonearii を置いていたこと、を知ることができる。
(194) マルクルフの法律文例補遺 n° 1. M. G. H. Formulae, S. 107 にはローヌ河沿いの関税徴収所が挙げられている。すなわち、マルセイユ、トゥーロン、フォス、アルル、アヴィニヨン、ソワイヨン、ヴァレンス、ヴィエンヌ、リヨン及びシャロン・シュル・ソーヌである。

(195) 六一四年十月十八日附のクロタール二世の告示。M. G. H. Capit., Bd. I, S. 22.

(196) Cassiodorus, Variae, V, 39, M. G. H. SS. Antiq., Bd. XII, S. 165.

(197) ヴァイツは a. a. O., Bd. II, 2. Teil, 3. Aufl., S. 301 において、関税が現物で取り立てられたと考えているが、そこで挙げられている根拠は私には誤謬としか考えられない。

(198) たとえばわれわれは商人サロモン negociator Salomon にその例を見ることができる。この男はユダヤ人であることに間違いないが、ダゴベルト王の御用金融係《ホーフリーフエラント》であり、王はこの男にパリの或るポルトゥスで徴収される関税を譲与している。Gesta Dagoberti, c. 33, hrsg. v. Krusch, M. G. H. SS. rer. Merov., Bd. II, S. 413.

(199) 王領財庫 cellarium fisci に関して前述したところを参照。

(200) コンスタンティヌスのソリドゥス金貨は四・四八グラムの重さをもち、七二ソリドゥスを以て一リブラと計算された。ソリドゥスの金換算高は一五・四三フランであった。E. Stein, Geschichte des Spätrömischen Reiches, Wien, 1928, Bd. I, S. 177.

(201) Gunnar Mickwitz, Geld und Wirtschaft im Römischen Reich des IV. Jahrhunderts nach Christi, Helsingfors, 1932, S. 190 には、四世紀を以て実物経済《ナトウラールヴイルトシヤフト》の世紀と見做すことがおよそ不可能だという結論が述べられている。

(202) 六世紀の末に帝国の鋳貨の刻印が「勝利」の代りに「十字架」となると、マルセイユの、次いで他の諸地方の、貨幣鋳造所はこの例に傚った。M. Prou, Catalogue des monnaies mérovingiennes de la Bibliothèque Nationale, Paris, 1892, p. LXXXV.

(203) A. Dopsch, Die Wirtschaftsentwicklung der Karolingerzeit, vornehmlich in Deutschland. Bd. II, 2,

Aufl., 1922, S. 300.
(204) Engel et Serrure, Traité de numismatique du Moyen Age, t. I, Paris, 1891, p. 177.
(205) Ibid., p. 179-180.
(206) M. Prou, Catalogue des monnaies mérovingiennes, p. XXVII et XXVIII.
(207) Prou, op. cit., p. XVI.
(208) Ibidem, p. XV.
(209) Ibidem, p. XXVI.
(210) Ibidem, p. XXXII.
(211) Ibidem, p. XXXIV et XXXV.
(212) Ibidem, p. XXXIX.
(213) Prou, op. cit., p. LXIV.
(214) Engel et Serrure, op. cit., t. I, p. 50. ローマ時代にガリアには鋳造所が四ヵ所、すなわちトリール、アルル、リヨン、ナルボンヌにあった。Prou, Catalogue des monnaies mérovingiennes, p. LXV. F. Lot, Un grand domaine à l'époque franque. Ardin en Poitou, Cinquantenaire de l'École pratique des Hautes Études, Bibl. de l'École des Hautes Études, fasc. 230, Paris, p. 127 によれば、租税収入として入ってきたソリドゥス金貨は直ちに鋳造所において金塊に変形された。これは既にローマ時代から行なわれていたしきたりである。Codex Theodosianus, XII, 6, 13（三六七年の勅令）を見よ。
(215) Engel et Serrure, op. cit., t. I, p. 97.
(216) A. Luschin von Ebengreuth, Allgemeine Münzkunde und Geldgeschichte, 2. Aufl., 1926, S. 97.
(217) Prou, Catalogue des monnaies mérovingiennes, p. LXXXI. この見解は、Vita Eligii, I, 15, M. G. H. SS. rer. Merov., Bd. IV, S. 681 の記述に完全に合致していると思う。

(218) Prou, op. cit., p. LI.
(219) Ibidem, p. LXX et LXXXII.
(220) Ibidem, p. LXXXI.
(221) Prou, Catalogue des monnaies carolingiennes, p. XLVII.
(222) しかしながらプルーはこの考えに対して疑問を抱いている。
(223) Lesne, op. cit., p. 273.
(224) トレド近傍グァラザールにおいて発見された黄金の王冠（七世紀）を見よ。それはこの時代における王室財庫の富裕の程を証明している。Vgl. A. Riegl, Spätrömische Kunstindustrie, 1927, S. 381.
(225) 個人所有の金や宝石の豊かさに関しては Gregorius Turon., Hist. Franc., X, 21 および就中 IX, 9. を見よ。ラウシング公妃は国王のそれに匹敵するほどの財宝を有していた。
(226) Kloss の研究 Goldvorrat und Geldverkehr im Merowingerreich, 1929. は、Lesne, op. cit., p. 200 に引用されている諸史料を考慮に入れていない。
(227) 教会の富に関しては Lesne, op. cit., p. 200 を見よ。教会の財宝は、必要とあれば、貨幣を鋳造するのに用いられた。その例は Gregorius Turon., Hist. Franc., VII, 24 に見出される。すなわちある司教が、自分の都市を掠奪の危険から救うために、聖盃を貨幣に鋳変えたという話である。
(228) G. Richter, Annalen des Fränkischen Reichs im Zeitalter der Merovinger, 1873, S. 98.
(229) われわれはまた六三一年に王位要求者シセナントが金貨二〇〇、〇〇〇ソリドゥスをダゴベルト王に上納したことを知っている。G. Richter, Annalen, S. 161.
(230) Prou, Catalogue des monnaies mérovingiennes, p. XI et CV. ロー氏もまたこういう形で国内の金が回収、蓄積されたと考えている。Lot, Pfister et Ganshof, op. cit., p. 358.
(231) M. Bloch, Le problème de l'or au Moyen Age（Annales d'Histoire économique et sociale, t. V,

1933, p. I et ss.) ; Soetbeer, Beiträge zur Geschichte des Geld-und Münzwesens in Deutschland, Forschungen zur Deutschen Geschichte, Bd. II, 1862, S. 307 ; A. Luschin von Ebengreuth, Allgemeine Münzkunde und Geldgeschichte des Mittelalters und der Neueren Zeit, München u. Berlin, 2. Aufl., 1926, S. 41.

(232) Lex Visigothorum, XI, 3, 1, hrsg. v. Zeumer, M. G. H. Leges, Bd. I, S. 404：もし誰か海上貿易商人が金、銀、衣裳または装飾品をわが州民に売るならば、それらは厳正なる価格で売らるべきである……Si quis transmarinus negotiator aurum, argentum, vestimenta, vel quelibet ornamenta provincialibus nostris vendiderit, et conpetenti pretio fuerint venundata……

(233) Gregorius Turon., Hist. Franc., VI, 2.

(234) Cassiodorus, Variae, XII, 22, M. G. H. SS. Antiq. Bd. XII, S. 378 によれば、テオデリッヒはイストリアの住民たちに向って、売却できる穀物をもっていなければ、かれらが金貨を手に入れることは不可能であると語っている。

(235) Guiman, Cartulaire de Saint-Vaast d'Arras, p. 167. およびP. Rolland, Deux tarifs du tonlieu de Tournai, 1935, p. 37.

(236) F. Lot, Un grand domaine à l'époque franque, Bibliothèque de l'École des Hautes Études, fasc. 230, p. 123. なおかれは史料として Gregorius Turon., Liber vitae Patrum, M. G. H. SS. rer. Merov., Bd. I, S. 669 を挙げている。

(237) Lot, ibidem, p. 125.

(238) Gregorius Turon., Hist. Franc., VII, 23.

(239) Gregorius Turon., Hist. Franc., III, 34.

(240) Marculf, II, 26, M. G. H. Formulae, hrsg. v. Zeumer, S. 92.

（241） Lex romana Visigothorum, II, 33, hrsg. v. Haenel, S. 68-70.

（242） 五三八年のオルレアンの宗教会議議事録第三十条（M. G. H. Concilia, Bd. I, hrsg. v. Maasen, S. 82）、六二六—六二七年のクリシーの宗教会議議事録第一条（ebenda, S. 197）。

（243） 元老院貴族の息子でクレルモンの司祭であったエウフラシウスは、司教に任命されることを願って、ユダヤ人から多額の資金を借り入れ（Susceptas a Judaeis species magnas）これを国王に上納した。Gregorius Turon., Hist. Franc., IV, 35. また司教カウティヌスは「ユダヤ人たちにきわめて好意的であり、親しく交際していた……Judaeis valde carus ac subditus……」が、それはかれが、かれらから金銭を借り受けたり、奢侈品を買い入れたりしていたからであった。Gregorius Turon., Hist. Franc., IV, 12.

（244） M. G. H. Concilia, Bd. I, S. 67, a°. 535 und S. 158, a°. 583.

（245） A. Luschin, a. a. O., S. 83 ; Prou, op. cit., p. LXXVI.

（246） Sidonius Apollinaris, Epistulae, VII, 7, hrsg. v. Luetjohann, M. G. H. SS. Antiq., Bd. VIII, S. 110.

（247） 五三八年のオルレアンの宗教会議（Ebenda, S. 82）は、助祭以上の聖職者に対して「利息つきの金貸しを行なうこと pecuniam commodere ad usuras」を禁止している。

六二六—六二七年に、クリシーの宗教会議（Ebenda, S. 197）は、聖職者に関して同一の禁令を繰返し、さらに「不当な価格による売買を行なうことをすべてのキリスト教徒に禁止する Sexcuplum vel decoplum exigere prohibemus omnibus christianis」旨を附言している。

（248） 五世紀に見られた混乱の後に、再建の時代が訪れたことは間違いない。この時代の特徴は、きわめて多数の紀念建造物が新しくつくられたことである。相当高度の経済的繁栄を想定しなければ、この現象は説明できないであろう。

第三章

(1) むろんこの節で試みられることは、全くの概観であって、古代の伝統が存続したことを示す以上の意図はもっていない。
(2) たとえば、Ebert, Hist. de la litt. latine du Moyen Age, trad. Aymeric et Condamin, t. I, p. 445 を見よ。そこでは、名前だけのキリスト教徒として、クラウディウス、フラヴィウス・メロバウデス、シドニウス・アポリナリスが挙げられている。この点で同様に特徴的なのはエンノディウスであるが、おそらくアルルで生まれたかれが受けた教育は、すべて修辞学に関するものであった。Ibidem, p. 461.
(3) R. Buchner, a. a. O., S. 85 はこうした見地から主張さるべきこと、すなわち古代末期の存続について述べているが、このことは全く正しい。
(4) Ebert, op. cit., t. I, p. 442.
(5) Ibidem, t. I, p. 464.
(6) Ibidem, t. I, p. 467.
(7) Ibidem, t. I, p. 468.
(8) Ebert, op. cit., t. I, p. 556.
(9) Gregorius Turon., Hist. Franc., IV, 46.
(10) Gregorius Turon., Hist. Franc., III, 36.
(11) Hartmann, a. a. O., Bd. I, S. 191.
(12) Ebert, op. cit., t. I, p. 409.
(13) Ebert, op. cit., t. I, p. 457.
(14) Ibidem, p. 458.
(15) Ibidem, p. 460.

（16）Manitius. Geschichte der Christlich-Lateinischen Poesie, S. 402.

（17）A. Coville, op. cit., p. 226.

（18）Manitius, Geschichte der Christlich-Lateinischen Poesie, S. 402 に従えば、西ゴートの文学は他のゲルマン諸国の文学をはるかに凌駕するものであった。

（19）フランク王国の文化の性格に関しては、H. Pirenne, De l'état de l'instruction des laïques à l'époque mérovingienne, Revue Bénédictine, avril-juillet, 1934, p. 165 を見られたい。

（20）エーベルトの主張に賛成して、フォルトゥナトゥスの記述の中にゲルマン的精神の反映を読み取ろうとすることは、先験的な立場にたたない限り、明らかに不可能なことである。なお R. Buchner, a. a. O., S. 84 を参照せよ。

（21）これに関しては Hélène Wieruszowski, Die Zusammensetzung des gallischen und fränkischen Episkopats bis zum Vertrag von Verdun（Bonner Jahrbücher, Bd. 127, 1922, S. 1-83）を見よ。その一六頁には六世紀のガリアの司教たちに関する統計が掲げられているが、それによれば、かれらがほとんどすべてローマ人であったことが明らかである。

（22）エジプトの修道制の影響がレランにおいて認められる。四三二年にアイルランドの改宗に着手したイングランド人聖パトリキウスが、レランで暮した後、エジプトの宗教的および美術的影響をそこからアイルランドに伝えたのである。（Baum, a. a. O., Forschungen und Fortschritte, Bd. XI, 1935, c. 222 u. 223）

（23）Gregorius Turonensis, Hist. Franc., VIII, 15 には、エポシウム（イヴワ）にいた柱頭行者についての言及がなされている。その他の極端な禁欲主義については、Dill, Roman Society in Gaul in the Merovingian Age, p. 356 を見よ。

（24）Vita Caesarii, SS. rer. Merov., Bd. III, S. 457.

（25）L. Duchesne, Fastes épiscopaux de l'ancienne Gaule t. I, 2e éd., 1907, p. 145.

(26) Ibidem, p. 142 et suiv.
(27) Schubert, Geschichte der christlichen Kirche im Frühmittelalter, S. 61.
(28) 聖コロムバヌス（六一五年歿）は五九〇年にガリアへ到着した。Cf. De Moreau, Les missions médiévales, 1932, p. 188. Hauck, Kirchengeschichte Deutschlands, Bd. I, S. 288 ff. から知られるところでは、七世紀に、とりわけ北方において、リュクセイユのそれに倣って多数の修道院が建設された。地中海からの影響と並んで、この影響を考慮に入れなければならない。リュクセイユの修道院はレランのそれよりも有名であったようである（Ebenda, Bd. I, S. 296）。しかしながら聖コロムバヌスの規律は極度に禁欲的であったため、一般には受け容れられず、聖ベネディクトゥスのそれに取って代られた。
(29) たとえば、スタヴロ・マルメディの修道院を建設したシギベルト三世を想起せよ。Rec. des Chartes de Stavelot-Malmédy, éd. J. Halkin et Rolland, t. I, p. 1 et p. 5.
(30) 七世紀におけるそういった修道院に関しては、Hauck, Kirchengeschichte Deutschlands, Bd. I, S. 298を見よ。
(31) De Moreau, Les missions médiévales, p. 138.
(32) Ibidem, p. 165.
(33) Beda, Historia Ecclesiastica, IV, 1 ; Migne, Patr, Lat., t. 95, c. 171-172.
(34) Hauck, a. a. O., Bd. I, S. 122.
(35) Ebert, op. cit., t. I, p. 588.
(36) Ebert, op. cit., t. I, p. 482.
(37) Ibidem, p. 503.
(38) Roger, L'enseignement des lettres classiques d'Ausone à Alcuin, 1905, p. 187 sqq.
(39) Jaffé-Wattenbach, a. a. O., Nr., 1824.

（40）Gregorius Turon., Hist. Franc., Praefatio：究理的修辞家の言を解するもの尠くして野卑なる弁舌を聞くもの多し philosophantem rhetorem intellegunt pauci, loquentem rusticum multi. Vgl. Schubert, a. a. O., S. 67.

（41）Rostovtzeff, Iranians and Greeks in South Russia, Oxford, 1922, p. 185-186 は、一般にメロヴィング王朝時代の美術と称せられているものが、実は中央アジアに誕生したサルマティア美術のヨーロッパ風倣製品にすぎないことを、よく示している。この問題については Bréhier, L'art en France des invasions barbares à l'époque romane, p. 17 et suiv. 就中 p. 23 および p. 26 を見よ。

（42）Bréhier, op. cit., p. 38.

（43）Ibidem, p. 28.

（44）西ゴートに関しては J. Martinez Santa-Olalla, Grundzüge einer Westgotischen Archäologie, 1934 (Forschungen und Fortschritte, Bd. XI, 1935, c. 123 に引用）を見よ。この著者は西ゴートにおける美術様式の発展を三つの時期に区分している。すなわち五〇〇年以前のゴート的様式、六〇〇年までの西ゴート的様式、その後のビザンツ的様式である。この最後の時期の間に、ゲルマン的伝統は民族の置かれた地中海的な環境の中に吸収されてしまった。

（45）Gregorius Turon., Hist. Franc., VI, 2. Cf. Fustel de Coulanges, Les transformations de la royauté, p. 19 et 20.

（46）H. Zeiss, Zur ethnischen Deutung frühmittelalterliher Funde, Germania, Bd. XIV, 1930, S. 12.

（47）この点で、ブレイエ（Op. cit., p. 59）が、メロヴィング王朝時代ガリアの美術、西ゴート時代のイスパニアの美術、東ゴートおよびランゴバルド支配期のイタリアのそれ、さらにまたアングロ・サクソンやスカンディナヴィア諸国のそれを、すべて一括して考えていることは誤りであると思う。

（48）Bréhier, op. cit., p. 56.

（49）Dawson, The Making of Europe, p. 97.
（50）Michel, Histoire de l'art, t. I, 1905, p. 397 は、ガリア地方に関して、純粋にシリア的様式をもつ多数の石碑、墓石、石棺、ことにカルペントラスの司教ボエティウスの石棺を挙げている。
（51）N. Aberg, The Anglo-Saxons in England during the early centuries after the invasions, 1926, p. 7-8.
（52）シドニウス・アポリナリスは、オーヴェルニュ地方で使用されていたペルシャ絨毯について語っている。Michel, op. cit., t. I, p. 399.
（53）Michel, Histoire de l'art, t. I, p. 399.
（54）E. Babelon, Le tombeau du roi Childéric, Mém. de la Soc. des Antiq. de France, 8e série, t. VI, 1924, p. 112.
（55）L. Schmidt, Geschichte der Deutschen Stämme. Die Ostgermanen, 2. Aufl., 1934, S. 193. なお Lex Burgundionum, hrsg. von Salis, M. G. H. Leges, Bd. II^{1}, S. 50 に記載されている銀細工師 faber argentarius を参考せよ。
（56）Bréhier, op. cit., p. 61.
（57）教会の宝物庫、たとえばサンのそれには、なおさまざまな見本が見出される。Bréhier, op. cit., p. 63.
（58）Bréhier, op. cit., p. 67.
（59）Bréhier, op. cit., p. 69.
（60）Bréhier, op. cit., p. 107.
（61）Ibidem, p. 107.
（62）Ibidem, p. 109.
（63）Gregorius Turon., Hist. Franc., VII, 36.

（64）Sancti Gregorii Registrum, IX, 208, hrsg. v. Hartmann, M. G. H. Epistolae, Bd. II, S. 195.

（65）カオールの聖デシデリウスの伝記 Vita から知られるところでは、この聖者は多数の教会を建立し、かつそれに装飾を施した。Éd. R. Poupardin, p. 23.

（66）Gregorius Turon., Hist. Franc., II, 16.

（67）Vita Droctovei, M. G. H. SS. rer. Merov., Bd. III, S. 541.

（68）Hauck, a. a. O. Bd. I, S. 220 は建立された多数の教会を列挙している。

（69）Ebenda, S. 220.

（70）フォルトゥナトゥスは、ヴェルダンのアゲリクスの次のような言葉を伝えている（Hauck, a. a. O., Bd. I, S. 208）：Templa vetusta novas pretiosius et nova condis, cultor est Domini te famulante domus. なお他の例については E. Lesne, op. cit., p. 338 を見よ。

（71）Gregorius Turon., Hist. Eranc., V, 45.

（72）Ibidem, V, 46.

（73）これらの建築師たちはおそらくミラノから来たものと思われる。Hauck, a. a. O., Bd. I, S. 220, Anm. 8.

（74）Fortunatus, Carmina, II, 8, M. G. H. SS. Antiq., Bd. IV, S. 37 にそれらの建築師のことが述べられている。この史料は、カオールの聖デシデリウスの伝記 Vita, éd. Poupardin, p. 38 にみえる、今日のガリアの慣習に従ってではなく、古い時代のしきたりに従って、すなわち四角の、切り整えられた石によって more antiquorum…quadris ac dedolatis lapidibus…non quidem nostro gallicano more 建築されたという、或るバジリカの建造に関する記述と符合している。同じ伝記は、聖デシデリウスが四角い石の積み重ねによって quadratorum lapidum compactione カオールの市壁を建設したことをも伝えている。Ibidem, éd. Poupardin, p. 19.

(75) Puig y Cadafalch 氏は、五一六年ないし五四六年に建立された（カタロニアのタラッサにある）エガラの司教座大聖堂に関して、小アジアおよびエジプト美術の諸影響を列挙している。Comptes rendus de l'Académie des Inscriptions et Belles Lettres, 1931, p. 154 et ss.

(76) Bréhier, op. cit., p. 111.

(77) 国王または伯の同意なしには何人《なんぴと》も聖職者になることができなかった。H. Brunner, Deutsche Rechtsgeschichte, Bd. II, 2. Aufl., 1928, S. 316.

(78) Brunner, a. a. O., Bd. II, 2. Aufl., S. 418.

(79) Hartmann, a. a. O., Bd. II^1, S. 70.

(80) F. Lot, A quelle époque a-t-on cessé de parler latin? Bulletin Ducange, t. VI, 1931, p. 100 は、当時もはや個人教授に頼る以外には教育の機関はなかったと考えている。

(81) Gregorius Turon., Hist. Franc., III, 33.

(82) これは、民衆に過重な租税を課したために、トリールにおいて殺害されたパルテニウスと同一人物である。Gregorius Turon., Hist. Franc., III, 36.

(83) シギベルト三世（六三四―六五六年）のもとで官房長をつとめたボニトゥスは、「文法に造詣が深く、また同様にテオドシウス帝の法典にも精通していた grammaticorum inbutus iniciis necnon Theodosii edoctus decretis」といわれる。Vita S. Boniti, M. G. H. SS. rer. Merov., Bd. VI, S. 120.

(84) M. G. H. Formulae, hrsg. v. Zeumer, S. 4 und S. 176. Brunner, a. a. O., Bd. I, 2. Aufl., S. 577 によれば、アンジェの法律文例集は都市参事会の書記によって書かれたものであった。その一部はおそらく七世紀の初頭に遡るものである。ブールジュのそれは八世紀のものである。

(85) H. Pirenne, De l'état de l'instruction des laïques à l'époque mérovingienne, Revue Bénédictine, t. XLVI, 1934, p. 165.

(86) Hartmann, a. a. O., Bd. II², S. 27.
(87) M. Prou, Manuel de paléographie, 4ᵉ éd., 1924, p. 65.
(88) Lot, op. cit., Bulletin Ducange, t. VI, 1931, p. 102 ; Muller, On the use of the expression lingua Romana from the I to the IX Century, Zeitschrift für Romanische Philologie, Bd. XLIII, 1923, S. 9 ; F. Vercauteren, Le Romanus des sources franques, Revue belge de Philologie et d'Histoire, t. XI, 1932, p. 77-88.

訳註

〔一〕英訳版で四〇〇人となっているのは誤植である。
〔二〕英訳版で八世紀となっているのは誤植である。

結　論

(1) 以下のものが存続した。言語、貨幣、文字を書くこと（パピルス）、度量衡、食料品、社会的諸階級、宗教――アリウス派の役割は過大視されてきた――美術、法律、行政機構、租税、経済組織。
(2) Jaffé-Wattenbach, Regesta, Nr., 1899.

第二部

第一章

(1) 半島の北部に位置し、三世紀に滅亡したパルミラ王国についてはここで触れる必要はないであろう。Vasiliev, Histoire de l'Empire byzantin, trad. franç., t. I, 1932, p. 265.

(2) Vasiliev, op. cit., t. I, p. 265. ヴァシリエフはDussaud, Les Arabes en Syrie avant l'Islam, Paris, 1907. を引用している。
(3) Vasiliev, op. cit., t. I, p. 274.
(4) Vasiliev, op. cit., t. I, p. 263.
(5) Vasiliev, op. cit., t. I, p. 280.
(6) L. Halphen, Les Barbares. Des grandes invasions aux conquêtes du XIe siècle, Paris, 1926, p. 122. 「アラビア人が勝利を収めたのは、かれらが攻撃を加えた世界が崩壊寸前の状態にあったからである。」
(7) Dawson, Les origines de l'Europe, trad. franç., p. 153 は、宗教的な熱狂が、征服の本質的な原因であると考えている。
(8) Vasiliev, op. cit., t. I, p. 279. かれはGoldziher, Vorlesungen über den Islam, 1910. を引用している。
(9) Vasiliev, op. cit., t. I, p. 275.
(10) イスラムへの改宗について一言すると、利害関係による場合も多かった。イブン・カルドゥーンによれば、アフリカではバーバル人は七十年間に十二回信仰を変えたという。Julien, Histoir de l'Afrique du Nord, 1931, p. 320.
(11) 九世紀のイスパニアでは、もはやキリスト教徒でさえもラテン語を解さなくなっており、宗教会議の決議録はアラビア語に翻訳されている。
(12) Vasiliev, op. cit., t. I, p. 282.
(13) イスラムは六六八年と六六九年にコンスタンティノープルを攻撃している。六七三年にも三たび封鎖を始めたが、この封鎖は五年近くも続いた。Halphen, op. cit., p. 139.
(14) Julien, op. cit., p. 318.
(15) Julien, op. cit., p. 319.

（16）Julien, op. cit., p. 320. この著者はバーバル軍の功績を強調するために、ビザンツ軍の果した役割を極めて小さく評価していると私には思われる。
（17）Julien, op. cit., p. 321.
（18）Julien, op. cit., p. 322-323.
（19）Julien, op. cit., p. 323.
（20）Julien, op. cit., p. 327.
（21）Lot, Pfister et Ganshof, Histoire du Moyen Age, t. I, p. 240.
（22）Halphen, op. cit., p. 142-143.
（23）この会戦は従来いわれているほど重要な意味をもつものではない。アッティラに対する勝利と比較されるようなものではない。この会戦は回教徒軍の一つの作戦に終止符をうつものではあったが、実際にそれでどうという程のものではなかった。もしもこの時カールが敗れていたとしても、その結果起ったことは、回教徒の掠奪範囲が一層広がったというだけのことであろう。
（24）Breysig, Jahrbücher des Fränkischen Reiches. Die Zeit des Karl Martels, S. 77-78.
（25）Breysig, a. a. O., S. 84.
（26）Ebenda, S. 86.
（27）H. Hahn, Jahrbücher des Fränkischen Reichs, 741-752, S. 141.
（28）プロヴァンスの前途にはなお幾多の掠奪をうける運命がひかえていた。七九九年には、明らかに大西洋沿岸からやって来たサラセン人たちが、アキタニアの海岸を荒している。Miracula S. Filiberti, M. G. H. SS. Bd. XV, S. 303. W. Vogel, Die Normannen und das Fränkishe Reich, Heidelberg, 1907, S. 51, Anm. 4. 既に七六八年には、マウル人たちがマルセイユ近傍で不穏な空気を醸成していた。Chronica pseudo-Fredegarii, Continuatio, M. G. H. SS. rer. Merov., Bd. II, S. 191. 七七八年になるとマウル人たちはイタリアを脅かしている。Jaffé-Wattenbach, Regesta, Nr., 2424. 七九三年にはセプティマニアを攻撃している。Böhmer-Mühlbacher, Regesten, S. 138. 八一三年にはニース、キヴィタ・ヴェッキアの掠奪、八三八年にはマルセイユの掠奪が起っている。八四八年にはマルセイユが攻め落されており、八四七年と八五〇年にはプロヴァンスが荒らされている。八八九年には、アラビア人がサン・トゥロペーとラ・ガルド・フレーネに根拠地を設けている。大西洋沿岸では、八世紀にイスパニアからやって来たサラセン人たちが、ノアールムーティエ島にいた。Poupardin, Monuments de l'histoire des abbayes de Saint-Philibert, 1905, p. 66.

(29) Hartmann, a. a. O., Bd. III. S. 170-171.
(30) Richter und Kohl, Annalen des Fränkischen Reichs im Zeitalter der Karolinger, S. 132.
(31) Kleinclausz, Charlemagne, Paris, 1934, p. 326 sqq.
(32) Kleinclausz, op. cit., p. 330.
(33) Richter und Kohl, a. a. O., S. 141.
(34) Annales regni Francorum, a° 779, hrsg. v. Kurze, M. G. H. SS. in us. schol., S. 108.
(35) Kleinclausz, op. cit., p. 332, n. 2.
(36) Annales regni, a^{is} 806 und 807, hrsg. v. Kurze, S. 122 und S. 124.
(37) Jaffé-Wattenbach, Regesta, Nr., 2515 ; Kleinclausz, op. cit., p. 331.
(38) Jaffé-Wattenbach, Regesta, Nr., 2524.
(39) Hartmann, a. a. O., Bd. III, S. 179 はこれがフランク族の企てた唯一の海外遠征であると述べている。Richter und Kohl, a. a. O., S. 260 を参照。
(40) M. G. H. Capit., Bd. II, S. 76. プロヴァンスも同じ頃八四九年にまたも侵掠をうけている。Hartmann, a. a. O., Bd. III, S. 224. そして八九〇年にも再度荒らされている。M. G. H. Capit., Bd. II, S. 377.

（41） Jaffé-Wattenbach, Regesta, S. 330.

（42） M. G. H. Capit., Bd. II, S. 66. 八四六年にロタールはこの市壁建造のための献金を全国に命令している。

（43） Hartmann, a. a. O., Bd. III, S. 213.

（44） Jaffé-Wattenbach, Regesta, Nr., 2529. 八七二年にイタリアの諸海岸が荒らされている。

（45） Gay, L'Italie méridionale et l'Empire byzantin, 1904, p. 130.

（46） この艦隊は回教徒軍からビザンツをまもっただけではなく、フランク族からもビザンツをまもった。八〇六年に、カール大帝をしてヴェネツィアを放棄させるには一艦隊を派遣するだけで充分であった。大帝には艦隊に対して施す術がなかったからである。フランクは、こと海上に関する限り、完全にイタリア諸都市の艦隊に頼っていた。ロタールは自分では艦隊をもっていなかったので、八四六年に、海路ベネヴェントに遠征して navali expedicione その地のサラセン軍を攻撃することを、ヴェネツィア人に依頼している。M. G. H. Capit., Bd. II, S. 67.

（47） Schaube, Handelsgeschichte der Romanischen Völker des Mittelmeergebiets, München, 1906, S. 26. 八六六年から八七三年にかけて行なわれたルートヴィッヒ二世のイタリア遠征は失敗に終った。失敗の原因は二世とイタリア人の間に生じた反目であり、イタリア人は一時、二世を幽閉しさえしている。Hartmann, a. a. O., Bd. III, S. 265, 288, 296.

（48） アフリカについてマルセイ氏は次のように言っている。「アフリカとキリスト教ヨーロッパの間の架け橋は断ち切られてしまった。アフリカはその眼をバグダッド或いはカイロにしっかりと向けて生きている」

（49） イスラムによる西地中海の閉鎖（東方世界については事情が異なる）については、アラビア人キリスト教徒であるアンティオキアのヤハヤー・イブン・サイドが書いているところを見られたい。十一世紀にかれは、教皇アガト（六七八—六八一年）以降の「ローマ総大司教」については、確実なリストを持ちあわさないと述べている。Bedier, Charlemagne et la Palestine, Revue Historique, t. CLVII, 1928, p. 281.

(50) ガリアで行なわれていた模造皇帝貨幣の鋳造が、ヘラクリウス(六一〇—六四一年)の時になって中絶したのは偶然の現象ではない。Prou, Catalogue des monnaies mérovingiennes, p. XXVII-XXVIII. 参照。

(51) Kleinclausz, La légende du protectorat de Charlemagne sur la Terre Sainte, Syria, 1926, p. 211-233によれば、ハルンが大帝に与えたのはキリストの墳墓だけであったという。ベディエはこの問題を再びとりあげ、ハルンは聖地の保護権は与えなかったが、パレスティナのキリスト教徒に対する「精神的権威」をカールに与えたと論じている。Op. cit., Revue Historique, t. CLVII, 1928, p. 277-291を参照されたい。

(52) R. Buchner, a. a. O., S. 48の見解では、この時期にはまだ商業が残っていたが、それより更に時代が降ると消滅してしまったとされ、その有力な証左として、サン・ドニ大修道院が最早その特権を追認されなくなった事実を挙げている。サン・ドニ大修道院は、六九五年に、国家の財庫に収納される国家収入からの現金の支給を放棄する代りに、所領villaを一つ与えられたのである。Ph. Lauer, Les diplômes originaux des Mérovingiens, pl. 24. Cf. Levillain, Etudes sur l'abbaye de Saint-Denis, Bibl. de l'École des Chartes, t. XCI, 1930, p. 288 et ss.

(53) 八世紀にはなお若干の航海が残っていた。例えば、教皇はピピンの許に使節を派遣するのに、ランゴバルド族の妨害を避けるために、屢々海路を以てmarino itinereした。しかし、そのことが特に記録に残されていること自体が、この航海が例外的なものであったことを物語っている。カリフ達がピピン及びカールの許に派遣した使節も、同様に、マルセイユ、ポルト、ヴェネツィア、ピサ経由の途をとった。

(54) Buchner, a. a. O., S. 49には、マルセイユ・ローマ間の航海がもはや存在しなくなったという結論に導く他の事例が幾つか挙げられている。クレーンクロースがカール大帝によってビザンツに派遣された使節は、マルセイユから乗船したと述べているのは誤りである。

(55) 八七七年のキルシの勅令(M. G. H. Capit., Bd. II, S. 361, § 31)に記されているCappiというのが、トムソン氏がその著作Economic and Social History of the Middle Ages, 1929, p. 269で想定しているよ

うに、シリア商人であったならば、この議論が成立たないことは私も認める。しかしながら、このトムソン氏の見解を是認するためには、氏とともに、Cappi というのは、商人を意味するギリシャ語 χάπηλος――シリア語に入って Kapila――がラテン語化したものにすぎないと考えなければならない。

しかし、この考えが言語学的に成立たないことは別としても、Cappi という表現がユダヤ人以外には用いられなかったことに注意しなくてはならない。そして最後に、この有名な apax legomenon が、一六二三年にこの文書を手書本――これは今日散逸してしまっている――によって編纂したシルモン Sirmond の誤読に由るものであることは間違いない。

(56) 羊皮紙に書かれた最初の国王文書は六七七年九月十二日附のものである。

(57) Liber Vitae Patrum, M. G. H. SS. rer. Merov., Bd. I, S. 742.

(58) 従来この事実は、コルビー大修道院長アダルハルトの規約のあとに続いている手書本文書を援用することによって否定されてきた。ルヴィレン氏はこの手書本の書かれた年代を九八六年より少しあとであるとしている。Levillain, Les statuts d'Adalhard, Le Moyen Age, 1900, p. 335. ところで、この規約の作成が八二二年であるからして、右の手書本が書かれたのは八二二年と九八六年の間の時期であった、とすることに現在見解が一致している。
もしそうだとすれば、この期間には、下限はとにかく、八二二年を上限とする時期には、カンブレイの市場で香辛料を入手することができた、とすればガリア全土どこでも香辛料を入手することができた、という結論がでてくる。しかしながら、この文書に書かれてあることを裏書きするものがなにもないということは、きわめて不思議なことである。しかし、ことの真相はまことに簡単である。問題になっているこの文書は、例の規約と一体をなすものではないのである。それはあとから規約に附け加えられたもので、寸毫の疑いもなく、その成立はメロヴィング王朝時代に溯るものである。

事実、この文書の本質的内容は、コルビーの修道士たちが、カンブレイの市場で購入することのできた香辛料の長いリストなのである。さて、このリストにひとわたり眼を通しただけで、そこに記載されているのが、七一六年のコルビーの特許状に記載されていた物産全部――に若干附け加わっている――であることに気づくであろう。ちょっと考えただけでは、この一致の原因を、これらの物産の輸入が続いていたことに求めることほど容易なことはないし、事実これまでは一貫してそうした説明がなされてきたのである。しかし、不幸にして、この説明は成立しない。Polyptyque de l'abbé Irminon, éd. B. Guérard, t. II, p. 336.

(59) Ducange, Glossarium, v° pulmentum.

(60) M. G. H. Capit., Bd. I, S. 90. Capitulaire《de villis》, c. 70.

(61) M. G. H. Capit., Bd. I, S. 91, ebenda.

(62) Formulae, hrsg. v. K. Zeumer. S. 292.

(63) M. G. H. Capit., Bd. II, S. 10.

(64) M. G. H. Capit., Bd. II, S. 83.

(65) M. G. H. Epist. selectae, in-8°, Bd. I, 1916, hrsg. v. Tangl, S. 156.

(66) Ebenda, S. 97.

(67) Ebenda, S. 189 u. S. 191.

(68) M. G. H. Capit., Bd. I, S. 251. 八一〇年頃に作成された Brevium Exempla にその事例がある。或る教会の財宝庫に、dalmatica sirica ; fanones lineos serico paratos ; linteamina serico parata ; manicas sericeas auro et margaritis paratas et alias sericeas ; plumatium serico indutum があったことが、この史料に記されている。これらはすべて教会装飾品であるが、しかしそのうちの若干のものは、それ以前からそこにあったものと考えて間違いない。

(69) Hartmann, a. a. O., Bd. II^2, S. 102 ff.

(70) Ch. Diehl, Une république patricienne. Venise, p. 5.

(71) Diehl, op. cit., p. 7.
(72) R. Buchner, a. a. O., S. 58.
(73) Schaube, a. a. O., S. 3.
(74) Richter u. Kohl, a. a. O., Bd. II, S. 166.
(75) Richter u. Kohl, a. a. O., Bd. II, S. 172 ; Hartmann, a. a. O., Bd. III, S. 60.
(76) Richter u. Kohl, a. a. O., Bd. II, S. 178.
(77) Hartmann, a. a. O., Bd. III, S. 62.
(78) Richter u. Kohl, a. a. O., Bd. II, S. 188 ; Hartmann, a. a. O., Bd. III, S. 64.
(79) Hartmann, a. a. O., Bd. III, S. 66.
(80) Hartmann, Die Wirtschaftliche Anfänge Venedigs, Vierteljahrschrift für Sozial- und Wirtschaftsgeschichte, Bd. II, 1904, S. 434-442.
(81) Schaube, a. a. O., S. 3.
(82) Hartmann, a. a. O., Bd. III, S. 68.
(83) Schaube, a. a. O., S. 3, Anm. 3 u. S. 22. A. Dopsch, Die Wirtschaftsentwicklung der Karolingerzeit, Bd. II, 2. Aufl., 1922, S. 143.
(84) M. G. H. Capit., Bd. II, S. 130.
(85) Thompson, Economic and social history of the Middle Ages, 1928, p. 267.
(86) R. Buchner, a. a. O., S. 59.
(87) この点については、オーリヤックの聖ジェローに関する興味深い物語を参照されたい。F. L. Ganshof, Note sur un passage de la vie de S. Géraud d'Aurillac, Mélanges Jorga, 1933, p. 295-307.
(88) Bréhier, Bulletin historique. Histoire byzantine, Revue historique, t. CLIII, 1926, p. 205.

(89) Gay, L'Italie méridionale et l'Empire byzantin, p. 66.

(90) Gay, op. cit., p. 46-48.

(91) ベネヴェント公はフランク王に対する上納金をソリドゥス金貨で納めている。

(92) Engel et Serrure, Traité de numismatique, p. 288.

(93) Annales regni Francorum, a^{o} 820, hrsg. v. Kurze, M. G. H. SS. in us. schol., S. 153 : In Italico mari octo naves negotiatorum de Sardinia ad Italiam revertentium.

(94) Gay, op. cit., p. 112.

(95) Gay, op. cit., p. 33.

(96) Gay, op. cit., p. 41-42.

(97) Gay, op. cit., p. 249.

(98) Gay, op. cit., p. 98 et p. 127.

(99) Gay, op. cit., p. 128.

(100) Gay, op. cit., p. 98.

(101) Hartmann, a. a. O., Bd. III^{2}, S. 35.

(102) Hartmann, a. a. O., Bd. III^{1}, S. 249.

(103) M. G. H. Capit., Bd. II, S. 67.

(104) Gay, op. cit., p. 129.

訳註

〔一〕第二章一、本書二五八頁では六二九年となっている。因みに、イスパニア南部の残存ビザンツ領を征服した西ゴート王はスヴィンティラ（六二一―六三一年）である。

〔二〕英訳版では「すべてが云々」の個所が脱落している。
〔三〕仏語版および英訳版で Maucontus となっているのは誤植と思われる。
〔四〕英訳版でレオ二世となっているのは誤植。二世は七世紀の人物である。

第二章

（1）Lot, Pfister et Ganshof, Histoire du Moyen Age, t. I, p. 237.
（2）Fustel de Coulanges, L'invasion germanique et la fin de l'Empire, p. 559.
（3）Fustel de Coulanges, Les transformations de la royauté pendant l'epoque carolingienne, p. 85.
（4）Richter, Annalen des Fränk. Reichs im Zeitalter der Merovinger, S. 168.
（5）Richter, a. a. O., S. 167.
（6）Fustel de Coulanges, Les transformations de la royauté pendant l'epoque carolingienne, p. 9 の見解では、六一四年の告示の中には、王威の衰微を示すようなものは何も見当らないとされている。これと反対の意見については、Lot, Pfister et Ganshof, Histoire du Moyen Age, t. I, p. 321-322 のローの所説を参照されたい。
（7）Richter, a. a. O., S. 49 und S. 53.
（8）Hartmann, a. a. O., Bd. I, S. 267.
（9）Hartmann, a. a. O., Bd. I, S. 282-283.
（10）Ebenda, S. 284. また Richter, a. a. O., S. 57 を参照されたい。
（11）Richter, a. a. O., S. 58.
（12）Richter, a. a. O., S. 69.
（13）Richter, a. a. O., S. 70 und S. 72.

(14) Ebenda, S. 81.
(15) Ebenda, S. 87 und S. 93.
(16) Ebenda, S. 92.
(17) Ebenda, S. 94.
(18) Ebenda, S. 159 und S. 161.
(19) Hartmann, a. a. O., Bd. II, S. 247.
(20) Guilhiermoz, Essai sur les origines de la noblesse, p. 70.
(21) Lot, Pfister et Ganshof, op. cit., p. 318-320.
(22) 莫大な土地を国王が与えた事実――Lot, Pfister et Ganshof, op. cit., p. 340 の説くところによれば、この贈与によって聖職者はいかなる時代よりも富裕になったという――自体が、所領も、所領の産物も、所領からあがる地租も、国王から重要性を認められていなかったに違いないことを示すものである。従って、関税 teloneum の方が遥かに重要な財源であったことを認めなければならない。
(23) Fustel, Les transformations, p. 29 et ss.
(24) Fustel de Coulanges, Les transformations, p. 32 et ss. に挙げられている、地租の減免ないし廃止に関する全ての例を参照されたい。イムニテについては Lot, Pfister et Ganshof, op. cit., p. 316-317 を見られたい。
(25) H. Pirenne, Le Cellarium fisci, Bulletin de la Classe des Lettres de l'Académie royale de Belgique, 1930, p. 202.
(26) 私が商業の重要性を誇張しているなどと考えないで頂きたい。無論、絶対的な観点からすれば、商業はあまり重要なものではない。しかし、中世の商業がそれほど規模の大きなものではなかったにも拘わらず、例えば、十三、十四世紀のイギリス産羊毛の輸出禁止がどんな結果をもたらしたかを考えて頂きたい。

(27) F. Lot, La conquête du pays d'entre Seine-et-Loire par les Francs, Revue Historique, t. CLXV, 1930, p. 249-251.

(28) Fastes épiscopaux de l'ancienne Gaule, 3 vols.

(29) Duchesne, op. cit., t. II, p. 88.

(30) Ibidem, t. II, p. 64.

(31) Ibidem, t. II, p. 62.

(32) Ibidem, t. II, p. 55.

(33) Ibidem, t. II, p. 52.

(34) Ibidem, t. II, p. 46.

(35) Ibidem, t. II, p. 97.

(36) Ibidem, t. II, p. 98.

(37) Ibidem, t. II, p. 181.

(38) Ibidem, t. II, p. 194.

(39) Ibidem, t. I, p. 229.

(40) Ibidem, t. I, p. 235.

(41) Ibidem, t. I, p. 261.

(42) Ibidem, t. I, passim.

(43) Lot, Pfister et Ganshof, op. cit., p. 332.

(44) 元老院貴族の家柄の者についての最後の記載は、ガリアでは八世紀初頭のものである。(Lot, Pfister et Ganshof, op. cit., p. 311, n. 69.)

(45) Éd. Poupardin, p. 56.

(46) Coville, Recherches sur l'histoire de Lyon, 1928, p. 283.

(47) F. Rousseau, La Meuse et le pays mosan en Belgique, Namur, 1930, p. 45 et p. 221 (Annales de la Société d'Archéologie de Namur, t. XXXXI).

(48) Recueil des chartes de Stavelot-Malmedy, éd. Roland et J. Halkin, t. I, p. 39.

(49) F. Rousseau, op. cit., p. 226.

(50) Richter, a. a. O., S. 159.

(51) このことは既に『聖エリギウス伝』Vita S. Eligii, II, 20, M. G. H. SS. rer. Merov., Bd. IV, S. 712 に認めることができるであろう。この個所には、聖エリギウスがガリア北部で布教に従事している間に、次のように語りかけられたことが記されている。Numquam tu, Romane, quamvis haec frequenter taxes, consuetudines nostras evellere poteris.

(52) H. Wieruszowski, a. a. O., Bonner Jahrbücher, 1921. は、ピピン家の下で聖職者がゲルマン化していったこと、そしてこの動向は確実にアウストラシアで始まったものであること、を述べている。

(53) Fustel de Coulanges, Les transformations, p. 80. を参照されたい。

(54) Fustel de Coulanges, op. cit., p. 100.

(55) Fustel de Coulanges, op. cit., p. 101.

(56) Fustel de Coulanges, op. cit., p. 106.

(57) Richter, a. a. O., S. 173.

(58) ピピンの父アンゼギゼルは宮宰ではなかった。

(59) Fustel de Coulanges, op. cit., p. 168.

(60) Fustel de Coulanges, op. cit., p. 178.

(61) Richter, a. a. O., S. 174.

(62) Richter, a. a. O., S. 175. Liber Historiae Francorum, M. G. H. SS. rer. Merov., Bd. II, S. 322, c. 48 によれば、ベルカールは体軀矮小、性魯鈍で独善的 statura pusillum, sapientia ignobilem, consilio inutilem であった。

(63) Liber Historiae Francorum, ebenda, S. 323.

(64) Richter, a. a. O., S. 177.

(65) Richter, a. a. O., S. 182.

(66) Richter, a. a. O., S. 181.

(67) Richter, a. a. O., S. 182.

(68) Richter, a. a. O., S. 183 : fuit illo tempore valida persecutio.

(69) Richter, a. a. O., S. 176.

(70) Richter, a. a. O., S. 184.

(71) Richter, a. a. O., S. 185.

(72) Richter, a. a. O., S. 185.

(73) Fustel de Coulanges, Les transformations, p. 189 は、明白な事実を否定して、ゲルマン的な反動のあったことを認めまいとしている。もっとも、この反動が、無意識のものであったことは確かである。

(74) Richter, a. a. O., S. 185.

(75) ガンの聖ペトロ大修道院の歴史に照らしてみると、この時の事件の性質を知る手がかりが得られる。大修道院長セレスティンの敵が宮宰 princeps カールの許に使者を送って、セレスティンがラガンフレッドに書簡を送ったことを密告した。それで、カールは “privavit eum a coenobiali monachorum caterva ac de eadem qua morabatur expulit provincia. Villas quoque que subjacebant dominio monasterii Blandiniensis, suos divisit per vasallos absque reverentia Dei.” と記されている。年代記作者の記すところによれば、こうした状況がルートヴィッヒ敬虔王の治世まで続いたという。このようにして、忠誠な封臣に与える褒美となったのは、修道院のそれを含む教会の財産分与であった。カールが成功をかちとったのは、忠誠な封臣たちの支持があったためであることは、明らかな事実である（Liber traditionum S. Petri, éd. A. Fayen, 1906, p. 5）。カールは、教会会議の意向を全く無視して聖職者を死刑に処してさえいる。例えば、陰謀の首領であったアラスのサン・ヴァースト大修道院長を七三九年に死刑に処している。

(76) Richter, a. a. O., S. 186.

(77) Richter, a. a. O., S. 187.

(78) Richter, a. a. O., S. 195.

(79) Richter, a. a. O., S. 196.

(80) Richter, a. a. O., S. 196.

(81) Richter, a. a. O., S. 197. プロヴァンスでは既に早く、ヘルスタルのピピンに対して、アントゥノールという貴族が指導する叛乱が起っている。Prou, Catal. des monnaies mérovingiennes, p. CX. こういった事件全体を通じて、民族的敵対心が作用していなかったと考えることはできない。Formulae Arvernenses は、当然編纂されなければならない特許状が散逸したのは、フランク人たちの敵意 hostilitas Francorum によるものであると考えている。Brunner, Deutsche Rechtsgeschichte, Bd. I, 2. Aufl., S. 581, Anm. 31.

(82) Richter, a. a. O., S. 202.

(83) Richter, a. a. O., S. 214.

(84) Richter, a. a. O., S. 203-204.

(85) 全教会の総大司教を自称していたコンスタンティノープル総大司教の反対があったにもかかわらず、教皇は「全教会の首長」としての地位をフォカスから承認された。Vasiliev, op. cit., t. I, p. 228.

(86) 教皇は書類に日付を入れるのに、皇帝が即位してから何年と算えた。

(87) Hartmann, a. a. O., Bd. I, S. 384.
(88) Vasiliev, op. cit., t. I, p. 201-202.
(89) Hartmann, a. a. O., Bd. I, S. 392-394.
(90) Vasiliev, op. cit., t. I, p. 225.
(91) Hartmann, a. a. O., Bd. II[1], S. 180.
(92) Vasiliev, op. cit., t. I, p. 228.
(93) Vasiliev, op. cit., t. I, p. 294.
(94) Vasiliev, op. cit., t. I, p. 283.
(95) Gay, op. cit., p. 9-10.
(96) Vasiliev, op. cit., t. I, p. 297.
(97) Hartmann, a. a. O., Bd. II, S. 77-78.
(98) Vasiliev, op. cit., t. I, p. 313.
(99) Vasiliev, op. cit., t. I, p. 314.
(100) Vasiliev, op. cit., t. I, p. 331.
(101) Vasiliev, op. cit., t. I, p. 339.
(102) Vasiliev, op. cit., t. I, p. 342.
(103) Jaffé-Wattenbach, Regesta, Nr., 2180. Hartmann, a. a. O., Bd. II[2], S. 94 を参照せよ。
(104) Hartmann, a. a. O., Bd. II[2], S. 95.
(105) Jaffé-Wattenbach, Regesta, S. 257.
(106) Hartmann, a. a. O., Bd. II[2], S. 111-112.
(107) Hartmann, a. a. O., Bd. II[2], S. 134.

(108) Jaffé-Wattenbach, Regesta, Nr., 2244.
(109) Hartmann, a. a. O., Bd. II^2, S. 138.
(110) Schubert, Geschichte der Christlichen Kirche im Frühmittelalter, S. 269.
(111) Jaffé-Wattenbach, Regesta, S. 244.
(112) Schubert, a. a. O., S. 300.
(113) Jaffé-Wattenbach, Regesta, Nr., 2159-2162.
(114) Jaffé-Wattenbach, Regesta, Nr., 2168. Schubert, a. a. O., S. 301を参照されたい。
(115) Jaffé-Wattenbach, Regesta, Nr., 2249.
(116) Hartmann, a. a. O., Bd. II^2, S. 170-171.
(117) Hartmann, a. a. O., Bd. II^2, S. 144.
(118) Schubert, a. a. O., S. 287は、この歴史の流れの転換を性格づけるのに、次のような極めて適切な表現を用いている。「西欧キリスト教世界の故郷とその歴史の舞台は、北方へと移動した。ローマ―メッツ―ヨークを結ぶ線がこの事実を物語っている。女王ローマの位置はもはや中央ではなく、辺境になってしまった。地中海の統一文化は解体してしまった。新しい諸民族が舞台へ突進して来て新しい統一を求める。新しい時代が始まる。過渡期が終る」
(119) Jaffé-Wattenbach, Regesta, Nr., 2308.
(120) Böhmer-Mühlbacher, Die Regesten des Kaiserreichs, Bd. I, 2. Aufl. S. 36.
(121) Lot, Pfister et Ganshof, op. cit., p. 410.
(122) Lot, Pfister et Ganshof, op. cit., p. 411.
(123) L. Oelsner, Jahrbücher des Fränkischen Reiches unter König Pippin, 1871, S. 267.
(124) Böhmer-Mühlbacher, a. a. O., S. 42-43.

(125) Oelsner, a. a. O., S. 320-321.

(126) Oelsner, a. a. O., S. 346. Codex Carolinus, hrsg, v. Gundlach, M. G. H. Epist., Bd. III, S. 521. を参照せよ。

(127) Codex Carolinus, hrsg, v. Gundlach, M. G. H. Epist., Bd. III, S. 536.

(128) 教皇はピピンに宛てて次のように書いている。post Deum in vestra excellentia et fortissimi regni vestri brachio existit fiducia. 更に続けて、聖書の一節を釈義しながら次のように書いている。Salvum fac, Domine, Christianissimum Pippinum regem, quem oleo sancto per manus apostoli tui ungui praecepisti, et exaudi eum, in quacumque die invocaverit te. Codex Carolinus, ebenda, S. 539.

(129) Oelsner, a. a. O., S. 396-397.

(130) Böhmer-Mühlbacher, a. a. O., S. 53.

(131) Lot, Pfister et Ganshof, op. cit., p. 413.

(132) Böhmer-Mühlbacher, a. a. O., S. 73. なお、Lot, Pfister et Ganshof, op. cit., p. 422. を参照のこと。

(133) Lot, Pfister et Ganshof, op. cit., p. 423.

(134) Jaffé-Wattenbach, Regesta, S. 289.

(135) Lot, Pfister et Ganshof, op. cit., p. 425.

(136) Ibidem, p. 427.

(137) Ibidem, p. 427.

(138) Dawson, Les origines de l'Europe, trad. franç., p. 227.

(139) Dawson, op. cit., p. 226.

(140) Nostrum est : secundum auxilium divinae pietatis sanctam undique Christi ecclesiam ab incursu paganorum et ab infidelium devastatione armis defendere foris, et intus catholicae fidei agnitione

munire. Vestrum est, sanctissime pater : elevatis ad Deum cum Moyse manibus nostram adjuvare militiam, quatenus vobis intercedentibus Deo ductore et datore populus Christianus super inimicos sui sancti nominis ubique semper habeat victoriam, et nomen domini nostri Jesu Christi toto clarificetur in orbe. Alcuini Epistolae, Nr. 93, hrsg. v. Dümmler, M. G. H. Epist., Bd. IV, S. 137-138.

(141) Böhmer-Mühlbacher, a. a. O., S. 145.

(142) Ad decorem imperialis regni vestri. Lot, Pfister et Ganshof, op. cit., p. 457, n. 10.

(143) Hartmann, a. a. O., Bd. II^2, S. 348 は、カールがレオ三世の〔戴冠の〕発議に驚愕したというアインハルトの記述に信憑性をおいていない。ハルトマンによれば、戴冠式の次第は、前もって決められていたという。

(144) Hartmann, a. a. O., Bd. II^2, S. 350.

(145) キリスト教世界の元首としてのカールの地位は、更にかれの鋳造した貨幣に窺われる。カールは、貨幣にキリスト教の信仰 Christiana religio という銘を刻印させている。(Hartmann, a. a. O., Bd. II^2, S. 334.) プルー Prou, Cat. des monnaies carol., p. XI によれば、これらの貨幣は戴冠後に鋳造されたものであるという。右側を向いた皇帝の胸像をうき出してあり、D. N. Karlus Imp. Aug. Rex F. et L. という銘を刻んである。胸像の頭には古代風な月桂冠を戴かせ、肩には帝政初期の皇帝のように軍用外套をかけてある。

(146) A. Giry, Manuel de Diplomatique, p. 671. ユスティニアヌスのことは imperante domino nostro Justiniano perpetuo augusto (Giry, op. cit., p. 668) と呼んでいた。

(147) Hartmann, a. a. O., Bd. III^1, S. 64.

(148) カールの戴冠を説明する理由として、当時コンスタンティノープルには女帝が君臨していた事実を挙げるのは、完全に的を外れている。

(149) ハルトマンが次のように述べているのは、この事実をはっきりと把握した発言である。「キリスト教諸国民の間の役の割振りに、中世に中世独自の性格を与えるような、地理的、経済的な、また政治的、文化的な再編成が起ったのである」a. a. O., Bd. III, S. 353.
なお、ドーソンの次の言葉も参照されたい。「古代地中海文明の最後の段階すなわちキリスト教帝国の時代の終焉、そして中世の開幕、それは五世紀ではなく七世紀のことであるとしなくてはならない」op. cit., p. 147.

訳註

〔一〕第一章一、本書二〇六頁では六二四年となっている。本書四四八頁訳註〔一〕を参照。
〔二〕英訳版の五六八年は誤植である。
〔三〕ダゴベルト一世は六〇〇年頃―六三九年（在位期間六二九―六三八年）の人であるから、この六〇五年という日付は明らかに誤りないし誤植である。ヘラクリウスが対ペルシャ戦争に勝利を収めて凱旋したのが六二九年四月であり、その後にダゴベルトとの間に同盟が結ばれたのであるから、この日付は六二九年が正しいと思われる。
〔四〕英訳版で五七三年となっているのは誤植。
〔五〕英訳版で Courts とあるのは Counts の誤植である。
〔六〕ここはユスティニアヌスとあるべきところである。仏語版、英訳版いずれも誤記ないしは誤植である。

第三章

(1) Cumont, Comment la Belgique fut romanisée, p. 26 et 28.
(2) Vogel, Die Normannen, S. 44 ff.

（3）Prou, Catalogue des monnaies mérovingiennes, p. 245-249.
（4）Idem, p. 257-261.
（5）Idem, p. 261-264.
（6）Idem, p. 265-266.
（7）Idem, p. 267-269.
（8）Idem, p. 269-270. ドゥウルステッドの商業については Vogel, Die Normannen, S. 66 ff. を参照せよ。
（9）H. Pirenne, Draps de Frise ou draps de Flandre? Vierteljahrschrift für Sozial- und Wirtschaftsgeschichte, Bd. VII, 1909, S. 309-310.
（10）プルーは、カール大帝、ルートヴィッヒ敬虔王、ロタール一世の治世に、ドゥウルステッドで鋳造された数多くのデナリウス銀貨のことを述べている。Prou, Catalogue des monnaies carolingiennes, p. 9-12. 同様に、マーストリヒト、ヴィゼ、ディナン、ユイ、ナムール、カンブレイ、ヴェルダン（極めて多数）、アルデンブール、ブールジュ、ガン、カッセル、クールトレー、テルーアンヌ、クェントヴィック（極めて多数）、トゥールネー、ヴァレンシエンヌ、アラス、アミアン、コルビー、ペロンヌで鋳造されたデナリウス銀貨が存在する。Ibidem, p. 14-38.
（11）Prou, op. cit., p. XXXIII.
（12）Vercauteren, Etude sur les Civitates, p. 453. 七九〇年にゲルフォルドゥスは“super regni negotia procurator constituitur per multos annos, per diversos portus ac civitates exigens tributa atque vectigalia, maxime in Quentawich.”と記されている。Gesta abbatum Fontanellensium, Ausg. M. G. H. SS. in usum scholarum, S. 46. 八三一年に、ルートヴィッヒ敬虔王はシュトラスブルグ教会に対して、クェントヴィック、ドゥウルステッド、アルプスの諸峠 Clusae を除く王国全土において関税を免除する特権を与えた。G. G. Dept, Le mot《Clusa》dans les diplômes carolingiens, Mélanges H. Pirenne, t. I, p.

89.

(13) Vercauteren, L'interprétation économique d'une trouvaille de monnaies carolingiennes faite près d'Amiens, Revue belge de Phil. et d'Hist., t. XIII, 1934, p. 750-758 は、アミアンの財庫にはロアール河以南で鋳造された貨幣は一つもなく、その九〇パーセントはマース河とライン河に挟まれた地方で鋳造された貨幣であることを指摘している。

(14) Vercauteren, Etude sur les Civitates, p. 246-247.

(15) ノルマン人の対フランス貿易に関するブッゲ Bugge の誇張については、Vogel, Die Normannen, S. 417-418 を参照せよ。

(16) Bugge, Die Nordeuropäischen Verkehrswege im frühen Mittelalter, Vierteljahrschrift für Sozial- und Wirtschaftsgeschichte, Bd. 4, 1906, S. 271.

(17) 八〇八―八〇九年にレリック港はデンマーク王によって破壊され、王は関税の徴収を容易にするため、レリックの商人を強制的にハイタブーに移住させた。Annales regum Franc., hrsg. v. Kurze, a° 808, S. 126.

(18) E. de Moreau, Saint Anschaire, 1930, p. 16.

(19) ビルカについては、Vita Anskarii, hrsg. v. G. Waitz, M. G. H. SS. in us. schol., S. 41 を参照せよ。

(20) H. Pirenne, Les villes du Moyen Age, p. 46 et ss.

(21) Vogel, Die Normannen, S. 68 u. S. 72. ホルウェルダによれば、ドゥウルステッドは八六四年に消滅したという。

(22) Vogel, a. a. O., S. 88.

(23) Vogel, a. a. O., S. 100.

(24) Vogel, a. a. O., S. 90.

(25) Vogel, a. a. O., S. 138, Anm. 2にあげられている次の適例を参照せよ。八五六年、ブルターニュ公エリスポエはナントに入る船から関税を徴収する権利を司教に与えた。ところで、この町の商業は当時ノルマン人によって破壊されていたのである。

(26) F. Vercauteren, dans Lot, Pfister et Ganshof, Histoire du Moyen Age, t. I, p. 608. 当時なお若干の金貨を鋳造していたメルキア王オッファを参照のこと。Ibidem, p. 693.

(27) Vita S. Remigii, M. G. H. SS. rer. Merov., Bd. III, S. 251.

(28) Prou, Catalogue des monnaies mérovingiennes, p. VII.

(29) Luschin von Ebengreuth, Allgemeine Münzkunde, 2. Aufl., 1926, S. 161.

(30) Prou, Catalogue des monnaies mérovingiennes, p. XXXII.

(31) メルキアのオッファ王（七五七—七九六年）が金貨を鋳造しているが、これはアラビアの貨幣を真似たものである。Lot, Pfister et Ganshof, Histoire du Moyen Age, t. I, p. 693. このメルキアの貨幣の素材になった金も、フリースランドの金貨と同じく、スカンディナヴィア人の商業にその供給をあおいでいたことは明らかである。いずれにしてもこのことは、遠隔地商業を営むためには金貨が必要であったことを証明するものであり、また金貨にかわって銀貨が登場した地方では遠隔地商業が消滅したことを確証するものである。

(32) Prou, op. cit., p. XXXIII.

(33) Prou, op. cit., p. XXXV.

(34) Dopsch, Naturalwirtschaft und Geldwirtschaft, 1930, S. 120 の所説は、この点で全く誤っている。かれは、Wirtschaftsentwicklung der Karolingerzeit, Bd. II, 2. Aufl., 1922, S. 306 で述べた見解を繰り返している。かれは先ず、銀貨が鋳造されるようになったのは、金がもはや存在しなくなったからであるとする通説——これはかれによれば誤りであるという——に反対して、金は八世紀にも消滅しなかったことを証明しようとする。このことを証明するために、ドプシュは、カール大帝ならびにルートヴィッヒ敬虔王が金貨による上納金をベネヴェント公に課したこと（Ebenda, S. 319）、アヴァール人から奪った戦利品のこと、イスパニアの回教徒によってフランス南部にもたらされた金のことを引用している（Ebenda, S. 319）。かれはまた、聖コルビニアヌスに宮宰が与えた九〇〇ソリドゥスの金貨（Ebenda, S. 319）、イランツ（スイスのコアール）における若干の金貨の出土（Ebenda, S. 320）、並びにフリースランドの金貨のことを暗に証拠として挙げている。そして最後に、かれはこの時代の華美贅沢を引き合いに出している！　ドプシュによれば、カロリング王朝が銀貨を鋳造したのは、恐るべき貨幣危機に王朝が当面していたからであり、王朝が、金貨に代えるに良質堅牢なデナリウス銀貨を以てすることにより金貨に対する圧倒的な信用の低落を除去しようとしたからに他ならないという。Ebenda, Bd. II, S. 309 ff. 私見によれば、この歴史家は、この時の改革と十三世紀の重デナリウス貨幣の改革とを比較するという誤りに、完全に陥っているのである。

（35）Prou, Catalogue des monnaies carolingiennes, p. XXXI-XXXII ; M. Bloch, Le problème de l’or au Moyen Age, Annales d’histoire économique et sociale, 1933, p. 14.

（36）Prou, op. cit., p. LXXIV.

（37）Idem, p. LXLIX.

（38）Idem, p. LI.

（39）Idem, p. LXI.

（40）Richter und Kohl, Annalen des Fränkischen Reichs im Zeitalter der Karolinger, Bd. II, Buch I, S. 1. L. Oelsner, Jahrbücher des Fränkischen Reiches unter König Pippin, S. 340.

（41）Richter und Kohl, a. a. O., Bd. II, Buch I, 1885, S. 16.

（42）七九七年から八〇九年までの間、カールはハルンと友好関係にあった。Kleinclausz, Charlemagne, p. 342.

(43) Richter und Kohl, a. a. O., S. 116.
(44) Ebenda, S. 144.
(45) Ebenda, S. 173. Vgl. ebenda, S. 184, a° 810.
(46) Ebenda, S. 186.
(47) Kohl, Annalen des Fränkischen Reichs im Zeitalter der Karolinger, Bd. II, Buch II, 1887, S. 260.
(48) Abel und Simson, Jahrbücher des Fränkischen Reiches unter Karl dem Großen, Bd. II, S. 427.
(49) Ebenda, Bd. II, S. 488-489.
(50) 八九〇年八月のこととして一史料は次のように記している。Sarrazeni Provinciam depopulantes terram in solitudinem redigebant. M. G. H. Capit., hrsg. v. Boretius-Krause, Bd. II, S. 377.
(51) A. Schaube, Handelsgeschichte der Romanischen Völker, S. 98.
(52) Schaube, a. a. O., S. 99.
(53) 九七九年にジェノヴァの大司教は次のように述べている。res nostrae ecclesiae vastatae et depopulatae et sine habitatore relicte.
(54) Levi-Provençal, L'espagne musulmane au Xe siècle, 1932, p. 183は、次のように述べている。十世紀には、ラングドック地方は明らかにイスパニアの回教徒たちに産業的に従属していた。「しかし、この問題については、史料が絶対的に不足しているため、不幸なことに、差当っては推測以上のことを言うことは不可能である」
(55) Thompson, An economic and social history of the Middle Ages, 1928, p. 314.
(56) Lippmann, Geschichte des Zuckers, 2. Aufl., 1929, S. 283.
(57) 重要な祝祭の時に、ルートヴィッヒ敬虔王は宮廷に仕える高級役人に最も高価なる衣服 preciosissima vestimenta を与える慣わしであった、とサン・ガレンの修道士が伝えている。これは絹だったのであろうか？　R. Haepke, Die Herkunft der friesischen Gewebe, Hansische Geschichtsblätter, Bd. XII, 1906, S. 309.

(58) E. Sabbe, Quelque types de marchands des IXe et Xe siècles, Revue belge de Phil. et d'Hist. t. XIII, 1934, p. 176-187.

(59) M. G. H. Capit., hrsg. v. Boretius-Krause, Bd. I, S. 131. 各司教に、教会の宝物庫の点検を命令して、その理由として次のように述べている。quia dictum est nobis, quod negotiatores Judaei necnon et alii gloriantur, quod quicquid eis placeat possint ab eis emere.

(60) Waitz, Deutsche Verfassungsgeschichte, Bd. IV, 2. Aufl., 1885, S. 45.

(61) Waitz, a. a. O., Bd. IV, 2. Aufl., S. 51. M. G. H. Capit., Bd. I, S. 53 ff. und S. 132 : Usura est ubi amplius requiritur quam datur ; verbi gratia si dederis solidos 10 et amplius requisieris ; vel si dederis modium unum frumenti et iterum super aliud exigeris. ドプシュ氏は、カロリング王朝が利息に対して禁止的な態度をとらなかったことを証明しようとして無益な努力をしている。その場合、氏の主張するところはことごとく言い逃れに過ぎない。前掲書第二巻二七八頁で、俗人の場合は利息の徴収が禁止されていなかった、と氏は述べている。

(62) ドプシュ氏に従えば、カールは利息禁止政策の面で何ら新しい方針をうちだすことなく、聖職者だけに利息の徴収を禁止するメロヴィング王朝時代からの伝統を固守するにとどまったという！　a. a. O., Bd. II, S. 281. この同じ著者は、カロリング王朝時代にも利息付き貸借が行なわれていたことを証明する実例を提示しているが、それは説得力の乏しいものである。利息が存在したことは明らかである、それが禁止されたのは、それが実在したからに他ならない、それが禁止されたということだけが興味を惹く事柄である。a. a. O., Bd. II, S. 282-284. このような、あやふやな主張のもとに、氏は次のように結論している。Bd. II, S. 286.「それ故、カロリング王朝ならびにその立法に、交易を圧迫する傾向があったなどとは、およそ問題にならないことである」

(63) 宮廷の生活に関する de disciplina palatii 勅令（八二〇年頃）によると、キリスト教徒であれ、ユダヤ人であれ、市場その他の場所で取引を行なうすべての商人の家屋 mansiones omnium negotiatorum, sive in mercato sivi aliubi negotientur, tam christianorum quam et judaeorum の監督をエルナルドゥスなる者に任せている。M. G. H. Capit., Bd. I, S. 298. これでみると、常設の店舗があったもののようである。ボレティウス＝クラウゼは、テーブルで“Ernaldus seniscalcus (?)”と述べている。八二八年の帝国法律文例集 Formulae Imperiales の中の一法律文例は、毎年五月、商人たちが宮廷で会計報告をすることになっている旨補足している。Formulae, hrsg. v. Zeumer, S. 314.

(64) Et si vehicula infra regna…pro nostris suorumque utilitatibus negotiandi gratia augere voluerint. M. G. H. Formulae, hrsg. v. Zeumer, S. 315.

(65) G. G. Dept, op. cit., Mélanges Pirenne, t. I, p. 89.

(66) 大修道院のもっていた舟の往来については、Levillain, Recueil des actes de Pépin Ier et de Pépin II, rois d'Aquitaine, 1926, p. 19, n° VI, p. 59, n° XVII, p. 77, n° XXI, p. 170, n° XLI. を見よ。Imbart de la Tour, Des immunités commerciales accordées aux églises du VIIe au IXe siècle, Études d'histoire du Moyen Age dédiées à G. Monod, 1896, p. 71.

(67) M. G. H. Capit., Bd. I, S. 88 : Ut…familia nostra ad eorum opus bene laboret et per mercata vacando non eat. カールは日曜日に市場を開くことを禁止した。しかしそれは、領民が領主のために労働に従事しなければならない日 in diebus in quibus homines ad opus dominorum suorum debent operari だけであった (M. G. H. Capit., Bd. I, S. 150, § 18)。尚、あちらこちらの市場を徘徊して廻った per diversos mercatus indiscrete discurrunt 司祭達のことも参照されたい。M. G. H. Capit., Bd. II, S. 33. 取引の小規模なこと、並びに劣悪なデナリウス銀貨を使用した女たちの狡猾な手口については、M. G. H.

Capit., Bd. II, S. 301, 八六一年の項 sub anno 861 を参照されたい。また、この種の小規模な小売については、Ebenda, Bd. II, S. 319, a°. 864 を見よ。illi, qui panem coctum aut carnem per deneratas aut vinum per sextaria vendunt.

(68) Flodoard, Historia Remensis, IV, 12, M. G. H. SS., Bd. XIII, S. 576. この種の行商人としてもう一人、『聖ゲルマヌス伝』Vita S. Germani に出てくる商人 mercator がある。かれは自分の驢馬に乗って、或るヴィラで買い入れたものをすべて、別のヴィラでより高価に売捌こうとした quidquid in una villa emebat, carius vendere satagebat in altera. Huvelin, Essai historique sur le droit des marchés et des foires, p. 151, n. 4.

(69) Waitz, a. a. O., Bd. IV, 2. Aufl., S. 47, Anm. 3.

(70) Waitz, a. a. O., Bd. IV, 2. Aufl., S. 52. 週市 forum hebdomadarium と区別して、歳市 forum anniversarium 或は mercata annuale と呼ばれるものがこれである。

(71) Miracula S. Remacli Stabulenses, M. G. H. SS., Bd. XV^1, S. 436.

(72) Waitz, a. a. O., Bd. IV, 2. Aufl., S. 53 und S. 54 Anm.

(73) M. G. H. Capit., Bd. I, S. 30.

(74) ドプシュ氏が、ラオンの市場の意義を強調するために、実はその市場に関係したものでない史料を用いていることを、Vercauteren, Etude sur les Civitates, p. 334 が指摘している。

(75) F. Vercauteren, Etude sur les Civitates, p. 334.

(76) Prou, Catalogue des monnaies carolingiennes, p. LXII.

(77) Waitz, a. a. O., Bd. IV, 2. Aufl., S. 42, Anm. 3.

(78) Huvelin, op. cit., p. 149.

(79) M. G. H. Capit., Bd. I, S. 129, c. 11.

(80) ドプシュ氏でさえ「商人とユダヤ人、これは屢々同じものであった」と明言している。Dopsch, a. a. O., Bd. I, 2. Aufl., S. 168.
(81) ユダヤ人は、九世紀にナルボンヌ、ヴィエンヌ、とりわけリヨンにいたし、恐らく、フランス南部の他のところにもいたと思われる。
(82) Dopsch, a. a. O., Bd. II, 2. Aufl., S. 345. M. G. H. Formulae, hrsg. v. Zeumer, Formulae Imperiales, S. 311, Nr., 32, S. 314, Nr., 37, S. 309, Nr., 30, S. 310, Nr., 31, S. 325, Nr., 52. これらの法律文例はすべて、ルートヴィッヒ敬虔王の治世、恐らくは八三六年以前のものである。Coville, Recherches sur l'histoire de Lyon, p. 540 参照。
(83) Dopsch, a. a. O., Bd. I, 2. Aufl., S. 68, M. G. H. Formulae, hrsg. v. Zeumer, Formulae Imperiales, S. 325, Nr., 52 に次のように見えている。liceat illi sub mundeburdo et defensione nostra quiete vivere et partibus palatii nostri fideliter deservire.
(84) M. G. H. Formulae, hrsg. v. Zeumer, S. 310.
(85) Coville, op. cit., p. 540.
(86) 場所はリヨンである。Coville, op. cit., p. 541.
(87) Jaffé-Wattenbach, Regesta pontificum Romanorum, Nr., 2389.
(88) ポート・サイド近傍の廃市。
(89) Le livre des routes et des voyages, éd. et trad. franç. C. Barbier de Maynard dans le Journal Asiatique, 6e série, t. V, 1865, p. 512.
(90) Hrsg. v. Dümmler, M. G. H. Poetae Latini Aevi Carolini, Bd. I, S. 460-461, S. 499, usw.
(91) Rousseau, La Meuse et le pays mosan en Belgique, 1930, p. 72.
(92) Sanchez-Albornoz, Estampas de la Vida en Léon durante el siglo X, 1926, p. 55.

(93) Agobard, Epistolae, hrsg. v. Dümmler, M. G. H. Epist., Bd. V, S. 183.
(94) M. G. H. Capit., Bd. II, S. 250.
(95) Aronius, Regesten zur Geschichte der Juden, S. 56.
(96) Dictum est nobis, quod negotiatores Judaei necnon et alii gloriantur, quod quicquid eis placeat possint ab eis emere. M. G. H. Capit., Bd. I, S. 131, a° 806.
(97) Agobard, Epistolae, M. G. H. Epist., Bd. V, S. 183. 並びに Rousseau, op. cit., p. 72.
(98) M. G. H. Capit., Bd. I, S. 51 und S. 190.
(99) A. a. O., Bd. II, S. 419.
(100) Epist., ebenda, S. 185. 及び Coville, op. cit., p. 541-542.
(101) Auro, argento et gemmis, armis ac vestibus necnon et mancipiis non casatis et his speciebus quae proprie ad negotiatores pertinere noscuntur. M. G. H. Capit., Bd. I. S. 129.
(102) Mercatores, id est Judaei et ceteri mercatores, M. G. H. Capit., Bd. II, S. 252 ; mercatores hujus regni, christiani sive Judaei, ebenda., Bd. II, S. 419 ; mansiones omnium negotiatorum…tam christianorum quam et Judaeorum, ebenda, Bd. I, S. 298 ; de cappis et aliis negotiatoribus, videlicet ut Judaei dent decimam et negotiatores christiani undecimam, ebenda, Bd. II, S. 361.
(103) M. G. H. Capit., Bd. II, S. 134.
(104) M. G. H. Capit., Bd. II, S. 140.
(105) Van Werveke, Comment les établissements religieux belges se procuraient-ils du vin au haut Moyen Age? Revue belge de Phil. et d'Hist., t. II, 1923, p. 643. こういった所領が、商業では充たされない不足を補給するためのものであったことは、商業が復活すると、それが売却されたことによってよく証明される。

(106) Imbart de la Tour, Des immunités commerciales accordées aux églises du VIIe au IXe siècle, Études d'histoire du Moyen Age dédiées à G. Monod, 1896, p. 77.

(107) Dopsch, a. a. O., Bd. I, 2. Aufl., S. 324 ff. は、修道院が市場向け生産をしていたことを証明しようとつとめている。私にはそのような事実はどこにも見当らない。ただ、自分のところの葡萄の収穫が不足した場合には、領主のヴィラ villae dominicae の葡萄酒を調達するために、領民の個人所有の葡萄酒 vinum peculiare を入手しようとつとめたことは確かである。M. G. H. Capit., Bd. I, S. 83, Capit. de Villis, c. 8. 私の考えでは、こういった葡萄酒は豊作の時にも購入したと思う。しかし、このことから、ドプシュとともに相当程度の葡萄酒取引が存在したと結論することはできない。Ebenda, S. 234. 所領労働が市場向けの生産をしていたことを証明するために、ドプシュが引用しているその他の史料は、全く適切さを欠くものである。

(108) Dopsch, a. a. O., Bd. I, 2. Aufl., S. 324 ff.

(109) サン・ジョッスは、パ・ドゥ・カレー県モントルイユ・シュル・メール郡モントルイユ・シュル・メール区にある。

(110) Loup de Ferrières, Correspondance, éd. L. Levillain, t. I, 1927, p. 176, n° 42, a° 845.

(111) Ut omnis ars, omneque opus necessarium intra loci ambitum exerceretur. Hariulf, Chronique de Saint-Riquier, éd. F. Lot, 1894, p. 56.

(112) Sufficienter et honeste cum domestica corte vestra possitis vivere. M. G. H. Capit., Bd. II, S. 438.

(113) L. Levillain, Les statuts d'Adalhard, Le Moyen Age, 1900, p. 352. なお、Hariulf, Chronique de Saint-Riquier, éd. F. Lot, p. 306 をも参照されたい。

(114) J. Havet, Œuvres, t. I, p. 31 によれば、マンスス mansus という言葉はカロリング王朝時代になってできたものであるという。しかし、Brunner, Deutsche Rechtsgeschichte, Bd. I, 2. Aufl., S. 370. では、七

世紀の後半から servi mansionarii が存在したとされている。

(115) 八五八年に、司教たちが国王御料地の土地保有農民について作成した表を参照されたい。M. G. H. Capit., Bd. II. S, 437, § 14.

(116) 神の恩寵によるフランク人達の王という表現は、ピピンの時代にはまだきまり文句にはなっていなかったが、カール大帝の治世になると初めからそうであった。Giry, Manuel de diplomatique, p. 318.

(117) カロリング王朝時代には、大逆罪は軍隊離脱罪および不忠誠の同義語となってしまった。Waitz, a. a. O., Bd. III, 2. Aufl., S. 308-309. 大逆罪という名称が用いられても、もはや単なる古代の模倣にすぎなかった。Waitz, a. a. O., Bd. IV, 2. Aufl., S. 704.

(118) トゥールのグレゴリウスの敵であったレウダステス伯の好例を想起されたい。

(119) ローマの租税の中で残ったのはユスティチア justiciae だけである。

(120) 当時ビザンツでは塗油式は行なわれなかった。M. Bloch, Les rois thaumaturges, 1924, p. 65.

(121) Bloch, op. cit., p. 71 に引用されている。

(122) Ebert, Histoire de la littérature du Moyen Age, trad. franç. J. Ayméric et Condamin, t. II, p. 127.

(123) Bresslau, Handbuch der Urkundenlehre, Bd. I, 2. Aufl., S. 373 u. 374.

(124) エブロイン及びブルンヒルドについて既に関説したところを参照されたい。

(125) カール大帝の帝国は主従制度を基礎とする帝国であった。カールは、自分の封臣たちを統治の手段として利用しようとし、民衆にはその封臣のそのまた封臣になるようしむけた。Lot, Pfister et Ganshof, Histoire du Moyen Age, t. I, p. 668.

(126) Guilhiermoz, Essai sur les origines de la noblesse, p. 125.

(127) Idem, p. 123.

(128) Idem, p. 128.

(129) Idem, p. 129, n. 13.
(130) Idem, p. 134.
(131) Idem, p. 139, n. 4.
(132) フランドル伯領の形成史はこの間の事情をよく物語っている。
(133) A. a. O., Bd. III^{1}, S. 22.
(134) Gamillscheg, Romania Germanica, Bd. I, S. 294によれば、かれらのローマ化は既に六〇〇年には大いに進み、八〇〇年には完成していたに相違ないという。
(135) Guilhiermoz, op. cit., p. 152 et ss.
(136) A. a. O., Bd. I, S. 397-398.
(137) Lot, A quelle époque a-t-on cessé de parler latin? Bulletin Ducange, t. VI, 1931, p. 97 et ss.
(138) H. Pirenne, De l'état de l'instruction des laïques à l'époque mérovingienne, Revue Bénédictine, t. XLVI, 1934, p. 165-177.
(139) 八一三年、トゥールで開かれた地方教会会議で次のことが定められた。Ut easdem homilias quisque aperte transferre studeat in rusticam Romanam linguam, aut Theotiscam, quo facilius cuncti possint intelligere quae dicuntur. Gamillscheg, Romania Germanica, Bd. I, S. 295参照。この史料はMansi, Sacrorum Conciliorum…Collectio, t. XIV, col. 85に収められている。
(140) Dawson, Les origines de l'Europe, trad. franç., p. 208.
(141) Dawson, op. cit., p. 213.
(142) Graecae pariter et latinae linguae peritissimus. Bède, Hist. Ecclesiastica, IV, 1. ed., Migne, Patr. Lat., t. XCV, c. 171.
(143) ボニファティウス自身、現代にのこる文典を著している。Dawson, op. cit., p. 229.

(144) Dawson, op. cit., p. 231.

(145) Brunner, Deutsche Rechtsgeschichte, Bd. II, 2. Aufl., S. 250 は、俗人（ゲルマン人）が文書による証明を嫌ったために、カール〔大帝〕が任命した裁判書記がカールの死後はその地位にとどまることができなかったことを指摘して、この事実を確認している。

(146) アイルランドはザクセン族の侵入する少し前に、イングランドのブルトン人達（聖パトリック）によってキリスト教に改宗した。Dawson, op. cit., p. 103.

(147) Prou, Manuel de paléographie, 4e éd., 1924, p. 99.

(148) Prou, op. cit., p. 102.

(149) Prou, op. cit., p. 10.

(150) Prou, op. cit., p. 169. ランド氏 M. Rand は、パリの国立文書館に所蔵されているエウギッピウスの著作のなかで、カロリング王朝時代以前の小文字書体の例を見つけたと考えている。氏によれば、その年代は七二五—七五〇年であるという。Speculum, april 1935, p. 224 を参照されたい。

(151) トゥールはまた絵画の一中心でもあった。W. Köhler, Die Karolingischen Miniaturen. Die Schule von Tours, Bd. I^2 : Die Bilder, Berlin, 1933. を参照せよ。

(152) Dawson, op. cit., p. 231.

(153) H. Wieruzowski, Die Zusammensetzung des gallischen und fränkischen Episkopats bis zum Vertrag von Verdun. Bonner Jahrbücher, Bd. 127, 1922, S. 1-83.

訳註

〔一〕イタリア商業を妨害したのがアラビア人であり、フリーセン人およびスカンディナヴィア人の商業を圧し潰したのがノルマン人であるから、この個所の前者、後者は仏語版、英訳版ともに逆になっている。

〔二〕仏語版、英訳版ともに七六五年となっているが、これは七五六年の誤植である。

〔三〕仏語版に Juifs Radamites とあり、英訳版もそれを踏襲して Radamite Jews となっているが、これはラダニイト・ユダヤ人 Juifs Radanites, Radanite Jews の誤植である。

訳者あとがき

本書の著者アンリ・ピレンヌの生涯と学風、彼の業績のなかで本書が占める地位と学界におけるその声価等については、既に巻頭の監修者序文に、増田四郎教授の懇切且つ的確なる解説が与えられているので、ここで更にそれらの点について言葉を費すことは全くの蛇足であると思われる。「歴史家」ピレンヌに対する深い関心と愛情から生まれたこのすぐれた評伝に、読者は本書を理解するうえでの絶好の案内を見出すことであろう。また原著の成立ちと刊行の事情についても、訳出しておいたジャック・ピレンヌの序文とフェルコートランの校訂者緒言が詳細にこれを伝えている。従ってここではただ、この訳書に関連する若干の事柄を補足するにとどめたい。

本書の原題は『マホメットとシャルルマーニュ』であり、『ヨーロッパ世界の誕生』というのは、本書の内容を考えたうえで訳者がこの訳書につけた一応の名前である。一般的に言って、古典的な名著を翻訳し刊行する場合に、書物の表題を変更して原著のそれとは別の書名を訳書に冠するということは、好ましい態度とは言い難いかもしれない。しかもなお訳者が敢えて『ヨーロッパ世界の誕生』という表題をこの訳書のために採ったのは、『マホメットとシャルルマーニュ』という、一見奇異な感じを与えかねない原題が、本書の内容について読者に誤解を生ぜしめることを惧れたからに他ならない。本書は決してマホメットとシャルルマーニュ（カール大帝）の対比的な伝記ではないし、マホメットとシャルルマーニュの伝記的交渉を扱った研究でもない。もともと伝記的な交渉など何もなく、またそれぞれの生涯をそれとしてとってみれば、両者を対比してみる興味が湧く原因など殆どないと思われるこの二人の歴史的人物を、「と」という助詞で結びつけてみせたところに、ヨーロッパ世界成立論における著者ピレンヌの卓抜な独創的構想の精髄があったのである。だから原著の表題は、本書をひもどこうとする読者に書物の内容について予め漠然とした知識を与える役割を果すというよりは、本書の叙述に魅了された読者の記憶に、そのライトモチーフを忘れ難く焼きつけるのに役立つものとも言えよう。

実際本書は、読者を魅了せずにはおかない見事な歴史叙述をなしている。訳者はここで特にこのことを強調しておきたい。綿密周到な「研究」をその裏に潜めながらも、しかもなお「研究」とは一応区別される「叙述」になりきっている本書に、「研究」のもつあの取っつきにくさを、読者は感ずることがないであろう。そうであればあるほど惜しまれてならないのは、ジャックがその序文で伝えているところによると、書物を書くときには必ず二度かく習慣のあったピレンヌが、考えていることをひとまず文章に定着する目的で自分自身のために書いたものであるという初稿の形でしか、本書がわれわれに残されていないということである。勿論このことは、本書自体がはっきりと示しているように、歴史叙述としての本書の本質的価値を何ら損うものではないが、著者自身の手によって画竜点睛の仕上げをほどこされた姿で本書に接したかったという、死児の齢を数えるにも似た気持を抱くのは恐らく訳者だけではあるまい。凡例にも記しておいたように、本書の邦訳に従事するに当って、訳者は原著の真意を、正確に、平明な日本語で表現しようと努力した。しかし出来あがってみると、いささか説明的になりすぎて、簡潔な原文の味わいをそこなった個所が眼につくことを否めない。その原因の少くとも一半は、いま述べたような事情を訳者がやや強く意識しすぎたことにあるのではないかと反省している。

なお、フェルコートランの校訂について一言すると、著者の高弟として恩師の所説を熟知している彼がこの仕事に当る最適任者であったことは言うまでもないし、彼が細心の注意を払って校訂に従事したことはヨーロッパの学界でも認められているところであるが、それでもなお首をかしげざるを得ない個所が絶無ではなかった。明らかにケアレス・ミステークが残されていると判断できた場合には、訳註にそのことを指摘しておいた。

本文中の制度、事件、学説、さらには地名、人名などについても訳註をつけることが、読者に親切な望ましい態度であると一旦は考えてみたが、しかし、訳註をつけるとなるとつけ方のバランスをどうするかが先ず問題になるし、やる以上は完全にやろうとすれば本訳書を余りにも尨大なものにする惧れがあり、それを避けたいという実際的な配慮もあったし、また学説史上問題となっているような点について逐一解説を試みることは、本書の翻訳とは一応別個の研究課題を構成するとも考えたので、人名、地名についての簡単な註を適宜挿入する他は、訳註はむしろ一切これを割愛するという方針を採った。訳註の省略は、ピレンヌのヨーロッパ世界成立論を理解するうえで大きな妨げとはならないと信じている。

本文に引用されている場合を除いて、原則としてラテン語史料を邦訳しなかったのも、ほぼ同様の趣旨によるものである。

夙に邦訳されるべくして邦訳されることのなかったこの名著を日本語に移し、わが国の読者におくることは、訳者の大きな喜びとするところであるが、同時に、本書にはローマ系、ゲルマン系の多彩な人物が登場し、政治、経済、文化の各領域にわたって数多くの事件、様々な制度の変遷がとりあげられているのを思うにつけても、思わぬ誤訳や不適訳をしているのではないかと心から惧れている。大方の御叱正を得て他日の補正を期したいと思う。

翻訳の分担は凡例に記した通りであるが、最初の計画では各自の訳稿を交換し、相互に検討し協議をした上で調整を図る予定であったところ、中村のドイツ留学が突然に決まって渡欧したため、充分に共訳の実をあげ得なかったのは残念である。やむなく佐々木が必要最小限の筆を加えて全体の統一につとめた。

いま、この訳業を完成し、世におくり出すに当って私達が感謝に充ちて先ず思うことは、一橋大学教授増田四郎先生が私達の仕事の企画から刊行に至るまで、すべてにわたって賜った温い御支援と懇篤なる御指導である。教授は出版に伴う事務的なこと一切についての労をとられたばかりではなく、疑問の個所あるいは私達の間で意見の分れた個所についての度重なる質問に、御多忙中にも拘わらず数々の有益な御助言を与えられた。更に訳稿成るに及んでは、貴重な研究時間を割いて初校校正刷に眼を通され、数多くの朱筆を加えて下さった。本訳書が幸にして多くの誤訳あるいは不適訳を免れることができたとすれば、それはひとえに教授の御教示の賜である。また、本訳書の巻頭を飾るに原著者の生涯と業績に関する教授の珠玉の解説を以てすることができたのは、演奏者ともいうべき私達の非常な光栄とするところである。ここに心からなる感謝の言葉を捧げる次第である。勿論、本訳書になお含まれているであろう欠点の責任が、すべて私達両名にあることはいうまでもない。

早稲田大学教授小松芳喬博士は貴重な原書と『アンリ・ピレンヌのガン大学在職四十周年を記念する論文集』を貸与して下さった。この機会をかりて厚く御礼を申しあげたい。

最後に、出版までに種々の御配慮をわずらわし、また刊行が延び延びになって迷惑をおかけした創文社編集部の大洞正典、石川光俊両氏に、ここで改めて御礼とお詫びを申しあげる。

一九六〇年盛夏

中村　宏
佐々木克巳

45、47、52、53、61、64、73、74、75、77、79、81、86、87、88、89、90、91、92、93、94、95、96、97、98、99、100、101、102、103。

b　28は31のドイツ語訳であり、35は31のオランダ語（フラマン語）訳である。

c　65は57の英語訳である。

d　80は85の英語訳である。

e　104は100の英語訳であり、111は100のドイツ語訳である。

f　108は105の英語訳であり、113は105のドイツ語訳である。

g　109は106の英語訳であり、110は106のドイツ語訳である。

五島氏訳、中世ヨーロッパ社会経済史、昭和31年。〕
(101) 1934 : La fin du commerce des Syriens en Occident.――L'annuaire de l'Institut de Philologie et d'Histoire orientales, t. II, (1933-1934), (Mélanges Bidez), 1934.
(102) 1934 : De l'état de l'instruction des läiques à l'époque mérovingienne.――Revue bénédictine d'avril-juillet, 1934.

1935年以降

(103) 1936 : Persistance de la tradition romaine dans l'Europe mérovingienne.――Annales Universitaires de l'Algérie, Nouvelle série, nos 3 et 4, 1936.
(104) 1936 : Economic and Social History of Medieval Europe, trad. par I. E. Clegg. London.
(105) 1936 : Histoire de l'Europe. Bruxelles.
(106) 1937 : Mahomet et Charlemagne. Paris et Bruxelles.〔中村宏・佐々木克巳訳、ヨーロッパ世界の誕生、昭和35年。〕
(107) 1939 : Les villes et les institutions urbaines. 2 vols. Paris et Bruxelles.
(108) 1939 : A History of Europe, trad. par Bernard Miall. London.
(109) 1939 : Mohammed and Charlemagne, trad. par Bernard Miall. London.
(110) 1939 : Geburt des Abendlandes, trad. par P. E. Hübinger. o. O.
(111) 1951 : Sozial-und Wirtschaftsgeschichte Europas im Mittelalter. trad. par Marcel Beck. Bern.
(112) 1951 : Histoire Économique de l'Occident Médiéval. éd. par E. Coornaert. Bruges.
(113) 1956 : Geschichte Europas, trad. par Wolfgang Hirsch. Berlin u. Frankfurt a. M.

付記

a 107と112は何れも歿後に編纂された論文集であるが、107の詳細な内容については、訳者は現在まで確かめることができなかった。112に収められている論文は次の35篇である。36、38、41、42、43、

nationale. (dans : Un siècle d'essor économique belge. Bruxelles.)

(91) 1930 : Draps d'Ypres à Novgorod au commencement du XIIe siècle.──R. B. P. H., t. IX, 1930.

(92) 1930 : Le Cellarium fisci. Une institution économique des temps mérovingiens.──B. A. R, B., Cl. des Lettres, 1930.

(93) 1930 : Le char à bœufs des derniers Mérovingiens. Note sur un passage d'Eginhard. (dans : Mélanges Paul Thomas. Bruges, Gand, New York.)

(94) 1931 : Les cadres politiques et les conditions économiques de l'Europe occidentale à la fin du XIIIe siècle. (Livre I, chap. I, § 1 et 2 de La Fin du moyen âge, 1re partie : La désagrégation du monde médieval, 1285-1453, par H. Pirenne, A. Renaudet, E. Perroy, M. Handelsman, L. Halphen. Paris.)

(95) 1931 : Les transformations économiques et sociales en Occident de la fin du XIIIe au XVe siècle. (Chapitre IX de La Fin du moyen âge, 1re partie : La désagrégation du monde médieval, 1285-1453. Paris.)

(96) 1931 : Les nouvelles tendances économiques des XVe et XVIe siècles. (Ch. VIII de La Fin du moyen âge, 2e partie : L'annonce des temps nouveaux, 1453-1492. Paris.)

(97) 1932 : Les gildes. (dans : Encyclopedia of the Social Sciences, t. VII. London.)

(98) 1933 : Le trésor des rois mérovingiens. (dans : Festschrift til Halvdan Koht. Oslo.)

(99) 1933 : Un grand commerce d'exportation au moyen âge : Les vins de France.──Annales d'histoire économique et sociale, t. V, 1933.

(100) 1933 : Le mouvement économique et social au moyen âge du XIe au milieu du XVe siècle. (Histoire générale publiée sous la direction de G. Glotz ; 2e section : Histoire du Moyen Age, t. VIII, La civilisation occidentale au Moyen Age, du XIe au milieu du XVe siècle. Paris.)〔増田・小松・高橋・高村・松田・

(79) 1925 : Le fisc royal de Tournai.——Mélanges d'histoire du moyen âge, offerts à M. Ferdinand Lot. Paris, 1925.
(80) 1925 : Medieval Cities. Their origins and the revival of trade, trad. par F. D. Halsey. Princeton University Press.〔今来陸郎氏訳、西洋中世都市発達史、昭和18年。〕
(81) 1925 : Les overdraghes et les portes d'eau en Flandre au XIIIe siècle à propos d'une charte inédite provenant des archives d'Ypres.（dans : Essays in Medieval History presented to T. F. Tout. Manchester.）
(82) 1925 : L'Espagne et la Belgique dans l'histoire.（dans : L'Archiduchesse infante Isabelle au Musée du Prado. L'Espagne et la Belgique dans l'histoire. Bruxelles.）
(83) 1926 : Le royaume des Pays-Bas, la Révolution de 1830 et l'indépendance de la Belgique.（dans : Histoire générale des peuples, publiée sous la direction de Maxime Petit, t. III. Paris.）
(84) 1926 : La vente des biens nationaux en Belgique.——Bulletin de la Société d'histoire moderne, 1926.

1927年以降

(85) 1927 : Les villes du moyen âge. Bruxelles.
(86) 1928 : Le commerce du papyrus dans la Gaule mérovingienne.——Comptes rendus des séances de l'Académie des Inscriptions et Belles-Lettres, 1928.
(87) 1928 : Un prétendu Drapier Milanais en 926.——Studi Medievali, Nuova Serie, t. I, 1928.
(88) 1929 : The place of the Netherlands in the economic history of medieval Europe.——The Economic History Review, t. II, 1929.
(89) 1929 : L'instruction des marchands au moyen âge.——Annales d'histoire économique et sociale, t. I, 1929.
(90) 1930 : Les grandes lignes du développement économique de la Belgique du haut moyen âge à l'époque de l'indépendance

Flandre au commencement du XIIe siècle.——Mélanges C. de Borman, 1919.

(68) 1919 : Le Pangermanisme et la Belgique.——B. A. R. B., Cl. des Lettres, 1919.

(69) 1919 : La Nation Belge et l'Allemagne. Discours prononcé à l'ouverture des cours de l'Université de Gand. Gand.

(70) 1920-21 : Souvenirs de captivité en Allemagne. Revue des Deux Mondes, 1920, également en volume publié par la collection du Flambeau, 1920 et par la Société des bibliophiles et iconophiles de Belgique, 1921.

(71) 1921 : L'Allemagne moderne et l'Empire romain au moyen âge. Discours prononcé à l'ouverture des cours de l'Université de Gand. Gand.

(72) 1921 : L'importance économique et morale d'Anvers à l'époque de Plantin.（dans : Fêtes données en 1920 à Anvers et à Tours à l'occasion du quatrième centenaire de la naissance de Christophe Plantin. Anvers.）

(73) 1922 : Un conflit entre le Magistrat yprois et les gardes des Foires de Champagne en 1309-1310, avec le texte de la seule charte sauvée de l'incendie des archives d'Ypres.——B. C. R. H., t. LXXXVI, 1922.

(74) 1922 : Le consommateur au moyen âge.（dans : L'acheteur, 1922.）

(75) 1922 : Mahomet et Charlemagne——R. B. P. H., t. I, 1922.

(76) 1923 : De la méthode comparative en Histoire. Discours d'ouverture du cinquième Congrès international des Sciences historiques.（dans : Des Marez et Ganshof, Compte rendu cinquième Congrès international des Sciences historique. Bruxelles.）

(77) 1923 : Un contraste économique : Mérovingiens et Carolingiens.——R. B. P. H., t. II, 1923.

(78) 1924 : Une histoire économique et sociale de la guerre.——B. A. R. B., Cl. des Lettres, 1924.

archéologique et historique tenu à Liège en 1909.

(54) 1909 : Die Entstehung und die Verfassung des Burgundischen Reichs im XV. und XVI. Jahrhundert.——Jahrbuch für Gesetzgebung, Verwaltung und Volkswirtschaft, 1909.

(55) 1909 : The formation and constitution of the Burgundian State.——American Historical Review, 1909.

(56) 1910 : Un mémoire de Robert de Cassel sur sa participation à la révolte de la Flandre maritime en 1324-1325.——Revue du Nord, 1910.

(57) 1910 : Les anciennes démocraties des Pays-Bas. Paris.

(58) 1910 : Qu'est-ce qu'un homme lige?——B. A. R. B., Cl. des Lettres, 1910.

(59) 1911 : Liberté et Propriété en Flandre du VIIe au XIe siècle. ——B. A. R. B., Cl. des Lettres, 1911.

(60) 1911 : La ministérialité a-t-elle existé en France?——Comptes rendus des séances de l'Académie des Inscriptions et Belles-Lettres, 1911.

(61) 1911 : Le plus ancien règlement de la draperie brugeoise.——B. C. R. H., t. LXXX, 1911.

(62) 1913 : A propos de la Hanse parisienne des Marchands de l'eau.——Mélanges Ch. Bémont. Paris, 1913.

(63) 1914 : The stages in the Social history of Capitalism.——American Historical Review, 1914.〔大塚久雄・中木康夫氏訳、資本主義発達の諸段階、昭和30年。〕

(64) 1914 : Les étapes de l'histoire sociale du capitalisme.——B. A. R. B., Cl. des Lettres, 1914. (réimprimé sans les notes, en brochures, Bruxelles, 1922.)

(65) 1915 : Belgian Democracy. Its Early History, trad. par J. V. Saunders. Manchester University Press.

(66) 1919 : Les caractères originaux de la civilisation belge.——La Civilisation française, I, 1919.

(67) 1919 : Un appel à une croisade contre les Slaves, adressé à l'évêque de Liège, au duc de Lotharingie et au comte de

——Tijdschrift van het Willemsfonds, 1904.

(40) 1904 : Le rôle constitutionnel des États-Généraux des Pays-Bas en 1477 et en 1488. (dans : Mélanges Paul Fredericq. Bruxelles.)

(41) 1904 : Copères.——Wallonia. Liège, 1904.

(42) 1904 : Dinant dans la Hanse teutonique.——Compte rendu du Congrès historique et archéologique de Dinant. Namur, 1904.

(43) 1904 : Les Marchands-batteurs de Dinant au XIVe et au XVe siècle.——Vtf. Soz. u. W. G., t. III, 1904.

(44) 1905 : Les villes flamandes avant le XIIe siècle.——Annales de l'Est et du Nord, t. I, 1905.

(45) 1905 : Une crise industrielle au XVIe siècle. La draperie urbaine et la "nouvelle draperie" en Flandre.——B. A. R. B., Cl. des Lettres, 1905.〔大塚久雄・中木康夫氏訳、資本主義発達の諸段階、昭和30年。〕

(46) 1906 : Les origines de l'État belge. (dans : La Nation Belge. Liège.)

(47) 1906 : Note sur la fabrication des tapisseries en Flandre au XVIe siècle.——Vtf. Soz. u. W. G., t. IV, 1906.

(48) 1906-1924 : Recueil de documents relatifs à l'histoire de l'industrie drapière en Flandre. En collaboration avec G. Espinas. 4vols. Bruxelles.

(49) 1908 : Sur la condition sociale de Henri de Dinant.——B. A. R. B., Cl. des Lettres, 1908.

(50) 1908 : Quelques remarques sur la chronique de Gislebert de Mons. (dans : Mélanges Godefroid Kurth. Liège.)

(51) 1909 : Uue question économique à l'epoque carolingienne. Draps de Frise ou draps de Flandre?——Bulletin de la Société d'histoire et d'archéologie de Gand, 1909.

(52) 1909 : Draps de Frise ou draps de Flandre?——Vt f. Soz. u. W. G., t. VII, 1909.

(53) 1909 : Esquisse d'un programme d'études sur l'histoire économique du pays de Liège.——Annales du Congrès

cartographie historique.——Bulletin de la Société d'histoire et d'archéologie de Gand, 1899.

(26) 1899 : Les comtes de la Hanse de Saint-Omer.——B. A. R. B., Cl. des Lettres, 1899.

(27) 1899 : La Hanse flamande de Londres.——B. A. R. B., Cl. des Lettres, 1899.

(28) 1899-1913 : Geschichte Belgiens, tr. par Fritz Arnheim. 4 vols. Gotha. (Allgemeine Staatengeschichte Abt. I, Werk 30.)

(29) 1899 : La Nation belge. Discours prononcé à la distribution des prix du Concours universitaire et du Concours général de l'enseignement moyen. Bruxelles. (2e éd., Gand, 1900, 3e éd., Bruxelles, 1900, 4e éd., Bruxelles, 1917.)

(30) 1900 : Le soulèvement de la Flandre maritime de 1323-1328. Documents inédits publiés avec une introduction. Bruxelles.

(31) 1900-1932 : Histoire de Belgique. 7 vols. Bruxelles.

(32) 1901 : Les Coutumes de la Gilde marchande de Saint-Omer. En collaboration avec G. Espinas.——Le Moyen Age. Paris, 1901.

(33) 1902 : Chronique rimée des troubles de Flandre en 1379-1380, publiée avec une introduction et des notes. Gand.

(34) 1902 : La première tentative pour reconnaître Edouard III d'Angleterre comme roi de France, 1328.——Annales de la Société d'histoire et d'archéologie de Gand, t. V, 1902.

(35) 1902-1925 : Geschiedenis van België, trad. par Richard Delbecq. 4 vols. Gand.

(36) 1903 : Les dénombrements de la population d'Ypres au XVe siècle. Contribution à la statistique sociale du moyen âge.——Vtf. Soz. u. W. G., t. I, 1903.

(37) 1903 : Le privilège de Louis de Male pour la ville de Bruges du mois de juin 1380.——B. A. R. B., Cl. des Lettres, 1903.

(38) 1903 : Notice sur l'industrie du laiton à Dinant. (dans : J. Destrée, Guide du visiteur. Namur.)

(39) 1904 : Julius Vuylsteke en zijn oorkondenboek der Stad Gent.

méthodique et chronologique des sources et des ouvrages principaux relatifs à l'histoire de tous les Pays-Bas jusqu'en 1598 et à l'histoire de la Belgique jusqu'en 1830. Gand. (2e éd. remaniée. Gand, 1902.)

(13) 1893-95 : L'origine des constitutions urbaines au moyen âge. ――R. H., t. LIII, 1893 et t. LVII, 1895.

(14) 1894 : Note sur un cartulaire de Bruxelles, conservé à la bibliothèque de Berne.――B. C. R. H., 5e série, t. IV, 1894.

(15) 1894 : Les sources de l'histoire de Flandre au moyen âge.―― Bul. du Cercle historique et archéologique de Gand, t. I, 1894.

(16) 1894 : Les Pays-Bas de 1280 à 1477. (dans : L'histoire générale dirigée par Lavisse & Rambaud. t. III. Paris.)

(17) 1895 : La chancellerie et les notaires des comtes de Flandre avant le XIIIe siècle.――Mélanges Julien Havet. Paris, 1895.

(18) 1896 : Le livre de l'abbé Guillaume de Ryckel (1249-1272). Polyptyque et comptes de l'abbaye de Saint-Trond au milieu du XIIIe siècle. Bruxelles.

(19) 1896 : Les sources de la Chronique de Flandre jusqu'en 1342. (dans : Études d'histoire du moyen âge, dédiées à Gabriel Monod. Paris.)

(20) 1897 : Une polémique historique en Allemagne.――R. H., t. LXIV, 1897.

(21) 1897 : Philippe le Bel et la Flandre, d'après un ouvrage récent. ――Bulletin du Cercle historique et archéologique de Gand, 1897.

(22) 1897 : Documents relatifs à l'histoire de Flandre, pendant la première moitié du XIVe siècle.――B. C. R. H., 5e série, t. VII, 1897.

(23) 1898 : L'Ancienne chronique de Flandre et la Chronographia regum Francorum.――B. C. R. H., 5e série, t. VIII, 1898.

(24) 1898 : Villes, marchés et marchands au moyen âge.――R. H., t. LXVII, 1898.

(25) 1899 : A propos d'une entreprise récente relative à la

1926年以前

(1) 1882 : Sedulius de Liège, Avec un appendice contenant les poésies inédites de cet auteur.――Mémoires de l'Académie royale de Belgique, 1882.

(2) 1884 : La politique de Gérard de Groesbeek, prince-évêque de Liège, pendant le gouvernement de don Juan d'Autriche. (dans : Travaux du Cours pratique d'histoire nationale de P. Fredericq, t. II. Liège.)

(3) 1885 : De l'organisation des études d'histoire provinciale et locale en Belgique.――Westdeutsche Zeitschrift für Geschichte u. Kunst, 1885.

(4) 1886 : La formule N. rex Francorum v. inl.――B. C. R. H., 4e série, t. XIII, 1886.

(5) 1888 : La Rijmkronijk van Vlaanderen et ses sources.――B. C. R. H., 4e série, t. XV, 1888.

(6) 1889 : Histoire de la Constitution de la ville de Dinant au moyen âge, Gand.

(7) 1890 : La version flamande et la version française de la bataille de Courtrai.――B. C. R. H., 4e série, t. XVII, 1890.

(8) 1891 : Histoire du meurtre de Charles le Bon, comte de Flandre, par Galbert de Bruges, suivie de poésies latines contemporaines, publiées d'après les manuscrits, avec une introduction et des notes. Paris.

(9) 1892 : La version flamande et la version française de la bataille de Courtrai. Note supplémentaire.――B. C. R. H., 5e série t. II, 1892.

(10) 1892 : Ham.――Tijdschrift voor Nederlandsche Letterkunde, 1892.

(11) 1893 : Note sur un diplôme du roi franc Thierry III, conservé à la bibliothèque de l'Université de Gand, et sur un fragment de charte mérovingienne, conservé à la bibliothèque de Bruges.――B. C. R. H., 5e série, t. III, 1893.

(12) 1893 : Bibliographie de l'histoire de Belgique. Catalogue

ピレンヌ著作目録

備考

a　この著作目録には、ピレンヌの全著作の中から、1926年以前のものに関しては、Mélanges d'histoire offerts à Henri Pirenne par ses anciens élèves et ses amis à l'occasion de sa quarantième année d'enseignement à l'université de Gand, Bruxelles, 1926に収められている、1926年7月現在の全著作232点のうち、書評、追悼文そのほか重要性の乏しいと思われるものを割愛して84点を収録し、1927年以降（歿後を含む）のものに就いては、完全な著作目録が管見しえなかったので、訳者が直接または間接に確めることのできた著作のみを収録した。従って、この目録は、正確には、著作目録抄である。

b　ピレンヌの著作には外国語に翻訳されたものが少くないが、訳書も独立の著作として掲げておいた。また、同一内容の著作と想定されるものでも、発表形式が著しく異る場合は、訳書と同様に独立の著作として取扱った。ピレンヌの著作目録には、その方がふさわしいと思ったからである。

　但し、邦訳書は、記載の便宜上、それぞれの底本のあとに、〔　　〕で示した。

　フランス語原著と外国語訳書との関係については、付記をみられたい。

c　雑誌のうち略号を用いて記したものは次の通りである。

B. A. R. B. = Bulletin de l'Académie royale de Belgique.
B. C. R. H. = Bulletin de la Commission royale d'Histoire.
R. B. P. H. = Revue belge de Philologie et d'Histoire.
R. H. = Revue Historique.
V'f. Soz. u. W. G. = Vierteljahrschrift für Sozial-und Wirtschaftsgeschichte.

d　排列の仕方は、発表ないし刊行の年代順によった。

人名索引（註は含まない）

地図 I
ローマ帝国
(395年)

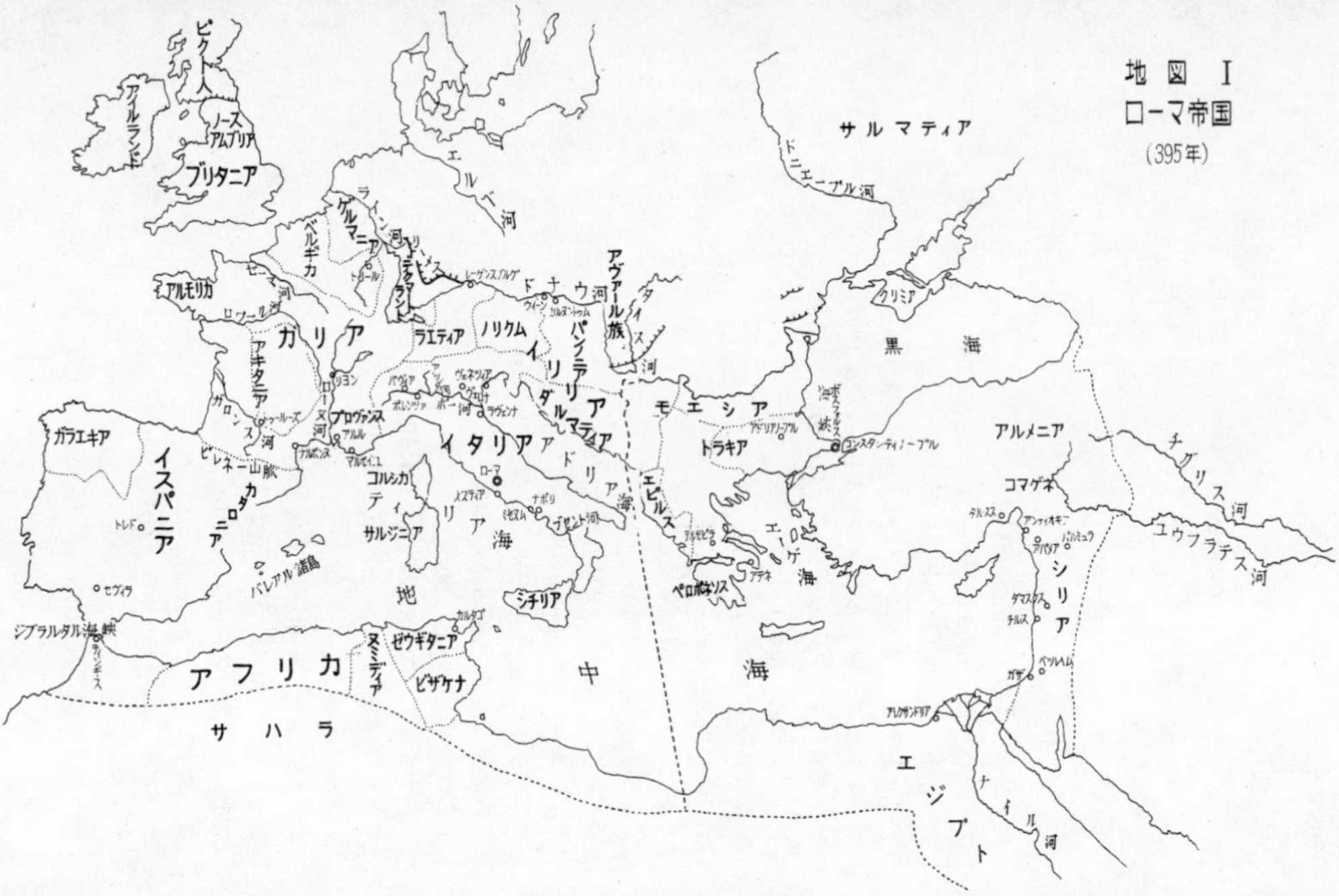

地図 II
526年頃の
西方世界

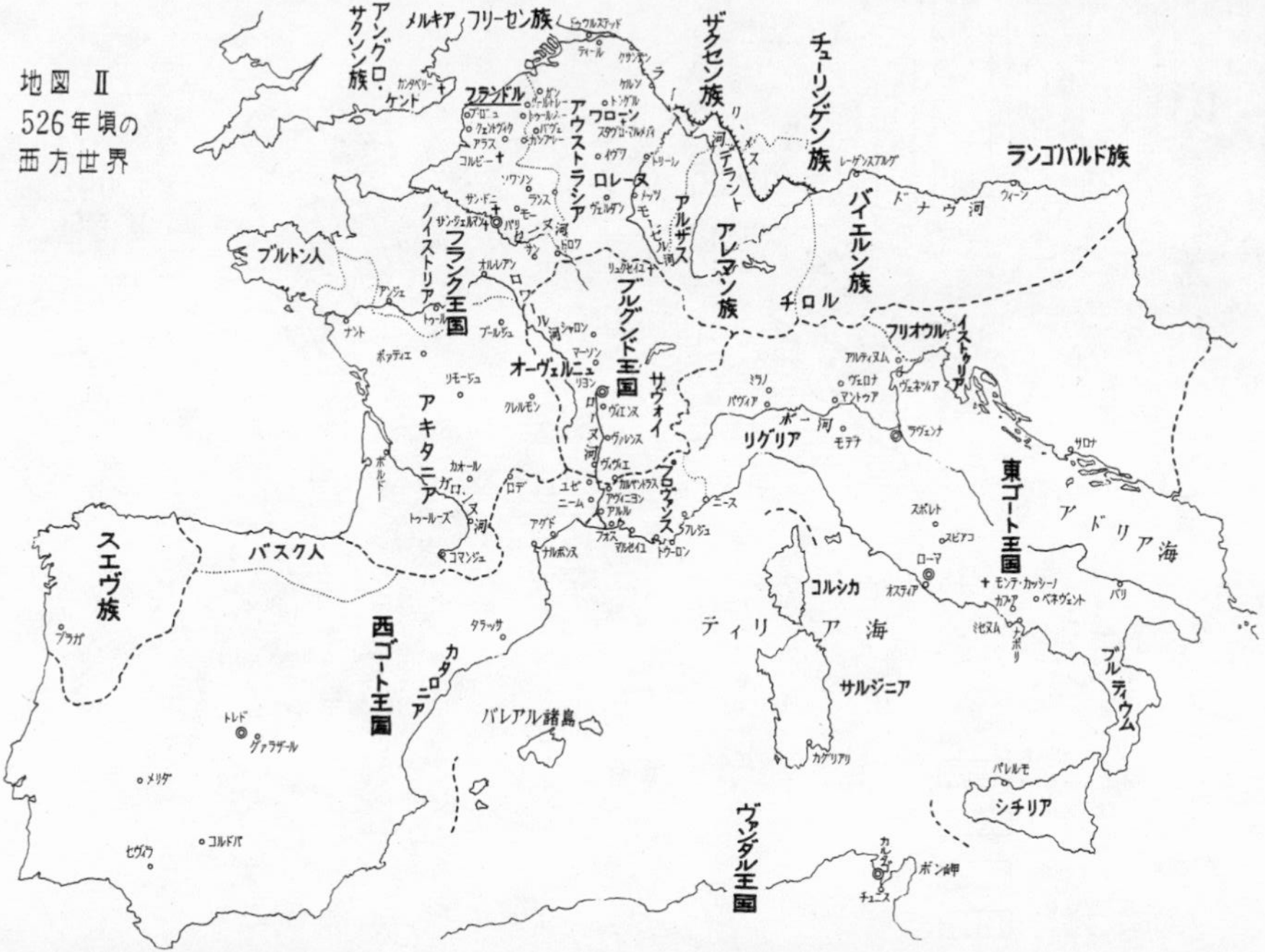

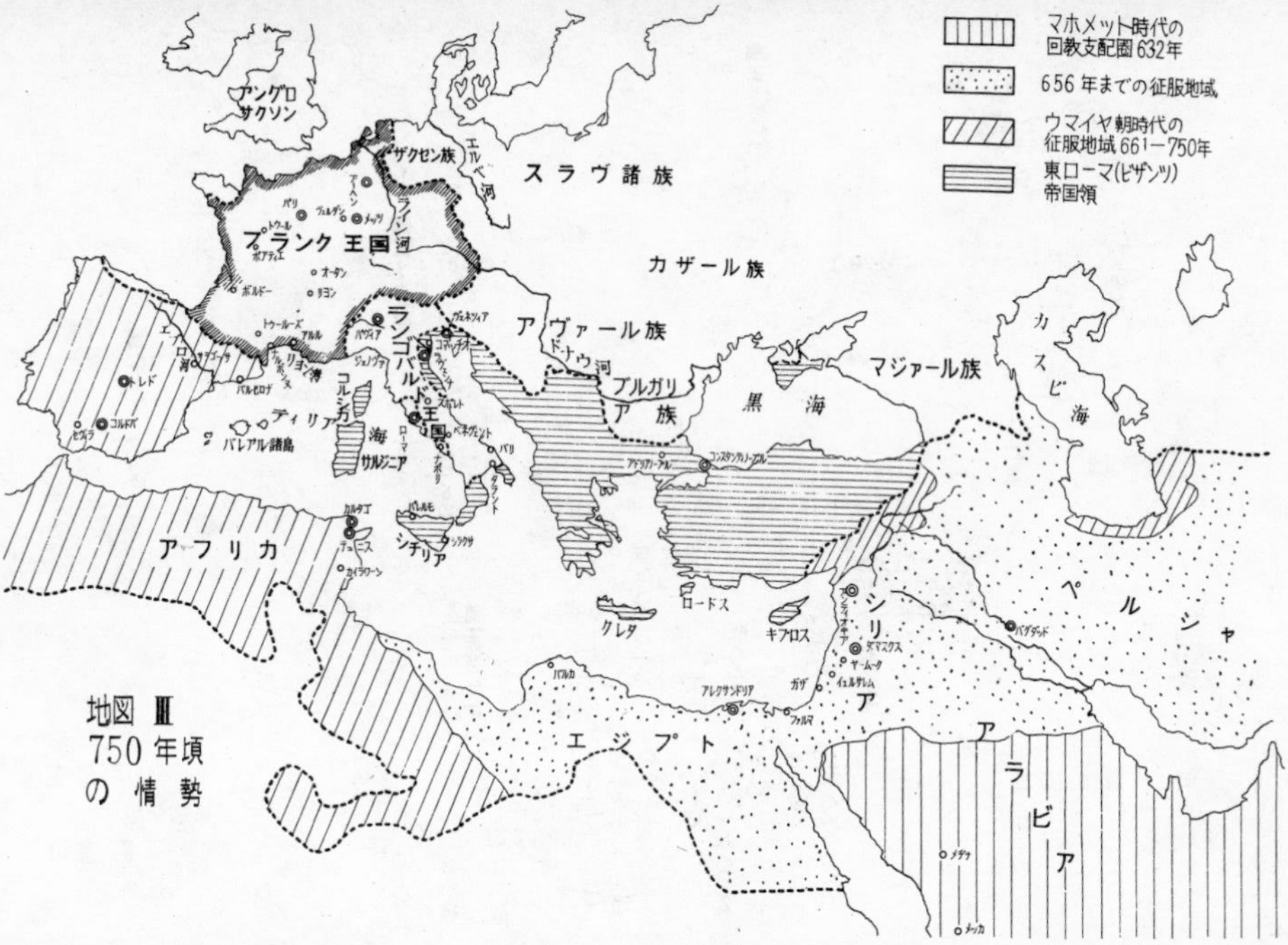

地図 III 750年頃の情勢

地図 IV カロリング世界

増田四郎（ますだ　しろう）
1908年生まれ。一橋大学名誉教授。1997年逝去。
中村　宏（なかむら　ひろし）
1930年生まれ。上智大学経済学部名誉教授。
2000年逝去。
佐々木克巳（ささき　かつみ）
1931年生まれ。成蹊大学名誉教授。2013年逝去。

本書の原本は、創文社より一九六〇年に刊行されました。
今回の刊行にあたっては、漢字・送り仮名について若干の変更を加え、巻末年表を割合しました。（編集部）

アンリ・ピレンヌ（Henri Pirenne）

1862年ベルギー生まれ。歴史家。ヨーロッパ中世研究に新しい視点を導入，世界的権威となる。1935年没。著書に『中世都市』他。

講談社学術文庫

ヨーロッパ世界《せかい》の誕生《たんじよう》

マホメットとシャルルマーニュ

アンリ・ピレンヌ

増田《ますだ》四郎《しろう》　監修

中村《なかむら》　宏《ひろし》・佐々木《ささき》克巳《かつみ》　訳

2020年7月8日　第1刷発行
2021年12月21日　第4刷発行

発行者　鈴木章一
発行所　株式会社講談社
東京都文京区音羽2-12-21 〒112-8001
電話　編集（03）5395-3512
販売（03）5395-4415
業務（03）5395-3615

装　幀　蟹江征治
印　刷　豊国印刷株式会社
製　本　株式会社国宝社
本文データ制作　講談社デジタル製作

ISBN978-4-06-520289-0

「講談社学術文庫」の刊行に当たって

これは、学術をポケットに入れることをモットーとして生まれた文庫である。学術は少年の心を養い、成年の心を満たす。その学術がポケットにはいる形で、万人のものになることは、生涯教育をうたう現代の理想である。

　こうした考え方は、学術を巨大な城のように見る世間の常識に反するかもしれない。また、一部の人たちからは、学術の権威をおとすものと非難されるかもしれない。しかし、それはいずれも学術の新しい在り方を解しないものといわざるをえない。

　学術は、まず魔術への挑戦から始まった。やがて、いわゆる常識をつぎつぎに改めていった。学術の権威は、幾百年、幾千年にわたる、苦しい戦いの成果である。こうしてきずきあげられた城が、一見して近づきがたいものにうつるのは、そのためである。しかし、学術の権威を、その形の上だけで判断してはならない。その生成のあとをかえりみれば、その根は常に人々の生活の中にあった。学術が大きな力たりうるのはそのためであって、生活をはなれた学術は、どこにもない。

　開かれた社会といわれる現代にとって、これはまったく自明である。生活と学術との間に、もし距離があるとすれば、何をおいてもこれを埋めねばならない。もしこの距離が形の上の迷信からきているとすれば、その迷信をうち破らねばならぬ。

　学術文庫は、内外の迷信を打破し、学術のために新しい天地をひらく意図をもって生まれた。文庫という小さい形と、学術という壮大な城とが、完全に両立するためには、なおいくらかの時を必要とするであろう。しかし、学術をポケットにした社会が、人間の生活にとってより豊かな社会であることは、たしかである。そうした社会の実現のために、文庫の世界に新しいジャンルを加えることができれば幸いである。

一九七六年六月

野間省一